Peter Lauster

So stärken Sie Ihr Selbstbewußtsein

Peter Lauster

So stärken Sie Ihr Selbstbewußtsein

Wege zur Ichentfaltung

ECON

Sonderausgabe
4. Auflage 1996

Diese Sonderausgabe enthält folgende Bücher von Peter Lauster:
Selbstbewußtsein, Stärkung des Ich und Selbstfindung
Gesetzt aus der Garamond der Fa. Berthold
Satz: Dörlemann Satz, Lemförde
Druck und Bindearbeiten: Mohndruck, Gütersloh
Printed in Germany
ISBN 3-430-15934-2

Wir sind Analphabeten, wenn es um Gefühle geht. Und das ist eine traurige Tatsache, nicht nur, was dich und mich betrifft, sondern praktisch alle Menschen sind es. Wir lernen alles über Ackerbau in Zimbabwe und den Körper und die Wurzel aus Pi oder wie das heißt, aber kein Wort über die Seele. Wir sind bodenlos und ungeheuer unwissend, wenn es um uns selbst und um andere geht. Heutzutage sagt man leichthin, man soll die Kinder zu Menschlichkeit und Verständnis und Toleranz und Gleichheit, oder wie die Modewörter sonst noch heißen mögen, erziehen. Aber niemand kommt auf die Idee, daß wir zuerst etwas über uns selbst und unsere Gefühle lernen müssen. Über unsere eigene Furcht und Einsamkeit und unseren Zorn ...

Wie soll man jemals andere verstehen, wenn man nichts über sich selbst weiß?

Ingmar Bergmann

Inhalt

Teil II

Erstes Kapitel

Zweites Kapitel

Drittes Kapitel

Teil III

Anhang

Vorwort

Die Ausprägung des Selbstbewußtseins ist eine zentrale Eigenschaft, die nicht angeboren ist, sondern die sich von der Kindheit an langsam entwickelt.

Im negativen Sinne können dabei Frustrationen (Enttäuschungen, seelische Verletzungen) systematisch die Selbstsicherheit im Laufe des Lebens zerstören. Das ist häufig der Fall, sind doch nur etwa zehn Prozent der Menschen in der Lage, sich wirklich frei und ohne Unterdrückung selbst zu entfalten. Es ist psychologisch verständlich, daß deshalb viele Millionen aufgrund der Erziehungs- und Gesellschaftssituation Probleme mit ihrem Selbstwertgefühl haben. Würde man ein Jahr lang die Erziehungsweise von Eltern und Lehrern beobachten und jedes Lob und jeden Tadel zählen, könnte man entdecken, daß auf ein Lob leider etwa zehn tadelnde Bemerkungen oder gar Strafen kommen. Das geht an der Seele eines Kindes und Jugendlichen nicht spurlos vorüber und wirkt bis ins Erwachsenenalter nach. Warum das so ist und welche Auswirkungen das auf das eigene Selbstwertgefühl hat, müssen wir uns immer wieder bewußtmachen.

Je mehr Frustrationen ein Mensch im Laufe seines Lebens erfährt, um so unsicherer und ängstlicher wird er. Die Verhaltensforscher haben entdeckt, daß der Mensch auf diese Weise ›konditioniert‹ werden kann, was bedeutet, daß sich in seiner Psyche Prozesse abspielen, die seinem Verstand nicht zugänglich sind. Der Mensch glaubt zwar, in erster Linie über den Verstand zu leben, doch ist das ein Irrtum – er wird vielmehr von ›unbekannten Kräften‹ in seiner Seele ›gelebt‹. Erst wenn Sie diese Zusammenhänge kennenlernen, werden Sie sich selbst und Ihre Mitmenschen in Zukunft besser verstehen. Um nun das Selbstbewußtsein zu steigern, bedarf es vor allem der eigenen Aktivität – Sie sollten also das vorliegende Buch nicht nur passiv lesen und darauf hoffen, allein durch seine Lektüre zu einem größeren Selbstbewußtsein zu gelangen.

Dieses Buch versucht im ersten Teil, Verständnis für die eigene Situation und die der Mitmenschen zu wecken – ein erster Schritt zum Aufbau eines größeren Selbstbewußtseins. Der zweite Schritt führt zur Analyse der individuellen Situation. An dieser Stelle wird zur Aktivität aufgefordert und zur Beschäftigung mit der eigenen Situation. Der letzte und schwierigste Schritt führt zur Veränderung des Bewußtseins und der bisherigen Einstellung.

Jener erste Teil ist vor sechzehn Jahren erstmals erschienen. Er ist sehr pragmatisch orientiert, da hier dem Leser in leicht verständlicher Form Wege und Methoden aufgezeigt werden. Von diesem Ratgeberstil bin ich in meinen späteren Büchern abgerückt und zu mehr psychophilosophischen und gesellschaftskritischen Betrachtungen übergegangen.

Der zweite Teil dieses Sammelbandes besteht durchgehend aus Briefen, die ich an einen lieben Freund geschrieben habe. Diese Briefsituation ist zwar ein Gleichnis, jedoch eines, das etwas ganz Wesentliches zeigt: Trotz unserer individuellen Verschiedenheit und unterschiedlichen charakterlichen Ausprägung empfinden wir in den elementaren Ereignissen des Lebens sehr ähnlich, zeigt sich doch bei allen seelischen Vorgängen, daß Faktoren wie Bildungsunterschiede, gesellschaftlicher Status, materieller Besitz für das psychische Wohlbefinden unerheblich sind. In den tiefen psychischen Erlebensebenen sind wir gleich, denn diese Ebenen erfahren wir alle, ob wohlhabend oder nicht, ob anerkannt von der Gesellschaft oder Außenseiter. Der Weg zur menschlichen Reifung ist nicht davon abhängig, ob jemand einer bestimmten sozialen Schicht zugeordnet wird – für die menschliche Reifung ist die Oberfläche nicht interessant, ist auch nicht relevant dafür, ob die Reifung nun leichter oder schwerer fällt.

Neben der Intelligenz des Denkens, die geschult, geübt und trainiert werden kann, gibt es eine ganz andere Intelligenz, die ich als Erkenntnis bezeichne. Diese Erkenntnis ist die Fähigkeit der Psyche, die Umwelt, die Mitmenschen und auch sich selbst in einer Ganzheit zu erfassen. Erkenntnis analysiert nicht mit Zahlen, mit Worten, grübelt nicht nach einem Lösungsweg, sondern sie geschieht unmittelbar und direkt. Sie ist eine Hellsichtigkeit, ja Scharfsinnigkeit, die den gesamten Menschen mit einbezieht. Erkenntnis ist ein umfassendes Sehen der Wirklichkeit. Diese Art der Intelligenz wird auf keiner Schule gelehrt – und ist dennoch so wichtig für ein glückliches, gesundes und harmonisches Leben.

Der dritte und letzte Buchteil möchte zur Selbstbesinnung beitragen, Wege zeigen, wie der einzelne zu sich selbst findet, darstellen, warum es für den Menschen so wichtig ist, sich selbst zu fühlen. Diese Absicht unterstreichen die Gedichte und Aquarelle. Sie entstanden nicht gezielt für dieses Buch, ja, sie waren nicht einmal zur Veröffentlichung gedacht – Schreiben und Malen waren für mich zunächst ein Stück persönlicher Selbstentfaltung sowie Freude am Ausdruck von Gedanken und Gefühlen. Erst dann reifte die Idee, dies alles könnte ja auch für andere eine Anregung sein – eine Anregung zum Innehalten in der Anspannung und Ruhelosigkeit des Alltags. Den Aquarellen und Gedichten folgt ein kurzer Textteil mit Gedanken zur Selbstfindung und Fragen zur Selbstfühlung.

Noch eine Anmerkung zu Teil III. Was für eine Art Buch ist das? wollte seinerzeit der Verlag von mir wissen. Hier handelt es sich nicht um einen psychologischen Ratgeber, auch nicht um ein Lebenshilfebuch, einen Lyrikband. Heute will ich wie damals Impulse geben, Impulse, die dazu führen sollen, in sich selbst nachzufühlen, zu erleben, wo man als einzelner im Moment steht – und wie man sich selbst und die eigenen Gefühle zukünftig in jedem Augenblick ernster nimmt, sich seiner selbst bewußter wird, also Selbstbewußtsein gewinnt.

Köln, im Sommer 1994 Peter Lauster

Teil I

Erstes Kapitel

Was ist ›richtiges‹ und was ›falsches‹ Selbstbewußtsein?

Selbstbewußtsein ist eine Eigenschaft, die verschieden stark ausgeprägt ist. Da nur wenige Menschen ein starkes Selbstbewußtsein haben, besitzen sehr viele zu wenig davon und wünschen sich somit mehr Selbstsicherheit.

Auf den ersten Blick scheint die Selbstsicherheit, psychologisch gesehen, eine einfache Sache zu sein. Aber das ist sie nicht, weil diese Eigenschaft stark mit anderen Eigenschaften verknüpft ist.

Die Selbstsicherheit ist eine sehr zentrale Eigenschaft. Wenn man sich das Modell der Seele grob als ein Ringmodell vorstellt, sitzt die Selbstsicherheit in der Mitte, während sich andere Eigenschaften um sie herum gruppieren.

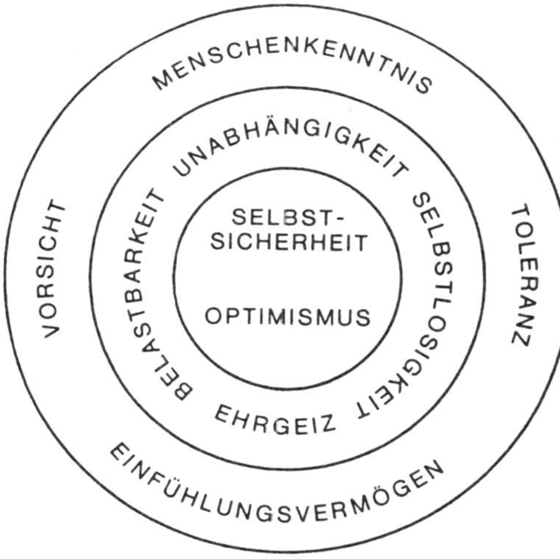

Die Selbstsicherheit hängt stark mit Optimismus bzw. Pessimismus zusammen. Beides, Selbstsicherheit und Optimismus, sind Eigenschaften, die sich schon in früher Jugend entwickeln. Andere Eigenschaften reifen erst später aus, wie etwa die Menschenkenntnis. Aus diesem Grunde lassen sich diese Eigenschaften auch später leichter lernen, während die Selbstsicherheit viel schwieriger entfaltet werden kann.

Das ›Ringmodell der Seele‹ ist aus meinem Buch *Der Persönlichkeitstest. Ein Test- und Beratungsprogramm zur Entfaltung Ihrer Persönlichkeit* entnommen, in dem zehn wichtige Persönlichkeitseigenschaften vorgestellt werden.

Überprüfen Sie einmal das folgende Beispiel. Stellen Sie gefühlsmäßig fest, ob sich die geschilderte Person hinsichtlich ihres Selbstbewußtseins ›richtig‹ oder ›falsch‹ verhält: Herr Berger kommt morgens ins Büro. Ein Kollege erzählt ihm, daß die anderen gestern noch in der Gastwirtschaft an der Ecke ein Bier getrunken hätten und das Gespräch auf ihn gekommen sei. Herr Berger lächelt. Der Kollege fragt: »Willst du nicht wissen, was über dich gesprochen wurde?« Er antwortet: »Wurde positiv über mich gesprochen, würde es mich freuen. Wurde jedoch negativ über mich gesprochen, was die Regel bei diesen Biergesprächen ist, würde es mich ärgern. Am besten, du erzählst mir gar nichts.«

Was halten Sie davon? Ist Herr Berger selbstbewußt? Diese Frage ist schwer zu beantworten. Herr Berger fühlt instinktiv, daß Klatsch sein seelisches Gleichgewicht beeinflussen könnte; deshalb möchte er lieber gar nichts über das Gespräch wissen – um nicht verletzt zu werden. Die Chance, eventuell durch etwas Positives erfreut zu werden, nutzt er nicht. Seine Selbstsicherheit ist also nicht sehr stark.

Hätte sich Herr Berger bei dem Kollegen interessiert nach dem Klatsch erkundigt, gäbe es folgende Deutungsmöglichkeiten:

- Herr Berger ist selbstsicher und optimistisch. Er erwartet etwas Positives. Etwas Negatives würde ihn nicht erschüttern.

- Herr Berger ist nicht selbstsicher. Er will genau wissen, was man an ihm auszusetzen hat. Insgeheim hofft er jedoch auf etwas Positives, um sein geringes Selbstbewußtsein dadurch für einen Moment zu stärken.

Das Beispiel aus dem Berufsalltag zeigt, wie vielschichtig Reaktionsweisen sein können. Es zeigt auch, daß nur der Selbstsichere solch eine Klatschsituation souverän meistern kann. Der Selbstunsichere hingegen verstrickt sich in komplizierte Schutzmechanismen, denn er ist leicht verletzbar. Dadurch ist seine seelische Ausgeglichenheit in Gefahr. Eine ›schlechte Bewertung‹ seiner Person raubt ihm die gute Laune, kostet ihn seelische Kraft.

Die Mitmenschen spüren, ob Herr Berger selbstsicher ist. Halten sie ihn für selbstsicher, verschonen sie ihn mit schlechten Nachrichten, weil damit keine Wirkung erzielt werden kann. Wird Herr Berger jedoch für selbstunsicher gehalten, dann macht es vielen Menschen eine sadistische Freude, ihn aus dem Gleichgewicht zu bringen.

Das zeigt die schlimme Lage des Selbstunsicheren. Seiner Unsicherheit wird durch die Mitmenschen ständig neue Nahrung gegeben. Der vorgebrachte Klatsch macht den Unsicheren erneut unsicher – seine Unsicherheit wird bekräftigt. Die Mitmenschen bemerken sehr schnell die Unsicherheit und überfallen Herrn Berger in Zukunft bei jeder Gelegenheit mit negativem Klatsch. Dadurch wird Herr Berger noch unsicherer – er ist in einem Teufelskreis gefangen, aus dem er nur schwer wieder herausfindet.

Wer von der Meinung und Bewertung seiner Mitmenschen stark abhängig ist, findet nicht mehr die Kraft, seine Fähigkeiten voll zu entfalten; er ist zu sehr mit dem Problem seines Selbstwertgefühls beschäftigt. Das kostet so viel Kraft, daß für außerordentliche Leistungen keine Energie und auch kein Mut mehr vorhanden sind.

Prüfen Sie nun ein anderes Beispiel. Was halten Sie hier von der Selbstsicherheit? Zwei Freunde (Herr Schmidt und Herr Rall) unterhalten sich.

Schmidt: »Ich habe eine Gehaltserhöhung erhalten.«

Rall: »Das war bei dir aber langsam Zeit. Ich habe beim Chef schon vor drei Monaten für meine Abteilung eine Gehaltserhöhung durchgedrückt.«

Schmidt: »Und du selbst?«

Rall: »Ich kann in meiner Firma so viel verdienen, wie ich will. Die können einfach nicht auf mich verzichten. Ich verstehe doch in diesem Laden am meisten von Datenverarbeitung. Die wissen genau, daß mir noch ganz andere Positionen offenstehen würden.«

Schmidt: »Du bist ein Glückspilz. Du hast dich eben rechtzeitig auf Datenverarbeitung umgestellt.«

Rall: »Ohne Organisationstalent nützt das alles nichts. Ich kann eben gut logisch denken. Und das gibt mir einen Vorsprung. Da müssen die anderen früher aufstehen, bevor mir einer etwas vormachen kann.«

Was halten Sie von diesem Gespräch? Ist Herr Rall selbstbewußt? Auf den ersten Blick scheint es so, denn Herr Rall wirkt sogar sehr selbstsicher – keine Spur von Unsicherheit. Herr Rall besitzt jedoch kein ›gesundes‹ Selbstbewußtsein; er gibt sich nur nach außen selbstsicher. Seine ›Selbstsicherheit‹ ist nämlich nicht viel mehr als Angeberei – Herr Rall erinnert eher an einen Großsprecher, einen Maulhelden. Er trägt dick auf und will imponieren, um seine innere Unsicherheit zu kaschieren.

Würde Herr Schmidt an der Oberfläche kratzen, würde er sehr schnell bemerken, daß sein Freund Rall unsicher und ängstlich und seine Sicherheit eine vorgespielte Fassade ist. Aber Herr Schmidt hat auch nur ein schwaches Selbstbewußtsein. Deshalb gibt er sich sehr bescheiden und höflich. Er will seinen Freund Rall nicht verletzen, weil er dann eine Mißstimmung befürchtet – und das würde sein Selbstbewußtsein stark beeinträchtigen. Mit einem Freund in Streit zu geraten hieße ja, sich selbst als ›unverträglich‹ zu zeigen. Das kann er nicht mit seinem Selbstbild vereinbaren. Für einen Streit ist er nicht selbstsicher genug.

Das Beispiel zeigt die Auswirkungen mangelnder Selbstsicherheit. Wahrscheinlich haben Sie in Ihrem Bekanntenkreis auch schon einmal solch ein Verhalten beobachtet. Herr Rall ist mit seinem Imponiergehabe jedenfalls ein Beispiel für ›falsches‹ Selbstbewußtsein. Nun soll ein Fall von ›richtigem‹ Selbstbewußtsein beschrieben werden.

Herr Melcher ist bei Bekannten eingeladen. Er ist selbständiger Graphiker. Die anderen zehn Personen sind Beamte und Angestellte. Da er längere Haare hat und sehr frei auftritt, wird er sofort skeptisch und vorsichtig betrachtet.

Im Laufe der Diskussion ist Herr Melcher ziemlich schweigsam. Er hört aufmerksam zu und interessiert sich für die Gespräche der anderen. Herr Schneider besitzt kein sehr großes Selbstbewußtsein. Das kaschiert er durch besonders forsches und dominierendes Auftreten. Die Schweigsamkeit von Herrn Melcher macht ihn etwas unsicher. Dagegen kämpft er an, indem er versucht, Herrn Melcher zu provozieren.

Schneider: »Warum sind Sie so schweigsam, Herr Melcher?«

Melcher: »Ich höre zu.«

Schneider: »Die Graphiker haben's alle faustdick hinter den Ohren. Arbeiten Sie auch für die Werbung?«

Melcher: »Ich illustriere Kinderbücher und mache auch ab und zu eine Ausstellung.«

Schneider: »Sind Sie auch so ein Scharlatan wie die anderen modernen Künstler?«

An dieser Stelle könnte sich Herr Melcher ärgern. Wenn er ein geringes Selbstbewußtsein hätte, würde er unsicher werden durch die Provokationen des Herrn Schneider. Seine Unsicherheit könnte in ihm verschiedene Reaktionen auslösen, beispielsweise Demut, Resignation oder Aggressivität.

Da Herr Melcher jedoch ein tief verwurzeltes Selbstbewußtsein besitzt, wird er nicht unsicher, sondern bleibt sachlich und versucht, Herrn Schneider von seiner falschen Gesprächstaktik abzubringen. Er antwortet: »Wenige moderne Künstler sind

Scharlatane. Für solche Zeitgenossen gibt es günstigere Gebiete, auf denen sie durch ihre Scharlatanerie erfolgreich sind und mehr Geld verdienen als auf dem Gebiet der Kunst.« Schneider: »Aber viele moderne Kunstwerke sind für mich einfach Blödsinn.«

Die Gefahr ist gebannt. Herr Schneider greift Herrn Melcher nicht mehr direkt an, sondern gibt jetzt eine Meinung von sich, über die diskutiert werden kann.

Herr Melcher hat aufgrund seiner Selbstsicherheit einen Angriff, der auf ihn persönlich gezielt war, ohne Spannungen abwehren können. Sein Selbstwertgefühl war so stabil, daß er sachlich reagieren konnte.

Vielleicht sind Sie von der Antwort Herrn Melchers sogar etwas enttäuscht. Sie ist weder witzig noch besonders schlagfertig. Herr Schneider ›bekam es auch nicht heimgezahlt‹. Wenn Sie eine solche Antwort insgeheim erwartet haben, zeigt das Ihre eigene Unsicherheit. Denn der Unsichere will stets triumphieren, er will Macht über die anderen gewinnen, er muß sein Selbstwertgefühl ständig durch Überlegenheit bestätigt sehen. Das aber ist keine ›richtige, gesunde‹ Selbstsicherheit.

Der wirklich Selbstsichere muß nicht stets überlegen sein. Er kann anderen Menschen ohne Angst begegnen. Sein eigener Wert wird durch die Reaktionen der anderen nicht angetastet.

Die Angst vor sich selbst

Es gibt viele Arten der Angst. Die heimtückischste ist die Angst, die man vor sich selbst hat. Die Angst vor einem bestimmten Menschen oder die Angst vor einer drohenden Gefahr, wie zum Beispiel vor einer Feuersbrunst, sind klare Ängste, die sich gut beim Namen nennen lassen und dadurch an Schrecken bereits etwas verlieren.

Die Angst vor der eigenen Persönlichkeit ist schwieriger zu durchschauen und deshalb auch schwerer zu bekämpfen. Angst vor sich selbst hat der Selbstunsichere. Selbstbewußte Menschen haben diese Angst selten. Warum hat der unsichere Mensch Angst vor sich selbst?

Der Unsichere wird mit sich selbst nicht richtig fertig. Er ist sich selbst ein Rätsel und hat keinen Mut, dieses Rätsel zu lösen.

Die Selbstsicherheit hängt mit dem Expansionsdrang zusammen. Der Unsichere ist gehemmt, er kann seinen Expansionsdrang nicht entfalten. Der Expansionsdrang gliedert sich nach den Erkenntnissen des Arztes Dr. Schultz-Hencke in drei Gebiete:

- Besitzstreben,
- Sexualstreben,
- Geltungsstreben.

Es gibt Personen, die nur auf einem oder zwei Gebieten gehemmt sind. Viele sind jedoch auf allen drei Gebieten mehr oder weniger stark gehemmt. Der gehemmte Mensch hat Angst vor den Strebungen, die aus der Tiefe seiner Seele hochsteigen. Er fühlt sich von ihnen beherrscht und hat Angst, ihnen zu unterliegen.

Ein Beispiel für die Hemmung des Sexualstrebens soll zeigen, welchen Schaden die Angst vor den eigenen Impulsen und Strebungen anrichten kann.

Frau Liblar ist seit fünf Jahren verheiratet. Durch ihre Eltern hat sie auf dem Gebiet der Sexualität keine freie Erziehung erfahren. Außerdem war sie ein Einzelkind und wurde von ihren Eltern sehr behütet. Von dem ersten Mann, der sie nach monatelangem Werben zu sexuellem Verkehr brachte, bekam sie sofort ein Kind. Eine Abtreibung wurde aufgrund ihrer strengen Erziehung nicht erwogen; der Mann wollte sie auch heiraten. Die Gefühle für diesen Mann hielt Frau Liblar für Liebe, obwohl ihr die Verbindung weder sexuell noch seelisch besondere Glücks- und Geborgenheitsgefühle verschaffte.

Während der fünfjährigen Ehe verschlechterte sich ihre sexuelle Beziehung. Die kameradschaftliche Verbindung vertiefte sich jedoch, da ihr Mann charakterlich nicht schwierig war und sie sich seinen Wünschen leicht unterordnen konnte. Im Urlaub lernte Frau Liblar einen Mann kennen, der sie sexuell sehr stark erregte. Zum ersten Mal meldete sich ihre sexuelle Strebung mit voller Heftigkeit. Außerdem entwickelte Frau Liblar zu diesem Mann eine starke seelische Bindung, so daß sie zum ersten Mal in ihrem Leben wirklich liebte.

Wie ist diese Geschichte ausgegangen? Es gibt zwei grundsätzliche Möglichkeiten. Die erste Möglichkeit wäre die ungehemmte, selbstbewußte und richtige Lösung gewesen.

- Frau Liblar steht zu ihrer Liebe und läßt sich von ihrem Mann scheiden. Sie beginnt eine neue Ehe, die sie glücklich macht.
- Frau Liblar konnte den ersten Weg aufgrund ihres gehemmten Sexualstrebens nicht gehen. Die Angst vor dem Ausbruch ihrer unterdrückten Sexualität ließ sie zurückschrecken. Sie hatte nicht genug Selbstsicherheit, ihre Sexualität und ihre Gefühle zu entfalten. In Zukunft vermied Frau Liblar sogar jede Möglichkeit, mit einem Mann alleine ein Gespräch zu führen. Sie hatte Angst davor, sich jemals wieder in einen Konflikt dieser Art zu bringen. Ihre Sexualstrebung blieb bis zum Ende ihres Lebens gehemmt. Sie lernte nie eine glückliche und befreiende Sexualität kennen.

Das Beispiel von Frau Liblar ist nichts Besonderes. Die meisten Ehen sind unglücklich und bleiben trotzdem erhalten, wenn einer oder beide Partner eine Hemmung des Sexualstrebens besitzen.

Um die Angst vor der eigenen seelischen Struktur besser zu verstehen, ist das Persönlichkeitsmodell von Sigmund Freud, dem Begründer der Psychoanalyse, sehr nützlich.

Er unterscheidet drei Instanzen, die das Verhalten beeinflussen: das ES, das ICH und das ÜBER-ICH.

Das ES ist die elementarste Schicht; von hier aus entfaltet sich beispielsweise der Sexualtrieb. Das ICH ist für die Anpassung an die Forderungen der Realität und der Umwelt zuständig. Das ICH entscheidet also, ob sexuelle Strebungen entfaltet werden sollen. Das ICH kann jedoch nicht völlig frei entscheiden, da es unter dem Einfluß des ÜBER-ICH steht. Das ÜBER-ICH ist das Gewissen und repräsentiert die Normen der jeweiligen Gesellschaft und Kultur.

Das ICH jedes Menschen wird also von drei Seiten beeinflußt: vom ES (beispielsweise mit sexuellen Wünschen), vom ÜBER-ICH mit seinen programmierten Moralanschauungen und von der Umwelt mit ihren augenblicklichen Forderungen. – So wird das ICH von drei Seiten beeinflußt:

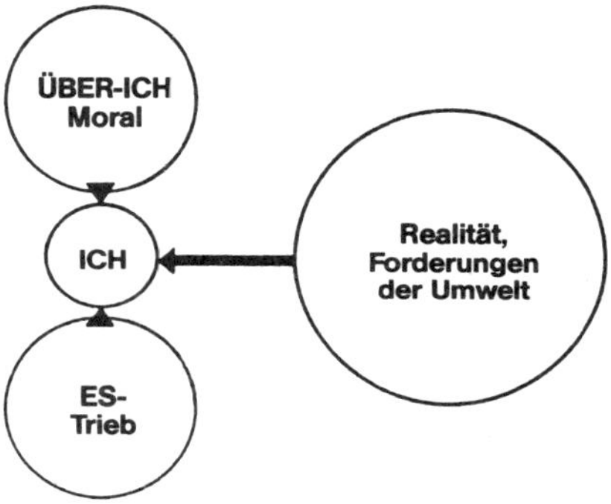

Das ICH kämpft in Freuds Modell mit zwei seelischen Instanzen (ES, ÜBER-ICH) und der Realität. Natürlich bleibt das ICH nicht immer Sieger. Ein markanter Satz von Freud lautet deshalb resignierend: »Der Mensch ist nicht Herr im eigenen Haus.«

Der Mensch hat Angst vor den Strebungen aus seiner ES-Schicht, fürchtet sich davor, ihnen zu unterliegen (siehe den Fall Frau Liblar), weil das Gewissen (ÜBER-ICH) eine Befriedigung – hervorgerufen etwa durch eine prüde Erziehung – nicht zulassen will. Diese Angst vor der Expansion der Strebungen führt zur Gehemmtheit. Die Gehemmtheit bleibt natürlich nicht ohne Folgen. Die Unterdrückung der Sexualstrebung führt im schlimmsten Fall zu einer Neurose (seelische Störung) und zu körperlichen Beschwerden (häufige Kopfschmerzen, Schlaflosigkeit, Hand- und Fußschweiß, Magenschmerzen, Herzklopfen usw.). Die Unterdrückung irritiert aber vor allem auf unbewußtem Wege die Selbstsicherheit.

Mit einem Beispiel soll das illustriert werden. Herr Hubermann ist seit drei Jahren verheiratet. Da er sehr puritanisch erzogen wurde, hat er seine sexuellen Strebungen in der Pubertät zu verdrängen versucht. Außerdem hielt er sich körperlich für nicht sehr attraktiv. Er war sehr glücklich, als sich eine Frau für ihn interessierte, und er heiratete sie nach einem halben Jahr. Aber die sexuelle Begegnung mied er, so gut es ging. Herr Hubermann konzentrierte all seine Energie auf seinen Beruf und schützte gegenüber seiner Frau immer eine gewisse Müdigkeit vor. Auf diese Weise vermied er weitestgehend den sexuellen Kontakt und ›genoß‹ die Früchte seiner Arbeit, seinen Aufstieg zum Abteilungsleiter.

Durch ihre Verdrängung verschwinden die sexuellen Impulse jedoch nicht. Sie tauchen in Nacht- und Tagträumereien immer wieder auf. Im Falle unseres Herrn Hubermann wurde der von den Reizen seiner Frau und den sexuellen Reizen seiner Umgebung (Sekretärin, Magazine, Filme) durchaus stimuliert. Da er sexuelle Bedürfnisse und Wünsche aber nie ungehemmt auslebte, litt sein Selbstwertgefühl. Er fühlte sich nicht vollwertig und fühlte unbewußt, daß seinem Leben etwas fehlte. Herr Hubermann wurde zwar von seiner Umgebung wegen seines beruflichen Erfolgs bewundert, dennoch spürte man, daß er oft unsicher und leicht reizbar war. Herr Hubermann konnte keine Kritik ertragen, besaß auch kein ausgeglichenes Selbstwertgefühl.

Um Herrn Hubermann zu heilen, auch um seine Ehe zu retten, müßte man ihm die Angst vor seinen sexuellen Impulsen nehmen. Er müßte sexuell freier werden, dann würde sein Selbstbewußtsein stärker und sein Leben glücklicher.

Da Herr Hubermann mit niemandem über sein Problem spricht, weil er ihm selbst nicht offen in die Augen sehen kann, bleibt er während seines ganzen Lebens unsicher.

Ich habe dieses Buch nicht zuletzt deshalb geschrieben, damit sich Leser, denen es ähnlich geht wie Herrn Hubermann, wiedererkennen und sie durch sein Schicksal wachgerüttelt werden. Ich fordere diese Leser auf, nicht mehr den Kopf in den Sand zu stecken, sondern ihre Sexualität zu beachten. Die Angst vor den eigenen Triebimpulsen sollte unbedingt abgebaut werden. Wer glaubt, das nicht alleine zu schaffen, sollte sich einem Psychologen anvertrauen. Mehr über die Methoden einer solchen Psychotherapie können Sie ab Seite 102 nachlesen.

Und nun ein Beispiel über die Auswirkungen des Geltungsstrebens auf das Selbstbewußtsein. Jeder Mensch besitzt wie den Sexualtrieb ein Geltungsstreben. Das Geltungsstreben wird deshalb nicht als Geltungs›trieb‹ bezeichnet, weil ein Trieb eine organische Grundlage hat (der Sexualtrieb beispielsweise ist an die Sexualorgane und Sexualhormone gebunden).

Das Geltungsstreben ist zwar kein Trieb, aber es ist ein elementares Streben wie das Streben nach sexueller Befriedigung. Man kann zwar von einem Menschen sexuelle Askese fordern (etwa von katholischen Geistlichen), die dann auch mit mehr oder weniger starken seelischen Störungen durchgeführt wird, aber eine noch schlimmere Tortur ist die Erfahrung, den Verlust der Geltung feststellen zu müssen.

Jeder Mensch möchte sich bestätigt fühlen und anerkannt wissen. Wer nicht anerkannt wird, also nichts gilt vor sich selbst und den Mitmenschen, empfindet das Leben als sinnlos. Und trotzdem sind viele Menschen in ihrem Geltungsstreben gehemmt. Sie haben Angst vor ihrem Drang nach Geltung und unterdrücken ihn. Wenn das Geltungsstreben gehemmt ist, wirkt ein Mensch äußerlich besonders unsicher. Er gibt sich demütig und unterwürfig.

Ein Beispiel soll die Angst vor der Entfaltung des Geltungsstrebens illustrieren.

Herr Buber ist in kleinbürgerlichen Verhältnissen aufgewachsen. Er ist kaufmännischer Angestellter und gilt unter seinen Kollegen als unterwürfig, demütig und bescheiden. Diese Eigenschaften führen dazu, daß Herr Buber von seinen – in ihrem Geltungsbedürfnis ungehemmteren – Kollegen attackiert und gehänselt wird. Er ist die Zielscheibe ihres Spotts, macht aber stets eine gute Miene zum bösen Spiel.

Nach Feierabend geht Herr Buber oft in einen Kegelklub, wo er beim Kegeln große Geschicklichkeit beweist. Während eines Betriebsausflugs wird eine Gaststätte aufgesucht, in der sich zufällig eine Kegelbahn befindet, und die Kollegen von Herrn Buber, die wenig Erfahrung im Kegeln haben, vergnügen sich beim Kegeln. Herr Buber macht natürlich begeistert mit. Was, glauben Sie, geschieht jetzt? Will Herr Buber nun einmal richtig demonstrieren, was er kann? Normalerweise würde man annehmen, daß er froh ist, sein Können zu zeigen – wenn sein Geltungsstreben nicht gehemmt wäre. Herr Buber kegelt unbewußt nicht besser als seine Kollegen, sondern eher schlechter. Er hat Angst zu zeigen, wie gut er kegeln kann. Er kann seine Fähigkeiten nicht ungehemmt entfalten, um die Rangordnung nicht durcheinanderzubringen.

Der Fall erscheint grotesk. Aber er zeigt anschaulich, welchen Einfluß ein gehemmtes Geltungsstreben auf das Leben eines Menschen haben kann. Das gehemmte Geltungsstreben äußert sich als Selbstunsicherheit. Tatsächlich kann ein gehemmter Mensch kein starkes Selbstbewußtsein zeigen. Er wird sich immer wieder in der Rolle des Unsicheren, Demütigen bestätigen. Natürlich macht ein gehemmtes Geltungsstreben nicht glücklich. Herr Buber beispielsweise ist mit seinem Verhalten und seiner Rolle unzufrieden. Aber er findet aus dieser Rolle nicht heraus, auch wenn er es sich bei klarer Überlegung vornehmen würde. Seine Geltungshemmung ist so tief und fest verwurzelt, daß sie durch Argumente über den Verstand nicht abgebaut werden kann. Herr Buber ist aus diesem Grund zur Mittelmäßigkeit ›verurteilt‹. Er müßte seine Vergangenheit aufarbeiten und eine neue Einstellung zu den Mitmenschen und zu sich selbst gewinnen, um selbstbewußter zu werden. Er müßte sein Selbstbewußtsein vor allem zeigen können. Aber gerade davor hat er Angst.

Die Angst vor den eigenen Impulsen und Wünschen führt zur

›Verdrängung‹. Diese Bezeichnung stammt von Anna Freud, der Tochter Sigmund Freuds, die das Werk ihres berühmten Vaters auf dem Gebiet der Abwehrmechanismen weiterentwickelte.

Die Verdrängung ist ein solcher Abwehrmechanismus. Was das ist, soll auf den folgenden Seiten erklärt werden, weil dieser Vorgang zum Verständnis des eigenen und fremden Seelenlebens sehr wichtig ist.

Ein Beispiel für den Abwehrmechanismus Verdrängung zeigt die Angst des Menschen vor sich selbst.

Der zehnjährige Paul wird von seiner Mutter unberechtigt geschlagen. Das läßt er sich nicht gefallen, und er beschimpft seine Mutter laut und aggressiv. Da die Mutter sehr empfindlich ist, ›wehrt‹ sie sich wiederum gegen diese Aggression, indem sie Paul mit Nichtachtung bestraft. Sie spricht kaum noch mit ihm und erklärt ihm auch nicht den Grund für ihr Verhalten.

Der Entzug von Geborgenheit und Liebe ist für Paul eine fürchterliche Strafe. Als er drei Monate später wieder einmal ungerecht behandelt wird, wollen sich erneut aggressive Impulse melden. Aber Paul bekommt Angst vor den späteren Folgen, vor dem ›Liebesentzug‹. Seine Aggressivität wird nicht in die Tat umgesetzt, sondern abgewehrt und verdrängt.

Die Zeichnung zeigt schematisch, wie eine Verdrängung vor sich geht. Das Motiv (aggressives Handeln) steigt aus dem Unterbewußtsein ins Bewußtsein, aber es wird sofort aus dem Bewußtsein wieder ins Unterbewußtsein verdrängt:

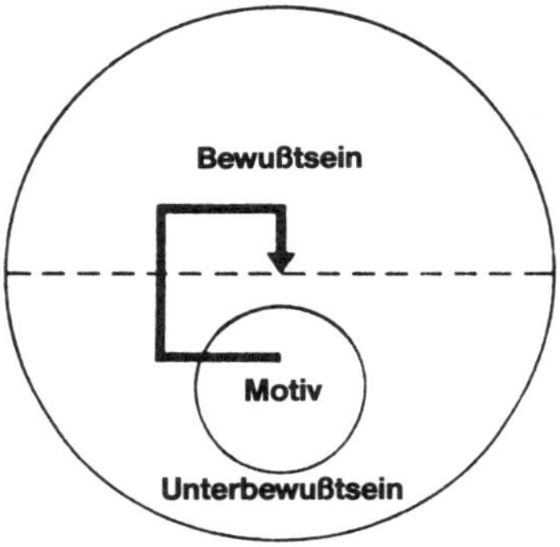

Wenn Paul erwachsen ist, spielt sich – etwa gegenüber seinem Chef oder seiner Ehefrau – derselbe Verdrängungsmechanismus ab. Sobald er aggressive Impulse spürt, verdrängt er sie aus Angst vor Liebesverlust und Verlust der Geborgenheit. Er kann diese Folgen nicht ertragen und hält sich für ohnmächtig, etwas dagegen zu tun.

Nicht nur aggressive Impulse werden auf diese Weise verdrängt, auch sexuelle Bedürfnisse, sofern ein Sexualpartner (etwa durch die Ehe) als tabu gilt.

Die Verdrängung ist nicht der einzige Abwehrmechanismus. Es gibt viele Wege, die Wahrheit vor sich selbst zu verschleiern. Der Mensch kann sehr oft der Wahrheit nicht offen ins Gesicht blicken und gestaltet seine Erlebnisse und Erfahrungen deshalb nach seinen Wünschen um. Auf diese Weise erscheinen ihm sein Leben und seine Umwelt erträglicher.

Die meisten Menschen haben Angst vor wirklicher Selbsterkenntnis. Sie sind zwar neugierig zu erfahren, wie sie sind, aber sie wollen sich nur in ihrem positiven Selbstbild bestätigt sehen.

Machen Sie jetzt einmal ein interessantes Experiment. Entwerfen Sie Ihr Selbstbild, und vergleichen Sie es mit der Fremdeinschätzung Ihrer Mitmenschen. Das ist interessant und zeigt Ihnen, worin Sie sich eventuell über- oder unterschätzen. Zum Vergleich erfahren Sie, wie Sie von Ihren Mitmenschen eingeschätzt werden. Das muß natürlich keinesfalls der Realität entsprechen – vielleicht sind Sie ganz anders –, aber das Experiment gibt Ihnen die Möglichkeit, sich mit sich selbst und der Einschätzung Ihrer Mitmenschen auseinanderzusetzen (wenn Sie die Einschätzung Ihrer Mitmenschen ziemlich kaltläßt, ist Ihr Selbstbewußtsein vom Urteil Ihrer Mitmenschen unabhängig).

Kreuzen Sie in der folgenden Tabelle an, wie die zehn aufgeführten Persönlichkeitseigenschaften nach Ihrer Meinung in Ihnen ausgeprägt sind.

Verbinden Sie die zehn Kreuze zu einer Profilkurve. Lassen Sie jetzt in der Tabelle ›Fremdeinschätzung‹ die zehn Persönlichkeitseigenschaften von Freunden und Bekannten einschätzen.

Selbsteinschätzung Name Datum					
zehn Persönlichkeits-eigenschaften	sehr stark	stark	durchschnitt-liche Tendenz nach stark	durchschnitt-liche Tendenz nach schwächer	schwächer
Selbstsicherheit					
Optimismus					
Vorsicht					
Unabhängigkeit					
Selbstlosigkeit					
Menschenkenntnis					
Belastbarkeit					
Toleranz					
Ehrgeiz					
Einfühlungsvermögen					

Fremdeinschätzung Name Einschätzung von					
zehn Persönlichkeits-eigenschaften	sehr stark	stark	durchschnitt-liche Tendenz nach stark	durchschnitt-liche Tendenz nach schwächer	schwächer
Selbstsicherheit					
Optimismus					
Vorsicht					
Unabhängigkeit					
Selbstlosigkeit					
Menschenkenntnis					
Belastbarkeit					
Toleranz					
Ehrgeiz					
Einfühlungsvermögen					

Ihre Bekannten sollen ankreuzen, wie sie Sie einschätzen. Natürlich sollen sie versuchen, ehrlich zu sein.

Sie werden feststellen, daß Sie von verschiedenen Personen ziemlich unterschiedlich eingeschätzt werden. Vergleichen Sie dann die Fremdeinschätzungen mit Ihrer Selbsteinschätzung.

Auch hier werden Sie erstaunt sein, daß die Übereinstimmung nicht sehr groß ist.

Sicher haben Sie die Fremdeinschätzung Ihrer Freunde mit großer Neugier studiert. Vor allem dann, wenn Ihr Selbstbewußtsein gering ist, macht Sie jede negative Einschätzung unruhig und ärgerlich.

Ihre Selbstsicherheit ist gut ausgeprägt, wenn Sie die Fremdeinschätzungen als eine Möglichkeit der Selbsterfahrung betrachten, aber die Ergebnisse nicht überbewerten. Selbstsicherheit zeigt sich nämlich in weitgehender Unabhängigkeit vom Urteil der Mitmenschen. Der Selbstsichere hat keine Angst vor sich selbst und dem Urteil der anderen. Er entfaltet seine Eigenschaften, ohne über ihre Ausprägung nachzudenken, denn er fühlt sich mit sich selbst in Einklang.

Angst vor anderen Menschen

Die Fremdeinschätzung hat Ihnen gezeigt, ob Sie das Urteil Ihrer Mitmenschen fürchten. Diese Furcht entsteht, weil Sie glauben, eine negative Eigenschaft zu besitzen, die niemand entdecken soll. Sie entsteht auch, weil Sie einfach nicht damit fertig werden, nicht so gut beurteilt worden zu sein, wie Sie selbst gerne sein wollen. Das übergroße Wunschbild (aus Unsicherheit) wird eventuell zerstört. Vor dieser Erkenntnis steckt man gerne den Kopf in den Sand.

Weitreichende Folgen hat die Angst vor Mitmenschen, die als Autoritäten gelten. Diese Angst und die damit verknüpfte Selbstunsicherheit wird von den meisten als sehr unangenehm und störend erlebt. Wenige Menschen sind davon ganz frei. Der Grund für diese Tatsache sind die ›autoritäre‹ Erziehung und die entsprechenden prägenden Erfahrungen in der Kindheit.

Ein Beispiel für die Autoritätsangst: Herr Meiners verliert stets sein Selbstbewußtsein, sobald er zu seinem Chef gerufen oder in einer Konferenz von seinem Chef angesprochen wird. Gegenüber seinen Kollegen tritt Herr Meiners durchaus selbstsicher auf, doch sobald der Chef auftaucht, bekommt er leichte Magenschmerzen, werden seine Handflächen feucht.

Herr Meiners hat diese Unsicherheit zum Glück nicht bei anderen Autoritäten, wie beispielsweise bei Chefs anderer Firmen, mit denen er manchmal verhandeln muß. Für die Autoritätsangst Herrn Meiners' gibt es eine Erklärung, die ihm selbst nicht bewußt ist.

Herr Meiners hatte in seiner Schulzeit einen Mathematiklehrer, der seinem Chef äußerlich ähnlich sah. Die Ähnlichkeit war jedoch nicht so stark, als daß sie Herrn Meiners direkt ins Auge sprang. Der Mathematiklehrer konnte den Schüler Meiners nicht leiden. Er benutzte seine Autorität, um ihn lächerlich zu machen. Der Schüler Meiners hatte schließlich solche Angst vor den Mathematikstunden, daß er an den Händen schwitzte, Magenschmerzen bekam und manchmal sogar die Stunden schwänzte. Im Zeugnis hatte der Schüler Meiners in Mathematik bei diesem Lehrer stets eine Fünf.

Den ehemaligen Lehrer hat Herr Meiners längst vergessen, aber in der Tiefe seiner Psyche sind die damaligen seelischen Verletzungen noch gespeichert. Sobald er einer Autorität begegnet, die äußerlich dem ehemaligen Lehrer etwas gleicht, projiziert Herr Meiners unbewußt die Eigenschaften des Lehrers in diese Person – und es melden sich Angstsymptome.

Die Angst von Herrn Meiners war leicht aufzuklären. Es gibt jedoch viele Menschen, die nicht nur vor einem Autoritätstyp unsicher und ängstlich werden, sondern generell bei der Begegnung mit Autoritäten. Das ist der Fall, wenn jemand in seiner Kindheit und Jugend grundsätzlich von Autoritäten enttäuscht wurde, vom Vater, von Lehrern, von Polizisten, Lehrherrn und Chefs. Die generelle Angst vor Autoritäten ist natürlich viel schwerer zu heilen als die Angst vor einem speziellen Personentyp.

Es gibt aber nicht nur die Angst vor Autoritäten, sondern auch die Angst vor bestimmten Menschentypen.

Ein Beispiel: Frau Ahlborn hatte in ihrer Jugend eine rothaarige Freundin, die ziemlich dick war. Von dieser Freundin wurde sie mehrmals sehr enttäuscht und bei einem Streit sogar geschlagen.

Eines Tages bekam Frau Ahlborn eine neue Kollegin – sie war rothaarig und ziemlich dick. Die Kollegin sah also der ehemaligen Freundin ähnlich. Was jetzt passierte, können Sie sich sicher denken. Frau Ahlborn verkrampfte sich jedesmal, wenn sie der Kollegin auf dem Flur begegnete, und schwitzte am ganzen Körper. Sie konnte zu der Kollegin keine selbstsichere, natürliche Beziehung aufnehmen, sondern vermied jedes Gespräch. Zu ihren anderen Kolleginnen sagte sie: »Die ist mir wahnsinnig unsympathisch.«

Und nun zu einer anderen Angst. Wer selbst nicht selbstbewußt ist, hat Angst vor dem Selbstbewußtsein anderer. Der Unsichere möchte aus seiner Unsicherheit herausfinden und umgibt sich deshalb gerne mit noch unsichereren Menschen: Selbstbewußte versucht er zu meiden, weil sie ihm mit ihrer Sicherheit Angst einjagen. In ihrer Gegenwart wird er sich seiner Unsicherheit besonders bewußt, und davor hat er Angst.

Ein Beispiel für diese Angstreaktion und ihre Folgen: Die Ehepaare Müller und Reinek sind seit vier Jahren befreundet. Beide Ehepaare führen eine unglückliche Ehe, worüber auch manchmal diskutiert wurde. Das Ehepaar Reinek trennt sich, weil Herr Reinek eine Geliebte hat. Frau Müller hält zu Frau Reinek. Herr Reinek erzählt Herrn und Frau Müller von seiner Geliebten. Er schwärmt natürlich von ihr und möchte mit den Müllers einen Termin vereinbaren, um seine Geliebte vorzustellen.

Was passiert jetzt? Normalerweise müßte man annehmen, daß die Müllers mit kritischer Spannung die Vorstellung der Geliebten erwarten. Aber es kommt anders, weil Frau Müller als Ehefrau sehr unsicher ist. Sie sagt Herrn Reinek, sie wolle die Geliebte nicht sehen, auch auf die Gefahr hin, daß dann die Freundschaft zu Herrn Müller zerbricht.

Die Angst vor einer Frau, die es geschafft hat, die Reinek-Ehe zu trennen, war zu groß. Es meldete sich Frau Müllers Angst vor der Begegnung mit einer nach ihrer Empfindung starken Frau. Sie wollte diese Frau nicht kennenlernen. Herr Reinek war darüber sehr enttäuscht und zog sich deswegen von dem ehemals befreundeten Ehepaar zurück.

Der Unsichere hat also Angst vor der Selbstsicherheit der Mitmenschen. Aber er hat auch Angst vor den ›eigenen‹ Eigenschaften in seinen Mitmenschen. Eigenschaften und Einstellungen, die man in sich selbst entdeckt, werden auch bei den Mitmenschen vermutet.

Ein Beispiel: Herr Sommer ist ein Intrigant. Er spielt seine Kollegen gegenseitig aus, um sich dadurch Vorteile zu verschaffen. Da er stets nach Möglichkeiten der Intrige Ausschau hält, vermutet er, daß seine Kollegen – genauso wie er selbst – intrigieren. Er kann sich nicht vorstellen, daß die anderen nicht an Intrige denken. Aus diesem Grund hat Herr Sommer natürlich ständig Angst vor den Intrigen seiner Kollegen.

Das gilt auch für andere Eigenschaften. Wer selbst lügt, glaubt auch, daß er von anderen belogen wird. Wer seine Frau betrügt, ist rasend eifersüchtig, weil er glaubt, daß auch seine Frau ihn betrügt. Eigene Vorstellungen und Verhaltensweisen werden in andere Menschen projiziert. Das Unrecht, das man anderen tut, fällt auf einen selbst zurück: Es erzeugt die Angst, andere könnten einem noch mehr Unrecht zufügen.

Wer sich dagegen sozial und hilfsbereit verhält, fürchtet weniger das asoziale Verhalten seiner Mitmenschen; er fühlt sich sicherer, geborgener und angstfreier. Demnach ist das die richtige Basis für eine gute Selbstsicherheit.

Ist geringes Selbstbewußtsein angeboren?

Tiere besitzen mehr angeborene Eigenschaften als der Mensch. Sie sind instinktabhängiger und haben mit ihrer Selbstsicherheit wenig Probleme. Anders der Mensch – er ist freier und kann sich aus diesem Grund bilden und entfalten. Vor allem die Selbstsicherheit ist eine Eigenschaft, die ihm nicht als unabänderliches Schicksal in die Wiege gelegt wird. Trotzdem ist er nicht alleine seines Selbstbewußtseins Schmied, denn die Erfahrungen in Kindheit und Jugend beeinflussen das Selbstbewußtsein sehr stark. Darüber finden Sie mehr im zweiten Kapitel (›Die Gründe für geringes Selbstbewußtsein‹).

Es gibt also kein angeborenes geringes Selbstbewußtsein. Auch Menschen, die mit Körpermängeln (zum Beispiel Hasenscharte, Verkrüppelung) geboren werden, besitzen nicht zwangsläufig eine geringe Selbstsicherheit. Beobachten Sie einmal körperbehinderte Kinder, die im liebenden Schutz der Familie aufgewachsen sind. Sie sind durchaus selbstbewußt. Die Probleme kommen erst später, treten in der Schule, im Beruf auf, also dann, wenn die Umwelt ihre Behinderung als ›minderwertig‹ behandelt. Erst jetzt leidet die Selbstsicherheit. Das muß nicht so sein, wenn vorbeugend das Selbstbewußtsein durch psychologische Behandlung gestärkt wird.

Selbstsicherheit hat auch nichts mit Intelligenz zu tun. ›Unintelligente Menschen‹ sind bei theoretischen Problemen gehemmt und wenig selbstsicher, weil ihre Schwerfälligkeit oft verhöhnt wird. Sie bekommen einen ›Intelligenzkomplex‹ und sind so entmutigt, daß sie aus Unsicherheit und Angst stets erneut versagen. Sie geraten in einen Teufelskreis, aus dem sie kaum noch entrinnen können. Da wenig intelligente Jugendliche in unserem Schulsystem nicht entsprechend gefördert werden, wird ihr Selbstbewußtsein auf intellektuellem Gebiet stets angeknackst sein.

Hohe Intelligenz ist allerdings auch keine Garantie für große Selbstsicherheit. Im Gegenteil: Gerade unter besonders intelligenten Menschen (IQ über 130) befinden sich viele Selbstunsichere. Woran liegt das? Wer sehr intelligent ist, unterliegt der Gefahr, alles rationalisieren, analysieren und verstandesmäßig erfassen zu wollen. Darunter leidet die spontane Erlebnisfähigkeit. Dieser Mangel wird dem Intelligenten bewußt, und die daraus folgende Erkenntnis bedrückt ihn und macht ihn unsicher.

Außerdem besteht beim Intelligenten die Gefahr, daß er die Eigenschaft Intelligenz überbewertet. Ein Beispiel soll das illustrieren.

Der kleine Hans ist ein Einzelkind. Da die Erwachsenen sich besonders um ihn kümmern, wird er rechtzeitig gefördert und ist ein guter Schüler. Er entwickelt also bereits in frühen Jahren ein gutes intellektuelles Selbstbewußtsein. Das ist eine gute Voraussetzung für weitere erfolgreiche geistige Leistungen. Hans schafft also spielend sein Abitur und anschließend das rechtswissenschaftliche Studium. Hans ist zu einem reinen Verstandesmenschen geworden, weil er auf intellektuellem Gebiet erfolgreich war und ist und dies immer wieder bestätigt bekommt.

Auf emotionalem Gebiet war Hans dagegen stets sehr unsicher. Er konnte schlecht seine Gefühle zeigen und verlor deshalb mehr und mehr an Spontaneität. Da er keine emotionale Wärme ausstrahlte, sondern immer etwas unterkühlt intellektuell wirkte, waren ihm gegenüber auch seine Mitmenschen emotional etwas zurückhaltend. Deshalb suchte Hans Selbstbestätigung vor allem auf intellektuellem Gebiet; der emotionale Kontakt verlor für ihn immer mehr an Bedeutung. Auf diese Weise wurde seine Intelligenz für ihn immer wichtiger. Ein Mißerfolg auf diesem Gebiet konnte er sich praktisch nicht ›leisten‹, da seine Persönlichkeit einseitig entfaltet war.

Die Folge: Hans wurde mit zunehmenden Jahren ein Intellektueller mit ›Intelligenzkomplex‹. Ein Versagen auf diesem Gebiet war für ihn unerträglich, da es seine einzige Entfaltungsmöglichkeit war. Hans versuchte also immer und überall, seine Intelligenz in den Vordergrund zu spielen. Das gab ihm Sicherheit, allerdings eine leicht antastbare Sicherheit, denn jeder Mißerfolg machte ihn deprimiert und unsicher. Seine Selbstsicherheit war demnach leicht zu zerstören, da sie durch Einbußen auf anderen seelischen Gebieten regelrecht ›erkauft‹ worden war.

Etwas Ähnliches können Sie bei sehr hübschen Frauen beobachten. Sie werden in ihrer Schönheit von der Umwelt häufig bestätigt und beobachten deshalb ihr Aussehen mit viel größerer

Aufmerksamkeit als durchschnittlich hübsche Frauen. Eine überdurchschnittlich schöne Frau verwendet daher häufig überdurchschnittlich viel Zeit für ihre Pflege (obwohl beispielsweise weniger Kosmetik manchmal mehr wäre). Solch eine Frau besitzt zwar viel Selbstsicherheit aus dem Lob der Mitmenschen, erkauft diese Selbstbestätigung aber oft mit einem ›Schönheitskomplex‹. Sie muß ihr Gesicht häufig im Spiegel überprüfen, verschwendet, wie gesagt, viel Zeit, um noch schöner zu sein und verbraucht viel Geld für Kleidung. Die Fixierung auf das Aussehen kann dann so stark sein, daß daraus ein Narzißmus wird, und die Möglichkeit, zu einer gesunden Selbstsicherheit zu gelangen, wird somit verspielt.

Zweites Kapitel
Die Gründe für geringes Selbstbewußtsein

Geringes Selbstbewußtsein ist nicht angeboren, sondern im Laufe des Lebens entstanden. Nach welchem Gesetz? Die Antwort ist einfach: durch enttäuschende Erlebnisse (Fachausdruck: Frustrationen). Die Stärke und Anzahl der Enttäuschungen ist dabei von enormer Bedeutung. Die enttäuschenden Erlebnisse müssen nicht zwangsläufig von anderen Personen verursacht worden sein, sie können auch vom eigenen Selbst ausgehen – man denke nur an das Versagen bei einer Prüfung.

Berühmt ist in der psychologischen Wissenschaft die ›Frustrations-Aggressions-Theorie‹ von Dollard und einigen anderen amerikanischen Psychologen, die besagt, daß Frustrationen (Enttäuschungen, seelische Verletzungen) Aggressionen auslösen. Aber Frustrationen lösen nicht nur Angriff und Aggression aus, sondern auch – wie neuere Forschungen gezeigt haben – Regression, Fixation, Abhängigkeitsverhalten, Rückzug, Apathie und psychosomatische Symptome.

Frustrationen sind die Ursache für geringes Selbstbewußtsein. Alle Minderwertigkeitsgefühle sind durch Frustrationen in der Kindheit, der Jugend und im späteren Erwachsenenalter entstanden. Unter erlebten Frustrationen leiden viele Menschen ein ganzes Leben, und durch ihr verletztes Selbstwertgefühl werden sie aggressiv und verletzen (frustrieren) wieder andere Menschen, die wiederum diese Frustration als Aggression weitergeben (oder die Aggression gegen die eigene Person richten).

Die bisher gegebenen Erläuterungen in bezug auf die Gründe für gering entwickeltes Selbstbewußtsein waren vielleicht etwas zu abstrakt. Um sie besser zu verstehen, folgen nun fünf Kapitel, die ausführlichere Erklärungen geben.

- Unterdrückende Erziehung
- Gehemmte Sexualität
- Gesellschaftsstruktur und Seelenverschmutzung
- Verhinderte Entfaltung
- Frustrationen im Umgang mit Menschen

In diesen Kapiteln wird erklärt, wie Frustrationen fortwährend die Entfaltung und Sicherheit des Menschen beeinträchtigen. Das Verständnis für diese psychologischen Zusammenhänge ist wichtig, wenn Sie Ihre Selbstsicherheit verbessern wollen. Es wird Ihnen dargelegt, daß es durchaus verständlich ist, wenn Sie kein gesundes Selbstbewußtsein besitzen. Das wird Sie beruhigen und kann Ihnen Mut geben, denn Sie werden sehen, daß Millionen Menschen die gleichen Probleme wie Sie haben. Wenn sie schließlich die Gründe für Ihre Minderwertigkeitsgefühle kennen, werden Sie sich dann auch schnell entschließen, sich mutig an die Verbesserung Ihres Selbstbewußtseins heranzumachen.

Unterdrückende Erziehung

Die Erziehung spielt eine entscheidende Rolle bei der Entstehung der Selbstsicherheit, aber auch der von Minderwertigkeitsgefühlen. Die Grundlage wird im Elternhaus gelegt. Von großer Bedeutung sind dann die Erlebnisse in der Grundschule, in der Pubertät und die ersten Jahre der Berufstätigkeit.

Normalerweise wächst ein Kind nicht in einem freiheitlichen Klima heran, denn sein natürlicher Entfaltungsdrang wird meist unterdrückt. Der Erziehungs- und Verhaltensstil von etwa 90 Prozent der Eltern, Lehrer, Chefs und sonstigen Bezugspersonen ist autoritär, trotz der seinerzeit stark aufkommenden Diskussion über die ›antiautoritäre Erziehung‹. Dieser Begriff hat aber auch Schaden angerichtet, weil viele Eltern durch Fernsehberichte über antiautoritäre und freie Erziehung erschreckt waren und damit Anarchie, Terror, Kriminalität und Aggression verknüpften.

Die Gedanken des englischen Schulleiters Neill, dem Protagonisten der antiautoritären Erziehung, sind trotz seiner hohen Buchauflagen leider nicht verstanden und angenommen worden. Und es wird noch lange dauern, bis seine Vorstellungen über eine antiautoritäre Erziehung in die Erziehungspraxis umgesetzt werden.

Vorerst wird der Erziehungsstil der Eltern jedenfalls weiterhin autoritär bleiben. Und autoritär wurden auch 90 Prozent der Leser dieses Buches erzogen. Unter dieser Erziehung leiden wir alle (ich schließe mich nicht aus), und aufgrund dieser Erziehung ist unser Selbstbewußtsein nicht so beschaffen, wie es idealerweise sein sollte.

Ein Beispiel für die Verhinderung von Entfaltung und Selbstsicherheit aus dem Erziehungsalltag, mit dem Eltern aller Generationen konfrontiert werden: Familie Mindler hat eine fünfjährige Tochter. Sie heißt Gaby. Zum Geburtstag erhält sie einen Kasten mit Filzstiften. Gaby malt ein Bild und läuft damit zur Mutter, um ihr die Zeichnung zu zeigen. Was passiert? Frau Mindler ist von dem Bild enttäuscht, sagt aber – im günstigsten Fall –: »Schön, mal weiter so.« Aber sie beschäftigt sich nicht näher mit dem Bild.

Gaby versucht ein Gespräch und sagt: »Das ist eine Katze unter dem Baum, und hier ist die Sonne.« Die Mutter sagt bestenfalls: »Wo sind die Blumen? Du solltest noch einige Blumen dazumalen.«

Eltern sind meist von Kinderzeichnungen enttäuscht, weil sie die Qualität mit dem Maßstab der Erwachsenenästhetik messen. Das ist falsch. Das Kind spürt unbewußt die enttäuschte, uninteressierte Reaktion der Eltern, auch wenn die Mutter sagt: »Schön, mal weiter so.« Häufiger sagen die Mütter: »Mal weiter und störe mich nicht.« Die Folge: Das Kind fühlt sich nicht bestätigt.

Würde man ein Jahr lang die Erziehungsweise der Eltern beobachten und jedes Lob und jeden Tadel zählen, würde man entdecken, daß auf ein Lob zehn tadelnde Bemerkungen kommen. Eine Umfrage unter deutschen Eltern hat gezeigt, daß viele Eltern eher geneigt sind, zu strafen als zu loben. Manche glauben sogar, daß die Erziehung ihrer Kinder auch ohne Lob möglich sei.

Das geht natürlich an der Seele des Kindes nicht spurlos vorbei. Wie soll es sich für wertvoll halten, wenn es soviel falsch macht, wenn sowenig lobenswert ist?

Erwachsene und besonders Kinder können ihre Möglichkeiten nur dann voll entfalten, wenn sie das Gefühl haben, daß ihnen etwas zugetraut wird. Dies geschieht am besten dadurch, daß man sie anerkennt und lobt.

Der amerikanische Psychologe Robert Rosenthal führte dazu ein interessantes Experiment durch. Er testete zunächst die Intelligenz von vierhundert Schülern. Dann wählte er ganz willkürlich – und ohne das Ergebnis des Intelligenztests zu berücksichtigen – Schüler aus, die er den Lehrern als besonders intelligent vorstellte.

Als Rosenthal die vierhundert Schüler nach einiger Zeit nochmals testete, zeigte sich bei den als besonders intelligent bezeichneten Schülern ein Leistungszuwachs, der bis zu 50 Prozent größer war als bei den übrigen Schülern.

Die Erklärung dafür ist inzwischen sehr populär geworden und wird als ›Rosenthal-Effekt‹ bezeichnet. Die Lehrer hatten den herausgestellten Kindern gegenüber positive Erwartungen – sie erwarteten gute Leistungen. Aufgrund dieses Vorurteils lobten sie jeden Ansatz einer guten Leistung, während sie kleinere Fehler ›übersahen‹. Bei den Schülern wiederum wirkte sich die positive Einstellung der Lehrer so aus, daß ihr Selbstvertrauen wuchs und sie demzufolge mehr leisteten.

Ein Lob kann weder zehn Tadel noch zehn Strafen ausgleichen. Und gestraft wird viel und hart, weil die Eltern glauben, daß nur so ein ›ordentlicher Mensch‹ entsteht. Sie wissen nicht, daß sie so ihr Kind dressieren und unterdrücken, ahnen nicht, daß sie so sein Selbstbewußtsein zerstören und dadurch seine Aggressivität fördern. Sie machen so aus ihrem Kind entweder einen unterwürfigen Diener jeglicher Autorität, der seine Wut später an ›Sündenböcken‹ (Ehepartner, Kindern) ausläßt, oder einen aggressiven, mit Leistung seine Minderwertigkeitsgefühle kompensierenden Karrieretyp. – Im zweiten Fall halten sie ihre Erziehung dann auch noch für besonders gelungen.

Aber der autoritäre Erziehungsstil schafft auch den aggressiven Kriminellen, der egoistisch seine Minderwertigkeitsgefühle durch den Gewaltakt des Verbrechens zu kompensieren sucht. In diesem Fall stehen die biederen Eltern ratlos vor ihrem Erziehungsprodukt. Zu ihrer Entschuldigung muß die Vererbung herhalten: »Von wem hat er das geerbt?« Er hat es nicht geerbt, sondern ist in diese Kompensationsweise durch die Erfahrungen mit seiner Umwelt hineingeraten.

Der Kriminelle besitzt genug Vitalität und Lebensenergie, um in einem unvernünftigen Gewaltakt die ganze Misere seiner Situation und die Erniedrigung seiner Person auszugleichen. Er versucht es wenigstens, und die Chancen stehen dann teilweise nicht einmal so schlecht. Selbstbewußtsein kann er dadurch jedoch nicht erringen – das wird ihm spätestens auf der Flucht bzw. vor Gericht klar.

Die Folgen der autoritären Erziehung sind jedoch in der Regel nicht Kriminalität, sondern Anpassung und Leistungsehrgeiz. Wäre Kriminalität die Regel, hätte sich dieser Erziehungsstil nicht durchsetzen können.

Gehemmte Sexualität

Die Erziehung ist autoritär, vorwiegend tadelnd, und sie dressiert das Kind. Zu diesem Ergebnis bin ich nach der Analyse der deutschen Erziehungssituation gekommen. Die Sexualerziehung wiederum ist trotz ›Sexwelle‹ und Freigabe der Pornographie nicht viel besser geworden.

Allgemein herrscht immer noch eine sexualfeindliche Moral. Dabei wird vor allem eines nicht verstanden und anerkannt: Auch das Kind hat bereits sexuelle Impulse – Impulse, die nicht unterdrückt werden dürfen.

Das Klima von etwa 70 Prozent aller Ehen ist sexualfeindlich und unsinnlich. Diese Prozentangabe ist eine Schätzung, die auf meiner persönlichen Erfahrung als Psychologe beruht. Da eine freie Entfaltung der sexuellen Strebungen zur psychischen Gesundheit nötig ist, kann daher geschlossen werden, daß 70 Prozent der Ehepaare psychisch leiden und kein gesundes Selbstbewußtsein entwickeln können.

Aber es ist ja nicht die gestörte Sexualität allein, sondern es sind die Einflüsse der unterdrückenden Erziehung, die Einflüsse der Gesellschaftsstruktur sowie die verhinderte Entfaltung und die Frustration im Umgang mit frustrierten Mitmenschen, die zusammenwirken und ein ungestörtes Selbstbewußtsein nicht zulassen.

Die Situation erscheint ziemlich ausweglos. Wie soll sich der einzelne in diesem Zusammenspiel von hemmenden Faktoren entfalten können? Das ist nur möglich über eine gedankliche Neuorientierung, über den Weg einer Bewußtseinsveränderung. Gedanken und Einstellungen sind die Wegbereiter der Tat.

Ein Beispiel soll das illustrieren. Eine Mutter besucht die Praxis eines Psychologen, weil sie festgestellt hat, daß ihr Sohn onaniert. Da sie selbst sexuell gehemmt ist, ist sie gegen die Selbstbefriedigung eingestellt. Der Psychologe rät ihr jedoch, den Jungen weiter onanieren zu lassen und ihn in seinen Bemühungen, ein Mädchen zur Freundin zu gewinnen, zu unterstützen.

Millionen Mütter gehen nicht zum Psychologen, wenn sie feststellen, daß ihr Kind onaniert. Sie drohen statt dessen: »Lass' das sein, davon wirst du krank.« Trotz Aufklärung hat sich dieses Vorurteil einer sexualfeindlichen Moral immer noch halten können. Daß trotzdem einmal eine Mutter einen Psychologen um Rat fragt, zeigt jedoch, daß sich langsam eine kleine Bewußtseinsveränderung vollzieht. Wäre die Mutter jedoch wirklich sexuell ungehemmt gewesen, hätte sie den Rat des Psychologen nicht gebraucht. So dient ihr dieser Rat als Entlastung für ihre Schuldgefühle, die sich immer noch einstellen, wenn sie ihr Kind diesbezüglich gewähren läßt.

Das Onaniebeispiel ist typisch für die ganze Situation. Die sexuellen Strebungen können sich nicht ungehemmt im Alltag entfalten. Ich begrüße es, daß Pornographie gekauft werden kann, weil es für viele verklemmte Menschen eine Bereicherung ist und zur Entfaltung ihrer aufgestauten Wünsche etwas beitragen kann. Aber daß Pornographie überhaupt ein solch immenses Geschäft für ihre Produzenten sein kann, zeigt doch, wieviel Gehemmtheit und Unterdrückung es immer noch gibt.

Ein Mensch, der seine Sexualität ungehemmt ausleben kann, ist an Pornographie wenig interessiert. Er braucht sie weder zur Stimulation seiner Ehe noch als Onaniervorlage.

Warum ist die Sexualität so vieler Menschen so unterdrückt und gehemmt? Warum sind so viele Ehepaare sexuell unzufrieden oder aneinander desinteressiert? Warum lassen sie ihr Selbstbewußtsein dadurch so drücken?

Die Erziehung hemmt die Entfaltung der körperlichen Sinnlichkeit und der Liebesfähigkeit. In unserer Kultur wird zum Egoismus und zum Konkurrenzdenken erzogen. Ein Mensch soll vor allem Wissen erwerben, um im Beruf seinen Mann zu stehen. Die körperliche und die intellektuelle Leistung stehen weit oben in der Werteskala.

Die Erziehung fördert den Egoismus – nicht der Charakter wird belohnt, sondern die Leistung. In der Schule muß sich jedes Kind gegenüber den Leistungen der anderen Kinder behaupten, es muß versuchen, besser zu sein.

Gesellschaftsstruktur und Seelenverschmutzung

Daß die Verschmutzung und Vergiftung der Umwelt gestoppt werden muß, ist uns in den letzten Jahren glücklicherweise immer bewußter geworden. Hier hat gerade die Presse ihre Aufgabe hinsichtlich Information und Aufklärung wirkungsvoll geleistet. Eine andere Bedrohung, die unsichtbarer und geheimnisvoller vor sich geht, bleibt dagegen nach wie vor im dunkeln – die Verschmutzung und Vergiftung der menschlichen Psyche. Darüber schreibt der Psychologe Jürgen vom Scheidt 1973 in seinem beachtenswerten Buch *Innenwelt-Verschmutzung:* »Umweltverschmutzung ist ein Monstrum, das von außen her unsere Existenz bedroht. In zunehmendem Maße wird man nun darauf aufmerksam, daß es auch eine ›Verschmutzung‹ der menschlichen Seele gibt, die uns inzwischen weit mehr bedroht.«

Wie schwierig das Problem ist, zeigt die unbewußte Beeinflussung durch Filme mit aggressiver Handlung. Eine Untersuchung des Wissenschaftlers Schönbach über die Nachwirkungen eines James-Bond- und eines Mary-Poppins-Films zeigt, daß die Aggressivität der Zuschauer nach dem James-Bond-Spektakel stieg, während sie nach dem Mary-Poppins-Film auf ihrem Ausgangspunkt blieb. Aggressive Filmhelden fördern demnach durch die Identifikation mit ihnen aggressives Verhalten.

Gewalt und Folter durften stets gezeigt werden, aber der nackte Mensch war bis Ende der sechziger Jahre auf dem Fernsehschirm verpönt. Das ist Psychohygiene am falschen Platz. Der nackte menschliche Körper richtet weder in der Seele eines Kindes noch in der Erwachsenenpsyche Schaden an, während das bei Filmen, die Gewalt verherrlichen, durchaus der Fall ist. Gegen diese Darstellung der Gewalt wird leider selten protestiert, obwohl es manchmal angebracht wäre: Nach einer Untersuchung der amerikanischen Regierung nimmt die Zahl der Fernsehfilme mit gewalttätigem Inhalt von Jahr zu Jahr zu.

Jugendliche sind der Beeinflussung durch ›geheime Verführer‹ besonders hilflos ausgeliefert. Von Erwachsenen erwartet man dagegen ein Gefühl für Psychohygiene. In Wirklichkeit besitzen nur wenige einen Sinn für individuelle Psychohygiene.

Deutlich wird das vor allem bei der Zigarettenwerbung. »Selbstbewußte, glückliche, junge, optimistische Menschen rauchen . . .« Es wird also nicht nur eine Zigarette verkauft, sondern Selbstbewußtsein, Glück, Jugendlichkeit und Optimismus. Schließlich wird der Mensch total abhängig vom Konsum: Ob Autos, Kosmetik, Zigaretten, Alkohol oder ob Designer-Möbel – all das (und noch viel mehr) ist notwendig, um ein vollwertiger, selbstbewußter, glücklicher Mensch zu sein. Auf dem Konsumweg sind jedoch Glück und Selbstbewußtsein nicht realisierbar.

Wenn jemand jedoch erst einmal von diesem Irrglauben besessen ist, kommt er davon schwer wieder los. Das ganze frustrierende Erziehungssystem macht ihn anfällig dafür, an das Konsumglück zu glauben. Er arbeitet und schuftet, um sich mit dem verdienten Geld Glück zu kaufen. Woher soll er wissen, daß das nicht geht? Niemand sagt ihm das, weder die wöchentliche Gesprächsrunde im Fernsehen noch die Werbung, die Politiker, Lehrer und Chefs. Die Psychologen und Therapeuten hingegen wissen um diese Fehlleitung, aber sie können sich zu selten äußern, weil sie meist so tief in der Therapiearbeit mit ihren Patienten stecken, daß kaum noch Zeit bleibt, um sich an die Öffentlichkeit zu wenden. Sie helfen jedoch gezielt dem einzelnen Patienten und versuchen somit auf diese Weise, auch der Gesellschaft zu helfen. Durch eine breite psychologische Aufklärung könnte daher in Zukunft dem einzelnen und der Gesellschaft noch mehr als bisher geholfen werden.

Die schlimmsten Seelenverschmutzungen geschehen in der Kindheit. Zum Beispiel erlebt ein Kind die Einstellung der Eltern zum Leben. Eine optimistische Lebenseinstellung beeinflußt die Seele positiv. Wer in früher Jugend in einer angstfreien, optimistischen Atmosphäre heranwuchs, hat den Optimismus und den Glauben an das Positive in sich aufgenommen. Und das wirkt sich aus: Auch in einer schwierigen Situation vertraut der Optimist auf einen guten Ausgang.

Der Pessimist ist dagegen schnell verzagt. Sein Pessimismus raubt ihm den Schwung, seine Probleme anzupacken. Der Pessimismus kann eine Seele vergiften, und die daraus resultierenden negativen Gedanken wirken sich sehr oft auf die Handlungen aus. Auch neigt der Pessimist schneller zu Depression und Resignation – und bringt sich dadurch selbst um den Erfolg.

Selbstbewußtsein und Optimismus sind eng miteinander verknüpft, genauso wie Minderwertigkeitsgefühle und Pessimismus. Zur Psychohygiene gehört: Umgeben Sie sich mit Personen, die durch ihren Optimismus ansteckend auf Sie wirken. Optimismus gibt Ihnen die Kraft, Schwierigkeiten zu überwinden und Frustrationen leichter zu verarbeiten.

Optimistische Gedanken wirken genauso ansteckend wie pessimistische. Der Optimismus gibt Ihnen Zuversicht und Kraft, während Pessimismus hoffnungs- und kraftlos macht. Der Pessimist hat sich mit seinen Minderwertigkeitsgefühlen abgefunden. Er glaubt nicht an seine Fähigkeiten und an den Erfolg von Plänen. Zu oft ist er durch negative Erfahrungen enttäuscht (frustriert) worden und hat daher keine positiven Erwartungen. Dadurch raubt er sich viel Lebensfreude.

Lebensfreude gehört zu einem ausgeprägten Selbstbewußtsein. Wer sich selbst akzeptieren kann, der hat auch die Fähigkeit, andere Menschen zu akzeptieren. Schon aus diesem Grund sollten Sie bei der Auswahl Ihrer Bekannten psychohygienisch denken. Freunde, die sich selbst nicht leiden können, haben auch Schwierigkeiten, Sie zu akzeptieren und Ihnen mit aufgeschlossener, optimistischer Freundlichkeit zu begegnen.

Sobald Ihr Selbstbewußtsein gewachsen ist, sind Sie gegen unsichere Pessimisten immuner geworden. Dann kann ihre Unsicherheit und Resignation Sie selbst weniger beeinflussen.

Verhinderte Entfaltung

Modernes Wohnen hemmt die kindliche Entfaltung. Das zeigt ein Bericht, den Pfarrer Martin Schröter vor einigen Jahren über eine Neubausiedlung erstellt hat. In der Siedlung wohnen über 20 000 Menschen auf einem Quadratkilometer. Über 40 Prozent der Bewohner sind Kinder und Jugendliche bis zu sechzehn Jahren. Es gibt zwei Kindergärten mit insgesamt 190 Plätzen für etwa 2000 Kinder im Alter von drei bis sechs Jahren. Die Häuser, Türen, Fenster, Straßen, Wege, Zäune, Spielplätze und Sandkästen sind rechtwinklig angelegt. Die Kinder dürfen nicht auf den Rasen laufen.

Diese moderne Wohnart kann sich psychologisch in zwei

Richtungen auswirken: Entweder erfolgt eine totale Anpassung an dieses Ordnungsgefüge oder es kommt zu einem radikalen Ausbrechen, das zu einer Ablehnung jeder Ordnung führt. Beides ist gleich negativ für die Entwicklung eines gesunden Selbstbewußtseins.

Von fast jeder Stelle der Siedlung aus trifft der Blick auf Wände, Mauern, Beton, Glas, Stahl, weiße Holzrahmen. Grau ist der Grundton, grau sind die Häuserwände, grau die Straßen und Wege. Neben dem grünen Rasen sind parkende Autos die ›hervorstechendsten‹ Farbtupfer. Wie soll sich in dieser Umgebung Phantasie entwickeln? Nichts kann hier die Kreativität anregen. Und gerade die Kreativität ist eine wichtige Möglichkeit zur Entfaltung des Selbstbewußtseins, weil sie zur Selbstbestätigung verhilft.

Die vorhandenen Kinderspielplätze haben ›keine Geheimnisse‹, ermöglichen demnach den Kindern nicht, Neues zu entdecken, etwas zu untersuchen oder zu erforschen. Die ersten bedenklichen Symptome haben sich schon eingestellt. Die Ärzte stellten ›Pferchungsschäden‹ fest: Freßsucht und Kreislaufbeschwerden. Ein guter Anfang zur Besserung dieser Situation: Es wurden einige Abenteuerspielplätze angelegt.

Auch viele Erwachsene erfahren an ihren Arbeitsplätzen wenig Selbstbestätigung. Mangelnde Motivation und mangelnde Anerkennung ihrer geleisteten Arbeit tragen nicht gerade zu einer Steigerung ihres Selbstwertgefühls bei. Freiberuflich Beschäftigte hingegen fühlen sich eher durch ihre Arbeit befriedigt. Obwohl Freiberufler häufig einer extremen Streßsituation ausgesetzt sind, fühlen sie sich zufrieden, weil sie sich bestätigen.

Das Gefühl, bei den Mitmenschen anerkannt zu sein, spielt eine wichtige Rolle. Das Sozialprestige, das beispielsweise bei Ärzten und Rechtsanwälten sehr hoch ist, und die Möglichkeit, neue Menschen kennenzulernen und anregende Gespräche zu führen, bringt sie dazu, sich ausgefüllt zu erleben und in ihrem Beruf einen Sinn – auch für andere – zu sehen. Dies alles bewirkt eine Steigerung des Selbstwertgefühls.

Die Möglichkeiten der Selbstverwirklichung sind immer häufiger auch im privaten Bereich eingeschränkt. Es gibt für den einzelnen kaum noch Möglichkeiten, einer Entfremdung zu entgehen. Auch das Wohnen in riesigen Hochhäusern, die tägliche eintönige Fahrt zur Arbeit im Auto, die keine Kommunikation mit anderen zuläßt, fördern Isolation und Vereinsamung. Der Geschichtsphilosoph und Historiker Arnold J. Toynbee hat in diesem Zusammenhang von der ›dritten industriellen Revolution‹ – mit den Symptomen Vereinzelung, Entfremdung, Streß und Neurosen – gesprochen.

Im deutschen Konsum- und Wohlstandsalltag nimmt sich jede Stunde ein Mensch das Leben, und alle fünfzehn Minuten wird ein Selbstmordversuch registriert. Allein 1990 haben sich weit mehr als zehntausend Menschen in der Bundesrepublik Deutschland umgebracht. Weder bevorzugte Zeiten (die Nacht zum Montag) noch Wetterbedingungen (Föhn) oder Jahreszeiten sind nach Ansicht der Selbstmordforscher ausschlaggebend für den Entschluß, sich das Leben zu nehmen. Jedem Selbstmord geht meist eine Krankengeschichte voraus. Sie verläuft lautlos, jedoch keineswegs symptomlos: Der Mensch klagt über Einsamkeit und Lieblosigkeit der Umwelt. Oft aber klagt er gar nicht mehr, sondern ist apathisch und stumm.

Der Wiener Selbstmordforscher Gernot Sonneck hat schon vor langer Zeit festgestellt: »Kein Mensch, der genügend Liebe empfindet, wird sich umbringen.« Psychologisch bedeutet dies: Menschen ohne Liebe können ihr Selbstvertrauen nicht aufrechterhalten, weil sie keine Möglichkeiten zur Selbstverwirklichung mehr sehen.

Das Schwanken des Selbstbewußtseins kann nicht nur so extreme Konsequenzen wie Selbstmordabsichten nach sich ziehen, sondern auch viele andere Reaktionen, wie Kontaktschwäche, Gehemmtheit, Stottern, Erröten, Impotenz, Sucht usw.

Die ungarische Psychologin Margarethe von Andics widmete ihre Dissertation der Frage: »Welche Gründe veranlassen die Menschen zum Selbstmord?«

Sie befragte einhundert Personen, die in Wien einen Selbstmordversuch hinter sich hatten, aber gerettet wurden. Als wesentliche Gründe gaben diese Menschen ihre Einsamkeit (Fehlen einer Gemeinschaft) an, die dazu führte, daß ihnen das Gefühl für den Sinn des Lebens verlorenging. Und keiner von ihnen hatte Freunde.

Die überwiegende Zahl der Selbstmörder stellten Menschen mit ungelernten Berufen. Ohne jede menschliche Beziehung, unfähig, aus ihrem Beruf Befriedigung zu gewinnen, fühlten sie einen nagenden Zweifel an ihrem eigenen Wert in sich aufsteigen. Das ist verständlich: Ohne Verantwortlichkeit kann sich kein starkes Selbstwertgefühl entwickeln. Daraus kann man sogar schließen, daß ein Selbstmörder mit seiner Entscheidung das bißchen Selbstwertgefühl erhalten will, das ihm noch geblieben ist.

Frustrationen im Umgang mit Menschen

Frustrierende Erlebnisse (Enttäuschungen) erzeugen die Schwierigkeiten bei zwischenmenschlichen Beziehungen. Selbstbewußtsein zeigt sich nämlich im Kontakt zu den Mitmenschen. Jeder wird von den anderen taxiert und nach seinem Auftreten entsprechend behandelt.

Wer selbstbewußt wirkt, hat im Umgang mit den Mitmenschen mehr Erfolg; er kann sich besser behaupten und durchsetzen. Der weniger Selbstbewußte (Unsichere) wird dagegen nicht ganz ›für voll genommen‹ und dementsprechend schnoddrig behandelt. Für den Unsicheren entsteht somit eine Teufelsspirale, aus der er nur schwer entrinnen kann.

Eine Spirale existiert auch für den Selbstsicheren. Für ihn ist es jedoch keine Teufelsspirale, sondern eine Spirale, die zur Bekräftigung seiner Selbstsicherheit führt.

Die Behandlung durch die Mitmenschen entscheidet demnach auch über das Selbstbewußtsein. Eine Seite der Medaille: Je mehr Frustrationen ein Mensch im Laufe seines Lebens einstecken muß, um so unsicherer und ängstlicher wird er.

Die Teufelsspirale
des Selbstunsicheren

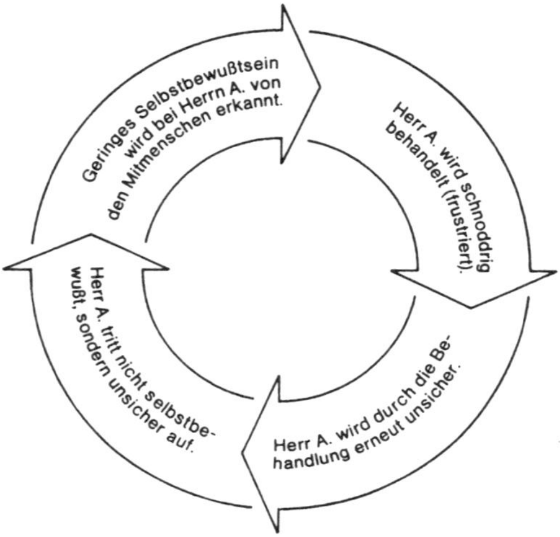

Die Spirale
des Selbstsicheren

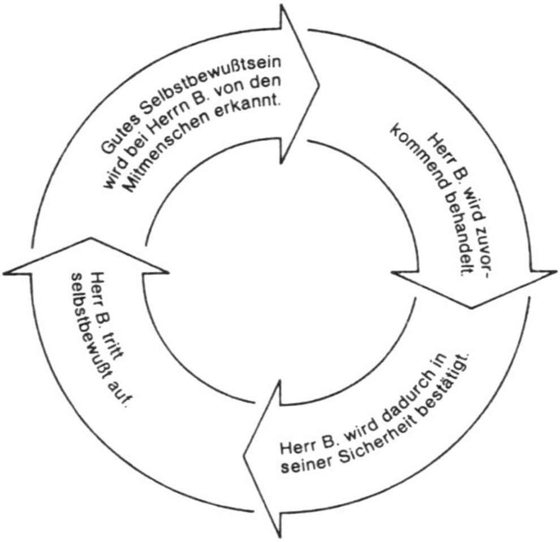

Frustrationen können einen Menschen ›konditionieren‹. Was eine Konditionierung ist und wie sie entsteht, soll jetzt erklärt werden, um die Ängste der Mitmenschen und eigene Ängste besser zu verstehen.

Der amerikanische Psychologe und Begründer des Behaviorismus Watson führte ein berühmtes Experiment mit dem kleinen Albert durch.

Albert hatte einen etwas ungewöhnlichen Spielgefährten, eine weiße Ratte, zeigte also keine Angst vor diesem Nagetier. Als er wieder einmal mit ihr spielte, ertönte ein lauter, unerwarteter Gongschlag und erschreckte ihn stark. Nun ließ Watson immer den Gong ertönen, wenn Albert sich der Ratte näherte. Bei den ersten Malen zuckte Albert zusammen und weinte. Nach einigen Versuchen dieser Art löste bereits der Anblick der weißen Ratte in Albert Furcht aus, auch wenn kein Gongschlag ertönte. Albert hatte also ab einem bestimmten Zeitpunkt Angst vor der Ratte, hervorgerufen durch unangenehme Begleiterlebnisse (Gong).

Die Angst vor der weißen Ratte verallgemeinerte sich sogar. Albert hatte in Zukunft vor allen Ratten Angst, und sogar Kaninchen und Pelze lösten in ihm unbehagliche Gefühle aus. Seine Angst dehnte sich also auch auf Reize aus, die denen der weißen Ratte ähnlich waren.

Vorlieben und Abneigungen, Sympathie- und Antipathiegefühle entstehen auf die beschriebene Weise durch Konditionierung. Wenn ein Mensch häufig Versagens- und Enttäuschungserlebnisse erfährt, etwa beim Kontakt mit bestimmten Personengruppen, entsteht durch Konditionierung Angst vor diesen Personengruppen. Durch die Angst ist die Selbstsicherheit gegenüber den bestimmten Personengruppen herabgesetzt.

Ein Beispiel soll das illustrieren. Herr Mehnen war als Student sehr gesellig. Er studierte Philosophie und diskutierte gerne über den Existentialismus. Herr Mehnen wurde auf eine Party eingeladen, die unter anderem von fünf Juristen besucht wurde. Er begann auch hier mit einem Meinungsaustausch über den Existentialismus und wurde im Laufe der Diskussion von den Juristen angegriffen. Sie versuchten, seine Argumente lächerlich zu machen. Herrn Mehnen gelang es nicht, sich Anerkennung zu verschaffen. Er wurde durch die Angriffe nervös und kopflos. Seine Argumente wurden unlogischer und unsachlicher. Schließlich war die Diskussion nur noch peinlich, und Herr Mehnen verließ die Party mit einer schrecklichen ›Wut im Bauch‹.

Wie hat dieses Erlebnis bei Herrn Mehnen nachgewirkt? Herr Mehnen bekam in Zukunft ein unbehagliches Gefühl, wenn er in einer Diskussion erkannte, daß sein Gesprächspartner Jurist war. Er begegnete den Juristen mit besonderer Vorsicht und wurde etwas unsicher. Schließlich fiel es ihm zunehmend schwerer, selbstbewußt zu diskutieren, und er brach deshalb diesbezügliche Gespräche möglichst schnell ab. Das Beispiel zeigt wieder, wie wenig der Mensch seine seelischen Prozesse beherrscht. Der Einfluß der Konditionierung ist ein verhaltenspsychologisches Naturgesetz, das wider alle Vernunft wirksam ist.

Wie kann man sich von Konditionierungen dieser Art befreien? Nicht durch Flucht, wie sie Herr Mehnen praktiziert hat. Konditionierungen können nur ›gelöscht‹ werden, wenn man sich dem ehemals auslösenden Reiz allmählich erneut aussetzt. In unserem Fall sollte Herr Mehnen die Diskussion mit Juristen weiterhin suchen. Nur auf diese Weise gibt er der Konditionierung die Chance, gelöscht zu werden. Indem er sich also erneut den ehemals frustrierenden Reizen aussetzt, werden sie dadurch allmählich neutralisiert – aber nur dann, wenn die Frustration ausbleibt.

Wer Angst vor Fahrstühlen hat und dann wirklich einmal ein schreckliches Unglück gerade noch überlebt, der wird eine so starke seelische Verletzung davontragen, daß er wohl kaum wieder einen Fahrstuhl benutzen wird. Auch Herr Mehnen könnte das Pech haben, daß er immer wieder von Juristen angegriffen wird. Auf diese Weise würde die Konditionierung natürlich gestärkt und nicht gelöscht. Es besteht sogar die Gefahr der Generalisierung: Herr Mehnen könnte dann Angst vor Diskussionen überhaupt bekommen. Sein Selbstbewußtsein wäre dann auf diesem Gebiet sehr gestört.

Viele Menschen können nicht vor einer größeren Gruppe Menschen frei und ungehemmt reden. Ihr Selbstbewußtsein schrumpft vor dieser Aufgabe plötzlich zusammen. Woher kommt das? Der Grund liegt oft in der Schulzeit. Hier geschehen häufig die ersten frustrierenden Erlebnisse.

Ein Beispiel für die Redeangst vor Gruppen. Herr Breuer war ein schlechter Schüler. Das lag nicht an seiner mangelnden Intelligenz, sondern an seinen Tagträumereien. Im Unterricht schweiften seine Gedanken immer in Phantasiewelten ab.

Besonders einer seiner Lehrer bemerkte stets, wenn der Schüler Breuer träumte – und stellte ihm dann mit Hochgenuß eine Frage. Er sollte an die Tafel kommen und die Frage vor der ganzen Klasse beantworten. Der arme Schüler Breuer versagte stets kläglich. Mal lachte die Klasse, mal herrschte peinliches Schweigen. Da sich diese Erlebnisse oft wiederholten, wurde der Schüler immer unsicherer und verstockter. Er stand schließlich vor der Klasse und sagte gar nichts mehr. Er ließ den Spott seines Lehrers über sich ergehen und wartete stumm und geduldig, bis er wieder auf seinen Platz geschickt wurde.

Herr Breuer war durch dieses Erlebnis in der Schulzeit später beruflich sehr gehandikapt. Sobald er vor einer größeren Menschengruppe sprechen sollte (Referate während des Studiums, später Berichte in Konferenzen), wurde er sehr unsicher. Er spürte eine Sprechhemmung. Daß seine plötzlich auftretende Unsicherheit auf die Schulzeit zurückzuführen war, erfuhr er erst durch ein Gespräch mit einem Psychologen.

Der Ingenieur Breuer machte aufgrund seiner Intelligenz und Kreativität eine beachtliche Karriere in der Industrie. Zum Glück geriet er eines Tages an einen verständnisvollen Chef, der ihm bedeutete, daß er seine Fähigkeiten sehr schätze und lediglich die Redehemmung vor Gruppen als störend empfinde. Der Chef gab ihm den Rat, wegen dieser Störung seines Selbstbewußtseins einen Psychologen zu konsultieren.

Der Therapeut fand nach wenigen Stunden den Grund. Durch die Verarbeitung der frustrierenden Schulerlebnisse wurde Herr

Breuer nach und nach vor Gruppen mutiger und selbstbewußter. Seine ihm bisher unverständliche Hemmung konnte er überwinden.

Das Problem von Herrn Breuer war einfach zu lösen, weil es auf einem klaren und gut zu umreißenden Problem basierte. Viel heimtückischer und schwieriger zu behandeln sind Frustrationen, die generalisierende Wirkungen haben.

Ein Beispiel für schwerer zu fassende Frustrationen. Herr Vetter ist gehemmt, unsicher und ängstlich. Er ist 35 Jahre alt, kaufmännischer Angestellter und noch unverheiratet.

Die Gründe für das geringe Selbstbewußtsein Herrn Vetters lassen sich aus seiner Lebensgeschichte erklären, aber sie gehen nicht auf eine einzige klar erkennbare Frustration zurück. Herrn Vetters Kindheit und Jugend bestand aus vielen verschiedenen Frustrationen. Er wurde als drittes (unerwünschtes) Kind stets von seiner Mutter benachteiligt (der Vater starb ein Jahr nach seiner Geburt). Der Junge wurde stets herumgestoßen und kritisiert. Er konnte nichts und niemandem etwas recht machen. Passierte ihm einmal ein Mißgeschick, wurde er besonders hart bestraft; außerdem wurde er ständig mißachtet. So konnte er sein Geltungsstreben nicht entfalten. Von Anfang an erlebte er, daß seiner Person nur ein geringes Interesse entgegengebracht und ein geringer Wert beigemessen wurde.

In seinem Bedürfnis nach Anerkennung und Liebe wurde er also zurückgewiesen. Aus diesem Grund erlebte er sich als minderwertig und nicht liebenswert. Neben seinem Geltungsstreben wurde ein zweites elementares Bedürfnis frustriert: das Sexualstreben. Da Herr Vetter nicht gut aussah und gehemmt auftrat, fand er auch keine Frau, die sich wenigstens in bezug auf Sexualität für ihn interessierte.

Seinen Sexualtrieb befriedigte er selbst oder bei Prostituierten. Auf diese Weise konnte er seine Liebesfähigkeit nie richtig entfalten. In seiner Seele häuften sich Frustrationserlebnisse in immer größerem Umfang. Sie wurden nicht durch positive Erlebnisse ausgeglichen.

So wurde Herr Vetter immer verbitterter und einsamer. Er fühlte sich so minderwertig, daß er keinen spontanen, liebevollen Kontakt zu Mitmenschen mehr aufnehmen konnte. Herr Vetter verhielt sich immer zurückhaltender und gehemmter, ordnete sich den Wünschen seiner Mitmenschen unter, um durch Anpassung möglichst Kritik zu vermeiden.

Herr Vetter fand auch keinen Chef, der ihn fördern wollte. Niemand gab ihm den Rat, einen Psychologen aufzusuchen. Von selbst kam Herr Vetter nicht auf diese Idee, denn er hatte alle Hoffnung auf Besserung seiner Situation aufgegeben.

Eine Hoffnung wäre für Herrn Vetter die Begegnung mit einer Frau, die ihn liebt. Da er jedoch so gehemmt und verbittert ist, daß er von sich aus nur schwer spontan zärtliche Impulse weitergeben kann, ist die Wahrscheinlichkeit, daß ihn die Beziehung zu einem liebenden Menschen heilen könnte, sehr gering.

Herr Vetter bleibt frustriert, gehemmt, ängstlich und verbittert. Auch wenn er an einer Buchhandlung vorbeiginge, würde ihm der Titel *Selbstbewußtsein* wenig Hoffnung machen. Könnte ihm die Lektüre helfen? Ja, er würde angeregt, über die Gründe seiner Minderwertigkeitsgefühle nachzudenken, und er könnte durch diesen beschriebenen Fall einen Vergleich zu seiner eigenen Situation ziehen. Er könnte wieder Hoffnung schöpfen. Die Hoffnung besteht in der Aufforderung zur Aktivität, seine Selbstunsicherheit zu überwinden. Die Erkenntnis, daß sie durch viele Frustrationen entstanden ist, ist sehr hilfreich.

Die Frustrationen können abgearbeitet werden – durch eine Erweiterung des Bewußtseins. Die Einstellung zu den erlebten Frustrationen kann sich somit verändern. Aus Pessimismus kann Optimismus werden. Hoffnung auf Veränderung erzeugt den Mut, die Realität mit neuer Aktivität anzugehen.

Der Fall des Herrn Vetter klingt extrem und selten. In Wirklichkeit ist er jedoch sehr häufig. Millionen Menschen leiden unter denselben Problemen. Durch ihr unterdrücktes Geltungsstreben und ihr geringes Selbstbewußtsein verhalten sie sich angepaßt und still.

Auffallen werden Menschen, die aufgrund ihrer erlebten Frustrationen nicht angepaßt reagieren (Flucht in die Bescheidenheit), sondern aggressiv (Flucht nach vorne). Durch ihre Aggressivität wirken sie zwar nicht sympathisch, aber sie ›schaffen sich Luft‹. Sie reagieren ihre erlebten Enttäuschungen ab, indem sie bewußt und unbewußt andere Menschen gleichfalls enttäuschen.

Ein Beispiel: Herr Buber hatte Ärger im Büro. Er wurde von einem Kunden aggressiv attackiert, fühlte jedoch Hemmungen, sich direkt zu verteidigen, weil einige Kollegen in der Nähe waren. Schließlich versuchte er, den aggressiven Kunden zu beschwichtigen – vergebens.

Herr Buber hat also ein unangenehmes, sein Selbstwertgefühl kränkendes Erlebnis unverarbeitet in sich angestaut. Zu Hause reagiert er diesen Ärger hemmungslos an seiner Frau und seiner zehnjährigen Tochter ab. Seine Familie ist der ›Sündenbock‹ für eine seelische Verletzung, die ein Kunde Herrn Buber zufügte. Psychologen ist dieser Vorgang als ›Verschiebung‹ schon lange bekannt: Aggressive Wünsche werden an einem Ersatzobjekt befriedigt.

Die Verschiebung als Schemazeichnung

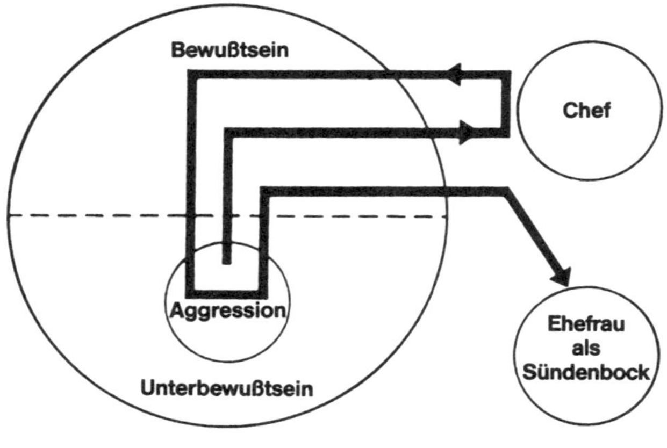

Im mitmenschlichen Kontakt geschieht dieser Prozeß häufig. Frustrationen werden an andere Menschen (Sündenböcke) weitergegeben, die sie erneut weitergeben. Das ist oft eine nicht endende Kette.

Wenn sich bei einer Person die Verletzungen ihres Selbstwertgefühls zu stark häufen, kann es zum Verbrechen kommen. Der frustrierte Mensch gibt dann seine Frustrationen sogar als Mord weiter. Der Mord ist die stärkste Verletzung, die er einer anderen Person zufügen kann – er schafft für kurze Zeit Erleichterung. Die Strafe der Gesellschaft macht dieser Erleichterung allerdings schnell ein Ende.

Wer Frustrationen empfängt und sie weitergibt, ist in einem Kreis der Frustrationen eingeschlossen. Die weitergegebenen Frustrationen fallen irgendwann wieder als Frustration auf einen selbst zurück. Wie kann man sich diesem Kreis entziehen? Nicht durch passive Duldung, indem man widerspruchslos alles einsteckt. Eine Frustration kann auch aggressionsfrei durch Verständnis für die Situation und aktive, positive Lösungsbereitschaft verarbeitet werden. Das klingt sehr abstrakt. Wie sieht das in der Realität aus?

Herr Sanelli hatte Ärger im Büro. Er kommt gereizt nach Hause und versucht, mit seiner Frau einen Streit vom Zaun zu brechen. Frau Sanelli durchschaut die Situation und kann die Frustration, weil sie die Ursache versteht, richtig verarbeiten. Sie erkennt, daß die Gereiztheit eigentlich nicht ihrer Person gilt. Sie hat deshalb auch keinen Grund, nun ihrerseits kränkend (frustrierend) zu reagieren. Auf die Frustrationen ihres Mannes antwortet sie verständnis- und liebevoll. Herr Sanelli spürt, daß er zu Hause geborgen ist und erzählt seinen Büroärger. Seine Frau unterstützt ihn kräftig dabei, indem sie das ärgerliche Problem mit ihm durchspricht. Auf diese Weise gewinnt Herr Sanelli sein angeknackstes Selbstbewußtsein zurück, und es besteht kein Grund mehr, die Frustration weiter an der Familie auszutoben.

Frustrationen können durch Verständnis und Liebe der Mitmenschen gemildert werden. Frustrationen erschüttern das Geltungsstreben und Selbstbewußtsein. Liebe stärkt dagegen die Geltung und das Selbstbewußtsein. Wer selbstbewußter werden will, sollte deshalb nicht hoffen, daß ihm mehr Selbstbewußtsein durch einige psychologische Tricks und Kniffe zufällt. Er muß selbst sehr aktiv werden und seine Einstellung umorientieren.

- Frustrationen müssen mit verständnisvollen Menschen besprochen werden. Sie dürfen nicht nach der ›Sündenbockmethode‹ an anderen abreagiert werden, da diese Frustrationen auf einen selbst zurückfallen.
- Wer von seinen Mitmenschen Verständnis und Liebe erwartet, muß selbst verständnisvoll und liebesfähig sein.
- Um selbstbewußter zu werden, muß also das Verständnis wachsen und die Liebesfähigkeit gestärkt werden.

Wie erreicht man das? Darüber hat niemand in der Schule etwas gehört, obwohl es wichtig wäre für das Lebensglück des einzelnen und für ein besseres Klima innerhalb der Gesellschaft. Doch wer könnte die Schulfächer ›Selbstbewußtsein, Verständnis, Liebe‹ unterrichten? Dieser Lehrer müßte schon Psychologe und Psychotherapeut mit praktischer Erfahrung sein.

Die frustrierenden Erlebnisse des Alltags sind oft so groß, daß sich eine aggressions- und angstfreie Selbstsicherheit normalerweise kaum entfalten kann. Dieses Buch kann nur einen kleinen Beitrag dazu leisten. Es versucht, Sie wach zu machen und Verständnis für die Situation Ihrer Mitmenschen und für Ihre eigene Situation zu schaffen. Es kann Ihnen im zweiten Teil auch Ratschläge geben, die Sie jedoch nur mit viel Geduld und Ausdauer im Alltag näher an Ihr Ziel bringen.

Drittes Kapitel

Analyse der Minderwertigkeitskomplexe

Die verschiedenen Frustrationen wurden in den vorhergehenden Kapiteln ausführlich beschrieben. Aufgrund von Frustrationen in der Kindheit (zum Beispiel häufig tadelnde und strafende Autoritätspersonen) empfindet ein Kind Gefühle der Minderwertigkeit und Unterlegenheit.

Minderwertigkeitsgefühle beziehen sich beispielsweise auf das Aussehen, die Intelligenz und die körperliche Geschicklichkeit. Diese Minderwertigkeitsgefühle können chronisch werden.

Ein Beispiel soll das illustrieren. Gisela war das dritte Kind unter fünf Geschwistern. Sie war klein und etwas dick. Alle anderen Geschwister sahen hübscher aus. So entwickelte sich Gisela zum ›Aschenputtel‹. Nie wurde ihr gesagt: »Du siehst heute aber hübsch aus.« Im Gegenteil, ihre Umwelt ließ sie spüren, daß sie ›zu klein‹ und ›zu dick‹ war.

Gisela hatte also häufig Minderwertigkeitsgefühle bezüglich ihres Aussehens. In der Pubertät und danach wurde Gisela jedoch hübscher. Sie wirkte sexuell sogar sehr anziehend, da sie eine ausgeprägt weibliche Figur entwickelte. Jetzt gab es für sie keinen Anlaß mehr für Minderwertigkeitsgefühle. Die früheren Minderwertigkeitsgefühle wirkten jedoch noch nach. Gisela war deshalb nach wie vor sehr schüchtern und vorsichtig im Umgang mit anderen Menschen, da sie diesen Minderwertigkeitskomplex hatte.

Ein Minderwertigkeitskomplex muß sich natürlich nicht nur auf die äußere Erscheinung beziehen, es gibt auch den Intelligenzkomplex (man hält sich für zu dumm), den Körperkomplex (man hält sich für zu schwach), den Gesundheitskomplex (man hält sich für kränklich) usw. Diese Komplexe hängen direkt mit der

Selbstsicherheit zusammen. Wer einen Komplex auf einem Gebiet besitzt, hat hier sein Selbstbewußtsein eingebüßt.

Ein Komplex ist ein sehr ernstzunehmendes Problem. Er erscheint den Mitmenschen manchmal irrational und unbegründet (etwa bei Gisela, als sie älter wurde und von Männern sehr umschwärmt war), ist aber trotzdem schwer zu beseitigen, weil die Prägungen der Vergangenheit mit enormer Kraft und Stärke auf die Gegenwart wirken.

Die Kompensation der Minderwertigkeitsgefühle

Der Freud-Schüler Alfred Adler entdeckte als erster Psychologe die große Bedeutung des Selbstbewußtseins und der Minderwertigkeitsgefühle. Deshalb wird seine Psychologie hier etwas näher erklärt.

Adler entdeckte die Bedeutung des Minderwertigkeitsgefühls zunächst an sich selbst. Als Junge behielt er von einer Rachitis einen Stimmritzenkrampf zurück. Das machte sich beim Weinen als Atemnot und Wegbleiben der Stimme bemerkbar. Außerdem war er klein und schmächtig.

Adler war der Zweitgeborene und erfuhr an sich selbst die Überlegenheit des ›großen Bruders‹. Dann wurde ein jüngerer Bruder geboren. Die Mutter mußte sich jetzt mehr um diesen ›Jüngsten‹ kümmern. Auch darunter litt er, wie Millionen andere Kinder. Er mußte sich als Kind in sein Schicksal fügen, brachte jedoch später als Erwachsener die Kraft auf, seine Erlebnisse nachträglich in seiner psychologischen Tätigkeit zu verarbeiten und mit den daraus gewonnenen Erkenntnissen anderen Menschen zu helfen.

Adler erkannte, daß früh erlebte Minderwertigkeitsgefühle zum ›Minderwertigkeitskomplex‹ werden können. Er entdeckte auch, daß jeder Mensch versucht, Minderwertigkeitsgefühle zu ›kompensieren‹. Das Geltungsstreben kann sich hierbei bis zum Größenwahn und zum Machtrausch steigern.

Das Geltungsstreben darf nicht zum Egoismus pervertieren. Es muß aufgefangen werden und in die richtige Bahn kommen. Das ist erreichbar durch die Förderung des ›Gemeinschaftsgefühls‹; die ›Erziehung zur Gemeinschaft‹ ist die richtige Bewältigung der Minderwertigkeit. Das Geltungsstreben soll sich im Dienst an der Gemeinschaft erfüllen.

Während für Freud die Haupttriebfeder des Menschen in der Sexualität lag, sah Adler die Minderwertigkeitsgefühle und das dadurch angestachelte Geltungsstreben als ›Haupttrieb‹. Bei dem Kampf um Überwindung der Minderwertigkeitsgefühle prägen sich daher verstärkt bestimmte Eigenschaften aus, so zum Beispiel Trotz, leichte Zornausbrüche, Herrschsucht, aber auch Ängstlichkeit, Unterwürfigkeit und Unsicherheit.

Der psychisch gesunde Mensch spielt im Lebenskampf mutig mit und lebt zum Nutzen der Gemeinschaft. Wie überwindet er seine vorhandenen Minderwertigkeitsgefühle? Am Beispiel eines Stotterers kann gezeigt werden, welche drei Möglichkeiten sich bieten, diese Schwäche zu kompensieren:

- Der Stotterer besucht so lange therapeutische Sprachkurse, bis sein Stottern verschwindet und er sogar ein ausgezeichneter Redner wird. Er strebt womöglich an, Rundfunksprecher zu werden.
- Das Stottern bleibt bestehen. Der Stotterer trainiert seine Sprachfähigkeit wenig, aber er strebt überdurchschnittliche Leistungen auf einem anderen Gebiet an, beispielsweise als Kunstmaler.
- Das Stottern bleibt bestehen, und der Betroffene flüchtet in die seelische Krankheit. Er kann durch seine Hilfsbedürftigkeit die Mitmenschen tyrannisieren und dadurch seinen Drang nach Macht und Überlegenheit befriedigen.

In jeder der drei Kompensationsmöglichkeiten setzt die erlebte Schwäche (Minderwertigkeit) seelische Energien frei. Die erste Kompensation ist besonders vorteilhaft, weil die Schwäche beseitigt wird, während die dritte Kompensation verfehlt ist, da der Gewinn an Überlegenheit sehr teuer für das allgemeine Lebensglück erkauft wird.

Durch die einzelnen Methoden der Kompensation wird eine Selbstheilung versucht. Sehr häufig ist im Alltag die zweite Kompensation: Überdurchschnittliche Leistungen werden auf einem anderen Gebiet angestrebt.

Viele Minderwertigkeitsgefühle gehen nicht direkt auf eine leicht sichtbare Organminderwertigkeit zurück (Stottern, Hasenscharte, Klumpfuß usw.), sondern sie sind in der Seele tief und unsichtbar verborgen. Oft wissen die betroffenen Personen selbst nicht, daß sie tief verwurzelte Minderwertigkeitskomplexe besitzen. Würde man es ihnen auf den Kopf zusagen, würden sie es spontan abstreiten.

Viele versuchen, ihre verborgenen Minderwertigkeitsgefühle in der Ehe und im Beruf zu kompensieren. Die Minderwertigkeitsgefühle und der Drang nach Geltung führen zu ehrgeizigen Leistungen und zu tyrannischem Verhalten in der (ehelichen) Partnerschaft. Wenn die Kompensation gelingt (Erfolg im Beruf, Partner läßt sich unterdrücken), dann ist das Minderwertigkeitsgefühl trotzdem noch vorhanden. Es treibt stets zu neuen Kompensationsleistungen an. Erst wenn es gelingen würde, den Minderwertigkeitskomplex bewußt zu machen und ihn zu akzeptieren, hätte die Seele ihren Frieden gefunden.

Wie der Körper bei Minderwertigkeitsgefühlen reagiert

Kinder werden leicht rot, wenn sie verlegen sind. Aber auch manche Erwachsene leiden noch unter dem Erröten, wenn sie unsicher werden. Die meisten haben jedoch gelernt, das Erröten zu beherrschen, um sich ihre Verlegenheit oder Angst nicht anmerken zu lassen. Der Körper reagiert dann jedoch mit (unter anderem) folgenden Symptomen:

- die Hautfeuchtigkeit nimmt zu,
- das Herz beginnt schneller zu schlagen,
- der Blutdruck steigt,
- der Atem geht schneller,
- kleine Schweißperlen bilden sich auf der Stirn,
- Schwäche in den Beinen (Gefühl, sich hinsetzen zu müssen),
- Schwindelgefühle durch Blutleere im Kopf,
- leichtes Zittern der Hände,
- Ziehen in der Magengegend,
- Übelkeit im Magen,
- Herzstiche.

Für diese Reaktionen des Körpers ist das vegetative Nervensystem zuständig. Die unbewußt ablaufenden Vorgänge wie Atmung, Herzschlag, Kreislauf, Verdauung, Wasser- und Wärmehaushalt werden von diesem Nervensystem reguliert. Es hält lebensnotwendige Organfunktionen im Gleichgewicht.

Im vegetativen Nervensystem arbeiten zwei Systeme zusammen, das sympathische und das parasympathische. Durch Situationen, die einen Minderwertigkeitskomplex ansprechen (und dadurch entstehende Angst), wird in das Zusammenspiel des vegetativen Nervensystems eingegriffen. Deshalb lohnt es sich, dieses System etwas ausführlicher zu erklären, damit Sie wissen, was in Ihrem Körper bei auftretenden Minderwertigkeitsgefühlen geschieht.

Das bewirkt das sympathische Nervensystem:

- Herzschlag wird beschleunigt,
- Blutdruck steigt,
- Arterien werden erweitert (zum Beispiel Erröten),
- Leistungsfähigkeit der Muskeln wächst,
- Schweißsekretion wird angeregt,
- Atem wird schneller und tiefer,
- Pupillen werden weiter,

- Verdauung wird gehemmt,
- Adrenalin wird von den Nebennieren ausgeschüttet,
- Aktivität wird allgemein gesteigert.

Das bewirkt das parasympathische Nervensystem:

- Herzschlag wird verlangsamt,
- Blutdruck sinkt,
- Arterien werden verengt,
- Leistungsfähigkeit der Muskeln wird schwächer,
- Schweißsekretion wird gestoppt,
- Atem wird langsamer,
- Verdauung wird angeregt und gefördert,
- Aktivität wird vermindert, Ruhe und Entspannung werden angestrebt.

Im Normalfall funktionieren beide Nervensysteme im ausgeglichenen Zusammenspiel. Hat zum Beispiel das sympathische System längere Zeit gewirkt, sorgt das parasympathische System automatisch wieder für Ruhe und Regeneration. Die Atmung, der Herzschlag, die Verdauung und die Schweißsekretion – das funktioniert bei einem psychisch ausgeglichenen Menschen automatisch und normal.

Anders ist es, wenn ein Mensch nicht selbstbewußt ist, sondern Minderwertigkeitskomplexe hat, die Angst auslösen, sobald sie angesprochen werden. Dann gerät das vegetative Nervensystem aus seiner natürlichen Balance. Das sympathische oder das parasympathische System beginnt zu überwiegen, und es kommt zu Beschwerden (psychosomatische Symptome).

Ein Fall, der im Alltag sehr häufig ist, soll das illustrieren. Herr Hahn ist Verkaufsleiter. Er hat sich aufgrund seines Ehrgeizes mühsam, aber erfolgreich hochgearbeitet. Den ganzen Tag über hat er im Büro Magenschmerzen, die erst abends, wenn er vor dem Fernsehapparat ›ausspannt‹, nachlassen.

Herr Hahn geht zum Arzt und läßt seinen Magen untersuchen. Die Untersuchung ergibt jedoch keine direkte organische Ursache für die Magenschmerzen. Der Artz: »Sie haben eine vegetativ bedingte Magenstörung. Passen Sie daher auf, daß die Magenbeschwerden nicht stärker werden und im schlimmsten Fall eines Tages zu einem Magengeschwür führen. – Gönnen Sie sich mehr Ruhe.«

Der Arzt hat Herrn Hahn mehr Ruhe empfohlen, um das aus dem Gleichgewicht geratene vegetative Nervensystem (der Parasympathikus regte die Verdauung zu häufig an) wieder in Balance zu bringen. Wie das jedoch geschehen soll, darüber kann der Arzt nur den sehr allgemeinen Rat geben: »Gönnen Sie sich mehr Ruhe.« Er hätte Herrn Hahn auch ein Psychopharmakon verschreiben können, das dämpfend und beruhigend wirkt. Aber damit wäre Herrn Hahn wenig geholfen, da er sein Symptom (Magenschmerzen) nur vorübergehend verloren hätte. Solange jedoch die Ursache für das Symptom (starker Ehrgeiz, Minderwertigkeitsgefühle, Prestigesucht) nicht beseitigt wird, haben Psychopharmaka wenig Sinn.

Nach einem halben Jahr werden die Magenschmerzen tatsächlich stärker, weil die Firma auf Wunsch von Herrn Hahn zu seiner Entlastung einen dynamischen Stellvertreter eingestellt hat. Der Stellvertreter erscheint Herrn Hahn so tüchtig, intelligent und kreativ, daß er (aufgrund seiner Minderwertigkeitsgefühle) um seine Machtstellung zu fürchten beginnt.

Herr Hahn geht erneut zu seinem Arzt und läßt sich untersuchen. Der Arzt überweist Herrn Hahn jetzt zu einem Psychotherapeuten. Er spürt, daß der Patient unter einer tiefer basierenden Unsicherheit leidet, die sein vegetatives Nervensystem aus der Balance gebracht hat.

Der hier beschriebene Fall ist sehr häufig. Viele Menschen reagieren mit unterschiedlichen Symptomen, etwa mit Darmbeschwerden, Herzschmerzen, Kreislaufstörungen (kalte Hände und Füße, Schwindelgefühle). Der Grund dafür, warum der eine Mensch diese Symptome entwickelt und ein anderer unter völlig anderen Symptomen leidet, ist schwer zu ermitteln. Manche

Forscher nehmen an, daß jeder ein individuell schwaches Organ hat, das dann ganz besonders betroffen wird.

Manche neigen dazu, ihr sympathisches Nervensystem überwiegen zu lassen. Sie sind dadurch übertrieben fit und betriebsam, leiden unter hohem Blutdruck, spüren ihren beschleunigten Herzschlag und geraten schnell ins Schwitzen.

Andere Menschen neigen dazu, ihr parasympathisches Nervensystem überwiegen zu lassen. Sie streben stets Ruhe und Entspannung an. Ihr Herzschlag geht langsam, ihr Blutdruck ist sehr niedrig, und sie leiden unter kalten Händen und Füßen, weil die Arterien zu sehr verengt sind. Ihr Ruhebedürfnis ist eine Methode, um den Streß des Alltags weniger an sich heranzulassen. Da der Magen jedoch zur Verdauung angeregt wird, entsteht eine Überproduktion an Magensäure. Das führt leicht zu Gastritis, Magenschmerzen und schließlich zu Magengeschwüren.

Das ist jedoch nicht die einzige Möglichkeit, die zu einem Magengeschwür führt. Es gibt noch viele andere psychisch bedingte Ursachen, beispielsweise ein starkes Liebesbedürfnis, das nicht befriedigt wird. In der Kindheit ist die Nahrungsaufnahme mit Liebe und Zärtlichkeit gekoppelt. Jedesmal, wenn ein Verlangen nach Liebe erwacht, wird auch die Magensaftsekretion angeregt, und es kommt zu Magenschmerzen, sofern nichts gegessen wird. Wer also in späteren Jahren die Möglichkeit hat, stets seinen Magen zu füllen, der ist vor einem Magengeschwür ziemlich sicher, aber er ißt sich den sogenannten Kummerspeck an.

Darmgeschwüre entstehen nach Meinung von Psychosomatikern weniger aufgrund von Minderwertigkeitsgefühlen und geringem Selbstbewußtsein, sondern durch unbewußte Schuldgefühle (die ihrerseits die Selbstsicherheit beeinträchtigen), die zu einem Krampf der Muskulatur des Darms führen. Es kommt zur Zerstörung der Darmschleimhaut, weil sich die Arterien durch die verkrampfte Muskulatur stark verengen und sogar schließen.

Diese beschriebenen psychosomatischen Symptome zeigen den engen Zusammenhang zwischen Körper und Seele. Auch wenn der Verstand etwas verdrängen will, läßt sich der Körper davon nicht betrügen, sondern reagiert, wie er reagieren muß – und das geschieht teilweise sehr heftig.

Wenn Sie unter den beschriebenen oder anderen körperlichen Symptomen leiden, sollten Sie zunächst zu Ihrem Hausarzt gehen. Er untersucht, ob eine organische Ursache ausgeschlossen werden kann. Sind Ihre Beschwerden ›vegetativ‹ (psychosomatisch) begründet, dann sollten Sie unbedingt ein Gespräch mit einem Psychologen oder Psychotherapeuten führen.

Im übernächsten Kapitel finden Sie mehr über die Heilungschancen der Psychotherapie.

Viertes Kapitel
Analyse Ihrer Situation

Bisher ist das Problem ›Selbstbewußtsein‹ von verschiedenen Seiten psychologisch beleuchtet worden. Die beschriebenen Fallbeispiele haben Ihnen gezeigt, welche Auswirkungen ein geringes Selbstbewußtsein haben kann und welche psychischen und körperlichen Prozesse sich dabei abspielen.

Aufgrund der in meiner Praxis gemachten Erfahrungen besitzen 90 Prozent der Menschen zwangsläufig ein geringes Selbstbewußtsein, weil sie aufgrund der üblichen Erziehungssituation zu häufig frustriert und an ihrer Entfaltung gehindert worden sind.

Sie haben dieses Buch nicht zuletzt deshalb erworben, um Ansatzpunkte und Möglichkeiten dafür zu finden, wie Sie Ihr Selbstbewußtsein verbessern können. Ist das für einen Erwachsenen überhaupt möglich? Ja! Aber es ist nur dann möglich, wenn Sie aktiv mitarbeiten. Sollten Sie das Buch nur passiv durchlesen, wird Ihr Selbstbewußtsein davon nicht wesentlich stärker. Einen Gewinn ziehen Sie allerdings auch durch das bloße Durchlesen: Sie vertiefen dabei Ihre psychologischen Kenntnisse, und es wird Sie erleichtern, wenn Sie feststellen, daß nicht nur Sie unter geringem Selbstbewußtsein leiden, sondern Millionen Ihrer Mitmenschen auch.

Diese Erleichterung ist sehr nützlich. Aber im Alltagsstreß vergessen Sie das schnell wieder, wenn Sie sich nicht vornehmen, Ihr Verhalten in Zukunft aktiv darauf einzustellen und aktiv an der Veränderung Ihrer bisherigen Denkweise mitzuarbeiten.

Den ersten Schritt zum Aufbau Ihres Selbstbewußtseins haben Sie getan. Der zweite Schritt führt Sie zur Analyse Ihrer individuellen Situation. Dieser Schritt ist noch recht einfach. Aber bereits jetzt werden Sie zur Aktivität aufgefordert. Der letzte und schwierigste Schritt führt Sie zur Veränderung Ihres Bewußtseins. Die Analyse Ihrer Situation ist dazu die Voraussetzung.

Nehmen Sie zunächst einmal ein unliniertes Heft zur Hand. Sie sollten jetzt vieles notieren, wenn Sie sich über Ihre Situation klarer werden. Durch diese Notizen prägen Sie sich Ihre Probleme besser ein, die Ihr Bewußtsein im Alltag verdrängen will.

Nun versetzen Sie sich in Ihre Kindheit: Denken Sie an Ihr frühestes Erlebnis, das Ihnen noch im Gedächtnis ist. Schreiben Sie es auf. Überlegen Sie, warum Sie sich gerade an dieses Erlebnis noch erinnern. Das kann bereits ein wichtiger Schlüssel zu Ihrer Seele sein.

Und jetzt machen Sie ein ›Assoziationsexperiment‹. Lesen Sie die ganze Anweisung und das Beispiel durch. Erst dann beginnen Sie mit dem Assoziationsexperiment.

Die folgenden Wörter sind psychologisch interessant: Vater, Mutter, Geschwister, Haus, Liebe, Ehe, Beruf, Autorität, Angst, Schuld, Hoffnung, Freude, Sorge, Sehnsucht, Leid, Kampf, Glück, Macht. Zu diesen Wörtern wird Ihnen jetzt manches spontan einfallen. Das schreiben Sie in Ihr Heft.

Herr Munzinger (22 Jahre alt) schrieb zum Beispiel folgendes in sein Heft:

Vater: Egoist. Ließ sich scheiden, hat sich nicht um mich gekümmert.

Mutter: Liebe. Wollte das Beste. Wollte mich nicht weglassen. Gute Frau. Versteht meine Wünsche nicht.

Geschwister: Keine.

Haus: Wurde von meiner Mutter geschlagen, weil ich eine Vase umwarf. Habe als Kind an der Türe gelauscht, wenn sich die Erwachsenen unterhalten haben.

Liebe: Sehne mich nach Liebe. Möchte geliebt werden.

Lieblosigkeit: Dieses Wort weckt in mir unangenehme Gefühle.

Ehe: Ich möchte heiraten. Ich habe Angst vor der Ehe.

Beruf: Die Arbeit ist eine Qual. Ich möchte selbständiger sein, Millionär werden. Eine gute Idee sollte man haben.

Autorität: Wenn der Chef mir zusieht, schwitze ich an den Händen. Ich will überlegen sein, mehr können, richtig mutig meine Meinung sagen. Aber die lassen mich nicht zu Wort kommen. Sie sind besser als ich. Ich fühle mich nicht so wichtig. Sie nützen ihre Macht aus. Ich habe Angst.

Angst: Kollege Erwin, denn der macht sich lustig über mich. Krankheit. Spinnen und Schlangen. Man nimmt mich nicht ernst. Ich kann nichts erreichen.

Schuld: Ich bin egoistisch. Ich will mit meiner Mutter nichts mehr zu tun haben. Ich will frei sein. Sexualität.

Hoffnung: Ich werde Millionär. Ich habe eine Yacht.

Freude: Fernsehen. Gisela. Spaziergang.

Sorge: Krankheit. Wie soll das weitergehen? Was sagt meine Mutter, wenn ich mir eine eigene Wohnung nehmen will?

Sehnsucht: Freiheit und Liebe auf einer Wiese. Wir schwimmen in einem Fluß und braten am Ufer die gefangenen Fische.

Leid: Ich bin krank. Meine Mutter stirbt. Ich bin im Gefängnis.

Kampf: Ich gebe meinem Chef eine Ohrfeige. Fühle mich als Nero und lasse meine Feinde verbrennen.

Glück: Lottogewinn. Schöner Urlaub. Meine Mutter heiratet wieder.

Macht: Ich möchte ein berühmter Staatsmann sein. Die Menschen jubeln mir zu. Alle hören auf mich.

Das waren die Einfälle (Assoziationen), die sich Herr Munzinger zu den Reizwörtern in sein Heft notiert hat. Ich glaube, Ihnen wird sehr schnell klar, welche Probleme Herr Munzinger hat. Seine Assoziationen sprechen eine deutliche Sprache.

Zunächst einmal möchte er sich von dem Einfluß seiner Mutter lösen. Er sehnt sich nach mehr Freiheit und Entfaltung seiner Kräfte. Doch das Selbstbewußtsein des Herrn Munzinger ist nicht sehr groß. Er erinnert mit seinen Problemen sehr stark an einen ›Durchschnittsmenschen‹, der sich nach mehr Wert und

Anerkennung sehnt. Sein Hauptproblem ist die Mutter und die Sehnsucht nach Unabhängigkeit von ihr. Herr Munzinger muß außerdem noch viele Nebenprobleme lösen, um ein selbstbewußter und freier Mensch zu werden. An dieser Stelle soll darauf nicht näher eingegangen werden.

Beginnen Sie jetzt damit, in Ihr Heft Ihre eigenen Assoziationen zu den einzelnen Reizwörtern zu schreiben. Sie können viel mehr schreiben als Herr Munzinger. Je mehr Ihnen einfällt, desto besser.

Wenn Sie alle Reizwörter notiert haben, lesen Sie das Ganze noch einmal durch. Schreiben Sie Ihr Hauptproblem auf, und notieren Sie dann Ihre Nebenprobleme. Herr Munzinger notierte zum Beispiel:

1. Von der Mutter lösen.
2. Einen Partner finden, den ich liebe.
3. Mehr Einfluß gewinnen.
4. Mehr Freunde haben, mit denen ich mich offen aussprechen kann.

Denken Sie intensiv über Ihre Assoziationen nach. Und ergänzen Sie ihre Aufzeichnungen nach einigen Tagen, wenn Ihnen Weiteres eingefallen ist.

Schreiben Sie auch jeden Morgen Ihre Träume auf. Ihre Träume sind für die Analyse Ihrer Probleme sehr interessant. Träume sagen zwar nichts über die Zukunft aus, sondern sie zeigen Ihnen, was Sie im Moment beschäftigt.

In Träumen melden sich Ihre Wünsche, Ängste, Befürchtungen und Probleme. Wenn Sie Ihre Träume aufschreiben und über sie nachdenken, erfahren Sie mehr über sich selbst. Ihre eigentlichen Wünsche, vor denen Sie im Alltag oft die Augen verschließen, erscheinen Ihnen dann klarer.

Auch Befürchtungen, die Sie in wachem Zustand nicht wahrhaben wollen, steigen nachts im Traum hoch und drücken sich in der Traumhandlung aus. Träume können Sie auch warnen, können Ihnen andererseits Mut machen – und sie zeigen Ihnen manchmal, wie Sie ein Problem angehen sollten, um es zu lösen.

Sie sollten Ihre Träume in Zukunft also nicht mehr für ›Schäume‹ halten, sondern ernsthaft darüber nachdenken. Es lohnt sich.

Wenn Ihnen stilles Nachdenken nicht liegt, erzählen Sie Ihre Träume einem guten Bekannten. Versuchen Sie, mit ihm gemeinsam die Bedeutung des Traumes herauszufinden. Dabei wird Ihnen der Traum klarer. Außerdem kann ein solches Gespräch sehr interessant sein. Es schafft eine vertraute Atmosphäre zu Ihren Bekannten und gibt Ihnen außerdem gezielt Auskunft darüber, welche Einstellungen sie haben. Bei diesen Gesprächen sollten Sie die Ansichten Ihrer Bekannten nicht einfach übernehmen, sondern versuchen, Ihre eigene Meinung klarer herauszukristallisieren.

Sind Sie seelisch labil?

Wer nur wenig selbstbewußt ist, wird meist von den Mitmenschen vorschnell als labil bezeichnet. Weil das nicht richtig ist, sollen die Eigenschaften labil, stabil und sensibel nun etwas näher beschrieben werden.

Labilität wird negativ beurteilt. Der Labile ist empfindlich, nervös, leicht erregbar, launisch, impulsiv, leicht verstimmbar, ängstlich und skeptisch. Dagegen wird seelische Stabilität mehr geschätzt, denn der Stabile gilt als aufgeschlossen, unbeschwert, sorglos, durchsetzungsfähig, ausgeglichen, verläßlich und selbstbeherrscht.

Nur die wenigsten Menschen kann man exakt dem einen oder anderen der beiden Extreme zuordnen. Die meisten legen vielmehr eine Mischung aus Labilität und Stabilität an den Tag. Sie reagieren manchmal labil und dann ein anderes Mal wieder stabil.

Die seelische Labilität (geringe Festigkeit und Ausgeglichenheit) ist auf geringe Selbstsicherheit zurückzuführen. Der Mensch weiß nicht, was er will, was für ihn richtig ist; er schwankt hin und her. Der Labile legt sich nicht fest und kann sich deshalb schwer für etwas entscheiden.

Halten Sie sich für seelisch labil? Schwanken Sie häufig hin und her und wissen nicht genau, was für Sie richtig ist? Wenn ja, dann sollten Sie einmal die Dinge aufschreiben, die Ihnen im Leben wirklich wichtig sind. Sie sollten sich einen Plan machen, einen roten Faden für Ihr Leben.

Meist geht dieser Plan jedoch nicht auf, weil Sie nicht selbstbewußt genug sind, Ihre erstrebten Wünsche und Bedürfnisse mit Mut anzugehen.

Was hat Labilität mit Sensibilität zu tun? Muß Sensibilität genauso negativ beurteilt werden?

Der sensible Mensch besitzt Einfühlungsvermögen und Intuition. Da er viel mit dem Gefühl wahrnimmt, ist er häufig schnell betroffen und dann seelisch verletzt – er besitzt ein leicht ansprechbares ›Nervenkostüm‹. Das bedeutet: Bereits auf geringe Frustrationen, aber auch auf Glückserlebnisse reagiert er sehr heftig. Der Sensible gerät also schneller in Resonanz als der Unsensible, Dickfellige.

Der Sensible muß nicht labil sein. Er kann im Gegenteil sogar genau wissen, was er will. Der Sensible empfindet besonders stark und intensiv. Deshalb ist er von Frustrationen schnell in seiner Stimmung zu beeinträchtigen. Seine Fähigkeit, Frustrationen gut zu ertragen und zu verarbeiten, ist meist gering. Deshalb ist sein Selbstbewußtsein in Gefahr. Das bedeutet wiederum: Sensibilität wird von den Mitmenschen rasch erkannt – und die machen dann nicht selten einen Sport daraus, indem sie prüfen, wie stark sie den Sensiblen durch Sticheleien belasten können.

Sensibilität wird meist als Schwäche ausgelegt. In diesem Bewußtsein leben viele Sensible – sie halten sich für schwach und haben deshalb ein geringes Selbstbewußtsein.

In Wirklichkeit ist Sensibilität eine Stärke. Wenn die Empfindungsfähigkeit und das Einfühlungsvermögen gut ausgeprägt sind, sind das Eigenschaften, die für die Lebensbewältigung überaus wichtig sind.

Wenn Sie glauben, daß Sie sensibel sind, dann sollten Sie Ihr Selbstbewußtsein unbedingt verbessern, denn Sie leben ständig in Gefahr, daß Ihre Mitmenschen auf Ihrer Sensibilität herumtrampeln wollen und versuchen werden, Ihre Selbstsicherheit zu zerstören.

Sind Sie extravertiert oder introvertiert?

Machen Sie sich einmal Gedanken darüber, ob Sie eher zu den extravertierten oder introvertierten Menschen gehören. Kreuzen Sie in den Checklisten Ihre Einstellung an.

Checkliste für den Extravertierten

	Ja	Nein
1. Suchen Sie Anregung von außen?	☐	☐
2. Lieben Sie Geselligkeit	☐	☐
3. Brauchen Sie oft Abwechslung?	☐	☐
4. Sind Sie gerne aktiv?	☐	☐
5. Reagieren Sie leicht impulsiv?	☐	☐
6. Können Sie sich nicht immer beherrschen und unter Kontrolle halten?	☐	☐
7. Verstoßen Sie manchmal gegen gesellschaftliche Spielregeln?	☐	☐
8. Handeln Sie lieber, als lange zu grübeln?	☐	☐
9. Lieben Sie Betriebsamkeit um sich herum?	☐	☐

Zählen Sie nun Ihre Ja-Kreuze zusammen.

Summe = ☐

Checkliste für den Introvertierten

	Ja	Nein
1. Halten Sie sich für überaus gewissenhaft?	☐	☐
2. Brauchen Sie wenig Geselligkeit?	☐	☐

	Ja	Nein
3. Halten Sie sich für sehr vorsichtig?	☐	☐
4. Ziehen Sie sich gerne zurück?	☐	☐
5. Können Sie sich oft gut beherrschen und unter Kontrolle halten?	☐	☐
6. Verstoßen Sie so gut wie nie gegen gesellschaftliche Spielregeln?	☐	☐
7. Meiden Sie erregende Umweltreize und suchen Ruhe?	☐	☐
8. Denken Sie gerne über sich und Ihre Mitmenschen nach?	☐	☐
9. Meiden Sie Betriebsamkeit um sich herum?	☐	☐

Zählen Sie nun Ihre Ja-Kreuze zusammen.

Summe = ☐

In welcher Checkliste haben Sie die meisten Ja-Punkte erzielt? Wenn jede Liste etwa gleichviel Punkte aufweist, dann sind Sie ein Mischtyp (das ist ›normal‹). Je größer dagegen der Punktunterschied zwischen extravertiert und introvertiert ist, um so stärker tendieren Sie zu dem entsprechenden Menschentyp (höhere Punktzahl).

Wenn Sie mehr zum extravertierten Typ gehören, ist das günstig für die Entfaltung Ihrer Selbstsicherheit. Sie leben mehr nach außen als nach innen, suchen den Kontakt mit der Umwelt aktiv und packen Ihre Probleme mutiger an als der Introvertierte.

Wenn Sie zum introvertierten Typ gehören, ist Ihr Selbstbewußtsein leichter zu erschüttern als beim Extravertierten. Wissenschaftliche Untersuchungen haben gezeigt, daß der Introvertierte Umweltreize sehr intensiv verarbeitet und leichter konditionierbar ist.

Leicht können bei ihm frustrierende Erlebnisse Spuren hinterlassen und die damit verbundenen Menschen und Gegenstände zu Angstauslösern werden. Wie das geschieht, haben Sie im Abschnitt *Frustrationen im Umgang mit Menschen* gelesen.

Der Introvertierte ist also anfälliger für Schwierigkeiten mit seinem Selbstbewußtsein. Günstig ist, wenn jemand beides in sich vereinigt: Tendenzen zur Extraversion und Introversion.

Der Stil unserer Zeit ist extravertiert. Die meisten Menschen leben nach außen. Sie suchen Reize, Geselligkeit, Abwechslung, stürzen sich in Aktivität und Betriebsamkeit. Auch die wichtigsten angestrebten Werte dienen der Wirkung nach außen: Auto, Kleidung, Möbel, Urlaub, Kosmetik. Man lebt nach außen, will wirken, sich durchsetzen, konsumieren und genießen.

Der introvertierte Stil ist anders. Menschen in einer introvertierten Kultur leben mehr nach innen. Sie suchen den Kontakt mit sich selbst, ihren Gedanken und Gefühlen, meditieren über sich selbst und den Kosmos und betätigen sich schöpferisch: malen, dichten, musizieren. Eine Kultur dieser Art leidet weniger unter Streß wie unsere extravertierte Zivilisation.

Der extravertierte Stil kann so extrem stark werden, daß der einzelne zum Leben nach außen gezwungen wird. Er findet dann weder Ruhe noch Möglichkeit, nach innen zu leben, sich selbst und seine Gefühle intensiv zu erfahren. Auf diese Weise entartet der Mensch zu einer betriebsamen, aufgezogenen Puppe, die sich im Strom mittreiben läßt – der einzelne kennt seine Individualität nicht. So kann er zwar als Ingenieur eine Brücke über einen Fluß bauen, auch ein fünfzigstöckiges Hochhaus errichten, aber er kennt sich selbst nicht, kann sich nur über Reize freuen, die von außen kommen, nicht über Impulse aus seinem Innern. Vor diesen Impulsen fürchtet er sich eher – oder er weiß nichts mit ihnen anzufangen. Solch ein Mensch kann sich selbst nicht intensiv erleben.

Dieses Defizit eines extravertierten Lebensstils spüren viele Jugendliche, die sich in den Drogenrausch stürzen. Sie können die rein äußerlichen Werte nicht akzeptieren und suchen etwas anderes, spüren, daß sie sich in einer extravertierten Welt nicht so verwirklichen können, wie sie es wollen. Doch richtigen Umgang mit sich selbst haben sie nie gelernt, haben beispielsweise nicht gelernt, wie sie ihre schöpferischen Fähigkeiten und Impulse realisieren können.

Mit Drogen gehen sie auf einen Trip in ihre Innenwelt. Durch die Abhängigkeit von der Droge wird jedoch die Möglichkeit zur wachen Selbstentfaltung und inneren Freiheit genommen – die Abhängigkeit von der Droge zerstört das Selbstbewußtsein.

Um das Selbstbewußtsein aber dreht sich alles. Der Extravertierte sucht sich durch Aktivität nach außen zu bestätigen, der Introvertierte durch die Erfahrung mit seinen Gedanken und Empfindungen. Ein psychisch ideal gesunder Mensch verwirklicht sich extravertiert und introvertiert. Beide Tendenzen wechseln sich ab und halten sich in Balance.

Sind Sie ängstlich?

Ängstlichkeit ist mit geringem Selbstbewußtsein sehr eng verbunden. Der ängstliche Mensch zweifelt an seinen Fähigkeiten und an seinem Wert. Bei der Begegnung mit anderen Menschen fürchtet er, zu unterliegen und geringwertig zu sein. Der ängstliche Mensch besitzt also zu wenig Selbstbewußtsein. Durch das geringe Selbstbewußtsein ist die allgemeine Angstanfälligkeit erhöht. Die Angst vor der Konfrontation mit Erlebnissen, die das Selbstwertgefühl antasten, kann dann so groß sein, daß sogar eine allgemeine Lebensangst entsteht.

Mit den folgenden Testfragen können Sie Ihre Ängstlichkeit überprüfen. Wenn Ihr Testergebnis Ängstlichkeit aufdeckt, besteht jedoch kein Grund, entmutigt zu sein. Die weiteren Kapitel des Buches sollen Ihnen ja dabei helfen, selbstbewußter und damit auch mutiger zu werden.

Lesen Sie bitte aufmerksam die folgenden Situationen, und versuchen Sie, sich in sie hineinzuversetzen. Kreuzen Sie dann unter den drei Antwortmöglichkeiten die an, die auf Sie zutrifft. – Es ist möglich, daß Sie sich mit keiner der drei Antworten ganz identifizieren können. Kreuzen Sie dann die Antwort an, die Ihnen noch am ehesten entsprechen könnte.

1. In einer Diskussion werden Sie von einem Gesprächsteilnehmer kritisiert. Er sagt, Sie würden unlogische Schlüsse ziehen. Wie reagieren Sie?

   a) Ich bin etwas gekränkt.
   b) Das läßt mich kalt.
   c) Ich fühle mich innerlich sehr unbehaglich und melde mich vorerst nicht mehr zu Wort.

2. Sie haben sich bei einem Vortrag so verhaspelt, daß die Zuhörer lachen. Wie reagieren Sie?

   a) Ich muß selbst etwas darüber lachen und erzähle es meinen Freunden.
   b) Ich ignoriere diesen Vorfall.
   c) Dieser Vorfall beschäftigt mich noch einige Tage.

3. Nach einem Mißerfolg (beispielsweise nach einer berechtigten Kritik Ihres Chefs) reagieren Sie meist so:

   a) Ich bin noch einen Tag etwas schlecht gelaunt.
   b) Das läßt mich kalt, denn ich werde mich demnächst anders verhalten.
   c) Ich fühle mich etwas unsicher und mache mir gelegentlich Sorgen.

4. Sie haben bei einem Vortrag etwas nicht verstanden. In der anschließenden Diskussion können Sie Fragen stellen. Was tun Sie?

   a) Ich warte ab, ob in der Diskussion mein Problem angesprochen wird.
   b) Um mich nicht zu blamieren, verzichte ich auf eine Wortmeldung.
   c) Ich melde mich zu Wort und versuche durch gezieltes Fragen, das bei mir entstandene Problem zu lösen.

5. In acht Wochen haben Sie eine Prüfung. Wie verhalten Sie sich?

   a) Ich fange mit meinen Vorbereitungen kurz vor der Prüfung an.
   b) Ich beginne sofort mit der Arbeit, so daß ich schon vier Wochen vor Beginn der Prüfung meine Vorbereitungen abgeschlossen habe.
   c) Ich stelle einen detaillierten Arbeitsplan über acht Wochen auf, den ich möglichst genau einhalte.

6. Sie haben eine bestimmte Arbeit abgeschlossen. Wie reagieren Sie?

   a) Ich bin mit mir zufrieden.
   b) Ich denke ständig darüber nach, ob es nicht möglich gewesen wäre, einige Arbeitsschritte besser anzugehen.
   c) Ich denke über Schwachstellen meiner Arbeit nach und mache mir Sorgen.

7. Sie haben morgen eine wichtige Besprechung. Wie fühlen Sie sich?

   a) Ich fühle mich unsicher.
   b) Ich bin konzentriert und ruhig.
   c) Ich bin etwas nervös.

8. Sie sind alleine in einem Aufzug, der plötzlich stehenbleibt. Was denken Sie?

   a) Wäre ich doch nicht allein im Aufzug.
   b) Wo ist bloß der Alarmknopf?
   c) Der Aufzug ist wohl wieder zu stark beansprucht worden. Bis Hilfe kommt, dauert es sicher eine Stunde.

9. Sie haben eine schöne Wohnung gefunden. Der Vermieter ist mit Ihnen einverstanden und bittet Sie, nächste Woche den Mietvertrag zu unterschreiben. Was denken Sie?

   a) Hoffentlich bleibt er dabei.
   b) Da habe ich aber Glück gehabt.
   c) Warum soll ich erst in der nächsten Woche den Mietvertrag unterschreiben?

10. Hatten Sie als Kind Angst vor Einbrechern, wenn Sie alleine im Haus bzw. in der Wohnung waren?

   a) Nie.
   b) Manchmal.
   c) Oft.

11. Vor einem Konzert gehen Sie durch den vollen Saal und fühlen alle Blicke auf sich gerichtet. Was empfinden Sie?

   a) Es macht mir nichts aus.
   b) Es macht mich etwas unsicher.
   c) Ich genieße die Aufmerksamkeit.

12. Macht es Ihnen Spaß, unvorhergesehene Situationen zu erleben?

   a) Ja.
   b) Nein.
   c) Kommt darauf an.

13. Sie sind zu einer Party eingeladen. Der Gastgeber begrüßt Sie freundlich, unterläßt es aber, Sie den anderen Gästen vorzustellen. Was tun Sie?

   a) Das ist mir recht so.
   b) Ich stelle mich selbst vor.
   c) Ich begrüße die Personen, die ich kenne.

14. Was denken Sie über das Zeigen der Gefühle gegenüber fremden Personen?

a) Ich kann meine Gefühle nicht äußern.
b) Nur bei guten Freunden kann ich meine Gefühle zeigen.
c) Ich kann meine Gefühle gut zeigen.

15. Wie fühlten Sie sich im Laufe der letzten Woche?

a) Ich fühlte mich manchmal verkrampft und unruhig.
b) Ich fühlte mich recht häufig verkrampft und unruhig.
c) Ich fühlte mich nicht verkrampft und unruhig.

16. Sie haben am nächsten Tag eine Prüfung. Wie verleben Sie den Tag?

a) Ich kann den ganzen Tag nur wenig essen.
b) Ich denke ab und zu besorgt an die Prüfung und kann abends schlecht einschlafen.
c) Ich glaube, daß ich die Prüfung bestehe und bin ziemlich ruhig.

17. Bei Fahrten mit dem Zug kontrolliere ich, wenn ich im Abteil sitze,

a) nie, ob ich meine Fahrkarte noch bei mir habe,
b) mehrmals, ob ich meine Fahrkarte noch bei mir habe,
c) einmal, ob ich meine Fahrkarte noch bei mir habe.

Testauswertung
In der Tabelle sind Punkte für die 17 Situationen (Aufgaben) angegeben. Kreuzen Sie bitte den Buchstaben an, der Ihrer gewählten Antwort entspricht. In der 1. Spalte gibt es null Punkte, in der 2. Spalte einen Punkt und in der 3. Spalte zwei Punkte. Zählen Sie anschließend Ihre Punkte zusammen.

Situation (Aufgabe)	Punkte			Situation (Aufgabe)	Punkte		
	0	1	2		0	1	2
1	c	a	b	10	c	b	a
2	c	b	a	11	b	a	c
3	c	a	b	12	b	c	a
4	b	a	c	13	a	c	b
5	b	a	c	14	a	b	c
6	c	b	a	15	b	a	c
7	a	c	b	16	a	b	c
8	a	b	c	17	b	c	a
9	a	c	b				

Gesamtpunktzahl = ____________

In der Bewertungstabelle können Sie unter Ihrer Punktzahl nachsehen, wie ausgeprägt Ihre Ängstlichkeit ist.

Punkte	*Ausprägung der Ängstlichkeit*
0– 6	sehr stark
7–16	stark
17–21	durchschnittlich (Tendenz nach stark)
22–26	durchschnittlich (Tendenz nach gering)
27–28	gering
29–34	sehr gering

Das bedeutet die Bewertung

Angst ist für Sie ein wichtiges Problem. Sie erleben nicht nur in verständlichen und begründbaren Situationen Angst, sondern fühlen sich auch in Situationen ängstlich und bedrängt, in denen die meisten Ihrer Mitmenschen keine Probleme sehen. Sie würden gerne angstfreier, unkomplizierter und innerlich freier an die Probleme des Lebens herangehen.

Für Sie gibt es aufgrund Ihrer Angstbereitschaft manches Problem. Dadurch komplizieren sich Ihre Lebensbedingungen. Sie beschäftigen sich häufig damit, wie Sie auf Ihre Mitmenschen wirken und ob Ihre Fähigkeiten den jeweils gestellten Anforderungen genügen.

Sie besitzen eine normale Ängstlichkeit, die im Durchschnittsbereich liegt. Innerhalb dieses Durchschnittsbereichs tendiert Ihre Ängstlichkeit zu einer stärkeren Ausprägung. In manchen Situationen kommt daher bei Ihnen das Gefühl der Angst auf.

Sie besitzen eine normale Ängstlichkeit, die im Durchschnittsbereich liegt. Innerhalb dieses Durchschnittsbereichs tendiert Ihre Ängstlichkeit zu einer schwächeren Ausprägung.

Sie besitzen eine gute Angstresistenz. Sie haben selten Angstgefühle und gehen Ihre Probleme mutig an.

Angst ist für Sie kein Problem. Sie neigen nicht zur Ängstlichkeit, sind mutig und gehen ungehemmt an Schwierigkeiten heran.

Fünftes Kapitel

Übersicht über Methoden der Psychotherapie

In den vorangegangenen Kapiteln wurde erläutert, wie ein geringes Selbstbewußtsein entsteht und welche Auswirkungen das auf die Psyche und den Körper hat. Auswirkungen auf die Psyche sind: Unsicherheit, Gehemmtheit, Labilität, Ängstlichkeit, Pessimismus, Aggressivität, Ehrgeiz, Machtstreben (zum Beispiel Kompensation), im schlimmsten Fall Depression, schwere Angstzustände und Selbstmord.

Auswirkungen auf den Körper sind: Das vegetative Nervensystem gerät aus der Balance, ferner können Herzschmerzen, Magen- und Darmschmerzen, Kreislaufstörungen, Kopfschmerzen und Schlaflosigkeit auftreten. Im schlimmsten Fall entstehen Magen- und Darmgeschwüre, die zum Tod führen können, droht auch der Herzinfarkt.

Unter welchen Symptomen leiden Sie selbst? Schreiben Sie Ihre seelischen und körperlichen Beschwerden in Ihr Heft, und unterstreichen Sie, worunter Sie am meisten leiden. Bei körperlichen Symptomen sollten Sie zunächst Ihren Hausarzt konsultieren. Wenn eine organische Ursache ausgeschlossen werden kann, ist es ratsam, einen Psychologen aufzusuchen.

Leiden Sie nur unter seelischen Symptomen, etwa unter starker Gehemmtheit und Ängstlichkeit, ist der Psychologe Ihre erste Adresse. Eine Psychotherapie kann dieses Buch natürlich nicht ersetzen. Deshalb rate ich Ihnen, wenn Sie sich seelisch stark belastet und in Ihrer Entfaltung beeinträchtigt fühlen, unbedingt die Behandlung bei einem Psychologen aufzunehmen.

Der Außenstehende weiß sehr wenig über Psychotherapie und ihre Methoden. Deshalb sollen Sie in diesem Kapitel etwas näher darüber informiert werden. Sie können dann besser selbst entscheiden, welche Art von Therapie Ihnen am nützlichsten für Ihre speziellen Probleme erscheint.

Zunächst werden einige Berufsbezeichnungen der Therapeuten etwas näher erklärt.

Der Facharzt für Psychiatrie behandelt die sogenannten Geistes- und Gemütskrankheiten (Psychosen), etwa Epilepsie, Schizophrenie und manisch-depressives Irresein. Zu einem Psychiater sollten Sie also nur gehen, wenn Sie unter außerordentlich schweren Symptomen leiden und der Verdacht auf eine beginnende Geisteskrankheit bestehen sollte. Bei allgemeinen Problemen mit dem Selbstbewußtsein (beschriebene Fälle) ist ein Psychiater nicht der richtige Therapeut.

Die Berufsbezeichnung ›Psychologe‹ ist geschützt. Ein akademisch geschulter und wissenschaftlich geprüfter Psychologe führt die Bezeichnung Diplom-Psychologe vor seinem Namen. Diplom-Psychologen mit eigener Praxis führen psychologische Tests durch und beraten Sie bei seelischen Störungen jeder Art (Geisteskrankheiten ausgenommen).

Die Hauptberatungsgebiete umfassen folgende Problembereiche: Erziehung, Ehe, Sexualität, Beruf. Psychologen bedienen sich verschiedener Methoden – so der Psychoanalyse, der Suggestion, der Individualpsychologie, der Gesprächstherapie und der Verhaltenstherapie. Wie sich die einzelnen Methoden unterscheiden, wird noch beschrieben. Bevor Sie sich bei einem Psychologen zur Beratung anmelden, sollten Sie sich erkundigen, nach welchen Methoden er arbeitet. Manche Psychologen haben allerdings auch eine eigene Behandlungstechnik entwickelt.

Die Psychoanalyse (›Seelenzergliederung‹) wurde etwa um 1889 von Sigmund Freud und Josef Breuer als Behandlung entdeckt und begründet. Der Patient sitzt dem Therapeuten nicht gegenüber, sondern liegt entspannt auf der Couch und versetzt sich (unter anderem) in Erlebnisse aus seiner Kindheit zurück. Der Psychoanalytiker – außerhalb des Blickfeldes des Patienten – hört seinen Schilderungen zu. Das ist eine sehr vereinfachte Darstellung. Es gibt viele Psychoanalytiker, die auch heute noch sehr streng nach der Methode von Sigmund Freud behandeln.

Ein Psychotherapeut behandelt alle seelischen Störungen, manchmal auch Geistes- und Gemütskrankheiten. Mit der Bezeichnung Psychotherapeut ist die Behandlungsmethode nicht angesprochen. Sie sollten deshalb telephonisch anfragen, nach welcher Methode behandelt wird.

Ein Psychagoge arbeitet fast ausschließlich in der Erziehungsberatung. Nur in seltenen Fällen berät er auch bei seelischen Störungen Erwachsener. Meist überweist er den Patienten zu einem Psychotherapeuten, Psychologen oder Psychoanalytiker.

Autosuggestion und autogenes Training

Der Arzt Emil Coué hat als einer der ersten die Methode der Autosuggestion bewußt in seiner Praxis zur Heilung von Krankheiten angewandt. Er schreibt: »Unser Unbewußtes braucht sich nur vorzustellen, dieses oder jenes Organ arbeite gut oder schlecht oder wir hätten diese oder jene Empfindung, so arbeitet dieses Organ wirklich gut oder schlecht, und wir haben diese Empfindung wirklich.«

Coué hat seinen Patienten dazu verholfen, durch Suggestion ihre Heilung zu fördern. Diese Methode funktioniert jedoch nur, wenn der Patient aktiv die Suggestion des Arztes annimmt und zur Autosuggestion macht. Coué dazu: »Man kann jemandem etwas suggerieren; wenn jedoch dessen Unbewußtes diese Suggestion nicht angenommen, sie gewissermaßen nicht verdaut hat, wobei sie sich in Autosuggestion verwandelt, bleibt die Suggestion völlig wirkungslos.«

Die Ausführungen machen eines deutlich: Diese Methode ist stark von der Persönlichkeit des Therapeuten abhängig. Der Patient muß daher volles Vertrauen zu ihm fassen und an die Wirkung der Suggestion glauben.

Die Autosuggestion nach Coué kann jeder auch selbst zu

Hause durchführen. Man setzt sich bequem in einen Sessel, schließt die Augen, um nicht abgelenkt zu sein, und denkt ein paar Minuten: »Dies oder das (hier das persönliche Problem einsetzen) schwindet, dies oder jenes (hier das Gewünschte einsetzen) tritt in Erscheinung.«

Eine zweite berühmte Autosuggestion lautet: »Mit jedem Tag geht es mir in jeder Hinsicht immer besser und besser.« Mit dieser Autosuggestion üben das Unbewußte und die Vorstellung einen positiven Einfluß auf alle Organe des Körpers aus.

Für den Selbstunsicheren könnte der Satz so abgewandelt werden: »Mit jedem Tag werde ich in jeder Hinsicht immer selbstbewußter und selbstsicherer.« Das empfiehlt sich besonders vor dem Einschlafen. Durch diese Suggestion wird das Problem zwar nicht an der Wurzel gepackt, aber die Autosuggestion stellt den gesamten Körper auf Optimismus und Glauben an mehr Selbstsicherheit um. Auf diese Weise wächst das Vertrauen zur eigenen Person, und wenn sich dann erste Erfolge einstellen, lösen sie eine bekräftigende Wirkung aus. Die auf Seite 57. beschriebene Spirale tritt in Kraft, und das Selbstvertrauen bessert sich langsam.

Die Methode von Coué ist viel verspottet worden. Wahrscheinlich gibt es deshalb heute kaum noch Ärzte und Psychologen, die mit Hilfe Couéscher Suggestionsformeln zu heilen versuchen. Darüber hinaus entsteht bei Patienten, die an die Wirksamkeit der Formel nicht ganz glauben, allzu häufig der Eindruck der Scharlatanerie.

Durch den Siegeszug naturwissenschaftlich begründeter Heilverfahren wirkt die Coué-Methode heute wie ein ›Rückschritt‹. Es ist bedauerlich, daß die wissenschaftliche Forschung die Suggestion sehr stiefmütterlich behandelt hat, denn sie bietet viele Heilungschancen, die so leider nicht genutzt werden.

Das bekannte ›autogene Training‹ ist eine besondere Form der Autosuggestion. Es wurde 1920 von dem Berliner Nervenarzt Johannes Heinrich Schultz entwickelt. ›Autogenes Training‹ bedeutet soviel wie ›selbsterzeugte Übung‹. Nicht so bespöttelt wie die Coué-Methode, hat das autogene Training in den letzten beiden Jahrzehnten eine beachtenswerte Renaissance erfahren, was nicht zuletzt durch die zahlreichen Publikationen zu diesem Thema – einige Bücher, in denen Selbstanleitungen beschrieben werden, erreichten Spitzenauflagen – unterstrichen wird.

Das autogene Training ist eine komplizierte Technik, die entweder mit einem Anleitungsbuch oder in einem Volkshochschulkurs langsam erlernt werden muß. Autogenes Training eignet sich gut, um den täglichen Streß im Alltag besser zu bewältigen. – Sie werden ruhiger und schaffen somit eine gute Voraussetzung für ein besseres Selbstbewußtsein.

Das autogene Training ist für Personen geeignet, die regelmäßig Zeit finden, es auch auszuüben. Die Methode wird jetzt kurz beschrieben. Diese Kurzbeschreibung ist *kein* Lehrgang – sie soll Ihnen lediglich die Möglichkeit geben, an sich selbst die Frage zu stellen, ob Sie sich damit näher beschäftigen wollen. Das autogene Training ist nämlich nicht jedermanns Sache. Es gehört Geduld dazu und die Bereitschaft, die Übungen täglich regelmäßig durchzuführen.

Man nimmt beim autogenen Training eine der drei Haltungen ein:

1. *Die Liegehaltung.* Sie liegen auf dem Rücken, strecken die Beine aus und legen die Arme neben sich.
2. *Die Sitzhaltung A.* Sie benötigen hierfür einen ›Großvatersessel‹ mit Kopfstütze und Armlehnen. Sie legen Ihren Kopf an die Kopfstütze und die Arme auf die Seitenlehnen.
3. *Die Sitzhaltung B.* Es genügt ein einfacher Stuhl. Sie sitzen darauf in der sogenannten ›Droschkenkutscherhaltung‹. Das wird in den Büchern und Kursen genau erklärt.

Sie nehmen eine der drei Haltungen ein, und die erste Übung kann beginnen.

Sie schließen die Augen und denken eindringlich: »Ich bin ganz ruhig.« Dann beginnt die Schwereübung. Sie denken zunächst: »Der rechte Arm ist ganz schwer.« Nach und nach werden die einzelnen Körperteile als schwer vorgestellt. Das Schweregefühl stellt sich vorerst nur leicht ein, doch es verstärkt sich von Übung zu Übung. Nach und nach breitet sich dieses Schweregefühl auf den ganzen Körper aus.

Der autosuggestiv erzeugte Zustand muß zurückgenommen werden, bevor man wieder aufsteht. Das geschieht nach dieser Formel: »Arme kräftig bewegen, tief Atem holen, Augen auf!« Das Zurücknehmen ist sehr wichtig. Es kann sonst eine allgemeine Schläfrigkeit zurückbleiben.

Die Schwereübung wird etwa vierzehn Tage zwei- bis dreimal täglich zu festen Zeiten durchgeführt. Erst dann denkt man: »Der rechte Arm ist ganz warm« usw. Das ist die Wärmeübung, die gleichfalls vierzehn Tage andauert. Dann folgt das Herzerlebnis. Nach allgemeiner Ruhe, Schwere und Wärme denkt man: »Herz schlägt ruhig und kräftig.«

Personen mit Herzleiden (zum Beispiel Herzinfarkt, Angina pectoris, Herzinsuffizienz) sollten ihren Arzt fragen, ob das autogene Training für sie geeignet ist. Sie sollten das autogene Training auch *nur* unter ärztlicher Anleitung durchführen.

Nach der Herzübung folgt das Atemerlebnis. Man denkt: »Atmung ist ganz ruhig.« Auch diese Übung beansprucht wieder vierzehn Tage. Wichtig ist: Jeder neue Übungsschritt darf nur erfolgen, wenn die vorangegangenen Schritte beherrscht werden.

Nach der Atemübung wird Wärme in der Bauchgegend erzeugt. Die Denkformel heißt: »Sonnengeflecht strömend warm.« Daran anschließend folgt die Übung: »Stirn ein wenig kühl.«

Autogen durchtrainierte Menschen sind zu verblüffenden Leistungen fähig. Sie können ihre Herzfrequenz steuern und die Durchblutung beeinflussen. Das ist einem Untrainierten nicht möglich.

Das autogene Training ist eine ausgezeichnete Methode zur Beruhigung des Körpers und des gesamten Nervensystems. Leider sind viele Menschen, die mit dem autogenen Training beginnen, nicht bereit, regelmäßig zu üben. Sie geben zu früh auf, weil sie keine schnellen Erfolge erzielen oder weil sie zu nervös und extravertiert sind, um sich ruhig und gelöst auf sich selbst zu konzentrieren. Für manche Menschen kann das autogene Training dann sogar zur Belastung werden – das besonders, wenn sie trotz guten Willens nicht durchhalten.

Einfacher ist es natürlich, eine Beruhigungstablette zu schlucken, um dadurch die chemischen Prozesse im Körper zu verändern. Aber besser ist es auf jeden Fall, mit der ›natürlicheren‹ Methode des autogenen Trainings zu Entspannung und innerer Ruhe zu finden.

Psychoanalyse

Nach verschiedenen statistischen Untersuchungen haben bis zu 70 Prozent aller Patienten, die einen Arzt aufsuchen, keine organisch faßbare Krankheit. Sie leiden vielmehr an seelischen Störungen, die den Körper (griech. Soma) beeinflussen. Die Mediziner sprechen deshalb von psychosomatischen Symptomen. Diese Patienten fielen bis in unser Jahrhundert in den Kompetenzbereich von Medizinern und Psychiatern. Der Neurologe Sigmund Freud war der erste, der seinen Patienten statt Pillen und Spritzen Gespräche verordnete und auf der ›Couch‹ ihre Seele zu heilen versuchte. Seine psychoanalytische Therapie ist bis heute die berühmteste angewandte Therapiemethode.

Die Psychoanalyse beruht auf Sigmund Freuds Erkenntnissen vom Unbewußten. Er entdeckte, daß das Erleben und Verhalten jedes Menschen von Einstellungen, Wünschen und Motiven bestimmt wird, die dem Bewußtsein meist verborgen bleiben. Warum gelangt denn nicht alles ins bewußte Erleben, warum wird vieles ›verdrängt‹? Ein Säugling äußert seine Wünsche noch spontan und unverhüllt. Wenn er Hunger hat und essen will, schreit er. Fühlt er sich wohl, lächelt er befriedigt. Doch dann setzt die Erziehung ein. Das Kind muß – ›um vernünftig zu werden‹ – lernen, seine spontanen Wünsche zu ›beherrschen‹

und zu ›unterdrücken‹, weil sie häufig im Widerspruch zu den Normen der Gesellschaft stehen und bei den Eltern kein Verständnis finden.

Freud nahm an, daß besonders der Erziehungsprozeß in den ersten Lebensjahren den Menschen so sehr verändert, daß er sich schließlich viele seiner Wünsche überhaupt nicht mehr offen eingesteht, sondern sie direkt ›ins Unbewußte‹ verdrängt. Die verdrängten Wünsche sind damit aber nicht einfach verschwunden, sondern sie suchen in verschleierter Form nach Befriedigung. Wie kam Freud zu dieser Auffassung?

Der Pariser Neurologe G. M. Charcot und der Wiener Arzt G. Breuer behandelten hysterische Patienten (unter Hysterie versteht man körperliche Krankheiten, etwa Lähmungen und Sehstörungen, die keine erkennbare anatomischen oder physiologischen Ursachen aufweisen). Dabei machte Breuer eine überraschende Entdeckung: Die hysterischen Symptome verschwanden, wenn unbewußte bzw. verdrängte Erlebnisse unter Hypnose wieder erinnert und mit starker Gefühlsentwicklung abreagiert wurden.

Freud stellte jedoch bald fest, daß durch diese Methode der Katharsis (griech. Reinigung) die Symptome nicht immer verschwanden und daß sich nicht alle Patienten hypnotisieren ließen. So versuchte er, die verdrängten Erinnerungen durch die ›freie Assoziation‹ zum Vorschein zu bringen. Er forderte seine Patienten auf, sich auf eine Couch zu legen, die Augen zu schließen und ihren spontanen Einfällen freien Lauf zu lassen. Diese Technik der ›freien Assoziation‹ bildet auch heute noch das Kernstück der Psychoanalyse. Der Patient muß alles, was ihm einfällt, mitteilen, auch was er als unangenehm oder als unsinnig und nebensächlich empfindet. Die Deutung der Einfälle ist das entscheidende Hilfsmittel der Psychoanalyse, um die Widerstände im Patienten aufzulösen und die unbewußten Motive bewußtzumachen.

Freud fiel auf, daß es den Patienten oft schwerfiel, all ihre Gedanken auszusprechen. Sie behaupteten, es fiele ihnen nichts mehr ein, behaupteten auch, ihnen dränge sich zu viel auf, um alles zu sagen. Freud entdeckte hinter diesen Ausflüchten seiner Patienten die unbewußten Widerstände bzw. Abwehrmechanismen, mit denen sich die Patienten der Aufdeckung ihrer verdrängten Konflikte widersetzten. Diese Widerstände treten je nach der Persönlichkeit des Patienten verschieden auf. So neigen beispielsweise manche Intellektuelle dazu, ihre Widerstände in Form von kritischen Einwänden gegen die Analyse vorzubringen, manche wiederum verschieben ihre Probleme auf eine andere Ebene (Rationalisierung).

Sogenannte Übertragungen können die Therapie verhindern, aber auch sehr erleichtern. Damit ist folgendes gemeint: Der Patient wiederholt (überträgt) in seiner Beziehung zum Analytiker Einstellungen und Gefühle, die den konflikthaften Bindungen seiner frühen Kindheit entstammen (Eltern, Geschwister usw.).

Ein Fall aus Freuds Praxis soll dies verdeutlichen. Eine Patientin war mit einem Mann befreundet, der eine stellvertretende Funktion für ihren Vater hatte. Die Patientin brach die Psychoanalyse vorzeitig ab, weil Freud ihr nicht rechtzeitig ihre Ablehnung klarmachte, die sie von ihrem ehemaligen Geliebten auf ihn übertrug. Die Patientin ›rächte‹ sich durch den Abbruch der Analyse genauso, wie sie sich damals an ihrem Geliebten gerächt hatte.

Neben dieser negativen Übertragung gibt es die positive Übertragung, die sich durch Gefühle der Sympathie und des Vertrauens zum Analytiker zeigt. Wenn ein Patient seinen Konflikt mit den Widerständen durchzukämpfen hat, die in der Analyse aufgedeckt werden, muß ein starker Antrieb und Wunsch vorhanden sein, damit er nicht die frühere falsche Lösung wiederholt, also das ins Bewußtsein Geholte wieder verdrängt. Dieser Antrieb hat seinen Ursprung in dem offenen und vertrauensvollen Verhältnis zum Arzt. Am Ende der Therapie muß daher die positive Übertragungsbeziehung zum Therapeuten wieder gelöst werden.

Freud erkannte, daß auch der Analytiker Gefühle auf den Patienten überträgt. Er bezeichnete dies als Gegenübertragung. Kann beispielsweise ein Analytiker nicht mit den Liebesansprüchen seines Patienten fertig werden, reagiert er möglicherweise mit Unsicherheit und Abwehr. Durch die Gefühlsbeteiligung wird er unfähig, die Liebeswünsche seines Patienten aufzudecken und sie ihm bewußtzumachen. Die Gefahr der Gegenübertragung soll deshalb durch die ›Lehranalyse‹, der sich jeder Analytiker während seiner Ausbildung unterziehen muß, eingeschränkt werden. In der Lehranalyse liegt der Analytiker selbst auf der Couch und wird mit seinen eigenen unbewußten Motiven konfrontiert.

Nach der Auffassung des Stuttgarter Psychotherapeuten Dr. Rudolf Affemann liegt das ideale Analysealter eines Patienten zwischen 22 und 35 Jahren: »Nach fünfzig ist die Psychoanalyse im klassischen Sinne undurchführbar, weil die Persönlichkeitsstruktur zu verfestigt ist.«

Die Behandlung mit der Psychoanalyse kann bis zu sieben Jahre dauern (bei etwa zwei Wochenstunden). Psychoanalytiker sind in Deutschland rar. Wenn sich ein Patient für eine Behandlung anmeldet, muß er unter Umständen mit Wartezeiten bis zu zwei Jahren rechnen, je nachdem, wie renommiert der Analytiker ist. Psychotherapeuten dagegen, die nach anderen Methoden behandeln, haben kürzere bzw. gar keine Wartezeiten.

Es gibt wenige direkte Äußerungen von Patienten, die sich einer Psychoanalyse unterzogen haben. Die meisten scheuen sich, offen zuzugeben, auf der Couch eines Analytikers gelegen zu haben. Deshalb ist ein Interview interessant, das die Zeitschrift *Capital* mit dem Marketing-Berater Bernd Rohrbach durchführte, der sieben Jahre (von 1961 bis 1968) im Frankfurter Sigmund-Freud-Institut eine Psychoanalyse mitmachte. Hier das interessante Interview in vollem Wortlaut zu Ihrer Information ...

Capital: Herr Rohrbach, Sie ließen sich sieben Jahre lang vom Psychotherapeuten behandeln. Was hat Sie das gekostet?

Rohrbach: 30 Mark pro Stunde, in sieben Jahren etwa 22 000 Mark. (Anmerkung: Heute kostet eine Stunde mindestens 100 Mark und darüber.)

Capital: Hat sich Ihre Krankenkasse an den Kosten beteiligt?

Rohrbach: Nein, denn es handelte sich nicht um einen Krankheitsfall im Sinne einer Krankenversicherung. Ich konnte die Honorare jedoch als Fortbildungskosten von der Steuer absetzen.

Capital: Haben sich die 22 000 Mark gelohnt?

Rohrbach: Ich glaube, daß ich erfolgreicher geworden bin. So brachte ich 1961 zum Beispiel nur ein Patent pro Jahr durch, gegen Ende der Analyse waren es fünf bis sechs Patente. Während der Analyse hat sich mein Bruttoeinkommen mehr als vervierfacht.

Capital: Ohne Analyse hätten Sie das nicht geschafft?

Rohrbach: Wahrscheinlich nicht. Seit meine inneren Spannungen abgebaut sind, fühle ich mich kreativer. Ich bin hemmungsloser im Denken und konsequenter im Handeln. Kürzlich habe ich vor achtzig Wissenschaftlern eines Großkonzerns gesprochen. Vor der Analyse hätte ich das nie mit dieser Sicherheit fertiggebracht. Viele Minderwertigkeitsgefühle wurden abgebaut.

Capital: Hemmungslosigkeit kann auch unsympathisch wirken.

Rohrbach: Ich glaube nicht. Im Gegenteil, die Analyse macht menschlicher, natürlicher, kontaktfähiger und toleranter. Die Durchsetzungsfähigkeit verliert an Feindseligkeit und gewinnt an Überzeugungskraft.

Capital: Schicken Sie Ihre Mitarbeiter auch auf die Couch?

Rohrbach: Wenn ich eines Tages einen Partner in meine Firma hereinnehmen sollte, würde ich es begrüßen, wenn auch er in die Analyse ginge. Ich bin sicher, daß wir dann erheblich weniger Kommunikationsschwierigkeiten hätten.

Capital: Durch Ihre Tätigkeit als Marketing-Berater und Seminarleiter kennen Sie viele Führungskräfte. Wie vielen würden Sie eine psychoanalytische Behandlung empfehlen?

Rohrbach: Ich bin überzeugt, daß die Firmen enorm von der Psychoanalyse profitieren könnten. Ein leitender Mitarbeiter, der dauernd seine persönlichen Probleme im Beruf zu lösen versucht, kann ein starker Bremsklotz sein. Besonders wichtig würde ich die Analyse für Marketing-Leute halten. Man gewinnt an Sensibilität für Marktlücken.

Capital: Was war eigentlich der Anlaß, weshalb Sie zum Sigmund-Freud-Institut gegangen sind?

Rohrbach: Der Auslöser für diesen Entschluß war mein erstes Jahr als selbständiger Berater. Ich hatte einfach Existenzangst. Außerdem hatte ich oft das Gefühl, daß man mich nicht akzeptierte.

Capital: Waren Sie skeptisch, ob die Psychoanalyse die richtige Behandlungsmethode ist?

Rohrbach: Ja, ich weigerte mich in den ersten Stunden, mich auf die Couch zu legen. Ich hatte starke innere Hemmungen, in einem Zustand der Wehrlosigkeit dem Analytiker gegenüber zu sein.

Capital: Wann zeigten sich die ersten Erfolge?

Rohrbach: Nach etwa einem Jahr. Anfangs verstärkten sich meine Probleme. Ich bekam außerdem Herzbeschwerden.

Capital: Würden Sie die Psychoanalyse als Karrieretraining empfehlen?

Rohrbach: Wer zu psychischen Spannungen neigt und trotzdem Karriere machen will, sollte auf jeden Fall in die Analyse gehen.

Gesprächstherapie

Der amerikanische Psychologe und Psychiater Carl Rogers begründete eine Therapieform, welche die ›Selbstheilungskräfte‹ des Patienten anregt. Bei der ›Klientenzentrierten Psychotherapie‹ soll der Patient (bzw. Klient) seine Probleme selbständig klären. Dabei soll der behandelnde Psychologe folgende Bedingungen erfüllen:

- Positive Wertschätzung und emotionale Wärme gegenüber dem Klienten.
- Verstehen und Verbalisierung emotionaler Erlebnisinhalte des Klienten.

- Echtheit im Verhalten, keine falsche Freundlichkeit, keine Launenhaftigkeit.

Voraussetzung für das Gelingen der Behandlung ist eine positive Beziehung zwischen dem Therapeuten und dem Klienten. Die Gespräche erhellen Empfindungen und Gefühle, die der Patient sich sonst nur ungern eingesteht. Sie verlieren in der entspannten, von Wertschätzung und Wärme getragenen Atmosphäre ihren Schrecken. Der Patient kann wagen, alles zu denken, Stellung dazu zu nehmen und zu verarbeiten, was er sich sonst ›nicht einmal im Traum einfallen ließe‹.

Der Patient erfährt, daß er sich in der Therapie nicht verteidigen muß. Da aufgrund ihres geringen Selbstbewußtseins viele zwischenmenschliche Beziehungen scheuen, kann die Beziehung zum Therapeuten eine erste Ermutigung sein, Kontaktschritte zu wagen.

Der Gesprächstherapeut versucht, sich möglichst intensiv in den Klienten hineinzuversetzen und seine Erlebniswelt zu verstehen. Sobald er sich sicher ist, die Gefühle seines Patienten verstanden zu haben, teilt er sie ihm mit.

Warum ist die ›Spiegelung‹ der gefühlsmäßigen Erlebnisse therapeutisch hilfreich? Nach der Auffassung von Rogers sind die seelischen Probleme immer Gefühlsprobleme, die in den meisten Fällen nicht in ihrem ganzen Ausmaß als solche erkannt werden.

Der Klient beachtet vielmehr vor allem Widerstände in seiner Umwelt, zum Beispiel Fehler des Ehepartners, zum Beispiel körperliche Symptome. Der Therapeut zieht aus diesen Widerständen den Gefühlsgehalt heraus und spricht ihn aus.

Sie kennen sicher Menschen, die sich hinter einer Fassade verstecken. Es scheint, daß sie ihr Verhalten nur spielen, aber nicht wirklich so sind. Sie äußern Gefühle, die sie nicht haben, und unterdrücken andere, die sie haben. Diese Vorgänge spielen sich zwar bei jedem Menschen ab, wenn sie aber eine bestimmte Stärke erreichen, wirkt das Verhalten unecht und maskenhaft.

Ein Beispiel aus einer Therapiestunde: Herr Hall war wegen

starker Hemmungen, die auch sein Studium beeinträchtigen, und Angstzuständen in die Therapie gekommen.

Herr Hall: »Wenn ich in eine Diskothek gehe, treten diese Beschwerden verstärkt auf. Ich schwitze und bekomme Magenkrämpfe, vor allem, wenn mir ein Mädchen gegenübersitzt. Dann sind die Beschwerden stark, und ich kann mich dann nicht konzentrieren.«

Therapeut: »Das bedrückt Sie?«

Klient: »Ja.«

Therapeut: »Und es gelingt Ihnen nicht, sich frei zu fühlen?«

Klient: »Ja, das ist es, daß ich dagegen nichts machen kann.«

Therapeut: »Es ist hart für Sie, daß das gerade gegenüber Mädchen so ist. Das wollen Sie nicht hinnehmen?«

Klient: «Ja – weil ich darin eben nichts Natürliches sehe. Wenn ich so aufgeregt werde, dann empfinde ich das als sehr unangenehm.«

Die Abnahme psychischer Spannungen, die im Verlauf der Gesprächstherapie eintritt, läßt sich nachweisen. Robert P. Andersson führte 1956 während zehn gesprächstherapeutischen Sitzungen mit einem Klienten Messungen der Herzschlagfrequenz und deren Schwankungsbreite durch. Außerdem schätzte er während jeder Stunde mit einer Skala die Gefühlsstärke. Dabei ergab sich für die Herzschlagfrequenz ein ähnlicher Kurvenverlauf wie für die Einschätzung der emotionalen Beteiligung des Klienten. Die physiologische Spannung, also erhöhte Herzschlagfrequenz, trat besonders stark auf, wenn sich der Klient über konfliktreiche Gefühle äußerte, die ihn zur Zeit ganz persönlich betrafen.

Gute Erfolge zeigt die Gesprächstherapie bei gehemmten Personen, die sich über sich selbst, über ihre Wünsche und Ziele nicht im klaren sind, die für ihre Lebensgestaltung keine Bezugspunkte haben. In solchen Fällen kann eine Therapie von zehn bis dreißig Stunden bereits gute Erfolge aufweisen.

Gruppentherapie

Mindestens einmal in der Woche treffen sich sechs bis acht Personen für ein bis zwei Stunden und setzen sich mit einem Psychologen oder Psychotherapeuten an einen runden Tisch. Die Gruppe sollte nach Alter und Intelligenzgrad einheitlich zusammengesetzt sein. Sie sollte nicht aus Personen bestehen, die auch außerhalb der Gruppe täglich in engerem Kontakt stehen. Auch Freunde und Ehepaare können die Wirkungen der Gruppentherapie beeinträchtigen.

Der Gruppenleiter hilft, am Anfang Hemmungen zu überwinden. Er erläutert die Voraussetzungen der Gruppentherapie:

- Diskretion der Mitglieder gegenüber Außenstehenden.
- Konzentration auf Gefühlsprobleme.
- Alles soll ausgesprochen werden, was man fühlt und denkt.

Die Gruppenmitglieder erzählen zunächst zwanglos und ohne Druck etwas über sich selbst und ihre Probleme. So entwickelt sich ein Gespräch über psychische Probleme, das die Eindrücke der Gruppenmitglieder verarbeitet und zu Stellungnahmen zwingt.

Die Teilnehmer nehmen selbst eine psychotherapeutische Funktion ein (positive Zuwendung, Deutung der Gefühle anderer Gruppenmitglieder). Das bedeutet jedoch nicht, daß ein Gruppenleiter überflüssig wäre. Er muß nämlich die Gespräche in die notwendige Richtung führen (etwa Mitglieder darauf aufmerksam machen, daß sie nicht über Tagesereignisse, über Wetter usw. sprechen sollen). Andererseits baut er die Erwartung der Gruppe ab, indem er ›die Sache in Gang hält‹ – schließlich soll die Gruppe selbst aktiv sein. Dabei entwickelt die Gruppe ein feines Gefühl dafür, wie weit sie ein Gruppenmitglied durch ihre Stellungnahmen belasten kann. Ist die äußerste Belastbarkeit eines Mitglieds erreicht, wendet sich das Gruppeninteresse den Problemen eines anderen zu. Selbstverständlich ist der Psychologe bzw.

Psychotherapeut angehalten, den einzelnen vor möglichen psychischen Schäden zu schützen – das gehört zu den obersten Richtlinien.

Es bedeutet für jeden Teilnehmer zunächst einmal eine große Erleichterung, da er sieht, daß andere Menschen ähnliche Probleme haben. Diese Erleichterung fördert die Aussprache persönlicher Konflikte. Außerdem werden die Symptome durch das Verständnis der Gruppe besser ertragen.

Da jede Gruppe ein Modell der Gesellschaft ist, kann die Gruppentherapie die Eingliederung in die Gesellschaft erleichtern und Modellerfahrungen im Umgang mit anderen verschaffen.

Man muß sich die Gruppe als eine Übungssituation vorstellen. Im Schutz der Gruppe ist es möglich, Risiken einzugehen, also einfach auszuprobieren: Wie reagiert jemand auf mich, wenn ich mich so oder so verhalte? Ein Mitglied erfährt zum Beispiel, daß sein Verhalten arrogant wirkt, obwohl es überhaupt nicht arrogant wirken, sondern nur seine Unsicherheit verdecken will. Solch eine Erfahrung kann für das tägliche Miteinander sehr hilfreich sein.

Wie sich eine Gruppentherapie auswirkt, zeigt ein Auszug aus einem Interview, das drei Monate nach Abschluß einer Gruppentherapie von dem Psychologen H. Peres durchgeführt wurde: »Ich habe einfach dadurch, daß ich ein Mitglied der Gruppe war und von allen akzeptiert wurde, eine große Menge Selbstvertrauen gewonnen ... Ich glaube, daß ich von allen anderen akzeptiert wurde, weil ich bei den Sitzungen offen über meine Gefühle gesprochen habe. Das übertrug sich in hohem Maße auch auf andere Situationen. Wenn ich jetzt mit Leuten zusammentreffe, bin ich einfach ich selbst, ohne irgend etwas zu unterdrücken und ohne Angst zu haben, daß andere mich nicht verstehen« (zitiert nach Rogers).

Mit steigendem Selbstbewußtsein entwickelt sich auch die Toleranz. Die Teilnehmer lernen, Kritik zu ertragen, erfahren, daß Kritik nicht zerstörerisch sein muß, sondern daß sie auch von ihr profitieren können. Und sie lernen zuzuhören. Menschen, die eine Gruppentherapie mitgemacht haben, wenden sich nicht mehr ab, wenn sie angegriffen werden, sondern versuchen herauszufinden, warum sie angegriffen werden.

Die Gruppentherapie hat sich bisher als eine Methode bewährt, die der vertieften Selbsterkenntnis gesunder oder leicht gestörter Menschen dient. Bei Anpassungsproblemen, Kontaktschwierigkeiten, Hemmungen und Minderwertigkeitsgefühlen ist daher die Gruppentherapie zu empfehlen.

Wer kurzfristige Hilfe sucht, dem ist eine ganz besondere Gruppentherapie zu empfehlen. Sie kommt aus den USA. Man nennt sie ›Encounter Group‹. Hier bleibt die Gruppe drei bis zehn Tage lang Tag und Nacht zusammen. Auch hier redet man miteinander, erörtert seine Probleme, versucht, Lösungen geschilderter Konflikte zu erarbeiten.

In der ›Encounter Group‹ werden Gefühle aufgedeckt und mitgeteilt, um zu einem tieferen Verstehen zu gelangen. Der Vorteil gegenüber einer normalen Therapie besteht darin, daß der einzelne sofort und ständig von der Gruppe korrigiert wird. So kann er zwischen einzelnen Sitzungspausen nicht wieder in seine alten Verhaltensweisen zurückfallen.

Eine spezielle Methode der Gruppentherapie ist das von dem Wiener Psychiater Moreno zu Beginn der zwanziger Jahre entwickelte ›Psychodrama‹. Dabei werden Konflikte und seelische Störungen durch improvisiertes Spiel bewußtgemacht. Durch die ›spielerische‹ Wiederholung traumatischer Situationen wird erstens eine Einsicht in die Ursachen gewonnen und zweitens ein Ausleben von Konflikten ermöglicht. Als Behaviordrama (Verhaltensdrama) kann das psychodramatische Spiel systematisch zur Verhaltensänderung eingesetzt werden (siehe Verhaltenstherapie).

Von Amerika aus sind inzwischen vielfältige Abwandlungen der Gruppentherapie nach Europa gekommen. Bei einer Art der Gruppentherapie werden die Körper der Mitglieder abgetastet. Die eventuell auftretenden erotischen Gefühle sind dabei nicht so entscheidend wie die Bewußtmachung des Körperlichen. Man lernt wieder (wie in der Kindheit), den Körper zu beachten und ihn zu akzeptieren.

Ähnlichkeit mit der Gruppentherapie hat das Sensitivity-Training. Im Sensitivity-Training werden in erster Linie Vorgänge, die in der Gruppe geschahen, verarbeitet. Denn nur diese Vorgänge sind allen Teilnehmern bekannt. Das ist deshalb vorteilhaft, weil jeder Teilnehmer im Training die gleichen Verhaltensweisen und Abwehrmechanismen wie im täglichen Leben zeigt.

Die zentrale Methode ist das ›Feedback‹ (Rückspiegelung). Jeder beschreibt möglichst klar seinen Eindruck bzw. seine Gefühlsreaktionen, die eine Verhaltensweise eines anderen bei ihm ausgelöst hat. Der Teilnehmer erfährt, wie sein Verhalten wirkt und wie er selbst auf fremdes Verhalten anspricht. Dies löst oft eine Einsichts- und Änderungsbereitschaft aus.

Beim Sensitivity-Training wird geübt, eigene und fremde Verhaltensweisen differenziert aufeinander abzustimmen. Starre Verhaltensweisen können abgebaut und neue, echtere ausprobiert werden. Wegen der Anstrengung eignet sich ein Sensitivity-Training nicht für Psychose- oder Selbstmordgefährdete oder für Neurotiker.

Um selbstbewußtes Verhalten zu fördern und zu verstärken, ist das Sensitivity-Training gut geeignet. Es wird in vielen Großstädten auch von Volkshochschulen preiswert angeboten.

Verhaltenstherapie

Vor etwa vierzig Jahren begründete in den USA Joseph Wolpe die Verhaltenstherapie. Sie unterscheidet sich von anderen Behandlungsarten, weil sie auf experimentellen Ergebnissen der Lernpsychologie aufbaut.

Die Gesundung des Patienten beruht auf kontrollierbaren Lernvorgängen, deren Modell der russische Physiologe Iwan P. Pawlow erforschte. Bei Experimenten mit einem Hund entdeckte er folgendes: Sobald das Tier Futter sieht, sondert es Speichel ab.

Pawlow ließ daraufhin ein Glockensignal ertönen, sobald der Hund sein Futter erhielt. Nachdem er dies mehrere Male wiederholt hatte, genügte der Glockenton (der Zusatzreiz), um bei dem Hund eine Speichelsekretion auszulösen. Ein sogenannter ›bedingter Reflex‹ war entstanden.

In Anlehnung an diese Konditionierungsversuche ist es Watson (dem Begründer des Behaviorismus) 1920 erstmals gelungen, konditionierte Furchtreaktionen bei einem Kind zu erzeugen. Das Beispiel des kleinen Albert wurde auf Seite 58 beschrieben. Erinnern Sie sich: Die Furchtreaktion war plötzlich an die Ratte gekoppelt, die zuvor niemals Angst erzeugte. Diese Furcht übertrug sich sogar auf andere Tiere. Kaninchen und Hunde lösten jetzt ebenfalls Weinen und Fluchtverhalten aus.

Die Verhaltenstherapie geht davon aus, daß auch Erwachsene ähnlich konditioniert werden und daß ›neurotische Symptome‹ meist auf diese Weise entstehen.

Ein Beispiel zeigt das Lernen von falschem Verhalten. Im Anschluß an einen Autounfall konnte Herr Finn seine Wohnung nie mehr verlassen, ohne Angst zu spüren. Der Unfall hatte sich so abgespielt: Herr Finn wurde von einem Auto angefahren, als er aus einem Geschäft auf die Straße trat. Seit dieser Zeit hatte Herr Finn Angst vor Plätzen. Die rationale Überzeugung, daß er sich durch Vorsicht vor Autos schützen könne, war nutzlos.

Die Verhaltenstherapie versucht, dem Patienten diese Angst abzugewöhnen. Joseph Wolpe entdeckte, wie eine Furchtreaktion ›gelöscht‹ werden kann. Er erzeugte zum Beispiel Furchtreaktionen bei Katzen. Sie lernten, auf ein Summgeräusch die Klappe eines Futterkastens zu öffnen, um somit an ihren Freßnapf zu kommen. In der zweiten Versuchsphase erhielten die Katzen jedesmal, wenn sie den Futterkasten öffneten, einen elektrischen Schock. So entwickelten die Tiere ein ›Vermeidungsverhalten‹ gegenüber dem Fressen in einem bestimmten Käfig. Sie sträubten sich heftig, wenn sie in den ›Schockkäfig‹ gesetzt wurden, und verweigerten das Fressen.

Wolpe konnte die Furchtreaktionen der Katzen ›löschen‹, indem er die Tiere Schritt für Schritt an den ›Schockkäfig‹ gewöhnte. Er fütterte die Katzen ohne Schock in verschiedenen Käfigen, die anfangs nur wenig, nach und nach aber immer mehr Ähnlichkeit mit dem gefürchteten Käfig hatten, bis die Tiere wieder ohne Furcht in ihrem alten Käfig zu fressen begannen.

Wolpe entwickelte 1950 nach seinen experimentellen Ergebnissen mit Tieren eine Therapieform für den Menschen: die systematische ›Desensitivierung‹. Die Methode gliedert sich in drei Abschnitte:

1. Intensives Entspannungstraining.
2. Aufstellung einer Hierarchie der angstauslösenden Reize.
3. Stufenweise Kombination dieser Angstreize mit Entspannungsreaktionen.

So wird beispielsweise die Platzangst geheilt: Vor Beginn der Desensitivierung wird mit dem Patienten ein Entspannungstraining durchgeführt, etwa physiologische Muskelentspannung oder autogenes Training. Dann klärt der Therapeut durch ein gezieltes Gespräch, welche Reizsituationen beim Patienten Angst erzeugen. Nun bringt der Patient die Angstreize in eine Rangordnung. Bei der Angst von Herrn Finn sieht das so aus:

1. Ich bin zu Hause und höre im Radio, ein Mann sei überfahren worden.
2. Ein Bekannter erzählt mir von einem Unfall.
3. Ein Freund ist angefahren worden.

4. Ich gehe in einer verkehrsarmen Gegend spazieren.
5. Ich gehe abends durch die Stadt.

6. Ich gehe zu einer Konzertveranstaltung.
7. Ich muß tagsüber einen Platz überqueren.

Die Desensitivierung beginnt damit, daß sich Herr Finn tief entspannt den schwächsten Reiz der Angsthierarchie ein paar Sekunden vorstellt. Sobald dabei Angst auftritt, muß er den Finger heben. Dann wird die vorgestellte Szene sofort unterbrochen ... völlige Entspannung setzt ein. Danach wird die Vorstellung erneut geübt. Durchbricht die Angst die Entspannung nicht mehr, wird also die Vorstellung angstfrei ertragen, geht der Therapeut zur nächsthöheren Angstszene über.

Durch den entwickelten Mut bewältigt Herr Finn Schritt für Schritt immer höhere Stufen seiner Angsthierarchie, bis auch die intensivste Vorstellung (›Ich muß tagsüber einen Platz überqueren.‹) ihren Angstcharakter verloren hat.

Die Erfahrung hat gezeigt, daß die Patienten mit dieser Methode nach etwa zwanzig Sitzungen auch in realen Situationen keine Angst mehr empfinden. Die Desensitivierung hat sich besonders bei der Behandlung von Tierphobien (Spinnen, Mäuse usw.), Prüfungsängsten, Angst vor öffentlichem Sprechen, Platzangst und Angst vor geschlossenen kleinen Räumen bewährt.

Wichtig ist die Kombination von Entspannungsübung und Vorstellung der Angsthierarchie. Entspannungsübungen allein sind nicht so erfolgreich – und auch das reine Durcharbeiten der Angstsituationen trägt wenig zum Abbau der Ängste bei.

Die Technik der Verhaltenstherapie ist sehr variabel. Der Verhaltenstherapeut kann mit einem Kranken ›Theater‹ spielen, wenn dieser beispielsweise gegenüber Vorgesetzten gehemmt und unsicher ist und seine Fähigkeiten nicht entfalten kann. Der Therapeut spielt in solch einem Fall vielleicht ein Vorstellungsgespräch beim Personalchef einer großen Firma nach.

Ein Nachteil der Verhaltenstherapie liegt darin, daß bei komplexeren Problemen, etwa bei ›allgemeinen‹ Angstzuständen oder bei Ängsten, die gleichzeitig mit schweren Depressionen oder Zwangsneurosen verbunden sind, die Heilung schwieriger ist.

Wann brauchen Sie einen Psychotherapeuten?

Erst wenn alle organischen Ursachen für Ihre Beschwerden ausgeschlossen werden können, sollten Sie die Praxis eines Psychologen, Psychotherapeuten oder Psychoanalytikers aufsuchen. Auf den vorhergehenden Seiten konnten Sie sich ein Bild über die Behandlungsmethoden machen. Sie können danach besser entscheiden, von welcher Therapieform Sie sich noch am ehesten angesprochen fühlen.

Wenn Sie einen Therapeuten aufsuchen, sind Sie nicht gezwungen, seine vorgeschlagene längere Beratung und Behandlung durchzuführen. Vielleicht hilft Ihnen bereits ein einstündiges Gespräch. Wenn Sie feststellen, daß die Art des Therapeuten Ihnen nicht liegt, sollten Sie ungeniert die Beratung abbrechen und einen anderen Therapeuten konsultieren.

Achten Sie bei der Prüfung des Therapeuten vor allem darauf, wie er bestimmte Seiten Ihrer Persönlichkeit in Frage stellt und wie er Ihnen den schmerzlichen und unbequemen Prozeß der Umorientierung bewußt macht. Das kann Ihnen so unangenehm sein, daß Sie den Therapeuten nicht als aufgeschlossenen, bejahenden Gesprächspartner empfinden, sondern Widerstand gegen ihn und seine Äußerungen entwickeln. Sie sollten Ihr Sympathie- oder Antipathiegefühl deshalb genau überprüfen.

Eine Therapie ist kein angenehmer Vorgang. Viele Patienten kommen mit einer Einstellung, die daran erinnert, wie sie ihren Wagen in die Reparaturwerkstatt bringen: Sie setzen oder legen sich hin, erzählen oberflächlich von ihren Problemen und denken, alles andere übernehme schon problemlos der Therapeut. Mit dieser Einstellung mißlingt die Behandlung, denn man kann natürlich niemanden ›waschen, ohne ihn naß zu machen‹.

Wenn Sie, wie schon oben ausgeführt, keine körperlichen Symptome spüren, sondern nur seelische, sollten Sie direkt einen Termin mit einem Psychologen oder Psychotherapeuten vereinbaren.

Vorwiegend seelische Symptome sind:

Ängste verschiedener Art
Allgemeine Lebens- und Existenzangst
Angst vor Tieren (Spinnen, Mäusen usw.)
Angst vor Plätzen oder engen Räumen

Zwangshandlungen
Wasch- oder Kontrollzwang
Zwangsgedanken
Bestimmte wiederkehrende Verhaltensweisen bei Nervosität (Nägelkauen, Haare zusammendrehen usw.)

Störungen der ›normalen‹ Sexualität
Impotenz oder Frigidität
Sadismus oder Masochismus
Sonstige ›Perversionen‹

Störungen von Persönlichkeitseigenschaften
Extremer Geiz und Egoismus
Geringe Kontaktfähigkeit
Konzentrationsmangel
Geringes Selbstbewußtsein (Minderwertigkeitsgefühle)
Geringe seelische Belastbarkeit
Extreme Pedanterie

Störungen der Stimmungen
Häufige Gedrücktheit und Depression
Häufiger extremer Stimmungswechsel
Psychische Unausgeglichenheit

Das ist nur eine kleine Auswahl seelischer Symptome. Einen Therapeuten sollten Sie nur dann aufsuchen, wenn Sie unter einem dieser Symptome leiden. Denn nur der Leidensdruck mobilisiert die nötigen Kräfte, die für eine therapeutische Behandlung unbedingt erforderlich sind. Wer mit sich selbst zufrieden ist, sieht den Grund nicht ein, daß er sich ändern sollte, und er wird sich deshalb auch nicht ändern.

In letzter Zeit kommt es häufiger vor, daß Eheschwierigkeiten zu bestimmten Situationen führen. Ein Beispiel: Herr Münch ist seit fünf Jahren verheiratet. Seine Frau ist sexuell leicht ansprechbar und hat sich vor einem halben Jahr in einen anderen Mann verliebt. Sie will sich deshalb scheiden lassen. Herr Münch verzeiht seiner Frau die Liebschaft und möchte die Ehe weiterführen. Er rät seiner Frau: »Geh zum Psychotherapeuten und lass' dich behandeln. Deine Untreue ist nicht normal – ich liebe dich doch nach wie vor.«

In diesem Fall ist eine Psychotherapie nicht erforderlich. Frau Münch will die Scheidung und liebt einen anderen Mann. Es besteht von ihrer Seite kein Leidensdruck und auch kein Grund, ihr von der Liebe abzuraten. Anders verhielte es sich vielleicht, wenn Frau Münch innerhalb von fünf Jahren zum fünften Mal vor einer Scheidung stünde und sie ihr Verhalten selbst in Frage stellen würde.

Wenn Sie einen Psychologen oder Psychotherapeuten suchen, empfiehlt es sich, im Branchenverzeichnis Ihres Fernsprechbuches nachzuschauen. Unter Psychologie oder Psychotherapie finden Sie die zur Auswahl stehenden Therapeuten mit Anschrift und Telephonnummer. Wählen Sie zunächst den Therapeuten aus, der Ihrer Wohnung am nächsten ist. Wenn Sie sich telephonisch einen Termin geben lassen, sollten Sie sich dabei auch gleich nach dem Stundenhonorar und der Therapiemethode, die vorwiegend angewandt wird, eingehend erkundigen.

Sechstes Kapitel

Das Programm für mehr Selbstsicherheit

Im vorangegangenen Kapitel haben Sie sich über die verschiedenen Methoden der Psychotherapie informiert. Alle Behandlungsmethoden haben ihren Sinn und Wert. Da keine Methode als die einzig richtige gelten kann, ist je nach den vorhandenen Symptomen und seelischen Schwierigkeiten die eine oder andere Therapie daher besonders geeignet. Das muß dann von Fall zu Fall individuell entschieden werden.

Günstig ist meist die Unterstützung einer Behandlung durch das autogene Training. Ich empfehle Ihnen das Buch von Dr. med. Lindemann *Überleben im Streß – Autogenes Training.* Dieses Buch eignet sich vor allem deshalb, weil es leicht verständlich und mit viel Überzeugungskraft geschrieben ist. Dr. Lindemann hat bei seinen drei Atlantiküberquerungen in einem Faltboot, einem Einbaum und einem Kutter wichtige eigene Erfahrungen mit dem autogenen Training gesammelt.

Problemtagebuch

Sie haben sich bereits ein Heft angelegt, um das Assoziationsexperiment durchzuführen. Nun brauchen Sie dieses Heft erneut – als Problemtagebuch. Zunächst beobachten Sie sich eine Woche und schreiben einen Bericht über das Verhalten, das Ihr geringes Selbstbewußtsein gezeigt hat. Danach folgt eine Bestandsaufnahme aller Situationen, die Ihr Selbstbewußtsein erschütterten. Daran schließt sich eine Übungszeit an, in der Sie selbstbewußteres Verhalten anwenden.

Nun beginnen Sie mit der Beobachtungswoche. Verhalten Sie

sich so wie immer, versuchen Sie also, in dieser Zeit nicht selbstbewußter zu sein.

An dem folgenden Beispiel sehen Sie, wie es gemacht wird. Die Tageseintragungen stammen von Herrn Culler (kaufmännischer Angestellter, 26 Jahre).

1. Tag

a) Ich wurde von dem Kollegen Renner mit ironischen Bemerkungen abgekanzelt, als ich ihn nach dem Platz für das Kohlepapier fragte. Alles lachte. Ich spürte, wie mir das Blut aus dem Kopf wich. Ich konnte keine Antwort geben.

b) Am Telephon war der Chef. Wollte wissen, ob seine Sekretärin bei mir im Büro sei. Ich antwortete nur mit »Nein« – es fiel mir sonst kein verbindlicher Satz ein. Das hat mich auf mich selbst wütend gemacht.

c) Abends wollte ich fernsehen. Eine Freundin meiner Frau kam zu Besuch. Da ich nicht wagte, meiner Frau zu sagen, mir sei das heute unangenehm, ärgerte mich das ungemein. – Ich möchte mich mehr durchsetzen können.

2. Tag

a) Meine Frau entdeckte, daß die neugelieferte Waschmaschine seitlich zerkratzt ist. Ich rief das Geschäft an und meldete den Schaden. Das war mir unangenehm, und ich hatte ein leichtes Ziehen im Magen.

b) Ich betrat das Zimmer eines Kollegen. Er begrüßte mich mit der Bemerkung: »Du hast auch jeden Tag weniger Haare auf dem Kopf.« Da mich mein Haarausfall beunruhigt, machte mich die taktlose Bemerkung unsicher. Ich reagierte nicht gelassen und gelockert.

3. Tag bis 6. Tag

In dieser Art schrieb Herr Culler jeden Tag die Erlebnisse auf, die sein Selbstbewußtsein beeinträchtigen. Er schrieb die Erlebnisse von Tag zu Tag ausführlicher auf, und es wurde ihm immer klarer, was sein Selbstbewußtsein beeinflußte. Er bekam in dieser Woche mehr Klarheit über seine Probleme.

Nach der Beobachtungswoche folgt ein noch wichtigerer Schritt – die Bestandsaufnahme. Stellen Sie eine Rangfolge der Situationen und Erlebnisse auf, die Ihr Selbstbewußtsein besonders stark beeinträchtigt haben. Formulieren Sie die Situationen so, daß zum Ausdruck kommt, was Sie besser machen wollen. Die Liste von Herrn Culler sah zum Beispiel so aus:

1. Gegen die Bemerkungen von Kollegen durchsetzen. Das richtige Wort finden.
2. Unbefangen dem Chef gegenübertreten.
3. Meine Fähigkeiten richtig einschätzen.
4. Meinen Haarausfall nicht so wichtig nehmen.
5. Meine Frau loben und meinen Ärger nicht an ihr abreagieren.
6. Meiner Frau offen meine Meinungen und Einstellung darlegen.
7. Fremden Personen gegenüber unbefangener sein.
8. Leichter Kontakte schließen.
9. Nicht mehr so empfindlich sein.
10. Wenn beruflich etwas nicht klappt, sollte ich das nicht auf meine Person beziehen.

Herr Culler wurde in seinem Selbstbewußtsein besonders stark getroffen, wenn er sich gegen die taktlosen Bemerkungen von Kollegen durchsetzen sollte. Er konnte dann nicht das richtige Wort finden, weil er sich stets ›wie gelähmt‹ fühlte. Am schwächsten wurde Herr Culler in seinem Selbstbewußtsein berührt, wenn beruflich etwas nicht klappte. Hier neigte er dazu, diese Dinge auf seine Person zu beziehen (was er jedoch erkannte).

Wenn Sie die Beobachtungswoche hinter sich haben und Ihre Rangliste aufgestellt ist, sollten Sie weiterlesen. Nun beginnt der nächste und schwierigste Schritt, beginnt der Aufbau von mehr Selbstbewußtsein. Hier müssen Belohnungen als ›Verstärker‹ für das neue Verhalten eingeführt werden. In der Verhaltensforschung gibt es eine wichtige Regel: »Wird ein neues Verhalten belohnt oder verstärkt, tritt es in Zukunft häufiger auf.« Und Sie wollen doch, daß Ihr selbstbewußteres Verhalten in Zukunft häufiger auftritt.

Stellen Sie jetzt eine Selbstbelohnungsliste auf, denn ohne Belohnung ist der Erfolg des Verhaltenstrainings in Frage gestellt. Herr Culler stellte beispielsweise folgende Liste auf:

1. Einen Tag Urlaub machen.
2. Mit meiner Frau abends essen gehen.
3. Ein Buch kaufen.
4. Schallplatte kaufen.
5. Freunde einladen.
6. Ins Kino gehen.

Diese Liste ist natürlich nur ein Beispiel. Denken Sie deshalb intensiv über Ihre eigenen Belohnungen nach, und orientieren Sie sich nicht an Herrn Cullers Liste. Für jeden sind wieder andere Dinge in ganz anderer Reihenfolge wichtig und wertvoll.

Nun beginnen Sie mit dem Verhaltenstraining. Schauen Sie in der Rangfolge Ihrer Selbstbewußtseinsprobleme nach, was an unterster Stelle steht. Bei Herrn Culler steht da: »Wenn beruflich etwas nicht klappt, sollte ich das nicht auf meine Person beziehen.«

Sie beginnen mit dem Training auf der untersten Stufe Ihrer Schwierigkeiten, weil es Ihnen da am leichtesten fällt, Ihr Verhalten zu ändern. Gelingt es Ihnen, eine Woche auf dieser Stufe selbstbewußter zu sein, gehen Sie zur nächsten Stufe über. Sobald Sie auch da Erfolg haben, nehmen Sie sich abermals die nächste Stufe vor. Die bereits bewältigten Stufen müssen Sie jedoch immer mit einbeziehen. Je höher Sie auf der Rangfolge nach oben steigen, um so schwieriger wird für Sie natürlich die Verhaltensänderung.

Für jede geschaffte Stufe der Rangfolge müssen Sie sich mit einer Belohnung gemäß Ihrer Belohnungsliste beschenken. Aber auch bei einzelnen positiven Erlebnissen auf einer Stufe ist eine Belohnung gut. Je höher Sie auf Ihrer Rangfolge erfolgreich nach oben steigen, um so stärker sollten auch die Belohnungen sein. Orientieren Sie sich hier an der Rangfolge Ihrer Belohnungen.

Wenn Sie auf der untersten Stufe mit der Verbesserung Ihres Verhaltens beginnen, schreiben Sie Ihre Erlebnisse wieder in Ihr Problemtagebuch, und zwar nach dem Schema 1. Tag, 2. Tag, 3. Tag usw. Schreiben Sie auf, wenn es Ihnen gelungen ist, selbstbewußter und gelassener zu reagieren. Versuchen Sie auch herauszufinden, woran das lag. Ist Ihnen etwas klargeworden, woran Sie zuvor nicht gedacht haben? Welcher Gedanke hat Sie mutiger gemacht? Schreiben Sie den Gedanken auf, und versuchen Sie, sich über die Hintergründe klarzuwerden. Sie sollen sich ja nicht dressieren, sondern mit dem Verhalten auch Ihre Denkgewohnheiten ändern.

Durch den beschriebenen Trainingsplan beschäftigen Sie sich mit Ihren Schwierigkeiten viel bewußter. Die Trainingsart führt Sie zu Überlegungen, die Sie sich sonst nie so systematisch gemacht hätten. Durch bewußtes Arbeiten an Ihren Schwierigkeiten lernen Sie sich selbst viel besser kennen, und es fällt Ihnen nicht so schwer, nach einem Weg zur Überwindung zu suchen.

Die aktive Arbeit an der Überwindung eines geringen Selbstbewußtseins ist natürlich nicht ohne Mühe – sie erfordert sogar sehr großen Aufwand. So kann es vorkommen, daß Sie plötzlich auf eine untere Stufe zurückfallen. Lassen Sie sich davon nicht entmutigen, denn das kommt immer wieder einmal vor. Sie sollten dann an dieser Stufe erneut bewußt arbeiten. Auf jeden Fall müssen Sie den Trainingsplan bejahen, damit er erfolgreich ist. Wenn Sie dagegen an die beschriebene Methode nicht glauben und Sie der Versuch nicht überzeugt, dann sollten Sie nicht weiter nach dieser Methode vorgehen, denn das hätte keinen Sinn.

Es gibt Personen, die einfach nicht die Zeit haben und auch nicht die Geduld, nach diesem Trainingsplan zu arbeiten. Wer beispielsweise stark extravertiert ist, wird sich ungern abends vor sein Problemtagebuch setzen, sondern lieber einen Kriminalfilm am Bildschirm verfolgen. Wenn Sie zu unruhig sind, um täglich Ihre Eintragungen zu machen und die Hintergründe für Ihr selbstbewußtes oder weniger selbstbewußtes Verhalten zu erforschen, sollten Sie wenigstens mit einem vertrauten Bekannten oder mit Ihrem Ehepartner Ihre Erlebnisse durchsprechen. Wenn Ihr Zuhörer Verständnis und Geduld hat, ist diese Methode immer noch besser, als überhaupt nichts zu unternehmen. Sie müssen jedoch darauf achten, daß der Partner nicht versucht, Sie zu beeinflussen – und ignorieren Sie die Ratschläge, die Ihrer Persönlichkeitsstruktur nicht gemäß sind.

Zum Schluß dieses Kapitels noch eine Begründung für den Trainingsplan mit dem Problemtagebuch. Zunächst soll die Situation, in der geringes Selbstbewußtsein auftritt, genau erkannt, beschrieben und beobachtet werden. Durch die Selbstbeobachtung wird die Selbstkontrolle angeregt, denn die kritischen Situationen sollen bewußt (anstatt verdrängt) werden.

Durch die gewissenhafte Erstellung einer Rangfolge besteht die Möglichkeit, mit dem Leichtesten zu beginnen, um nicht entmutigt zu werden. So wird ganz allmählich das Vertrauen in die eigenen Reaktions- und Verhaltensweisen gestärkt. Es ist unmöglich, geringes Selbstbewußtsein von einem Tag auf den anderen zum Verschwinden zu bringen oder gar in großes Selbstbewußtsein umzuwandeln. Das gelingt nur schrittweise. Ergo: Ein kleiner Erfolg auf einer unteren Stufe stärkt das Selbstbewußtsein auf diesem Gebiet und erhöht die Motivation, weiter an sich zu arbeiten.

Eine Situation, die geringes Selbstbewußtsein weckt, soll kontrolliert werden. Die Einstellung zu dem Problem soll sich langsam wandeln. Es wird der Wille gestärkt, in Zukunft in ähnlichen Situationen gelassener zu reagieren und das geringe Selbstbewußtsein nicht mehr aufsteigen zu lassen. Wenn eine erfolgreiche Technik gefunden wurde, das Problem zu lösen, verstärkt die Selbstbelohnung die neue Technik. Verstärktes Verhalten tritt in Zukunft häufiger auf. Schrittweise wird so das geringe Selbstbewußtsein abgebaut und selbstbewußteres Verhalten aufgebaut.

Da dieser Selbsterziehungsprozeß je nach Schwierigkeit und Hartnäckigkeit der Probleme einige Wochen oder Monate dauert, verlangt diese Methode Geduld und Ausdauer. Für sehr nervöse, ungeduldige oder extravertierte Personen eignet sich die beschriebene Technik nicht.

Wer das Problemtagebuch zu kompliziert und zeitraubend findet, sollte auf jeden Fall an der Veränderung seiner Einstellung zu sich selbst und seiner Umwelt aktiv arbeiten.

Siebtes Kapitel

Das Bewußtseinstraining

Im ersten Teil wurde die Entstehung des geringen Selbstbewußtseins an Fallbeispielen beschrieben. Sie haben erkannt, welche psychischen und körperlichen Vorgänge sich dabei abspielen. Das geringe Selbstbewußtsein beruht auf Erlebnissen (Frustrationen des Selbstwertgefühls), die eine negative Einstellung zur eigenen Person und zu den Mitmenschen erzeugt haben.

Beispiel für die negative Einstellung zur eigenen Person
Die kleine Gaby wurde wegen ihres Körpergewichts stets getadelt und kritisiert. Durch diese Frustrationen hat Gaby eine negative Einstellung zu ihrer körperlichen Erscheinung entwikkelt. Die Minderwertigkeitsgefühle wurden chronisch, führten schließlich zum Minderwertigkeitskomplex. Gaby hat ein geringes Selbstbewußtsein bezüglich ihres Aussehens.

Beispiel für die negative Einstellung gegenüber fremden Personen
Gaby wurde von ihrer Mutter stets vor sexuellen Erlebnissen behütet. Immer wieder schimpfte die Mutter auf ›die Männer‹ und malte der Tochter ein düsteres Bild von der Sexualität als einem schrecklichen Übel. Das erste sexuelle Erlebnis war für Gaby unglücklicherweise tatsächlich sehr unbefriedigend. Der junge Mann trennte sich anschließend mit zynischen Bemerkungen von ihr. Die bereits durch die Mutter gesäten Vorurteile und die erlebte Frustration zerstörten Gabys Selbstbewußtsein im sexuellen Bereich. Gaby hat so eine negative Einstellung zur Sexualität und gegenüber dem sexuellen Verhalten der Männer entwickelt.

Zum einen: Die negative Einstellung zu sich selbst oder gegenüber fremden Personen muß abgebaut werden und einer positiveren Einstellung weichen. Zum anderen: Das Bewußtsein von den eigenen Möglichkeiten und ihrer Entfaltung muß gestärkt werden.

Ein neues Bewußtsein überwindet die negativen Einstellungen und schafft eine positivere Sichtweise. Deshalb ist auch für den Leser, der das Problemtagebuch führt, die Lektüre des folgenden Kapitels erforderlich. Dieses Kapitel soll Denkgewohnheiten ändern helfen und Impulse für einen Einstellungswandel geben.

Befreiung der Liebesfähigkeit

Immer noch glauben viele, der Sexualtrieb erwache erst in der Pubertät – was nicht richtig ist. Er ist vielmehr seit der Geburt vorhanden und wirksam. Mit dieser Entdeckung schockierte Sigmund Freud zu Anfang unseres Jahrhunderts seine Zeitgenossen. Freud beschrieb verschiedene Stufen der sexuellen Entfaltung: orale Phase, anale Phase, phallische Phase, Latenzzeit und schließlich genitale Phase.

Freud erkannte den komplizierten Vorgang der Sexualentwicklung und welche Störungen entstehen können, wenn sich das Interesse auf der oralen, analen oder phallischen Phase fixiert hat. Die Befriedigung der ersten Lebensjahre spielt beim Erwachsenen immer noch eine wichtige Rolle. Das darf nicht verdrängt werden. Wenn eine Fixierung vorliegt, das heißt, wenn sich die Befriedigung einer Phase verselbständigt hat, kann eine Perversion entstehen.

Bei der Fixierung werden andere sexuelle Regungen verdrängt. Das bedeutet: Wichtige erogene Zonen werden von der Befriedigung ausgeschlossen. Dadurch wird die gesunde, vollständige Harmonie des Geschlechtslebens und damit auch des Selbstbewußtseins geschwächt.

Die körperliche Sexualerregung (hervorgerufen durch Sexualhormone) drängt (deshalb die Bezeichnung Trieb) nach Entspannung durch den Orgasmus. Die nicht vollständige sexuelle und seelische Befriedigung führt zu folgenden Symptomen (die jedoch nicht alle auf einmal auftreten müssen):

- Allgemeine leichte Reizbarkeit
- Verstärkte körperliche Unruhe
- Zornausbrüche bereits bei geringfügigen Anlässen
- Gefühl der Unzulänglichkeit
- Bedürfnis, aggressiv zu anderen Personen zu sein
- Bedürfnis, sich selbst zu schädigen
- Machtgelüste
- Neigungen zum verbalen Sadismus: Freude, andere Personen durch Zynismus, Ironie oder Pessimismus zu quälen
- Das vegetative Nervensystem gerät aus der Balance
- Apathie, Resignation

Diese Reaktionen bauen die vorhandene Spannung etwas ab, aber nicht vollständig und befriedigend. Aufgrund der Stauung und des unbefriedigenden Restes stellt sich ein diffuses Gefühl der Angst ein, und als Reaktion darauf entsteht meist Anpassung. Aus Angst vor dem Leben, dem Biologischen in der eigenen Person, den Konflikten, die Aggression erzeugen, gibt sich der unbefriedigte, gehemmte Mensch freundlich und ausgeglichen. Aber hinter dieser Maske verbirgt sich Angst und Lust an der Zerstörung.

Die Maske der Freundlichkeit verrät sich meist durch ihre Übertriebenheit – sie wirkt etwas demonstrativ und gespielt. Dahinter verbirgt sich ein zwar angepaßter, aber unglücklicher, unbefriedigter und deshalb gefährlicher Mensch, der ›über Leichen‹ geht, sobald sich die Möglichkeit dafür ohne Risiko bietet.

Sein Verhalten wird nachträglich als Egoismus bezeichnet und sogar entschuldigt, denn ›jeder Mensch muß ja einen gesunden Egoismus haben‹, um sich im Leben zu behaupten. In Wirklichkeit handelt es sich nicht um gesunden Egoismus, sondern um Rache für die erlebte Frustration. Solch ein Mensch rächt sich an den anderen beispielsweise mit Zynismus, Ironie, Kritik und Herabminderung ihres Wertes. Die Rache kann sich, etwa unter Alkoholeinfluß, sogar bis zum körperlichen Angriff steigern. Nicht selten wird dann Streit provoziert, um andere Menschen massiv tätlich anzugreifen.

Die Rache kann sich bei nach außen gehemmten Menschen auch gegen die eigene Person richten. Der unbefriedigte, frustrierte Mensch richtet die Zerstörungslust in diesem Fall gegen sich selbst und wird krank. Damit will er sagen: »Seht her, was mit mir los ist! Helft mir!«

Die Ehe bietet die Chance zur Entfaltung der Liebesfähigkeit und zum Abbau sexueller Energien. Sehr häufig ist jedoch einer der Ehepartner (sind manchmal auch beide) in seiner (ihrer) Liebesfähigkeit gestört. In diesem Fall ist die Ehe zum Scheitern verurteilt.

Der liebesfähige Partner kann dem gestörten Partner unter Umständen helfen. Meistens jedoch wird der seelisch Gesunde von seinem frustrierten Partner so enttäuscht, daß sich seine gesunde Liebesfähigkeit nicht entfalten kann. Wenn er dann die (notwendige) Trennung weder anstrebt noch verwirklicht, verliert er an Selbstsicherheit.

Enttäuschte Liebe verwandelt sich auf die Dauer sogar in Haß. Dadurch wird die Liebesfähigkeit zerstört. Der gestörte Partner wird zwangsläufig weniger geliebt, wodurch er noch frustrierter wird und dementsprechend reagiert. Das wiederum ist für den gesunden Partner eine Bestätigung dafür, daß er richtig handelt, wenn er nicht liebt und sich skeptisch zurückhält.

Der geliebte Partner wird in diesem Fall sogar etwas gefürchtet, weil er sexuelle Impulse weckt, die unbefriedigt bleiben. Deshalb wird als Selbstschutz dem Sexuellen nicht selten der Charakter des Bösen untergeschoben. Das ist dann die Rechtfertigung dafür, wenn der Ehepartner, der sexuelle Wünsche weckt, aggressiv und gereizt behandelt wird.

Die Versagung der Sexualbefriedigung führt unter anderem zur Aggression. Wenn sich Sexualität und Aggression mischen, entsteht eine Perversion, entsteht der Sadismus. Die Versagung der Sexualbefriedigung kann auch zur Resignation führen. Wenn sich Sexualität und Resignation verbinden, entsteht keine Perversion, sondern eine Störung der körperlichen Liebesfähigkeit, entsteht Impotenz bzw. Frigidität.

In unserer Gesellschaft ist nach wie vor eine starke Prüderie zu beobachten. Die volle Entfaltung der Sexualität wird unterdrückt. Aus dieser Unterdrückung resultiert der zwangsneurotische, hypermoralische Mensch. Man erkennt ihn an seiner Unduldsamkeit und an seiner Härte, mit der er eine strenge Moral fordert.

So lautet die prüde Ideologie des sexuell gehemmten Menschen:

- Außerehelicher Geschlechtsverkehr ist tierisch, schmutzig, sündig.
- Voreheliche Keuschheit und Askese ist unbedingt notwendig.
- Onanie ist ein schlimmes Übel. Auch wenn sie nicht krank macht, verdirbt sie den Menschen in seiner Seele.
- Prostitution ist notwendig, aber moralisch zu verurteilen.
- Der Geschlechtsakt hat mit Liebe wenig zu tun, ist für den Körper aber so notwendig wie Essen und Trinken.
- Sexuelle und zärtliche Strebungen müssen nicht zusammenfallen. Die sexuelle Befriedigung kann man sich auch bei einer Geliebten holen. Der Ehepartner sollte vor allem ein solider Gesprächs- und Lebenspartner sein.

Viele Menschen sind unfähig, ihre sexuellen und zärtlichen Strebungen zu vereinen. Deshalb hat immer nur die halbe Persönlichkeit bei ihren Liebesbeziehungen Anteil. Ein Beispiel soll das klarmachen ...

Herr Kosti ist mit 35 Jahren immer noch Junggeselle. Er wirkt auf Frauen sehr ansprechend und hatte bisher viele Freundinnen. Aber keine Frau schaffte es, ihn zu heiraten.

Herr Kosti hat nun wieder eine neue Freundin kennengelernt. In den ersten Wochen interessierte er sich stark sexuell für sie.

Doch dann kommt der Prozeß in Gang, den er schon so oft erlebt hat: Die Freundin und Herr Kosti wollen intensiver zusammenfinden, treffen sich jeden Tag, erzählen sich ihre beruflichen Probleme und unterhalten sich auch über sonstige Lebensängste. Aus der anfänglich vorwiegend sexuellen Verbindung entwickelt sich eine Kameradschaft.

Von diesem Moment an kann Herr Kosti zu seiner Freundin kein sexuelles Begehren mehr entwickeln. Sobald sich die kameradschaftlichen Tendenzen verstärken, wird Herr Kosti impotent. Er findet natürlich viele Ausreden, um sein plötzliches sexuelles Desinteresse zu verbergen.

Die Freundin spürt das Nachlassen der sexuellen Strebungen und fühlt sich ungeliebt. Sie spricht Herrn Kosti darauf an. Der wird wütend, und es kommt zum Streit. Herr Kosti trennt sich von seiner Freundin und beginnt einen neuen Flirt. Dieser Vorgang wiederholt sich immer wieder.

Woran liegt das? Herr Kosti weiß es nicht. Wenn er darauf angesprochen wird, warum er noch nicht verheiratet sei, sagt er sehr einleuchtend: »Ich habe die Richtige noch nicht gefunden.«

In Wahrheit leidet Herr Kosti an einer Störung seiner Liebesfähigkeit. Er kann seine sexuellen Strebungen und die kameradschaftlichen Tendenzen nicht ›unter einen Hut bringen‹. Ursache dafür ist ein Erlebnis in der Jugend. Seine erste Liebe scheiterte, als Herr Kosti gegenüber seiner Freundin Sorgen und Probleme schilderte. In dem Moment, als er eine freundschaftliche Beziehung aufbauen wollte, wurde Herr Kosti frustriert. Seine ›erste Liebe‹ trennte sich von ihm und zog einen anderen Mann vor.

Herr Kosti erlebte also eine Frustration seiner kameradschaftlichen Tendenzen in dem Moment, als sich Sex und Kameradschaft vereinen wollten. Seit dieser Zeit kann Herr Kosti nur noch eines ungehemmt entfalten: entweder seine Sexualität oder seine Kameradschaftlichkeit.

Herr Kosti besitzt ein geringes Selbstbewußtsein gegenüber dem anderen Geschlecht. Er hat Minderwertigkeitsgefühle, die er zu unterdrücken versucht, sobald er bei einer Frau seine freundschaftlichen Strebungen entfalten will. Zur Entfaltung der Liebesfähigkeit gehört jedoch der Zusammenklang beider Strebungen.

Herrn Kosti wurde dieses Problem in einem Gespräch mit einem Psychologen bewußt. Er versuchte, in Zukunft darauf zu achten, und seit dieser Zeit nahm seine Impotenz (die sein Selbstbewußtsein schwächte) immer mehr ab.

Für den selbstbewußten, psychisch gesunden Mann ist der Geschlechtsverkehr kein Potenzbeweis, kein Racheakt und auch keine lästige Ehepflicht. Die selbstbewußte Frau fühlt sich auch nicht als Sexualobjekt, da sie ihre Genitalität bejaht.

Viele Frauen haben sexuelle Minderwertigkeitsgefühle. Für Sigmund Freud war der ›Penisneid‹ die Ursache dafür. In Wahrheit ist wohl häufiger die sexual- und körperfeindliche Erziehung im Elternhaus die Ursache. Hinzu kommt, daß viele Männer ihre Minderwertigkeitsgefühle an den Frauen abreagieren.

Der Mann hat keinen Grund, sich der Frau überlegen zu fühlen. Er ist weder besser noch schlechter, weder intelligenter noch dümmer. Und trotzdem versuchte der Mann durch die Jahrhunderte immer wieder, die Frau in ihrem Wert zurückzustufen und sich selbst auf eine höhere Ebene zu stellen. Es sollte einmal untersucht werden, welche tief verwurzelten Minderwertigkeitsgefühle den Mann bis heute dazu veranlassen.

Mit der Emanzipationsbewegung wehren sich immer mehr Frauen gegen die Machtstellung des Mannes. Das wiederum führt zu einem Kampf der Geschlechter, der bei vielen Männern Impotenz verursacht.

Mächtige innere biologische Bedürfnisse drängen zur sexuellen Befriedigung. Minderwertigkeitsgefühle und Machtkämpfe (Drang nach Überlegenheit) verhindern eine problemlose Selbstentfaltung. Das führt erneut zu Minderwertigkeitsgefühlen und Machtkämpfen – besonders in der Ehe.

In der traditionellen Form der Ehe kann der eine Partner den anderen unterdrücken und in der Entfaltung seines Selbstwertgefühls hindern. Sich diese Situation bewußtzumachen bedeutet gleichzeitig, die Ehe in ihrer überlieferten Form in Frage zu stellen.

Unsere Zeit sucht wie keine Epoche vor ihr nach besseren und zufriedenstellenderen Wegen der Partnerschaft.

Diese Versuche zur Umgestaltung sollten von allen Seiten unterstützt werden, denn nach meinen Erfahrungen als Psychologe kann die traditionell geführte Ehe eine große Belastung sein. Schauen Sie sich selbst einmal kritisch in Ihrem Bekanntenkreis um. In wie vielen Ehen entdecken Sie eine glückliche Liebesbeziehung? Und: In wie vielen Ehen sind die Partner nach einer gewissen Zeit frustriert, gelangweilt, resigniert und aggressiv!

Wer in einer unglücklichen Ehe lebt, kann trotzdem an die Ehe als eine glückbringende Institution glauben. Ein Beispiel soll das illustrieren . . .

Herr Baumbach kommt in meine Praxis und will sich beraten lassen, weil seine Darmbeschwerden (Schmerzen, Krämpfe, Durchfall) trotz (konventioneller) medizinischer Behandlung bisher nicht nachgelassen haben.

Herr Baumbach (36 Jahre) ist beruflich erfolgreich (Abteilungsleiter in einem chemischen Industriebetrieb), hat zwei Kinder und sagt, er sei ›einigermaßen glücklich verheiratet‹. Was heißt einigermaßen? Im Laufe der Gespräche wird sichtbar, daß er unter starken Schuldgefühlen leidet, weil er mit seiner Frau kaum noch sexuell verkehrt. Er fühlt sich bei seiner Frau impotent, weil er sie nicht mehr begehrt. Da Herr Baumbach attraktiv aussieht, hat er keine Probleme, mit Frauen (die er beruflich kennenlernt) schnell in Kontakt zu kommen.

Herr Baumbach hat seinen Sexualtrieb nicht unterdrückt. Er meldet sich sehr stark, sobald er eine Frau kennenlernt, die ihn interessiert. Nur bei seiner eigenen Frau hat er ›keine Lust auf Geschlechtsverkehr‹. Herr Baumbach fühlt sich in folgendem Konflikt: Er will die Ehe mit seiner Frau nicht aufgeben, weil er glaubt, daß er das seiner Frau nicht antun kann. Außerdem scheut er die finanzielle Belastung einer Scheidung (Unterhaltszahlungen für Frau und Kinder) und die Gewissensbelastung, die Kinder nicht in einer intakten Familie heranwachsen zu lassen.

Andererseits spürt er seinen Sexualtrieb sehr stark und möchte mit 36 Jahren auf Geschlechtsverkehr noch nicht verzichten. Aber bei seiner Frau fühlt er sich unbefriedigt. Da sie ihn häufig an seine ›ehelichen Pflichten‹ erinnert und ihm ihre Liebe beteuert, fühlt er sich um so mehr als Versager.

Er hält sich für ›menschlich unzulänglich‹, weil er seine Frau sexuell nicht so begehrt, wie sie es von ihm erwartet und wie es auch die Gesellschaft und die herrschende Sexualmoral von ›einem Ehemann‹ erwartet.

Herr Baumbach glaubt, daß seine Ehe unglücklich ist, weil er ›nicht ganz normal‹ sei. Er hält es für selbstverständlich, daß er seine Frau begehren muß und ist überzeugt, daß andere Ehepaare glücklicher sind. Das hat bei ihm zu Minderwertigkeitsgefühlen geführt: »Ich bin verkorkst, weil ich andere Frauen sexuell mehr begehre als meine Ehefrau. Ich bin unzulänglich, also kein Wunder, daß meine Ehe unglücklich ist.«

Als Reaktion auf dieses Minderwertigkeitsgefühl stürzte sich Herr Baumbach mit Energie in seine Arbeit und versuchte, durch beruflichen Aufstieg auch seine Ehe ›aufzuwerten‹ – außerdem sollten Geschenke die mangelnde sexuelle Liebesfähigkeit ausgleichen. Aber dadurch verbrauchte er viel Energie für den Beruf und wurde sexuell an seiner Frau noch desinteressierter – er wich ihren Zärtlichkeiten aus. So konnte er beispielsweise während des Fernsehens ihre körperliche Berührung (Handhalten) nicht ertragen.

Versetzen Sie sich einmal selbst in die Rolle des Psychologen. Was würden Sie Herrn Baumbach raten? Es gibt folgende Möglichkeiten:

1. Herr Baumbach läßt sich scheiden und heiratet eine Frau, die er sexuell begehrt.
2. Herr Baumbach befriedigt seinen Sexualtrieb bei einer Geliebten und hält die Ehe aufrecht.
3. Herr Baumbach versucht, seinen Sexualtrieb bei seiner Frau zu entfalten. Er gibt sich Mühe, läßt sich psychologisch beraten und schickt auch seine Frau in die Behandlung.

Jeder der drei Ratschläge hat seine Vor- und Nachteile. Das soll kurz erläutert werden.

Rat 1
Die Scheidung ist für Herrn Baumbach eine starke finanzielle Belastung. Mit der nächsten Frau kommt er womöglich in denselben Konflikt; dann beginnt das gleiche Spiel erneut. Herr Baumbach hat jedoch eine Frau kennengelernt, die er sehr liebt und mit der die Ehe glücklich zu werden scheint. Das ist der optimistische Gedanke, der mit der Aussicht auf eine neue, harmonisch verlaufende Ehe entsteht.

Nach mehreren persönlichen Erfahrungen sind die Chancen dieser idealen Liebe jedoch sehr gering. Ich schätze, daß auf 1000 Ehen nur 50 wirklich glückliche Ehe- und Liebesbeziehungen (auf die Dauer eines Lebens) kommen. Das heißt, daß nur etwa 5 Prozent der Ehen wirklich glücklich verlaufen.

Soll man Herrn Baumbach raten, sich mit dieser geringen Wahrscheinlichkeit für die Zukunft scheiden zu lassen?

Rat 2
Herr Baumbach erhält die Ehe aufrecht und befriedigt seinen Sexualtrieb mit einer Geliebten. Diese Lösung ist in der Mittel- und Oberschicht der Bevölkerung weit verbreitet. Für Männer, die dabei keine Schuldgefühle und psychosomatische Symptome entwickeln, ist diese Lösung durchaus praktikabel. Aber für Herrn Baumbach, der bereits Darmbeschwerden hat und in seinem Selbstwertgefühl angeknackst ist, ist das nicht die richtige Lösung.

Rat 3
Diese Lösung ist die beste, wenn sie sich realisieren läßt. Frau Baumbach war jedoch total uneinsichtig. Sie fühlte sich im Recht und wollte geliebt werden. Sie hatte kein Schuldgefühl, denn sie war ihrem Mann treu. Sie ließ ihr Gefühl nicht in Frage stellen. Sie wollte mit ihrem Mann sexuell verkehren. Sie erwartete die Liebe ihres Mannes geradezu als Selbstverständlichkeit.

Der Versuch, Rat 3 zu folgen, scheiterte – Herr Baumbach begehrte seine Frau sexuell nicht stärker als früher. Seine Symptome verstärkten sich. Er fühlte sich erneut als Versager, da er die Lösung 3 nicht verwirklichen konnte.

Was nun? Übrig blieb Lösungsweg 1. Herr Baumbach wollte sich jetzt scheiden lassen. Aber seine Frau stellte sich quer. Sie erklärte sich mit der Ehe trotz ›Nichterfüllung ehelicher Pflichten‹ zufrieden, da Herr Baumbach seine Impotenz durch seine finanzielle Potenz wieder wettmachte.

Wie sollte es weitergehen? Herr Baumbach fühlte sich ratlos, unglücklich und krank. Pessimismus und Lebensangst machten sich als Grundstimmung in seiner Seele breit. Er genoß sein Leben nicht, sondern brachte einen Tag nach dem anderen ohne Lust und Laune hinter sich.

Herrn Baumbach konnte jetzt nur durch ein Bewußtseinstraining geholfen werden. Er mußte seinen Konflikt akzeptieren und aktiv lösen. Es wurden ihm alle drei Lösungsmöglichkeiten nochmals bewußtgemacht. Nach reiflicher Überlegung blieb ihm nur ein Weg: Einzig Lösung 1 bedeutete für ihn eine akzeptable Zukunft.

Mit Herrn Baumbach wurde durchgesprochen, was er von der Liebe erwartet. Es wurde erkannt, daß sexuelles Glück für ihn sehr wichtig war. Seine Ehefrau empfand er als sexuell starr und unkreativ – er hatte wohl den falschen Partner zu voreilig geheiratet. Diese schnelle Wahl sollte korrigiert werden. Herr Baumbach wollte einen Partner suchen, der sexuell seinen Vorstellungen besser entsprach.

Während des Bewußtseinstrainings stellte sich heraus, daß Herr Baumbach seine Frau wenig anziehend fand: Ihrer körperlichen Ausstrahlung fehlte die Erotik, und auch die Art ihres Denkens lag ihm nicht. Es wurde ihm empfohlen, mit seiner Frau über diese Probleme zu sprechen und ihr klarzumachen, daß eine Trennung besser sei als ein trostloses weiteres gemeinsames Leben.

Herr Baumbach nahm sein Leben nun mit wacherem Blick

aktiv in die Hand. Er faßte Mut, seine Wünsche und Vorstellungen offen auszusprechen, konnte seiner Frau sagen, daß er sie nicht liebte. Das erleichterte ihn, und seine Darmbeschwerden besserten sich – allerdings nicht ganz, denn das Problem war noch nicht gelöst.

Aber das Selbstbewußtsein Herrn Baumbachs wuchs, weil er seine Probleme aktiv zu lösen versuchte. Ob seine Aktivität erfolgreich sein wird, ist natürlich ungewiß. Auf jeden Fall hatte Herr Baumbach neue Hoffnung entwickelt. Er war überzeugt, bald zu jenen 5 Prozent der Bevölkerung zu gehören, die irgendwann in ihrem Leben eine dauerhafte glückliche Liebesbeziehung entfalten können.

Das Beispiel zeigt, daß es keine allgemeingültigen Regeln gibt. Jeder muß sein Leben selbst aktiv in die Hand nehmen. Er muß begangene Fehler zugeben können und seine Liebesfähigkeit ehrlich zu entfalten versuchen.

Zur Liebe kann niemand gezwungen werden. Wenn Sexualität, Zärtlichkeit und Freundschaft in einer Verbindung nicht zusammenkommen, sollte die Situation offen durchgesprochen werden. Es sollte eine positive Lösung für die Zukunft gefunden werden, denn jeder Mensch hat ein Recht auf volle Entfaltung seiner Liebesfähigkeit.

Ehekrisen sind normal. Kein Paar bleibt auf die Dauer davon verschont. Der Sexualforscher und Freud-Nachfolger Wilhelm Reich schrieb 1926 über die Hauptkrise der Ehe: »Jahrelange Monogamie bringt eine Abstumpfung der genitalen Anziehung mit sich, die nur selten in stille Resignation ausläuft. Viel häufiger führt sie zu schweren Konflikten in der Ehe.«

Die Gründe dafür sind vielfältig. Die sexuelle Befriedigung ist in der Ehe leicht möglich. Es besteht keine Notwendigkeit, den Partner zu erobern. Die Spannung der Eroberung läßt also nach. Wenn das Erobern wegfällt, schwindet bei vielen Männern das Verlangen. Wenn die Frau den Geschlechtsverkehr als eheliche Pflicht erwartet, entsteht als Gegenreaktion Impotenz und im schlimmsten Fall Haß.

Die Frau will erobert werden. Sie möchte sich nicht nur ›sachlich‹ für den Geschlechtsverkehr bereithalten, nur um sich vor dem Gesetz keiner Eheverfehlung schuldig zu machen. Je selbstverständlicher aber der Sexualverkehr wird, desto mehr stumpft er ab.

Manche Ehepaare helfen sich in diesem Dilemma mit einem unbewußt angewandten Trick: Sie streiten sich. Nach dem Streit muß der Ehemann versuchen, seine Frau wieder zu erobern. Sie hat auf diese Weise das Gefühl, daß sie sich nicht dazu hergeben muß, sondern daß sie darüber entscheiden kann, ob sie sich erobern lassen will oder nicht. Er dagegen hat das Gefühl, wieder ein Eroberer zu sein. Die Folge nach überstandenem ›Streit‹: Bei beiden steigt das Selbstwertgefühl.

Die meisten Ehepartner stehen nach einiger Zeit fassungslos vor dem Nachlassen der sexuellen Anziehung. Sie fühlen sich deshalb schuldig und sogar minderwertig, weil ihnen niemand sagt, daß dieser Vorgang normal ist. Da die Befriedigung nicht mehr so intensiv ist, verstärkt sich das Interesse für andere Partner, die sexuelle Neugier wecken. Zunächst wird der Wunsch in Träumen und Phantasien abreagiert.

Die Untreue wird abgelehnt, weil sie als unmoralisch und sündhaft gilt. Es können sehr schwere Schuldgefühle entstehen. Deshalb werden sexuelle Wünsche meist verdrängt. Es droht die seelisch-körperliche Erkrankung, wenn die Treue weiter auf Zwang beruht – und die Hemmung der sexuellen Entfaltung verstärkt sich.

Der beschriebene Konflikt führt sogar zu Persönlichkeitsveränderungen. Sexuelle Askese (die in der Ehe sehr häufig ist) führt zur Steigerung der allgemeinen Ängstlichkeit. Das ist fatal, denn glückliche sexuelle Befriedigung fördert die Unerschrockenheit und steigert das optimistische, mutige Lebensgefühl.

Der impotente Mann und die frigide Frau fühlen sich dagegen minderwertig. Die häufige Folge: Sie halten sich auch auf anderen Gebieten für schwach. Sexuelle Befriedigung ist also notwendig für die Erhaltung eines gesunden seelischen Gleichgewichts und eines gut begründeten Selbstbewußtseins.

Ein unbefriedigendes Geschlechtsleben ist gefährlich. Die unbefriedigte Sinnlichkeit bleibt nicht stumm. Sie ist eine elementare Frustration, die Reaktionen im Körper und der Seele verursacht. Außerdem führt sie zur Resignation (Anpassung) oder zur Aggression. Es wurde zwar wissenschaftlich bisher noch nicht untersucht, welche Reaktion häufiger vorkommt, doch ich vermute aufgrund meiner bisherigen Erfahrungen, daß Resignation und Aggression oft gemeinsam auftreten.

Die ängstliche Anpassung gegenüber allem, was mächtiger erlebt wird als das eigene schwache, unbefriedigte Ich, führt zu einer Stauung des elementaren Entfaltungsdrangs. Das führt wiederum zur aggressiven Entladung gegenüber Schwächeren (Sündenböcke). Die Schwächeren sind beispielsweise der Ehepartner, die Kinder, untergebene Mitarbeiter, Personen, die mit geringem Selbstbewußtsein auftreten. Frustrationen jeder Art werden also nach unten weitergegeben. Dort erzeugen sie neue Frustrationen und erneute Resignation und/oder Aggression.

All das unterstreicht: Eine Gesellschaft, die mit strengen monogamen Moralgrundsätzen die Sexualität unterdrückt, neigt zur resignierenden Anpassung, zur Kompensation der Minderwertigkeitsgefühle durch Leistung und zur Steigerung der Aggressivität.

Entfaltung Ihrer weiteren Fähigkeiten

Mit dieser Aufforderung zur Entfaltung sind nicht nur die Leistungsfähigkeiten gemeint, wie beispielsweise Intelligenz, Kreativität, Gedächtnis und Konzentrationsfähigkeit. Zu Ihren Fähigkeiten gehören auch Persönlichkeitseigenschaften wie Kontaktfähigkeit, Optimismus, Toleranz, soziales Einfühlungsvermögen und Sensibilität.

An der Entfaltung der Leistungsfähigkeit und Ihrer Persönlichkeitseigenschaften wurden Sie in der Kindheit gehindert. Diese Unterdrückung setzt sich bis ins Erwachsenenalter fort. Wenn die

Eltern nicht wollen, daß ihr Kind aufs Gymnasium geht, weil es ihnen angenehmer ist, wenn ihr Kind rechtzeitig Geld verdient, dann geschieht das mit den entmutigenden Argumenten: »Du bist eben nur Durchschnittt. Fürs Gymnasium müßtest du intelligenter sein.«

Dieses Argument haftet im Bewußtsein eines Kindes. Es fühlt sich in seiner intellektuellen Entfaltung von Anfang an gehemmt. Später bleibt nur noch der mühsame zweite Bildungsweg. Aber dazu sind viel Energie, Dynamik und Entfaltungsdrang erforderlich. Meist ist jedoch der unterdrückte und in seiner Entfaltung von der Umwelt gehemmte Mensch dazu dann nicht mehr in der Lage. Großen Schaden richtet das Vorurteil an, die Intelligenz sei hauptsächlich ererbt. Diese Meinung hat verheerende Folgen, weil dann schlechte oder durchschnittliche Schulnoten als Schicksal interpretiert werden, gegen das man nicht angehen kann.

Intelligenztests haben zwar gezeigt, daß es erhebliche Intelligenzunterschiede zwischen Menschen gibt, doch beruhen diese nicht auf unterschiedlicher Intelligenzvererbung, sondern auf Faktoren, die die Entfaltung förderten oder hemmten. Dabei haben wissenschaftliche Untersuchungen ergeben, daß die Intelligenz von folgenden Faktoren gehemmt wird:

- Niederes soziales Milieu des Elternhauses
- Seelische und körperliche Krankheiten
- Liebloser und strafender Erziehungsstil der Eltern
- Strafender und gleichgültiger Erziehungsstil der Lehrer und Chefs

Diese Faktoren fördern die Intelligenz:

- Hohes soziales Milieu des Elternhauses
- Seelische und körperliche Gesundheit
- Liebevoller und lobender Erziehungsstil der Eltern
- Lobender und fördernder Erziehungsstil der Lehrer und Chefs

Kinder aus gehobenem sozialen Milieu haben also Vorteile, ihre Intelligenz zu entfalten. Sie sind auch in ihrer Sprachentwicklung weiter als Kinder aus der Unterschicht.

Sie sollten gegen das Vorurteil, Intelligenz sei vorwiegend angeboren, protestieren. Wer die Vererbung der Intelligenz betont, hält sich unausgesprochen selbst für intelligent und will sich einer Elitegruppe zugehörig fühlen. Der ›Unintelligente‹ dagegen entschuldigt mit der Vererbung seine Resignation. Der Gedanke ist für ihn außerdem bequem: »Das ist eben Schicksal, daß ich nicht zu den Intelligenten gehöre.«

Denken Sie nie wieder, Intelligenz sei vorwiegend angeboren. Lassen Sie Ihr Selbstbewußtsein davon nicht mehr drücken, und hemmen Sie auch nicht das Selbstbewußtsein Ihrer Kinder. Entfalten Sie ihre Fähigkeiten und ihre Intelligenz. Vor allem: Resignieren Sie nicht. Es besteht für Sie kein Grund, ein geringes Selbstbewußtsein auf intellektuellem Gebiet zu haben.

Das gleiche gilt für andere Leistungsfähigkeiten. Auch die Kreativität haben nicht nur wenige gepachtet. Jeder kann kreativ und schöpferisch sein. Erinnern Sie sich: In Ihrer Kindheit wurden Ihre schöpferischen Impulse vielleicht nicht genügend beachtet und gefördert, wurden Sie zur Anpassung gezwungen – schließlich sollten Sie ›ordentliche Leistungen‹ bringen. Ihre Ideen hat niemand ernst genommen.

Befreien Sie sich von diesen einprogrammierten Enttäuschungen. Sie können kreativ sein, wenn Sie sich nicht länger unterdrücken lassen. Befreien Sie Ihr Denken, lassen Sie Ihre Gedanken und Ideen nicht länger von Ihren Mitmenschen abwerten.

Es gibt Bücher mit Programmen zur Kreativitätsschulung. Kaufen Sie sich diese Bücher, und üben Sie nach diesen Programmen. Sie können Ihre Kreativität entfalten, wenn Sie genügend Energie und Dynamik dafür einsetzen.

Das gleiche gilt für alle anderen Fähigkeiten und Persönlichkeitseigenschaften. Persönlichkeit ist ebensowenig schicksalhaft angeboren wie Charakter. Sie können sich aus diesem Schema befreien, können sich ändern, denn Sie müssen nicht auf der Stufe verharren, auf der Sie aufgrund Ihrer Erziehung im Moment stehen. Entfalten Sie daher Ihre Persönlichkeit, und verfügen Sie über sich selbst. Dieses Kapitel soll eine Aufforderung dazu sein. In diesem Zusammenhang sollten Sie, falls Sie das Problemtagebuch bisher nicht führen, es sich noch mal durch den Kopf gehen lassen, ob Sie nicht doch damit beginnen wollen.

Selbstsicherheit und Lebensziele

Können Sie den Sinn Ihres Lebens benennen? Schreiben Sie in Ihr Problemtagebuch eine Rangliste Ihrer Lebensziele. Aus Ihren Zielen können Sie die Vorstellung vom Sinn Ihres Lebens ableiten.

Ein Beispiel für die Rangliste der Lebensziele. Herr Bülow, 27 Jahre alt, verheiratet, zwei Kinder, kaufmännischer Angestellter, stellte folgende Liste auf:

1. Reichtum und Unabhängigkeit
2. Beruflicher Einfluß, Aufstieg, mehr Verantwortung
3. Glückliche Familie, gesunde Kinder
4. Mehr Freiheit für Hobbys
5. Gute Freundschaften pflegen

Der Sinn des Lebens liegt für Herrn Bülow also vorwiegend im Berufserfolg und im materiellen Besitz. Herrn Bülows Selbstbewußtsein ist daran gekoppelt. Je mehr er seine Ziele verwirklichen kann, um so selbstbewußter wird er.

Ein anderes Beispiel für eine Rangliste der Lebensziele stammt von Herrn Montan, 30 Jahre alt, unverheiratet, Hochschulassistent. Er stellte folgende Liste auf:

1. Wissen ansammeln und Entfaltung meiner Intelligenz
2. Auf eine höhere geistige Stufe kommen
3. Anderen Menschen nützlich sein
4. In meinem Fachgebiet etwas leisten

Für Herrn Montan liegt der Sinn des Lebens vorwiegend auf intellektuellem Gebiet. Er möchte seine geistigen Fähigkeiten entfalten.

Wie auch immer die Vorstellungen sind: Jeder Mensch will seine Lebensziele verwirklichen. Und noch etwas ist allen gemeinsam: Das Leben erscheint unglücklich, wenn Wertvorstellungen durchkreuzt werden und sich Lebensziele nicht realisieren lassen.

Das sind die wichtigsten Wertvorstellungen (wobei die Reihenfolge nicht als Rangfolge gedacht ist):

- Theorie, intellektuelle Leistungen
- Ökonomie, berufliche Karriere
- Ästhetik, Schönheit und Kunst
- Soziale Interessen
- Macht, politischer Einfluß
- Religion, Mystik
- Liebe

Oft strebt ein Mensch nach mehreren Wertvorstellungen zugleich. Napoleon zum Beispiel war neben seinem Machtstreben auch für Ästhetik und Kunst aufgeschlossen. Sein Machtstreben stand jedoch im Vordergrund, während sein Kunststreben (und -sammeln) für ihn wohl mehr nur Statussymbol zur Demonstration seines Rangs war.

Wertvorstellungen können sich ändern. Robert Jungk, ehemals Honorarprofessor für Zukunftsforschung an der Technischen Universität Berlin, äußerte im Juni 1972 in einem Interview mit dem Wirtschaftsmagazin *Capital*: »Ich denke etwa an die Forschungen meiner Kollegen Baier und Resher in Pittsburgh, die wie auf einem Börsenzettel das Steigen und Fallen weltanschaulicher Werte fixiert haben. Danach steigen Werte wie Kollegialität, Hilfsbereitschaft, Sicherheit und Gefühlswärme, und es fallen Karriere, Geld und Prestige.«

Ob ein Mensch hilfsbereit oder egoistisch, pessimistisch oder optimistisch, mutig oder feige, geradlinig oder verschlagen ist, hängt auch davon ab, wie er mit seinen Minderwertigkeitsgefühlen fertig wird.

Die meisten haben ihr Streben nach Macht und Geltung verdrängt. Der Wille zu Macht und Prestige ist vorhanden, wenn auch unbewußt – und er kann jedem gewählten Wertgebiet zugrunde liegen. Das zeigt folgende Aufstellung:

- Der Verstandesmensch sucht intellektuelle Überlegenheit.
- Der ökonomisch orientierte Mensch will durch Geld und Besitz seine Überlegenheit zeigen.
- Der Ästhet sucht durch Kunstgenuß mehr zu sein als andere.
- Der soziale Mensch will durch soziale Handlungen beweisen, daß er anderen Leuten nützt. Dadurch stärkt er sein Gefühl der Überlegenheit. Er kann auf die unsozialen Egoisten schimpfen und sich dadurch als etwas Besseres fühlen.
- Der Machtmensch strebt nach Prestige und Überlegenheit. Er scheut sich nicht, seine Statussymbole offen zu zeigen.
- Der religiöse Mensch verschafft sich Überlegenheit durch sein intimeres Verhältnis zu Gott.

Beachten Sie Ihre Gefühle

Der Selbstunsichere kann sich meist nur schwer durchsetzen. Er hat keinen Mut, seine Ziele und Wünsche offen anzugehen, ist zaghaft und läßt sich von selbstsicheren Menschen und Autoritäten leicht einschüchtern. Durch seine Bescheidenheit und Zurückhaltung wird er ständig unsicherer, kann sich schließlich nur noch gegenüber Schwächeren durchsetzen. Seine Selbstbehauptung ist hier sogar übertrieben forsch, denn hier wagt er es, sein Machtbedürfnis und seine Sehnsucht nach Überlegenheit heftig auszuleben.

Weil der Selbstunsichere spürt, daß die Selbstbehauptung gegenüber Schwächeren keine großartige Leistung ist, fühlt er sich nicht zufrieden. Sein Selbstbewußtsein wächst nicht, sondern wird noch geringer.

Deshalb sollten Sie nie nach unten, sondern ›nach oben treten‹. Das ist leicht gesagt und schwer zu realisieren. Doch versuchen Sie es: Sind Sie kritisch gegenüber dem Verhalten von Eltern, Chefs, Bekannten und Freunden, die Sie unterdrücken und mit ihrer Macht erpressen wollen. Lassen Sie auf keinen Fall Ihre individuelle Persönlichkeit vergewaltigen, denn Sie haben ein Recht auf Entfaltung Ihrer Person – niemand darf Ihnen Vorschriften machen. Schließlich: Achten Sie mehr auf Ihr Gefühl, denn das führt Sie näher zur Wahrheit.

Jeder muß sich selbst verwirklichen. Diese Aufgabe kann Ihnen niemand abnehmen. Sie müssen sich selbst finden. Ihre Mitmenschen können Ihnen dabei nicht helfen. Sie wollen Sie nur nach ihren egoistischen Zwecken beeinflussen. Lassen Sie sich das nicht gefallen.

Verwirklichen Sie Ihre eigenen Ziele. Gehen Sie Ihren eigenen Weg. Orientieren Sie sich an den Vorstellungen von unabhängigen Menschen, nicht nur an den Wünschen von Autoritäten (zum Beispiel Eltern, Lehrer, Chefs). Bilden Sie sich Ihre eigene Meinung. Kämpfen Sie gegen Unrecht, das man Ihnen zufügt. Wer Unrecht hinnimmt, macht sich selbst mitschuldig. Diese Schuld spüren Sie, vielleicht nicht bewußt, aber unbewußt ist sie wirksam.

Verlassen Sie sich in Zukunft mehr auf Ihr Gefühl. Sie spüren dann die Wahrheit. Der Verstand kann Sie dagegen ›ganz logisch‹ in die Irre führen. Aber Ihr Gefühl führt Sie selten in die Irre. Wenn Sie sich auf Ihr Gefühl verlassen, spüren Sie, was für Sie wichtig und richtig ist.

Wenn Sie auf Ihr Gefühl hören, haben Sie auch eher den Mut zur Selbstbehauptung. Nämlich aus Ihrem Inneren holen Sie tiefe Überzeugungen. Wenn Sie sich nur auf Normen, Theorien und Meinungen stützen, bleibt Ihre Energie schwach und oberflächlich.

Haben Sie den Mut, sich mit Vernunft und Überlegung gegen

die Meinung der Mehrheit und der Autoritäten zu stellen. Unternehmen Sie das, was Sie wirklich wollen und wünschen. Lassen Sie sich nicht mehr unterdrücken. Befreien Sie Ihre Wünsche, Ihre Gefühle und Ihre Sehnsüchte. Beginnen Sie neu. Sie spüren in sich eine Kraft. Sie haben Gedanken, die Sie meist verdrängen. Lassen Sie diese Gedanken auf sich zukommen. Wehren Sie sie nicht ab. Sie können Ihre innersten Hoffnungen und Wünsche, die Sie schon längst begraben haben, realisieren. Sie waren bisher mutlos. Ihre Umwelt hat Sie klein, bescheiden und böse gemacht. Sie begnügten sich mit der kleinen Rache an den Schwächeren.

Gehen Sie Ihre Ziele jetzt mit mehr Mut an. Packen Sie Ihr Problem an der Wurzel. Worunter leiden Sie am meisten? Stellen Sie eine Rangliste auf.

Herr Munten machte folgende Liste. An erster Stelle stehen seine stärksten Probleme:

1. Ärger mit dem Chef. Er reagiert seine eigene Unzulänglichkeit an mir ab.
2. Die finanziellen Belastungen sind zu hoch (Bausparvertrag, Auto, Urlaub, neue Möbel).
3. Am Wochenende muß ich mich zu sehr der Familie widmen.
4. Meine Frau ist zu streitsüchtig.
5. Man hält mich nicht gerade für intelligent.

Herr Munten sollte seine Probleme bei Punkt 5 angehen. Zunächst sollte er seiner Umwelt klarmachen, daß er intelligent ist. Er sollte immer wieder beweisen, daß er über einen scharfen Verstand verfügt, den er auch einsetzt, und sich selbst bewußtmachen, daß er an seiner mangelnden Schulbildung nicht selbst schuld und daß sie kein Beweis für mangelnde Intelligenz ist.

Dann sollte Herr Munten seiner Frau sagen, daß er ihre Streitsucht nicht mag. Er sollte ihr sagen, daß er sie liebt, aber den Kopf deshalb nicht in den Sand steckt. Er sollte am Wochenende auch seine Hobbys pflegen und seiner Familie sagen, daß er ein Recht auf Entfaltung seiner Interessen hat. Das gleiche Recht gesteht er ja jedem Familienmitglied zu.

Wenn er das alles geschafft hat, kann er auch seine finanziellen Belastungen vermindern. Er löst seinen Bausparvertrag auf, plant einen preiswerten Urlaub, verkauft sein neues Auto und schafft sich einen günstigen Gebrauchtwagen an. Schließlich beschließt er, in Zukunft auf neue Möbel zu verzichten, da sie nicht unbedingt zum Lebensglück gehören.

Wenn Herr Munten so weit ist, dann kann er auch die Autorität seines Chefs verkraften. Wenn man sich selbst ändert, kann man nicht erwarten, daß sich alle anderen auch ändern.

Selbstsicherheit gibt Distanz, Verständnis und Toleranz. Man steht mehr über den Dingen, nimmt sie nicht mehr so sehr persönlich und gewinnt damit die Fähigkeit, den anderen mit seinen Schwächen zu tolerieren und zu akzeptieren. Zum Beispiel nimmt man autoritären oder aggressiven Menschen etwas den Wind aus den Segeln, wenn man gelassen (selbstsicher) auf ihre Ausbrüche reagiert. Man ist fähig, sie trotzdem ernst zu nehmen und vermittelt damit beim anderen das Gefühl: Es ist gar nicht notwendig, seine ›Stärke‹ zu demonstrieren. Der autoritäre und aggressive Mensch, im tiefsten Inneren unsicher, fühlt sich akzeptiert und gewinnt *auch* mehr Selbstsicherheit.

Entfaltung Ihrer Persönlichkeit

Jeder Mensch besitzt eine individuelle Persönlichkeitsstruktur. Das ist ein kompliziertes System von Charaktereigenschaften und Leistungsfähigkeiten. Jede Eigenschaft und jede Leistungsfähigkeit ist bei allen Menschen vorhanden, nur die Ausprägung variiert.

Die Ausprägung von Persönlichkeitseigenschaften entsteht im Laufe der Entwicklung in Lernvorgängen. Da entstandene Ausprägungen in einem Menschen ›festsitzen‹, sie sozusagen ›einprogrammiert‹ sind, entsteht der Eindruck, als hätte dieser Mensch diese Eigenschaften schon immer besessen. Das unterstützt den Glauben, Persönlichkeitseigenschaften seien angeboren.

Da die Eigenschaften so fest eingeprägt sind, lassen sie sich nur schwer verändern. Grund zur Veränderung besteht nur dann, wenn der Mensch bzw. seine Umgebung unter der Eigenschaft leiden.

Meist geht es jedoch gar nicht darum, daß viele Eigenschaften verändert werden sollten. Vielmehr geht es um die volle Entfaltung der ganzen Persönlichkeit. Die meisten Menschen lassen Ihre Eigenschaften und Fähigkeiten verkümmern. Sie werden nicht zur Entfaltung angeregt, sondern an der Entfaltung gehindert. Die Kreativität zum Beispiel ist eine Fähigkeit, die jeder Mensch besitzt, die jedoch nur selten entfaltet wird, weil sie in der Schule und von den Eltern nicht richtig gefördert und beachtet wird. Ähnlich ergeht es vielen anderen Persönlichkeitsmerkmalen. Nicht gefördert und entfaltet werden meist:

- Künstlerische Talente, weil sie als unseriös oder brotlos gelten.
- Eidetische Fähigkeiten (bildhaftes Vorstellungsvermögen), weil sie nicht beachtet werden.
- Mitfühlendes Einfühlungsvermögen, weil man nach dem Motto lebt: Jeder ist sich selbst der Nächste.
- Großzügigkeit, weil man glaubt, daß Ordnung und pedantische Korrektheit zum Erfolg führen.
- Unabhängigkeit, weil Abhängigkeit Sicherheit gibt.

Gefördert werden dagegen folgende Persönlichkeitsmerkmale:

- Intelligenz, weil sie das berufliche Weiterkommen fördert.
- Anpassung, weil sie einen problemlosen Umgang erleichtert.
- Besitzstreben, weil Besitz Sicherheit bietet und Geltung verschafft.
- Fleiß, weil er den Menschen brauchbar und nützlich macht.
- Geltungsstreben, weil es den Menschen ehrgeizig macht.

Über viele Persönlichkeitsmerkmale wird wenig gesprochen, weil man ihre Bedeutung nicht herabmindern will, aber auch ihren Wert nicht allzu stark betonen möchte: Liebesfähigkeit, Hilfsbereitschaft, Gemeinschaftsgefühl, Sinnlichkeit, Sensibilität. Aber gerade diese Eigenschaften sind für das Lebensglück besonders wichtig. Ein Mensch, der nicht liebesfähig und hilfsbereit ist, kein Gemeinschaftsgefühl kennt, nicht sinnlich und sensibel ist, kann nicht glücklich sein. Berufserfolg und Besitz nützen ihm nichts. Jeder braucht zwar genug Geld, um seinen Lebensunterhalt zu bestreiten, aber die wirklich wichtigen Dinge, die sein Leben glücklich machen, die kann er nicht kaufen. Und das sind: Liebe, Freundschaft und sinnliches Erleben.

Nicht selten müssen beruflich sehr Erfolgreiche plötzlich erkennen, daß sie nicht mehr genießen können. Ein wichtiger Grund ist der, daß sie die Freude am Genuß durch die Fixierung auf ihre Arbeit nie richtig entfaltet haben. Vor allem leidet die Liebesfähigkeit: Nach dem Streß des Alltags sind die Sinne stumpf, macht die Sexualität keinen Spaß mehr.

Der Versuch, Minderwertigkeitsgefühle durch Berufsleistung zu kompensieren, ist meist zum Scheitern verurteilt. Die innerlich gefühlte Schwäche ist zwar ein Motor für gute Leistungen, vor allem mit aggressiver Tendenz (Konkurrenz überflügeln), aber die Minderwertigkeitsgefühle können dadurch nur überdeckt werden. Sie verschwinden nicht und treten mit der Müdigkeit und dem Gefühl, das Leben nicht voll gelebt zu haben, verstärkt auf.

Im schlimmsten Fall nimmt sich der ›arme Erfolgreiche‹ sogar das Leben. Der Neusser Psychotherapeut Dr. Hellmut Sopp hat einmal geschätzt, daß in der (alten) Bundesrepublik Deutschland pro Jahr etwa fünfhundert gutbezahlte Manager ihrem Leben ein Ende setzen. Sie haben wohl erkannt, daß sie ihr Lebensglück nicht finden konnten – und resignierten. Mit dem Selbstmord dokumentierten sie, daß sie eine Möglichkeit der Besserung für unmöglich hielten.

Wer sein Leben glücklich leben will, sollte dem Streß des

Alltags bewußt begegnen und ihn bewältigen. Er sollte ungesunden Ehrgeiz senken und seine Persönlichkeit entfalten, vor allem seine Liebesfähigkeit und Kontaktfähigkeit, sollte sich um seine Freunde kümmern und die Karriere nicht mehr zu wichtig nehmen. Nur die Entfaltung der ganzen Persönlichkeit macht glücklich. Arbeit, Verantwortung und Anerkennung gehören natürlich auch dazu.

Stellen Sie sich einmal folgende Frage: »Was würde ich tun, wenn mir der Arzt sagt, daß ich nur noch drei Monate zu leben habe? In dieser Zeit habe ich keine Schmerzen und bin nicht bettlägerig.« Sicher geht es Ihnen jetzt genauso wie den meisten Menschen: Der Beruf würde plötzlich unwichtig. Sie würden eine Reise machen und das Leben in vollen Zügen genießen, würden weniger Rücksicht auf Konventionen nehmen und nur noch nach Ihrem Geschmack leben, würden endlich das tun, wonach Sie sich schon immer gesehnt haben. Plötzlich hätten Sie den Mut dazu, sich zu entfalten.

Stellen Sie sich diese Frage deshalb häufiger, wenn Sie beruflichen Ärger haben und mit Ihrem Leben unzufrieden sind. Sie werden feststellen, daß Sie dann mit mehr Selbstsicherheit die Dinge anstreben, die Ihnen wirklich wichtig sind.

Aufgaben zum Nachdenken

Betrachten Sie die folgenden Aufgaben bitte als Denkimpulse, um Ihre Bewußtseinsveränderung an konkreten Beispielen zu prüfen. Diese Aufgaben sind kein Test. Die ›Lösungen‹ finden Sie deshalb direkt nach jeder Aufgabe.

Lesen Sie die Situationen aufmerksam durch. Hier werden Beispiele geschildert, in die Sie sich leicht hineindenken können. Es stehen jeweils drei Antworten zur Wahl. Kreuzen Sie bitte die Antwort an, die am ehesten auf Ihr Verhalten zutreffen könnte.

1. Stellen Sie sich vor, daß Sie bei einem Test, der Selbstsicherheit mißt, unterdurchschnittlich abgeschnitten haben. Wie würden Sie auf dieses Testergebnis reagieren?
   a) Ich finde mich damit ab, daß ich nicht sehr selbstsicher bin.
   b) Ich denke, daß das Testergebnis wahrscheinlich nicht zutrifft.
   c) Ich nehme mir vor, meine Selbstsicherheit zu verbessern.

Interpretation

a) Sie haben gelernt, unbefangen Ihre Schwächen einzusehen. Ihre Antwort zeigt aber auch, daß Sie noch nicht stark genug sind, Ihre Minderwertigkeitsgefühle als überwindbar anzusehen.
b) Sie benutzen einen Abwehrmechanismus: Sie rationalisieren ein Ihnen unangenehmes Gefühl. Durch Ihre Abwehr nehmen Sie sich die Möglichkeit einer wirklichen Verarbeitung.
c) Sie sind bereit, eine Schwäche aktiv zu bewältigen. Das ist eine gute Voraussetzung für eine erfolgreiche Selbstentwicklung.

2. Man bietet Ihnen an, über ein interessantes Thema einen kurzen Vortrag zu halten. Sie möchten diese Aufgabe zwar übernehmen, haben aber Angst, sich bei dem Vortrag zu blamieren. Was tun Sie in dieser Situation?

   a) Sie halten den Vortrag nicht.
   b) Sie übernehmen die Aufgabe, lassen Ihr Manuskript aber von einem Kollegen vortragen.
   c) Sie riskieren eine Blamage und halten den Vortrag.

Interpretation

a) Sie sollten mehr wagen, denn nur dann haben Sie auch die Chance, Erfolgserlebnisse zu bekommen, die Ihre Selbstsicherheit verbessern.

b) Sie bringen sich selbst um die Früchte Ihrer Arbeit. Dadurch, daß Sie die Verantwortung abschieben, können Sie kein wirkliches Erfolgserlebnis erhalten. Wird Ihr Manuskript negativ beurteilt, haben Sie keine Möglichkeit, Einwände zu widerlegen. Wird Ihr Manuskript dagegen positiv beurteilt, werden Sie sich vorwerfen, den Vortrag nicht selbst gehalten zu haben.
c) Sie stehen für Ihre Leistung ein und bejahen die Verantwortung. Sie versuchen, Ihre Minderwertigkeitsgefühle zu überwinden, indem Sie bereit sind, Kritik an Ihrer Arbeit zu akzeptieren und zu verarbeiten. Damit sind Sie auf dem richtigen Weg zur Verbesserung Ihres Selbstbewußtseins.

3. Sie haben erfahren, daß eine Kollegin Ihre Arbeit kritisiert hat. Wie verhalten Sie sich?

a) Sie reagieren darauf überhaupt nicht.
b) Sie kritisieren die Arbeitskollegin ebenfalls.
c) Sie erkundigen sich bei der Kollegin nach dem Grund für ihre Kritik.

Interpretation
a) Ist Ihnen die Kritik Ihrer Kollegin völlig gleichgültig? Nein. Ihr Verhalten zeigt, daß Sie nicht offen sind für neue Anregungen. Ihre Kollegin könnte mit ihrer Kritik ja auch zu Verbesserungen Ihrer Arbeit beitragen.
b) Diese Antwort zeigt Unsicherheit, denn sie zeigt, daß Sie sich schützen wollen, ohne die Kritik genau zu kennen.
c) Sie zeigen Selbstsicherheit, da Sie bereit sind, Ihre Arbeit zu verteidigen und sich mit Ihrer Kollegin offen auszusprechen.

4. Ihr Chef bietet Ihnen an, einen Fortbildungskurs auf Kosten der Firma zu besuchen. Wie verhalten Sie sich?

a) Sie lehnen ab, da Sie befürchten, die Erwartungen Ihres Chefs nicht erfüllen zu können.
b) Sie willigen ein, da Sie glauben, daß Sie den Wunsch Ihres Chefs respektieren müssen.
c) Sie willigen ein, weil Sie schon des öfteren daran gedacht haben, sich fortzubilden.

Interpretation

a) Sie sollten das Vertrauen, das andere Menschen in Ihre Fähigkeiten setzen, nicht ignorieren. Die Möglichkeit zu versagen sollte Ihnen nicht von vornherein die Initiative rauben.
b) Sie sollten Ihr Verhalten weniger an der Meinung anderer orientieren. Völlige Anpassung zeigt ›falsches Selbstbewußtsein‹.
c) Ihre Antwort zeigt Selbstsicherheit, da Sie eine Chance, Ihre Fähigkeiten zu fördern, mutig wahrnehmen.

5. Sie sitzen während einer Bahnfahrt einem Herrn gegenüber, der Zeitung liest. Auf der Rückseite der Zeitung sehen Sie eine Artikelüberschrift, die Sie sehr interessiert. Wie verhalten Sie sich?

a) Sie bedauern, daß Sie die Zeitung nicht lesen können.
b) Sie merken sich den Namen der Zeitung, um sie bei der Ankunft am Bahnhofskiosk zu kaufen.
c) Sie bitten den Herrn, Ihnen für kurze Zeit den Teil der Zeitung zu überlassen, in dem dieser Artikel abgedruckt ist.

Interpretation

a) Sie hindern sich daran, Ihre Bedürfnisse zu befriedigen, ohne einen Grund dafür zu haben. Die Hemmung, einen fremden Menschen um etwas zu bitten, verrät Ihre Unsicherheit.

b) Sie realisieren Ihre Wünsche nur indirekt. Das ist zwar manchmal bequemer, aber diese Tendenz, ›möglichst bequem über die Runden zu kommen‹, deutet geringe Selbstsicherheit an.
c) Es macht Ihnen nichts aus, eine fremde Person anzusprechen. Das zeigt, daß Sie aktiv und selbstsicher handeln können.

6. Sie begeben sich mit Ihren Lebensmitteln zur Kasse eines Selbstbedienungsgeschäfts. Da fällt Ihnen ein, daß Sie Ihr Portemonnaie vergessen haben. Im gleichen Augenblick sehen Sie eine Hausbewohnerin, die ebenfalls auf die Kasse zugeht. Wie verhalten Sie sich?

a) Sie legen die ausgesuchten Waren in die Regale zurück. Dann gehen sie nach Hause, um Ihr Portemonnaie zu holen.
b) Sie erzählen Ihrer Hausbewohnerin, daß Sie Ihr Portemonnaie vergessen haben, in der Hoffnung, daß sie Ihnen etwas leiht.
c) Sie erklären Ihrer Hausbewohnerin den Sachverhalt und bitten sie, Ihnen eine bestimmte Geldsumme zu leihen.

Interpretation
a) Sie zeigen geringe Selbstsicherheit, da Sie es nicht wagen, Ihre Hausbewohnerin anzusprechen und um Geld zu bitten.
b) Diese Lösung zeigt Diplomatie, aber auch Selbstunsicherheit, da Sie die Hausbewohnerin nicht direkt auf Ihren Wunsch ansprechen.
c) Sie zeigen Selbstsicherheit, da es Ihnen nicht viel ausmacht, Ihr Mißgeschick zuzugeben und um Hilfe zu bitten.

7. Sie haben noch drei Minuten Zeit, um Ihren Zug zu erreichen. Als Sie sich die Fahrkarte am Schalter kaufen wollen, stellen

Sie fest, daß sich eine lange Schlange vor dem Schalter gebildet hat. Wie verhalten Sie sich?

a) Sie finden sich damit ab, Ihren Zug nicht mehr zu erreichen.
b) Sie stellen sich an und hoffen, doch noch rechtzeitig eine Karte zu bekommen.
c) Sie bitten die vorderste Person, Sie ausnahmsweise vorzulassen.

Interpretation
a) Die Antwort zeigt geringe Selbstsicherheit, da Sie bei Widerständen nicht die Aktivität aufbringen können, die nötig wäre, um Ihre Ziele zu verwirklichen.
b) Sie zeigen nur wenig Selbstsicherheit, da Sie sich zur Erreichung Ihres Zieles auf den Zufall verlassen.
c) Diese Lösung zeigt eine gesunde Selbstsicherheit, da Sie Ihre Ziele aktiv verfolgen, auch wenn daraus Schwierigkeiten mit Ihren Mitmenschen entstehen können.

8. Sie haben sich mit Bekannten einen Film angesehen. Alle beurteilen den Film negativ, Ihnen aber hat er gefallen. Wie verhalten Sie sich?

a) Sie verschweigen, daß Ihnen der Film gut gefallen hat.
b) Sie stimmen Ihren Freunden zu.
c) Sie versuchen, Ihre gegensätzliche Meinung den anderen zu begründen.

Interpretation
a) Sie zeigen wenig Selbstsicherheit, da Ihre Tendenz, sich anzupassen und nicht auffallen zu wollen, auf Kosten Ihrer Spontaneität geht.
b) Sie vergewaltigen sich selbst, indem Sie Ihre eigene Meinung unterdrücken. So kann sich kein gesundes Selbstbe-

wußtsein entwickeln, im Gegenteil: Spannungen und Gehemmtheit können auf diese Weise verstärkt werden.

c) Sie zeigen Selbstsicherheit, da Sie für Ihre Meinung auch gegenüber einer Mehrheit eintreten und bereit sind, aktiv zu werden, statt sich unauffällig und bequem zu verhalten.

9. Ihr Freund weist in einer Diskussion nach, daß eine Ihrer Behauptungen falsch ist. Das sehen Sie auch ein. Wie verhalten Sie sich?

a) Sie brechen die Diskussion ab, ohne Ihrem Freund einzugestehen, daß er recht hat.
b) Sie behaupten nun etwas ganz anderes, um Ihren Freund abzulenken.
c) Sie sagen Ihrem Freund, daß er Sie überzeugt hat und Sie einsehen, daß Ihre Behauptung falsch ist.

Interpretation

a) Sie sind zu starr und unbeweglich. Alles, was durch Ihren Schutzwall durchdringen und Ihr Selbstbewußtsein verletzen könnte, unterdrücken Sie. Wegen Ihrer Unsicherheit fällt es Ihnen schwer, aus Kritik Nutzen zu ziehen.
b) Sie zeigen Unsicherheit, weil Sie Gefährdungen Ihrer Person nicht verarbeiten wollen, sondern abwehren. Ihnen geht es darum, Ihr Gesicht zu wahren. Die Meinung anderer ist Ihnen sehr wichtig. Sie brauchen Ihre Energie, um in den Augen der anderen ein möglichst positives Bild abzugeben.
c) Sie zeigen eine gute Selbstsicherheit. Ihnen geht es in erster Linie darum, Unklarheiten zu beseitigen. Gemeinsam erarbeitete Lösungen bedeuten für Sie mehr als die Wahrung einer guten Meinung über Sie. Ihr gesundes Selbstbewußtsein ermöglicht es Ihnen, Probleme gemeinsam zu lösen.

Teil II

Erstes Kapitel

Selbsterfahrung ist der elementare Weg

Mein lieber Freund,

du hast mir von deiner Lebenskrise erzählt und mich gebeten, dich bald wieder zu treffen, damit wir über psychische Hintergründe sprechen und deine Krise analysieren. Ich habe dir versprochen, dir Briefe zu schreiben und dir auch auf diesem Wege meine Gedanken mitzuteilen.

Derzeit sind bei dir viele Konflikte und Probleme zusammengekommen: Du hast Schwierigkeiten in deiner Firma, liegst im Streit mit einem deiner besten Freunde, kannst dich nicht entschließen, deine Lebensgefährtin zu heiraten, stehst unter starker innerer Spannung, fühlst dich manipuliert und fragst dich, wer du bist.

Die Frage »Wer bin ich?« ist eine uralte philosophische Frage, die für jeden Menschen aber immer wieder neu ist und die sich jeder in der Situation, in der er gerade steht, mehr oder weniger bewußt stellt. Du beispielsweise siehst es als ein Zeichen der ›Schwäche‹, daß du nicht weißt, wer du bist, und beginnst, dich selbst zu betrachten. Dennoch wolltest du während unseres Gespräches, daß ich dich ›analysiere‹, daß ich dir ›schonungslos sagen‹ sollte, wer du bist. Gleichzeitig empfandest du allein schon den Umstand, einen anderen um so etwas zu bitten, als Schwäche.

Derzeit siehst du dein ›Ich‹ als schwach an, möchtest ein stärkeres Ich haben. Du hast angedeutet, schon das Gespräch darüber sei ein Symptom für Schwäche – und das war dir unangenehm. Du siehst dich in einer Krise, weil du dir über all das Gedanken machst.

Ich muß dir dazu sagen: Deine Krise besteht nicht darin, daß du Fragen stellst, sie besteht auch nicht in auftauchenden Selbstzweifeln.

Wollen wir das einmal gemeinsam untersuchen. Du beginnst Fragen zu stellen, du hältst inne und betrachtest dich und die anderen. Bisher bist du immer tatkräftig nach vorne gestürmt, hast dir etwas vorgenommen – und du hast gehandelt. Plötzlich hältst du inne, betrachtest und zweifelst, fragst dich, wer du bist und in welche Richtung du gehst. Und schon hältst du dich für schwach.

Ich möchte dir sagen: Ich freue mich sehr darüber, daß du diese Fragen stellst. Das ist ein gutes Zeichen. Du beginnst wach zu werden. Damit will ich nicht behaupten, daß du bisher verschlafen gewesen wärest. Du warst überaus aktiv, hast deine Ausbildung mit guten Noten abgeschlossen, warst im Beruf erfolgreich und bist aufgestiegen. Du wirkst extravertiert und spontan und stehst ›mit beiden Beinen in der Realität‹, wie es so schön heißt. Du warst nach außen hin stark, robust und lebenstüchtig, hattest keine Angst vor Hindernissen und hast Hürden gemeistert. Es ging immer aufwärts und geradewegs nach vorne. Du hast hervorragend ›funktioniert‹. Deine Freunde mögen deine gesellige Art, und partnerschaftlich wie sexuell hattest du auch nie Probleme. Du machst einen starken Eindruck, bist gesund und intelligent. Das ist auch dein Selbstbild. Und nun stellst du diese Fragen und glaubst, du hättest ein zu schwaches Ich, das stärker werden müsse, willst noch aktiver sein, noch mehr anpacken, noch mehr Erfolg haben und noch mehr geliebt und bewundert werden. Und dann die Frage: »Wer bin ich?« Das Innehalten und die Besinnung auf dein Selbst erscheint dir wie eine Krise. Leider ist das Wort Krise so negativ besetzt. Ich sehe eine Krise nicht negativ, sondern ich freue mich vielmehr für dich über deine Fragen.

Wir werden keine ›Psychoanalyse‹ nach Sigmund Freud betreiben; dafür hättest du weder Ruhe noch Geduld. Laß mich dennoch drei psychoanalytische Begriffe aufnehmen: Es, Ich und Über-Ich. Wir werden uns darüber unterhalten. Du hast ein sehr kontrolliertes Es (Emotionen, Triebe), ein ›normal‹ entwickeltes Ich und ein starkes Über-Ich (das in deinem Elternhaus und in der schulischen Ausbildung entwickelt wurde). Das Es meldet nun seine Ansprüche an, während das starke Über-Ich seine introjizierten Argumente einbringt. Dein Ich steht in der Mitte und versucht, alles ins Gleichgewicht zu bringen. Du bist sehr vital und glücklicherweise physisch sehr gesund; also ist auch das Es sehr stark. Das Ich möchte es dem Es recht machen, aber auch die Regeln des Über-Ich erfüllen. So wird dein Ich zerrieben zwischen diesen beiden Mahlsteinen. Demnach muß das Es frei und das Über-Ich in Frage gestellt werden, damit es an Macht verliert. Das ist eine sehr allgemeine Aussage; sie ist im Moment noch sehr abstrakt für dich. Doch schon bald wirst du wissen, was ich damit meine.

Ich werde dir nicht sagen, was du tun sollst. Ich bin keine Autorität. Ich weiß, du denkst autoritätsbezogen. Vielmehr möchte ich einen anderen Weg gehen. Wir denken gemeinsam über diese Dinge nach. Nicht ich sage dir, was richtig oder falsch ist, sondern du denkst und fühlst mit. Ich weise dich auf vieles hin. Wie gesagt: Ich weise nur auf etwas hin, auf etwas, was wir dann gemeinsam von allen Seiten betrachten, und schließlich siehst du selbst, was dann geschieht.

Bei alldem handelt es sich um einen lebendigen Vorgang der Selbsterforschung. Wir betrachten die seelischen Vorgänge von allen Seiten, und du wirst, so hoffe ich, bereit sein, dir das anzuschauen. Ich sage nicht, du sollst das oder jenes denken; ich bin kein Pädagoge, der dem einzelnen einen bestimmten Wissensstoff vermittelt. Es wird kein Wissen gelehrt. Wir betreten jetzt ein Terrain, das von dir selbst erforscht werden muß. Ich nehme dich nur bei der Hand und zeige dir, was wir beide sehen können – und wir betrachten, was mit der Psyche geschieht. Wir schauen zum Beispiel auf die Empfindung Neid. Ich frage dich, was du siehst, wenn du neidisch bist. Du hast den Neid wohl noch nie so schonungslos betrachtet, wie du es dann tun wirst. Wir betrachten ferner Aggression und Angst. Auch hierbei wirst du feststellen: Dein Wissen darüber ist gering, weil du diese Phänomene bisher noch nie so direkt und klar betrachtet hast. Zum Schluß führt dich das und anderes zu mehr Selbsterkenntnis. Diese Selbsterkenntnis ist notwendig, um zu wissen, wer du selbst bist und wer die anderen sind.

Körper, Seele und Geist

Um sich selbst zu verstehen, muß man sich beobachten. Und sich selbst beobachten heißt nicht, egozentrisch zu sein. Auf dieses abwertende Argument der Selbstbeobachtung möchte ich später eingehen. Beginnen werde ich mit den elementaren Zusammenhängen von Körper, Seele und Geist.

Der Körper ist die materielle Basis; er besteht aus Materie, die chemischen und physikalischen Gesetzen unterliegt. Dieser Körper steht dir zur Verfügung; er ist die elementare Grundlage, die du fit und gesund erhältst, um aktiv sein zu können. In diesem Körper wirken die beiden anderen wichtigen Bereiche des Menschseins: Seele und Geist.

Der Geist ist dir besonders vertraut, da du eine gute Ausbildung absolviert hast, in der auf die Schulung der Intelligenz großer Wert gelegt wurde. Du hast auch einen Intelligenztest gemacht, der einen Intelligenzquotienten (IQ) von 132 ermittelte. Der Geist hat eine organisch lokalisierbare Grundlage: das Gehirn. Du hast dieses Gehirn genutzt und die Techniken des logischen Denkens erlernt, dein Gedächtnis trainiert und viel Wissen gespeichert. Weiter hast du gelernt, mit diesem Wissen umzugehen und folgerichtige Gedanken auszudrücken. Dieses Denken ist eine Fähigkeit, die erlernt werden muß. Dein Geist gibt dir die Möglichkeit, über das intelligente Denken dieses Instrument gut zu gebrauchen. Die Denkfähigkeit ist ein Werkzeug, um beispielsweise im Berufsalltag erfolgreich sein zu können. Das ist für dich nichts Neues.

Nun komme ich zu der dritten Dimension, der Seele. Mit deiner Seele hast du dich bisher weniger befaßt. Du treibst Sport, um deinen Körper gesund zu erhalten, du bildest dich weiter, um das

Instrument Geist fit zu halten. Was aber hast du für deine Seele getan? Du hast die Seele sozusagen links liegenlassen. Die Hauptsache war dir ein gesunder Körper und die Entfaltung der Intelligenz. Du hast einmal geäußert, daß du es mit der ›Weisheit‹ hältst, die da besagt: »In einem gesunden Körper wohnt ein gesunder Geist.« Soweit war dein Selbstbild und dein Bild vom Menschsein in Ordnung. Doch reichen ein gesunder Körper und ein gesunder Geist aus? Bedenke bitte: Der das gesagt hat, war der Römer Juvenal (47–113 n. Chr.), und der war der wohl bissigste Satiriker seiner Zeit.

Der dritte große Bereich, die Seele, hat dich bisher nicht weiter interessiert. Sie ist etwas, um das sich vor allem Theologen kümmern, indem sie ›Seelsorge‹ um die unsterbliche Seele betreiben.

Du wurdest im Rahmen der christlichen Religion erzogen. Das Religiöse hat dich nie weiter interessiert; auch darüber werden wir noch sprechen. Die Theologie war neben der Philosophie über viele Jahrhunderte zuständig für das Seelenleben. Das hat sich um die Jahrhundertwende mit der Begründung der Psychoanalyse durch Sigmund Freud geändert. Danach hat sich die Psychologie als eigenständige Wissenschaft von der Seele des Menschen entwickelt. Die Psychologie ist unabhängig von der Theologie, der Philosophie und der Medizin. Natürlich berühren sich diese Gebiete, aber es wurde erkannt: Die Psyche als dritte Dimension des Menschseins muß ein eigenständiges Forschungsgebiet sein. Die Theologen haben das nicht gerade gerne gesehen, befürchteten sie doch (zu Recht), ihren ›Alleinanspruch‹ in Sachen Seelenleben zu verlieren. Selbst heute noch hegen viele Theologen gegenüber den Psychologen eine starke Skepsis, obwohl sie mit ihnen in karitativen Einrichtungen (Erziehungsberatungsstellen, Eheberatung, Telefonseelsorge usw.) zusammenarbeiten.

Ich möchte nicht weiter abschweifen, sondern zurückkommen zur Psyche als Wissenschaft, die heute auf jeder Universität der Welt eine eigenständige Fachrichtung ist. Es wäre jedoch ein Irrtum, zu glauben, daß damit der Psyche Genüge getan wäre und du dich nicht weiter um sie kümmern müßtest. Da die Mediziner für den Körper zuständig sind, die Theologen für die unsterbliche Seele und Gott, sollen sich die Psychologen gefälligst um das Seelenleben kümmern. Leider neigen wir zu der fatalen Haltung, einfach drauflos zuleben – und wenn etwas nicht funktioniert, gibt es ja für alles einen Fachmann, der sich dann darum kümmern soll.

Bezüglich deines Körpers denkst du an Vorsorge; du machst Gymnastik und bemühst dich ein wenig um gesunde Ernährung. Deinen Geist hältst du fit durch Schulungen und Trainingsseminare. Das Religiöse wird erledigt, indem du zu Weihnachten einer Predigt lauschst und als Bildungsreisender berühmte Kathedralen aufsuchst und Kirchenfenster bewunderst. Und was gibst du deiner Seele? Das Seelische erscheint dir anscheinend nicht so wichtig.

Wenn du dich verliebst, dann ist deine Seele sehr aktiv. Die angenehmen Gefühle, die damit verbunden sind, werden in vollen Zügen genossen. Wenn du enttäuscht wirst und Frustrationen fühlst, dann ist das auch ein Bestandteil des Seelenlebens, aber den möchtest du schnell loswerden und ›vergessen‹. Du stürzt dich in Ablenkungen, um schnell davon wegzukommen; als wäre Seelisches nur dazu da, um auf dem ›Vergnügungstummelplatz‹ präsent zu sein. Unter den Teppich mit allem Unangenehmen und dann tanzen, genießen, lachen und fröhlich sein. Alles andere: Ängste, Sorgen, Kummer, Aggression, Neid, Destruktivität – schnell weg damit, sich nur nicht damit befassen.

Das Seelenleben ist aber eine Ganzheit; es kann nicht aufgespalten werden in gute Bereiche, die wir annehmen, und schlechte Bereiche, die wir ablehnen. Du solltest keine seelischen Teile abspalten. Aber das ist alltägliche Praxis vieler Menschen: Sie trennen sich von ihrem Seelenleben, sie verdrängen es, fliehen vor ihm. Diese ›Abwehrmechanismen‹ habe ich oft beschrieben. Und du wunderst dich dann, daß unter den Teppichen und in den scheinbar abgeschlossenen Verliesen deines Inneren ein Gärungsprozeß stattfindet, der dir immer unheimlicher wird und der dich von Tag zu Tag mehr in Schwierigkeiten und Krisen bringt. Du fühlst ein Unbehagen und flüchtest nun um so mehr in Unterhaltung und Vergnügen, um zu vergessen. Aber die Seele vergißt nicht. Sie will nicht abgeschoben werden. Sie hat ein elementares Recht darauf, sich zu beteiligen. Wir meinen, alles Gedachte des Geistes (der Ratio) wäre das Bedeutungsvollste überhaupt. Ich sage dir: Psychisches ist viel bedeutungsvoller als Gedachtes.

Seelenleben

Es wird Zeit, daß du dich mit deinem Seelenleben befaßt. Mit dem heutigen Brief möchte ich versuchen, dir die Annäherung zu erleichtern. Du kannst dich nur selbst wirklich verstehen, also erkennen, wer du bist, wenn du das Seelische beobachtest. Für den Ort der Seele läßt sich in deinem Körper kein Organ lokalisieren. Der Volksmund spricht ›organisch‹: »Das hat mir einen Stich ins Herz gegeben; da blieb mir die Luft weg; es stockte der Atem; das Blut ist in den Adern gefroren; das ging mir an die Nieren; es schnürte mir den Hals zu; mir wurde kalt ums Herz; das ist mir auf den Magen geschlagen.« Zum Ausgleich nun auch einige Beispiele der Beschreibung positiver Emotionen: »Das ließ das Herz höher schlagen; mir wurde warm im Bauch; ein Stein fiel mir von der Brust; das vermittelte dem Körper ein wohliges Gefühl; vor Freude bekam ich eine Gänsehaut; den ganzen Körper durchflutete Energie und Tatkraft; mein Gang wurde aufrechter und federnder; ich schlief wie ein Bär und hatte das Gefühl, Bäume ausreißen zu können.«

Die Emotionen wirken also auf alle Organe und Körperteile: vom großen Zeh bis zu den Haarspitzen. Die Seele läßt sich aber nicht organisch lokalisieren; sie sitzt weder im Herzen noch im Bauch, noch hinter der Stirn. Das Seelische sind die Emotionen; sie wirken überall im Körper. Soma und Psyche sind wechselseitig miteinander verbunden; deshalb sprechen wir von psychosomatischen Reaktionen und Symptomen, in denen sich Seelisches somatisch ausdrückt. Würde der Körper nicht so reagieren, dann wären wir seelenlose Automaten, vergleichbar einem Computer. Einem Computer ist es egal, mit welchen Informationen er versehen wird, und es ist ihm gleichgültig, für wen und welchen Zweck er funktioniert. Er arbeitet für den Abwurf einer Atombombe genauso reibungslos ungerührt wie für ein Partnervermittlungsinstitut. Der Computer ist seelenlos, also unbelebt. Die belebte Materie der Lebewesen zeichnet sich eben dadurch aus, eine Seele zu besitzen. Diese Seele ist aber nicht materiell greifbar und deshalb auch nicht konstruierbar.

Alle Lebewesen besitzen ein Seelenleben. Wenn du jemals eine Katze oder einen Hund in deiner Wohnung gehalten hast, weißt du, daß sie psychosomatisch reagieren; das tun sie, weil sie Emotionen haben. Auch Tiere können deshalb psychosomatisch erkranken, können neurotisch werden.

Über das reichhaltigste und empfindsamste Seelenleben verfügt auf dieser Erde der Mensch. Er ist gleichzeitig auch das intelligenteste Lebewesen. So sind also Geist (Ratio) und Psyche (Emotionalität) miteinander verknüpft. Ich sprach von Psychosomatik und muß vervollständigen: Psycho-Ratio-Somatik – womit wir bei der bereits erwähnten Einheit von Körper, Seele und Geist sind.

Es dient nur der Vereinfachung verbaler Erklärungen, wenn die Teile für sich betrachtet werden; einmal Somatik (Medizin), dann Psyche (Psychologie), dann Geist (Psychiatrie, Psychologie und Philosophie). In Wirklichkeit ist jedoch alles miteinander vernetzt. Wir benötigen deshalb mehr denn je eine Wissenschaft vom Menschsein, die über die einzelnen fachspezifischen Spezialisierungen hinausgeht, um wieder alles miteinander verbinden zu können.

Der Mensch ist eine unteilbare Ganzheit. Er ist in der Vergangenheit in viele Einzelteile zergliedert worden, die für sich erforscht wurden und weiter so analysiert werden. Die naturwissenschaftliche Methode ist die Technik der Zergliederung in die immer kleineren Bestandteile und Wirkmechanismen. Dagegen soll nicht polemisiert werden. Wir benötigen aber eine gegenläufige wissenschaftliche Bewegung, die parallel hierzu die Teile zu einem Ganzen fügt, denn das Ganze ist mehr (also auch etwas anderes) als die Summe seiner Teile. Von der Quantifizierung also zurück zur Qualifizierung. Wenn wir die drei Teile Soma, Psyche und Ratio betrachten, könnte man zunächst davon ausgehen, sie würden die gleiche Wertigkeit besitzen. Ich bin nicht dieser Auffassung. Ich behaupte: An unterster Stelle steht die Materie, darauf baut sich der Intellekt auf, der an eine materielle Ausstattung gebunden ist (Nervenzellen, Gehirnmenge), und das führt zu einer Ausweitung des Seelenlebens. Soma und Ratio und Seele bilden also eine Einheit, wobei die Seele jedoch das wichtigste Element ist.

Ich weiß, unter diesem Aspekt hast du dich selbst noch nie betrachtet, und deshalb erscheint dir der Gedanke von der Bedeutung des Seelischen etwas fremd, zumal du das Psychische in deinem Leben bisher noch nicht betrachtet hast. Wie kann es so wichtig sein, wenn du das bisher nicht gesehen hast? Es erscheint dir wie eine Kränkung deiner Person. Du hast eine hervorragende Ausbildung absolviert, bist erfolgreich im Beruf, kannst mit Menschen gut umgehen, hast dir eine eigene Meinung über Politik, Gesellschaft, Erziehung und Religion gebildet. Es kränkt deine Eitelkeit, daß du das wichtigste Element nicht beachtet haben könntest. Ich möchte dich beruhigen: Du konntest es schwer beachten, denn niemand hat dich darauf hingewiesen. Deine Erziehung verlief körperbetont und intellektorientiert. Seelenleben war etwas Nebulöses, über das nicht gesprochen wurde. Nun bist du selbst darauf gestoßen, daß du dich nicht kennst, nicht weißt, wer du eigentlich bist. Was nützt alles Handeln und Aktivsein, was nützt alles Streben nach Erfolg und Besitz, wenn du nicht weißt, wer du bist? Du hast funktioniert wie ein Computer, und du warst stolz darauf. Du bist aber mehr, und es gibt etwas Wichtigeres – es sind die Emotionen. Du wirst plötzlich mit etwas konfrontiert, das tief in dir angelegt ist. Es meldet sich in seiner eigenen Sprache. Es ist die Sprache der Empfindungen.

Du fühlst dich unbehaglich. Wie kannst du dich so unbehaglich fühlen, wo du doch alles immer richtig gemacht hast? Warum gehorcht dir dein Körper nicht mehr, wo du dich doch gesund ernährt und durch Gymnastik und Sport fit gehalten hast? Warum bist du oft so unkonzentriert und abwesend, wo du dein Gehirn so geschult hast, über einen hohen IQ verfügst und in der Gesellschaft aufgrund deiner beruflichen Tüchtigkeit angesehen bist? Warum fühlst du dich nicht glücklich? Warum leidest du unter Schlafstörungen? Warum wachst du manchmal schweißgebadet auf? Warum hast du vor Angst ziehende Schmerzen in den Nieren, die du nicht konkretisieren kannst? Warum fragst du: »Wer bin ich?«

Flucht ist üblich

Solange alles glattgeht, wir uns in unserer Haut wohl fühlen, Erfolg haben und geliebt werden, besteht offenbar kein Grund, uns mit unserer Seele zu befassen. Sobald wir uns aber in einer Krise befinden, sich Angstgefühle panikartig steigern, wir nachts schweißgebadet aufwachen, sobald Schuldgefühle auftauchen, die uns die Lebensfreude rauben, wir Angst bekommen, psychotisch zu werden, sobald plötzlich das Gefühl auftaucht, den Partner nicht mehr zu lieben beziehungsweise nicht von ihm geliebt zu werden, gehen wir zum Arzt und lassen uns ein angstlösendes, schlafförderndes oder stimmungsaufhellendes Präparat verschreiben.

Die Seele meldet sich über Symptome zu Wort und möchte uns darauf hinweisen, daß in unserem Leben etwas schiefliegt. Aber wir haben nicht gelernt, uns mit unserem Seelischen zu befassen, vor allem gerade dann nicht, wenn es uns ›schlechtgeht‹. Was machen wir normalerweise, wenn uns ›mies‹ zumute ist? Wir rufen einen guten Bekannten beziehungsweise einen Freund an und versuchen, mit ihm darüber zu reden. Wir versuchen also, bei anderen Rat einzuholen. Und diese anderen erscheinen uns in unserem psychischen Krisenzustand dann besonders selbstbewußt und lebenstüchtig. Du hast mir erzählt, daß du deine besten Freunde angerufen hast und daß sie dir Ratschläge gegeben haben wie diese: Schalte einfach den Fernseher an, gucke einen Krimi; dann kommst du auf andere Gedanken. Oder: Du solltest dir eine Geliebte anschaffen; das lenkt dich ab. Oder: Mir hilft Arbeit. Stürze dich in Arbeit; dann vergißt du diese Psychoflausen. Oder: Du brauchst Urlaub. Fliege am Wochenende nach Rom oder Paris; das lenkt dich ab. Oder: Treibe Sport. Geh in einen Sportverein; dort lernst du neue Leute kennen. Oder: Ich kenne einen guten Akupunkteur; der setzt dir einige Nadeln, und alles ist weg. Oder: Am Samstag ist eine Party. Ich nehme dich mit; dann kannst du das alles vergessen.

Die üblichen Techniken laufen immer auf das gleiche Prinzip hinaus: Ablenken, Vergnügen, Vergessen, Verdrängen – also Flucht. Sich nur nicht damit befassen – schnell weg damit. Meist ist leider keiner der ›guten Freunde‹ dazu bereit, dich wirklich anzuhören. Die übliche Methode, mit ›solchen Problemen fertig zu werden‹, ist offensichtlich die Flucht durch Ablenkung. Also erscheint das in Ordnung, denn die anderen machen es ja genauso.

Du leidest unter handfesten Symptomen: Schlafstörungen, Herzjagen, panikartige Angstphasen, Kreislaufstörungen. Also sprichst du darüber verständlicherweise auch mit deinem Arzt. Doch der hat ebenfalls kein Interesse daran, dir zuzuhören, will nicht wissen, was genau dich quält und warum. Er will nur schnell dein Befinden verbessern. Geholfen ist dir damit nicht.

Ich unterhielt mich schon des öfteren mit Medizinern über ihre Patienten und die Psychosomatik. Dabei mußte ich leider die Erfahrung machen, daß sie über die Psyche so gut wie nichts wissen und auch nichts wissen wollen. Wenn das Wort ›Emotionen‹ fällt, erhalte ich die kühl sezierende Frage: »Emotionen, was ist das?« Wenn ich antworte: »Sie sind das Wichtigste, was wir als Menschen haben«, kommt meist die ernstgemeinte Antwort: »Das sind doch nur Befindlichkeiten.« Das wirkt abwertend verniedlichend. Es sind *nur* Befindlichkeiten. Meist setzen Mediziner in solchen Gesprächen dann noch nach: »Emotionen sind Sentimentalitäten und Gefühlsduselei.« Bei einer solchen Einstellung den Gefühlen gegenüber kannst du dich als Patient natürlich nicht ernst genommen fühlen.

Gefühle nur Befindlichkeit, nur Gefühlsduselei? Deine Ängste nur Befindlichkeit? Ein Schuldgefühl nur Gefühlsduselei? Liebeskummer, was ist das? Angst vor dem Sterben nur eine Indisposition der Befindlichkeit? Die Bedeutung der Befindlichkeit kommt zum Ausdruck in der Begrüßungsfrage: »Wie geht es dir?« (Also: Wie ist das Befinden?) Das ist eine sehr mitfühlende Frage, und sie kann doch ursprünglich nicht immer so unverbindlich gemeint gewesen sein, wie sie heute gebraucht wird. Wir antworten meist: »Danke, es geht mir gut.« Denn wir haben die Erfahrung gemacht, daß der andere nicht nachfragt, wenn wir sagen: »Es geht mir schlecht.« Oder wir machen die Erfahrung, daß der andere eine gewisse sensationshungrige Neugier erkennen läßt und sich an unserem Unbehagen weidet. Denn vielen scheint dieser Umstand gerade recht zu kommen, zeigt er doch: Da gibt es jemanden, dem es noch schlechter geht, als ich mich derzeit fühle. Sehr selten treffen wir dagegen auf einen mitfühlenden Menschen, der bereit ist, zuzuhören, wenn wir zugeben, in einer Krise zu sein.

Die Seele, die Emotionalität, das schlechte Befinden, die Angst und das Unbehagen werden in unserer Gesellschaft nicht mitfühlend getragen. Wer sich von diesen Gefühlen in sich selbst distanziert, tut das zwangsläufig auch bei anderen. Nur nicht lange darüber reden. Schlechte Befindlichkeit ist eine Befindlichkeitsstörung, und unangenehme Gefühle gelten als eine Gefühlsstörung. Lass' uns schnell an etwas anderes denken, du mußt dich ablenken; du darfst das nicht so ernst nehmen; du mußt das vergessen, es hinter dich bringen, auf andere Gedanken kommen, Geselligkeit suchen, neue Leute kennenlernen, dich neu verlieben, neue Aufgaben anpacken; auch essen tut gut, da es beruhigt; Sex tut auch gut, Urlaub auch, Neues sehen, Kulturellem nachgehen, Konsum genießen auch. Nur nicht nachdenken und nicht darüber sprechen.

Die Seele soll nur Positives vermitteln, ihr soll es immer nur gutgehen. Krise, Traurigkeit, Schuldgefühle, Ängste, Aggressionen, das darf nicht sein. Das Seelische ist offenbar nur für das Genießen da; ansonsten soll es sich zurückhalten. Nur Stärke darf sein, Schwäche nicht. Das ist so unrealistisch. Aber die Verdränger um uns herum fühlen sich als die wahren Realisten. Sie sind jedoch keine Realisten, sind vielmehr Verleugner und Lügner; schließlich leben wir in einer verlogenen sozialen Kultur.

Sich selbst zu belügen, anderen etwas vorzumachen und zu verdrängen – das sind übliche Techniken der Lebensbewältigung. Es ist ein Fassadenverhalten. Deshalb möchte ich dir beruhigend sagen: Es ist sehr positiv, daß es dir schlechtgeht. Dadurch eröffnet sich dir eine große Chance, dich deiner Seele zu widmen. Beende also die Flucht vor deiner Seele, denn sie gehört zu dir wie deine Hand und dein Gehirn.

Es ging mir in diesem Brief darum, die Bedeutung des Seelischen bewußtzumachen. Das ist notwendig, da die meisten Menschen um dich herum von dieser Bedeutung nichts wissen wollen. Es ist an der Zeit, daß du dich mit dir selbst befaßt und deine Flucht beendest. Beginne jetzt, dich selbst zu erforschen. Auch wenn die anderen das für falsch halten (aus Angst vor sich selbst), muß ich dir um so deutlicher sagen: Es ist nicht falsch, sondern es ist der einzige richtige Weg.

Subjektivität und Mitgefühl

Wir haben in der vergangenen Woche telefoniert. Du sagtest, du hättest meine Ausführungen über das Seelische zwar verstanden, aber nicht, warum die Psyche so wichtig wäre. Du könntest es mir zwar einfach glauben, aber es wäre für dich nicht richtig schlüssig. Für dich wäre nach wie vor das Denken, also die rationale Fähigkeit des Menschen, viel wichtiger als die seelische Komponente, denn über den Verstand würdest du Entscheidungen treffen, die für dein Leben von Bedeutung wären. Auf die Emotionalität der Seele dagegen dürfe man sich nicht verlassen.

Du sprachst über die negativen Komponenten der Gefühle; sie wären stimmungsabhängig, rein subjektiv; auf dieser subjektiven Ebene könnten keine objektiven Perspektiven für dein Leben gefunden werden. Du fragtest: »Was bewirkt die Subjektivität der Emotionen? Was sagt sie mir? Ich habe ja gelernt, mich nicht auf sie zu verlassen, sondern den Verstand einzusetzen. Was gibt mir also das Seelische? Begebe ich mich hier nicht auf einen allzu schwankenden und unsicheren Boden? Was habe ich von meiner Seele? Wohin führt sie mich?« Du gabst auf die Fragen selbst die Antwort, indem du sagtest, du wärest der Meinung, du könntest dich auf Seelisches weniger verlassen als auf deinen Verstand. Du hieltest also die Ratio für wichtiger als die Seele und nicht umgekehrt, wie ich behaupte.

Lass' uns gemeinsam untersuchen, ob deine Antwort richtig ist. Ich muß dazu noch mal etwas ausholen. Ich habe nicht behauptet, das Denken wäre nicht von Bedeutung. Ich habe Denken, Emotionalität und Körper in einen Ganzheitszusammenhang gestellt und die Struktur aufgezeigt. Die Ratio besitzt in diesem Zusammenspiel eine große Bedeutung, die ich nicht abwerten will. Du benötigst die Denkfähigkeit, um eine Fremdsprache zu erlernen, benötigst sie in deinem Beruf als logisches Denken, um in einem Denksystem Fehler aufdecken zu können, benötigst selbstverständlich die Ratio, um beispielsweise eine Brücke zu bauen, die einsturzsicher ist. Der ganze Bereich der Mathematik ist nur rational anwendbar, nicht emotional. Das ist selbstverständlich.

Ich habe darauf hingewiesen, daß das Denken ein Instrument beziehungsweise ein Werkzeug ist. Wenn du einen Hammer brauchst, dann nimmst du ihn zur Hand, weil er in diesem Augenblick das richtige Werkzeug ist. Mit Emotionalität allein kannst du keinen Nagel in die Wand schlagen. Wenn du ein Loch bohren willst, verwendest du einen Bohrer und keinen Schraubenzieher; er wäre ein zu uneffektives Instrument. Ich will dir die Rationalität ja nicht ausreden. Setze sie dann ein, wenn du sie brauchst. Sie wird oft genug gebraucht. Das ist überhaupt kein Thema.

Wir sprachen über die Frage, wer du als Mensch bist. Du bist der Körper, das ist klar, du schärfst deinen Verstand durch Lernen und Training, das ist in Ordnung. Aber du bist nicht nur Körper und Ratio, denn du verfügst darüber hinaus über eine Seele. Das heißt nicht, daß du emotional reagieren sollst, wenn Rationalität das Instrument der Wahl ist. Ich wollte dir begreiflich machen, daß du auch ein psychisches Leben führst, obwohl du es bisher nicht richtig wahrhaben wolltest. Du kannst so rational sein, wie du willst, das ist in Ordnung; aber du kannst dadurch die Psyche nicht auslöschen. Sie ist da und fordert ihr Recht.

Ich gebe dir ein sehr simples Beispiel, um darüber nachzudenken. Du fühlst Angst und weißt nicht, warum und wovor. Der Körper signalisiert die Angst. Du wachst nachts schweißgebadet auf. Der Körper sagt dir nicht, warum; er reagiert nur. Dein Verstand sagt dir auch nicht, warum; er registriert nur die Tatsache (die Symptome). Nun kannst du dir darüber mit deiner Intelligenz Gedanken machen. Mathematische Logik aber führt hier nicht weiter. Du kannst nichts ausrechnen und objektivieren. Angst ist offensichtlich etwas Subjektives. Gut, du hältst nichts vom Subjektiven, ich weiß. Aber dadurch, daß Angst subjektiv ist, nimmt sie nicht ab. Dennoch ist es für dich sehr bedeutungsvoll, über diesen seelischen Vorgang der Angst mehr zu erfahren, denn du leidest schließlich darunter. Es beunruhigt dich zu Recht, nachts schweißgebadet zu erwachen. Das ist nicht in Ordnung, sagst du, das sollte nicht sein. Du stehst also vor einem Problem. Was unternimmst du? Mit der Ratio ist das Problem nicht zu lösen. Wie soll hier mit der Ratio eine Lösung gefunden werden? Du gerätst ins Grübeln. Dieses Grübeln aber ist kein logisches und folgerichtiges Denken, ist kein Denken, wie du es gewohnt bist und gelernt hast. Durch Grübeln drehen wir uns im Kreis. Das ist immer so, wenn die Ratio nicht weiterkommt – sie verbalisiert dann im Kreis herum, und du wirst genasführt. Du bist nicht nur Körper – das wäre einfach –, bist nicht nur Ratio – das wäre auch einfach; du bist über Körper und Ratio hinaus noch ein anderer, nämlich eine Person mit Psyche. Zu dir gehören also auch Subjektivität und Emotionalität. Und du solltest sehr stolz darauf sein, denn dadurch bist du Mensch.

Du wirst nicht abstreiten, daß die Liebe zum Menschsein gehört. Das hoffe ich wenigstens. Du hast dich verliebt. Vielleicht nicht jetzt gerade, aber du kannst dich zumindest daran erinnern. Wenn du verliebt bist, reagiert dein Körper. Was sagt dein Verstand dazu? Wer hat sich denn verliebt? Die Ratio? Sie kann sich nicht verlieben; das ist ihr wesensfremd. Es handelt sich also um etwas Psychisches, wenn wir uns verlieben. Plötzlich bist du emotional beteiligt. Dein Körper natürlich auch, denn Sexualität ist etwas Körperliches. Aber Verliebtsein geht über das rein Körperliche hinaus. Da ist also noch etwas anderes, und dieses andere übersteigt auch dein Denken. Also was ist es? Auf einmal bist du sehr glücklich, das Psychische zu erleben. Wenn du aber Angst empfindest, bist du unglücklich. In die Verliebtheit läßt du dich genußvoll sinken, der Angst willst du entfliehen. Wenn du verliebt bist, nimmst du das Seelische sehr wichtig; und es erlangt große Bedeutung. Psychisches aber hat dieselbe Bedeutung, wenn du Angst hast.

Du bist in einer emotionalen Dimension, wenn du verliebt bist und wenn du dich ängstigst. Wir begeben uns jetzt auf das Terrain des Psychischen – und dort gelten nicht mehr die naturwissenschaftlichen Gesetze der Chemie und der Physik und der Logik, dort gelten die Wirkmechanismen der Seele. Seelisches ist Subjektivität, und dennoch können wir uns darüber mit Worten verständigen. Das Subjektive der anderen ist uns nicht so wesensfremd, um es nicht zu verstehen. Dieses Verständnis geschieht durch Einfühlung und Mitgefühl.

Angst

Eine der elementarsten seelischen Empfindungen ist die Angst. Ich möchte dir über diese Thematik heute einiges mitteilen. Es geht mir nicht darum, über Angst psychologisches Wissen zu vermitteln und dir etwa die Vielzahl der verschiedenen Ängste und Phobien genau zu beschreiben. Es geht mir vielmehr darum, dich darauf hinzuweisen, daß die Angst für unser Leben von Bedeutung ist und ihren eigenen Stellenwert besitzt. Natürlich gibt es unterschiedliche Ängste: Die Angst vor einer konkreten Situation ist etwas anderes als die Angst vor der Zukunft oder die Angst, eine Aufgabe nicht zu bewältigen. Existenzangst ist wieder etwas anderes als die Angst vor Krankheit und Schmerzen, die Angst vor dem Sterben.

Es ist völlig natürlich, diese verschiedenen Ängste zu haben, also kein Zeichen von Schwäche oder gar ›Lebensuntüchtigkeit‹. Wichtig ist vor allem, wie du mit der Angst umgehst. Zunächst einmal solltest du vor dir selbst zugeben: »Ja, ich habe jetzt Angst.« Schon dieser erste Schritt fällt den meisten sehr schwer, weil Angst ein Tabuthema ist; man spricht nicht über sie. Jeder kennt sie, jeder weiß, daß es sie gibt, aber keiner will offen aussprechen, daß er sie empfindet. Du wirst feststellen, daß es bereits erleichtert, wenn du dir selbst eingestehst: »Ich habe jetzt Angst.« Damit weichst du ihr nicht aus, sondern erkennst diesen normalen seelischen Vorgang an.

Der zweite Schritt ist dann, die Angst zu betrachten. Du schaust sie dir an und beginnst sie zu erforschen. Du gehst deiner Angst mit interessierter Aufmerksamkeit auf den Grund. Dieser zweite Schritt ist deshalb nicht ganz einfach, weil wir üblicherweise keine Zeit haben. Natürlich gibt es Situationen – etwa eine

Konferenz, etwa eine Arbeit mit Termindruck –, die keine Muße für diese Innenschau zulassen. Dann wirst du bestimmt des öfteren glauben, keine Zeit zu haben, da du gewohnt bist, über deine Empfindungen stets mit Aktivität hinwegzugehen. Du solltest jedoch nie denken, Ängste wären unwichtig und deshalb am besten gar nicht zu beachten.

Ängste sind immer wichtig, denn die Seele möchte uns durch sie etwas sagen. Die Sprache der Seele ist von Bedeutung für unser Leben. Es sollte deshalb täglich genügend Zeit sein – Zeit, die du dir selbst widmest, in der du die Seele zu dir sprechen läßt. Du mußt dir diese Zeit einfach nehmen, abends vielleicht, vielleicht auch morgens vor dem Aufstehen. Ich weiß, du sagtest, du seist abends todmüde, bräuchtest auch Zeit für dein Hobby, und morgens sei die Zeit auch zu knapp bemessen. Außerdem ständest du immer unter Zeitdruck. Ich kann dir nur antworten: Du solltest dir trotzdem diese Zeit zur Selbstbetrachtung nehmen. Organisiere deinen Tag neu, damit du diese Zeit für dich haben wirst.

Wenn du nicht stillsitzen kannst, um dich zur Selbstbetrachtung in dich zu versenken, dann mache einen Spaziergang in der Natur – allein. Ein Spaziergang mit anderen bringt nichts, weil dann geredet wird und deine Seele nicht wirklich still werden kann, denn Gespräche sind verbale Kommunikation und beschäftigen viel zu sehr das Gehirn.

Du sagtest, du könntest dich auch mit einem Freund zu einem Gespräch treffen, um über deine Gefühle zu reden. Es ist gut, daß du einen solchen Freund hast, mit dem du darüber reden kannst. Erhalte dir diese Gespräche, aber sie ersetzen nicht, daß du deine Angst betrachtest und ihr auf den Grund gehst. Diese Zwiesprache zwischen deinem Seelischen und deinem Selbst ist durch nichts anderes zu ersetzen.

Du siehst, ich referiere nicht wissenschaftlich über die Angst. Wissenschaftlich fundierte Erkenntnisse sprächen nur deinen Intellekt an, und diese Erkenntnisse würdest du als Informationen im Gedächtnis speichern, würdest sie letztendlich annehmen, ablehnen oder als ›interessant‹ bezeichnen – und würdest dich über den Intellekt davon distanzieren. Es geht hier aber nicht um wissenschaftliche Begriffe, die du erlernen und einordnen sollst, sondern es geht hier um deine ganz persönlich empfundene Angst. Du kannst sie nicht erfassen, indem wir allgemein über Angst diskutieren.

Es ist deine subjektive Angst. Du weichst ihr nicht aus, sondern beginnst sie zu erforschen. Wie fühlt sie sich an? Nicht ich sage dir, wie sie sich bei den anderen ausdrückt, sondern du selbst fühlst sie in dir. Es ist deine eigene Angst, und du gehst ihr jetzt auf den Grund.

Die Angst sagt dir: Da gibt es ›etwas‹, was dich ängstigt. Die Angst hat eine Ursache. Es ist da etwas, das dir unheimlich vorkommt, etwas, das du nicht klar genug siehst, oder etwas, das dich bedrohen könnte. Du wirst feststellen, daß dein Denken und die Realität auseinanderklaffen. Ich gebrauche jetzt nur ein Beispiel: Du möchtest diesen Job annehmen, weil du dann mehr Geld verdienst. Aber beim Vorstellungsgespräch fühltest du dich in der Gegenwart deines späteren Chefs äußerst unwohl. Du spürtest, daß du mit seiner Mentalität nicht zurechtkommen wirst. Dir wird klar, daß du auf einige Fragen ausweichende Antworten erhalten hast. Du willst diesen Job, aber du hast Angst, daß es schiefgehen wird. Es ›stimmt‹ etwas nicht. Die Angst warnt dich. Du wirst dir also Gewißheit verschaffen und diese klärenden Fragen noch stellen. Nicht die Angst soll niedergerungen und überwunden werden, sondern das, was dir Angst macht, sollte noch geklärt werden. Mutig ist nicht derjenige, der die Angst nicht beachtet (er ist eher dumm), sondern mutig ist derjenige, der seiner Angst auf den Grund geht und alles betrachtet, was damit zusammenhängt, um dann die weiterführenden Fragen zu stellen, um sich mehr Gewißheit zu verschaffen. Es ist mutig, die Realität so zu sehen, wie sie ist, sie also nicht zu schönen.

Wenn wir mit einem Bild leben, wie die Realität sein sollte, dann korrigiert die Angst. Das Denken konstruiert sich eine eigene Wirklichkeit, projiziert Vorstellungen, Wünsche und Ideen.

Die Seele ist viel näher an der Realität; sie reagiert mit der Angst, die dir sagt, du mußt die Realität nochmals ins Auge fassen. Die Angst taucht auch dann auf, wenn etwas nicht so ist, wie du es dir wünschst. Du wünschst dir beispielsweise, daß dich diese Frau, die du heiraten möchtest, liebt. Deine Seele registriert aber Anzeichen dafür, daß sie dich nicht liebt. Die Folge ist das Aufkommen der Angst. Während eines Essens im Restaurant hast du plötzlich einen unerklärlichen Druck auf der Brust. Das ist ein psychosomatisches Symptom der Angst – du meinst, von ihr nicht geliebt zu werden. Wenn du dieser Angst auf den Grund gehst, erwächst dir die Kraft und Klarheit, die Wirklichkeit noch schärfer zu beobachten. Die Angstreaktion deiner Seele ist also nicht dein Feind, sondern dein hilfreicher Freund.

Zweites Kapitel

Macht, Ohnmacht und Reife des Ich

Wie du weißt, halte ich viel von Individualität und einer authentischen Lebensauffassung. Dabei übersehe ich keineswegs, daß wir nicht alleine auf dieser Welt sind, sondern in sozialen Umfeldern leben, in Partnerschaften, in beruflichen Teamgemeinschaften und in einer Gesellschaft, wie immer sich auch ihre politische Zielsetzung und ihre soziale Ausstrahlung darstellen mag.

Wenn sich zwei Menschen begegnen, dann begegnen sie sich oft nicht als Individuum, das respektiert und toleriert wird, sondern sie messen sich gegenseitig. Wir sind konditioniert, beim Kontakt mit einem anderen in Konkurrenz zu treten. Ich will etwas von ihm, und er will etwas von mir. Wir vergleichen uns gegenseitig. Was kann er besser? Was kann er nicht? Wo ist er stärker, wo bin ich stärker? Es geht um Überlegenheit und Unterlegenheit. Das ist ein Vorgang, der in alle unsere Kontaktbeziehungen hineinspielt. Wir müssen uns also damit befassen und Klarheit darüber erlangen. Es geht hierbei auch um die Angst und natürlich auch um die Ich-Stärke, um Macht und Ohnmacht und auch um die Autoritätsfrage.

Wir wollen gemeinsam diese Fragen lösen, um aus allen Konflikten, die damit verbunden sind, herauszukommen. Willst du Macht haben? Ich weiß, du bist kein Machtmensch, vergleichbar etwa einem Politiker, der nach gesellschaftlichem Einfluß strebt. Aber damit ist das Problem nicht gelöst. Es geht um den ganz normalen Kontakt im Privatbereich, im Beruf und um deine Einstellung zu dir selbst. Das Problem ist sehr umfassend, aber es ist nicht so kompliziert, wie es auf den ersten Blick erscheint.

Wir kommen zurück auf dein Selbst. Du möchtest anerkannt

werden von deinen Mitmenschen als derjenige, der du bist. Der andere möchte das auch. Bei einer ersten Begegnung tastet ihr euch dann gegenseitig ab: Was macht er beruflich, welche Ausbildung hat er, aus welcher Familie stammt er, wieviel Geld verdient er, was besitzt er? Diese Fragen erscheinen dir ganz natürlich. Was steckt psychologisch dahinter? Wir vergleichen mit mehreren Wertmaßstäben wie Bildung, Einkommen, Vermögen, gesellschaftlicher Stellung und Einfluß. Das erscheint dir ganz normal, denn du bist von Kindheit an nichts anderes gewohnt; dieses Vergleichen ist dir in Fleisch und Blut übergegangen. Wer ist der andere im Vergleich zu dir? Wo steht er, wo du? Was leistet er, was leistest du? Schließlich leben wir in einer Konkurrenz- und Leistungsgesellschaft. Und so meßt ihr während eines Kontakts sozusagen eure Kräfte und Werte.

Die Werte, die dabei eine Rolle spielen, sagen sehr viel aus. Nach welchen Werten wird gemessen? Es sind politische, religiöse, berufliche, kulturelle, finanzielle, statusorientierte, intellektuelle, körperliche und ästhetische Werte. Du bist gefangen in diesem Wertesystem, ordnest dich selbst und die anderen darin ein. Der Vergleich ist also die Ursache für alle Probleme, Konflikte und Ängste im Umgang mit den Mitmenschen. Wenn dieser Vergleich nicht wäre, könnten wir uns so nehmen, wie wir sind.

Der Vergleich in einem Wertesystem, der als Maßstab zugrunde liegt, führt zu der Abschätzung von Überlegenheit oder Unterlegenheit, also von Stärke oder Schwäche. Stärke ist angenehm, Schwäche macht angst – womit wir wieder bei der Angst sind. Ein Leben in einer Gesellschaft, die den Vergleich verinnerlicht hat, ist ohne Angst nicht möglich. Die Angst gehört jeden Moment dazu. Du siehst also, wie töricht es ist, von der Angst nichts wissen zu wollen. Du mußt dich damit befassen, wenn du deine inneren Mauern einreißen willst.

Es fällt dir schwer, den Ausweg zu finden. Ich weiß. Du willst ihn aber finden. Du willst ein für allemal da heraus, denn du willst dich selbst und deinen Weg finden und mit dir selbst im Einklang, willst dein Ich leben. Also mußt du den Vergleich fallenlassen.

Wenn du selbst nicht mehr vergleichst und dich nicht mehr dem Vergleich in deiner Einstellung auslieferst, bist du draußen, dann bist du in der Freiheit. Die Macht spielt dann keine Rolle mehr. Du hast die Angst hinter dir gelassen, weil du nicht mehr auf deine Überlegenheit oder die des anderen fixiert bist. Du betrittst Neuland. Dieses Fallenlassen des Vergleichs macht alles neu. Du siehst dich selbst und die anderen mit frischen Augen. Es gibt keine Diskussion mehr über Bewertungen. Ich weiß nicht, ob du mir in letzter Konsequenz gefolgt bist. Wenn du denkst, daß der andere ja immer noch mehr hat, dieses oder jenes besser kann als du, daß er etwas besitzt, das du auch haben willst, dann hast du nicht erkannt, was ich dir sagen wollte. Die Angst wird dir zeigen, sie wird dich darauf hinweisen, wird dir sagen, daß du immer noch vergleichst. Solange du vergleichst, entsteht wieder und wieder Angst, bist du nicht in Freiheit.

Das alles sagt nichts gegen Kompetenz. Wer etwas weiß, was der andere nicht weiß, der hat eben fachliche Kompetenz. Wenn du beispielsweise durch Paris schlenderst, und deine Freundin kann Französisch, du aber nicht, dann wird sie sich natürlich in der Landessprache nach dem Weg erkundigen. Das ist ganz normal. Wenn sie sich dabei allerdings darüber lustig macht, daß du die französische Sprache nicht beherrschst, bringt sie das Werteproblem hinein. Du kannst dann mit Angst reagieren und dich rechtfertigen oder jeglichen Vergleich zwischen euch nicht gelten lassen. Du läßt ihr die Kompetenz, und deine Beziehung bleibt davon wertfrei unangetastet. Du brauchst kein Autoritätsgerangel. Wenn sie allerdings dieses Gerangel sucht, dann zeigt sie ihre Unfreiheit und Unreife. Hast du nun Angst, sie zu verlieren, weil sie in diesem Moment mehr Kompetenz und Autorität besitzt? Wehrst du dich? Wenn ja, lieferst du dich dem Werteproblem aus. Wenn du vergleichst oder wenn du verglichen wirst, dann ist keine Liebe da. Wenn du eine Fähigkeit oder eine Fertigkeit besitzt, hast du Kompetenz, nicht mehr und nicht weniger. Dieser Teil von dir sagt nichts über das Ganze.

Es gibt eine Dimension in unserer Seele, die alles vereint und alles anders macht als der Verstand mit seinen konstruierten Bildern: die Liebe. Wenn du liebst, vergleichst du nicht mehr. Es ist alles an seinem Platz. Es gibt keine Überlegenheit oder Unterlegenheit. Es gibt dann weder Macht noch Ohnmacht, Schwäche oder Stärke. Die Liebe ist voller Aufmerksamkeit und Achtung für das, was ist, nicht für das, wie es sein sollte oder könnte …

Verbale Aggression ist Körperverletzung

Das Autoritätsproblem ist für dich nach meinen bisherigen Aussagen nicht einfach vom Tisch. Selbstverständlich versicherst du mir, daß du über andere keine Macht ausüben willst und dich gegen jegliche Machtausübung anderer (dir gegenüber) zur Wehr setzen wirst. Das ist ein guter Vorsatz. Aber ist er auch Realität?

Wir dürfen Ich-Stärke nicht mit Macht oder Autorität verwechseln. Wenn ich von der Stärkung des Ich spreche, dann meine ich keine Stärkedemonstration den anderen gegenüber, sondern eine Stärke, die sich entfaltet, wenn ich mein eigenes Ich so annehme, wie es ist, also auch, sobald sich Aggression in mir regt, die ich gegenüber anderen zum Ausdruck bringen möchte. Es spielen hier verschiedene Begriffe ineinander: Ich-Stärke, Macht, Autorität, Aggression und Gewalt. Die Gegenmerkmale sind folglich Ich-Schwäche, Unterwürfigkeit, Anpassung, Demut und Gewaltlosigkeit. Jeder dieser psychischen Merkmale ist sehr differenziert und könnte definiert werden. Ich möchte jedoch für solche Definitions-Wortspiele keine Zeit verschwenden, sondern möchte dich vielmehr anregen, deine eigenen Empfindungen zu erforschen.

Was geschieht in dir, wenn du aggressiv wirst? Es stellen sich dir Schwierigkeiten in den Weg, die dich frustrieren. Frustration erzeugt Aggression: Aus einer Enttäuschung heraus wirst du aggressiv. Du kannst diese Aggression ausdrücken oder unterdrücken. Wenn du sie zum Ausdruck bringst, dann wirkst du offen und selbstbewußt; wenn du sie unterdrückst, wirkst du angepaßt und depressiv. Aggression gegenüber anderen ist aber immer eine Form der Gewalt.

Es gibt keineswegs nur physische Gewalt, indem wir andere etwa schlagen, sie gar mit einer Waffe bedrohen. Viel häufiger ist die psychische Gewalt, und die wird juristisch nicht als eine Form der Körperverletzung erkannt. Da Psyche und Soma aber, wie bereits erwähnt, miteinander verbunden sind, hat geistig-psychische Gewalt automatisch Auswirkungen auf das Somatische. Psychisch-geistige Gewalt ist aufgrund unserer Psychosomatik also sehr wohl ›Körperverletzung‹.

Wenn ich dich mit verbaler Ironie angreife, bewege ich mich in einer Grauzone, die oft toleriert wird. Ich kann deine Kleidung kritisieren, dein Aussehen oder dir ungeschickte Wortwahl im Gespräch vorhalten. Ich kann dir bewußtmachen, daß du dieses oder jenes Fremdwort nicht kennst, kann deine Meinung über ein Thema der Lächerlichkeit preisgeben und rechthaberisch meine Meinung als die bessere darstellen. Das ist geistige Gewalt, die psychosomatische Auswirkungen hat. Ich kann dich kränken durch einen überheblichen Ton und verächtlich machende Gestik.

Das alles sind subtile Methoden der Gewalt mit den Folgen der psychosomatisch wirkenden Körperverletzung. Ich kränke dich und kann dich weiter kränken, indem ich dann sage, wenn ich deine Betroffenheit sehe: »Sei doch nicht so empfindlich.« Damit habe ich dich erneut gekränkt, also körperverletzt. Vielleicht bin ich dir nur verbal überlegen und mache dich ›mundtot‹, und du wirst immer stiller und kleinlauter, denn du fühlst dich schwach, und das ist dir peinlich. Keiner soll diese Schwäche bemerken. Ich kann all meine Intelligenz aufbieten, auf dich bezogen, es geschieht immer nach dem gleichen Prinzip: Ich bin intelligenter, ich weiß mehr, ich habe mehr Geld, ein größeres Haus, kenne einflußreiche Menschen, bin witziger, schlagfertiger, kreativer … So gehen wir alltäglich miteinander um. Ich möchte dir bewußtmachen: Wir gehen herzlos miteinander um.

Du wendest ein, das wäre kein gutes Benehmen, kein Takt, kein Stil und wäre deshalb primitiv. Dann schau dir die Menschen an, die aus ›guten Familien‹ kommen, die glauben, sie wüßten sich gut zu benehmen. Sie wissen vielleicht, wie man den italienischen Botschafter richtig anspricht oder einen englischen Lord tituliert, kennen demnach oberflächliche Regeln. Das sind aber alles nur Umgangsformen, die jeder lernen kann. Sie hindern sie nicht an herzlosem Benehmen durch verbale Ironie und süffisante Redewendungen. Durch Intellekt und Charme wird die Aggression der vergröberten Form in die subtilere verbale Form gekleidet. Sie bleibt aber, was sie ist: Körperverletzung.

Auf dem sogenannten ›gesellschaftlichen Parkett‹ drücken sich die Aggressionen ›feiner‹ aus, aber sie sind dadurch nicht verschwunden. Auf dem spirituellen Gebiet der Religionen ist es keineswegs anders. Die Dispute um die Gläubigkeit sind so banal alltäglich. Es wird darum gewetteifert, wer inbrünstiger glaubt, wer Jesus besser verstanden hat und gottgefälliger lebt. Der eine geht ins Kloster, um überlegener zu werden; der andere will Bischof werden oder Kardinal, um Gott näher zu sein. Einer geht in die Slums, um durch sein soziales Engagement zu beeindrukken; ein anderer zieht sich in eine Höhle zurück und entsagt dem Weltlichen, wieder ein anderer betet drei Stunden täglich und stiftet sein Vermögen der Kirche. Ein weiterer versucht die Lehre Christi neu auszulegen und Christus zu interpretieren. In Diskussionen wetteifern sie dann, wer Christus besser versteht. Es geht um Dokumentation der eigenen Stärke, selbst in diesen religiösen und moralischen Dingen. Nun könntest du sagen, die Menschen seien einfach so, weshalb wir nichts dagegen machen könnten.

Du kannst alles zu einem Wettbewerb machen, deine Intelligenz, dein Wissen, deinen Kunstverstand, die Religiosität, die soziale Einstellung, die Moral, das Gute, die Ästhetik. So können alle Gebiete des Denkens, der Psychologie und der Philosophie mit Aggression und Gewalt zersetzt werden. Es wird Angst erzeugt und der andere an die Wand gedrückt. Alles, aber wirklich alles, auch das anscheinend Sozialste, kann zu einem Machtfaktor werden.

Um Gewalt auszuüben, muß der andere dazu bereit sein, muß er Mitspieler sein. Du kannst deshalb jede Gewaltausübung gegenüber deiner Person unterbinden, wenn du nicht mitspielst, jedoch nicht im Sinne eines Spielverderbers, der beleidigt das Spielfeld zerstört (denn auch das ist Gewalt).

Du kannst dich auf dich selbst beziehen und deine eigene Aggression und Gewalt erkennen. Die Gewaltfreiheit ist dann kein Ideal. Du erforschst die Aggressionen in dir. Indem du dich selbst erkennst, erkennst du auch die anderen. Durch diese tiefe Erkenntnis verliert jede Macht ihre Bedeutung, und die psychosomatische Reaktion der Kränkung wird unterbrochen.

Sexuelle Macht und sexuelle Ohnmacht

Wir haben gemeinsam betrachtet, welch elementare Bedeutung die Ängste als psychisches Phänomen in unserer Selbsterkenntnis haben. Vergleichbar psychisch elementar sind Aggressionen und die damit verbundene Gewaltausübung. Mit diesen Erfahrungen hängt unsere Meinung von Macht und Ohnmacht zusammen. Unsere gesamte Kommunikation ist durchsetzt vom Leistungs- und Konkurrenzprinzip. Es ist einem marktwirtschaftlichen Gesellschaftssystem immanent; alle Bereiche unserer existentiellen Entfaltung werden davon durchdrungen. Ich muß die gesellschaftlichen Einflüsse so betonen, weil du dich auf den Weg der Selbstfindung gemacht hast. Wir können das gesellschaftliche Umfeld nicht einfach ignorieren. Selbstfindung heißt ja nicht, sich zu separieren, also so zu tun, als wäre man eine Insel in diesem Gesamtgefüge. Du lebst nun einmal als Individuum in einem Kommunikations- und Beziehungsgeflecht mit anderen. Ich weiß, du selbst strebst keine Macht an. Doch wie steht es mit den Menschen, mit denen du täglich direkt oder indirekt zu tun hast? Indem du für dich Machtausübung ablehnst, ist die Machtproblematik, die dich umgibt – denn das ist Realität –, nicht beseitigt. Die Aggression und das Überlegenheitsbedürfnis der anderen bedrängen dich nach wie vor. Nicht einmal im Bereich der Partnerschaft und der Liebe wirst du davon verschont.

Die Liebe ist von großer Bedeutung für das Lebensglück. Deshalb werden wir mit diesem seelischen Phänomen auch tagtäglich konfrontiert. Da sind die Religionsgemeinschaften, die ständig die praktizierende Liebe predigen, da sind die elektronischen und die Printmedien, in denen ohne Unterlaß von der

Liebe gesprochen und geschrieben wird. Die Liebe ist auf allen Kanälen und in allen Gazetten zu jeder Tages- und Nachtzeit ein Thema. Und damit verbunden auch die Sexualität.

Wenn du die Dimension der Liebe betrittst, glaubst du vielleicht, die elementaren Probleme der Angst, der Aggression, der Macht wie der Ohnmacht verlassen zu können. Aber jede, auch deine Liebesbeziehung ist davon durchdrungen, ebenso wie die Sexualität. In der Liebe zwischen den Geschlechtern ist die Sexualität eine sehr wichtige Realität. Insgesamt hat die Sexualität große Bedeutung erlangt, wobei die Liebe oft dahinter zurücktritt.

Du liebst mit deiner ganzen Persönlichkeit, mit deiner Seele, deinem Geist, deinem Körper. Die Körperfunktion des sexuellen Kontakts ist ziemlich einfach. Rein biologisch ist daran nichts Kompliziertes zu entdecken. Die anatomischen und medizinischen Zusammenhänge sind eindeutig. Wir wollen aber in unsere gemeinsame Betrachtung auch den Geist und die Psyche mit einbeziehen. Also gelangen wir wieder zur Angst, zur Aggression und zu den Problemen Macht, Anpassung und Ohnmacht. Kaum eine Liebesbeziehung ist frei davon.

Die Liebe selbst, so wie ich sie in meinem Buch *Die Liebe* beschrieben habe, ist davon unabhängig. Das Wesen der Liebe aber ist das eine, dein Verhalten als Liebender, als sexuelle Persönlichkeit, ist das andere. In unser sexuelles Verhalten fließen unser Geist und unsere psychische Struktur mit ein.

Also geht es auch in der Sexualität, als Ausdrucksfeld der heterosexuellen Liebe, um Macht und Ohnmacht. Das sexuelle Lustgefühl ist damit verbunden. Deshalb ist sexuelle Liebe – besser sexuelles Verhalten – nicht nur Zärtlichkeit, Geben, Aufgeben, Verströmen des eigenen Seins, Aufgehen im anderen, verbunden mit Aufmerksamkeit und Respekt.

Wir leben in dem Spannungsverhältnis von Macht und Ohnmacht, von Autorität und Anpassung. Auch die Sexualität bleibt leider nicht frei davon. Der Kampf um Macht und Anpassung durchdringt jede Berührung. So wird Liebe zu einem Machtspiel, und damit ebenso die Sexualität. Es geht auch hier um Aggression und Gegenaggression, es geht um Überlegenheit und Unterlegenheit, um Geben und Nehmen, um Beherrschung und Unterdrükkung. Das alles ist mit sexuellen Empfindungen verknüpft. Wenn du andere beherrschen willst, dann kommt das in der elementaren Dimension der Sexualität zum Ausdruck. Vielleicht bist du im Beruf der angespannte Unterdrückte; dann willst du deine Partnerin sexuell unterdrücken und Macht über sie ausleben. Vielleicht bist du im Beruf der Überlegene mit großen Machtkompetenzen; dann genießt du es, daß in der Sexualität über dich Macht ausgeübt wird, und du bist bereit, dich zu fügen und unterzuordnen. Unterwerfung und Dominanz, diese beiden Verhaltensweisen spielen in der sexuellen Lustgewinnung eine große Rolle. Allerdings: Wer sexuellen Lustgewinn aus der Unterwerfung bezieht, wird als ›masochistisch‹ bezeichnet, und wer sexuellen Lustgewinn aus der Dominanz gewinnt, gilt als ›sadistisch‹. Du siehst, wir müssen uns mit der Psyche viel eingehender befassen, jeder für sich mit seiner Psyche, denn wir nehmen ja unsere Sexualität und das sexuelle Glück, das wir erfahren, sehr wichtig; manche sagen, viel zu wichtig.

Du kannst dich auch in deiner Sexualität erkennen. Deine sexuelle Stimulanz sagt dir, wer du bist, aber auch die Lust des anderen sagt dir, wer sie (er) ist. Aber auch das ist nicht einfach zu schablonisieren. Wer sich sexuell gerne unterordnet, ist nicht frei von Machtbestrebungen, und wer gerne dominant sexuell agiert, ist nicht zwangsläufig ein Machtmensch. Dominanz bedeutet auch nicht zwangsläufig Sadismus und Anpassung oder Unterordnung nicht Masochismus.

Wir sind Geprägte dieser Gesellschaft. Geformte eines breiten Erziehungsmusters, Individuen, denen verschiedenste Verhaltensmuster und -weisen in einem komplexen Kontext begegnen. Wir sind Gestörte und Geschädigte. Wir können nicht frei umgehen mit unserer Angst, mit der Dominanz und der Unterordnung. Wir beziehen deshalb auch Lustgefühle aus einer neurotischen Haltung. So werden Dominanz und Unterwürfigkeit zu einem sexuellen Problem. Das sexuelle Lustgefühl geht fatale Verbindungen ein, und die Sexualität löst sich von der Liebe ab.

Psychologisch gesehen ist Liebe etwas ganz Eindeutiges und Klares; sie ist Aufmerksamkeit und Sensitivität. Die Sexualität aber ist nicht nur körperlicher Vollzug dieser Offenheit, denn sie bringt die ganze Problematik unserer Struktur mit ein. Unsere Sexualität offenbart seelische Deformationen viel deutlicher als das Gespräch (sofern wir uns öffnen). Aber auch im elementaren Bereich der körperlichen Entfaltung hält uns das Denken oft zurück, und nicht einmal das, was uns Lust macht, können wir offen ausdrücken. Dabei arbeiten die Phantasien im geheimen. Daraus ergibt sich folgendes Idealbild: Wenn wir über unsere Phantasie reden und dann sogar in Handlung umsetzen, dann werden wir uns selbst erkennen und erkannt werden. Auch das ist Entfaltung von Ich-Stärke und Subjektivität.

Die Einfachheit und das Glück

Vor einiger Zeit schickte mir ein Leser ein Märchen zu, das er selbst verfaßt hatte. Es ist ein Gleichnis für unsere Suche nach Status, Glück und Liebe. Ich bat den Leser darum, es veröffentlichen zu dürfen. Er gab mir die Erlaubnis, möchte aber nicht namentlich als Autor genannt werden. Möge dieses Märchen in dir etwas berühren und zum Klingen bringen.

»Es war einmal ein Bauernbursche. Sein Vater war sehr streng und herrisch. Er verlangte viel, lobte nie, und selten konnte der Junge etwas recht machen. Seine Mutter war wohl eine gute Frau, mußte aber ihrem Mann auch folgen und starb früh. So hatte der Bauernbursche viel zu arbeiten und wenig zu lachen. Dadurch lernte er schon bald, bescheiden und ausdauernd seine vielen Pflichten zu erfüllen.

Eines Tages geschah es, daß er sich in eine Prinzessin verliebte. Zu seinem großen Glück wies die Prinzessin seine Liebe nicht ab. Sie sagte dem Bauernburschen zwar, daß er noch viel lernen müsse, um ihrem Stande einigermaßen zu entsprechen, aber das fürchtete er nicht, das war er von Jugend an gewohnt.

Von Stund an nahm er jede Belehrung und Kritik von seiner Prinzessin an, und nichts war ihm wichtiger, als ihre Aufgaben und Wünsche zu erfüllen. Da er sehr gelehrig war, lernte er schnell. Das war aber auch notwendig, denn seine Prinzessin war selten zufrieden und stellte immer höhere Ansprüche. Das ging lange Jahre gut, und der Bauernsohn konnte sich nichts Schöneres denken, als seiner Prinzessin alle Wünsche zu erfüllen. Mehr noch, denn sehr oft erriet er ihre Wünsche schon im voraus.

So kam eine Zeit, da wußte die Prinzessin nicht mehr, was sie sich wünschen konnte, weil sie schon alles hatte. Der Bauernsohn freute sich und glaubte, daß es ihm jetzt gelungen war, die Prinzessin wunschlos glücklich gemacht zu haben. Das war sein einziges Ziel gewesen, und ein größeres Glück konnte er sich nicht vorstellen.

Das merkte die Prinzessin wohl, aber dieses Glück gönnte sie dem Bauernsohn nicht. Sie fürchtete, daß er dann nicht mehr ihr Diener sei. Sie wollte nicht einfach nur glücklich sein. Zu ihrem Glück gehörten auch das Befehlen und das Herrschen. Das machte sie unzufrieden.

Der Bauernsohn konnte ihr immer weniger recht machen. Sein guter Wille ermüdete aber nicht, und er liebte sie noch mehr. Doch es kam eine schwere Zeit für ihn, denn sie fand an allem, was er ihr zuliebe tat, etwas auszusetzen. So wünschte sie sich einmal viele schöne Rosen, und der Bauernbursche ging und suchte ihr die schönsten roten Rosen. Strahlend vor Freude brachte er ihr die üppige Blumenpracht. Sie prüfte die Rosen kritisch; dabei kratzte sie sich an den Dornen. Voll Entsetzen und Groll warf sie ihm die Blumen vor die Füße und schimpfte, er wolle sie mit den Dornen verletzen. Der Freude beraubt und traurig, schlich sich der Bauernsohn davon. Aber nicht lange, dann machte er sich erneut auf die Suche nach Rosen. Diesmal entfernte er sorgfältig alle Dornen, um zu beweisen, daß er seine Prinzessin liebte und sie nicht verletzen wollte. Inzwischen hatte sich auch der Zorn der Prinzessin gelegt; sie prüfte die Blumen und meinte verächtlich: ›Das sollen Rosen sein? Sie haben ja nicht einmal Dornen! Willst du mich zum Narren halten?‹ So oder so ging es oft. Das machte den Bauernsohn manchmal sehr müde und fast mutlos.

Ein andermal meinte sie, er solle als Liebhaber Neues lernen und er solle doch bei anderen Frauen versuchen, mehr Liebeskünste zu erfahren. Das war eine große Aufgabe, weil er doch nur die Prinzessin liebte. Bald darauf begegnete er einer Frau, die gerne bereit war, ihn diese Künste zu lehren. Um seiner Prinzessin auch diesen Wunsch zu erfüllen, willigte der Bauernsohn schweren Herzens ein. Schnell fand er Freude an dieser Lehre.

In der sicheren Überzeugung, jetzt auch noch das Letzte gelernt zu haben, um seine Angebetete endlich ganz glücklich zu machen und das neu Erlebte mit ihr gemeinsam zur edlen Blüte, zur großen Einheit, zur reinsten Vollkommenheit reifen zu lassen, kehrte er nach kurzer Zeit zu seiner Prinzessin zurück. Sie war eifersüchtig, entsetzt, unterstellte ihm Untreue und hörte nicht mehr auf, ihn zu bestrafen. Sie verweigerte ihm ihre ohnehin schon knapp bemessene Liebe. Statt dessen lockte die Prinzessin durch die Hintertüre vorbeiziehende Wandergesellen herein und überschüttete diese mit einer Gunst, deren sie den Bauernsohn sein ganzes Leben lang nicht für würdig erachtet hatte.

Einmal trieb sie es mit einem Wandersmann so wild, daß ihre Kleider zerrissen. Da erkannte der Bauernsohn, daß in den königlichen Gewändern keine Prinzessin, sondern nur eine Küchenmagd verborgen war. Weil der gute Bauernsohn aber die ganze Zeit ja ihr Inneres, ihr Herz, gesucht und geliebt hatte, liebte er sie weiterhin – eigentlich noch mehr –, auch als Küchenmagd. Das wollte sie aber nicht. Daher zog sie erst recht die Wandergesellen vor, die für kurze Zeit die Behaglichkeit ihrer Stube schätzten und die Lust und Wärme ihres Bettes suchten, um ihr dafür die Illusion einer Prinzessin zu lassen. Der Bauernsohn aber war sehr lange Zeit rat- und hilflos und oft zu Tode betrübt. Da endlich spürte er in seiner Brust etwas Neues, ganz Unvorstellbares wachsen. So ein großes, gutes, erhabenes, königliches Gefühl. Der einfache Mann konnte es nicht glauben und war fast erschrocken darüber. Doch es entwickelte sich weiter und weiter. Mit der Zeit wurde es ihm immer bewußter, daß er, der Bauernsohn von früher, im Inneren immer mehr ein König wurde. Zugleich wuchs auch ein Königreich mit – so groß, daß es die Grenzen der Erde bei weitem überstieg. Und doch ist alles ganz still in seinem Herzen verborgen und behütet. Da er immer noch lebt, wachsen König und Reich dauernd weiter und könnten des öfteren fast seine Brust sprengen. Wer aufmerksam und guten Willens ist, sieht bei ihm manchmal das Leuchten in seinem Inneren durchscheinen.«

Da sie nicht gestorben sind, leben sie heute noch. Wenn du mit dem Herzen verstanden hast, erübrigt sich jede weitere Interpretation. Wir wollen das Märchen deshalb nicht psychologisch analysieren und diskutieren, um seine Schönheit und Wahrheit nicht anzutasten.

Sexualität und Persönlichkeitsstruktur

In dein sexuelles Verhalten fließt die gesamte Persönlichkeitsstruktur mit ein, deine Ängste, deine Aggressionen und natürlich auch deine Sensitivität. Eine Behandlung von sexuellen Störungen ist deshalb nicht ohne Psychologie möglich.

Die häufigsten sexuellen Störungen sind Impotenz und Frigidität. Neben den seltenen rein organischen Ursachen dafür sind meist psychisch-geistige Ursachen verantwortlich zu machen. Für Sexualstörungen sind jedoch die Mediziner zuständig. Der Mediziner aber hat gelernt, nur Organisches zu sehen und Psychisch-Geistiges in den Bereich des Nebulösen und Unwissenschaftlichen zu schieben. Das nur nebenbei bemerkt, denn Impotenz ist für dich kein Thema. Oder vielleicht doch? Du hast mir erzählt, daß deine sexuelle Begierde nachließe, wenn du mit einer Frau eine feste Beziehung eingingest. Du hast gesagt, daß dann die ›sexuelle Spannung‹ nachließe, weil sich eine Art ›Gewöhnungsprozeß‹ einstellt. Und damit sind wir wieder mitten im Thema Selbstentfaltung.

Es herrscht allgemein die Auffassung, daß Liebe und sexuelles Begehren im Laufe der Zeit nachließen. Du kannst mit deinen Freunden und Bekannten das Thema ansprechen, und du wirst in überwiegender Mehrheit feststellen, daß folgendes die übliche Meinung ist: Zuerst kommt die Verliebtheit – ein besonders intensiver Zustand der gegenseitigen Anziehung –, dann geht diese über in Liebe – eine Vertiefung der Gefühle, auch der sexuellen –, dann entsteht eine Partnerschaft oder Beziehung, und danach läßt die sexuelle Intensität sporadisch mehr und mehr nach. Durch die Gewohnheit stellt sich sexuelles Desinteresse ein oder auch Lethargie oder zeitweise Impotenz und Frigidität. Es gilt als allgemeine Binsenwahrheit, daß das sexuell erlebte Hochgefühl nachläßt, weil sich ›der Alltag‹ einstellt und sich die Sexualität nach und nach ›abschleift‹. Man äußert in Gesprächen, daß das normal und der übliche Gang der Dinge sei, weshalb man sich damit abfinden müsse.

Die sexuelle Entfaltung der Liebe unterliegt nach dieser gängigen Meinung einem Prozeß, der unabänderlich ist: Verliebtheit, Liebe, Beziehung, Lebens- und Wirtschaftsgemeinschaft, Niedergang der sexuellen Anziehung. Du kennst diese Argumentationskette aus eigenen Gesprächen mit Freunden und Bekannten. So denken fast alle, Männer wie Frauen. Der sexuelle Reiz liegt dann im Seitensprung. Hier aktivieren sich wieder alle Energien für das Neue. Das Alte ist reizlos geworden, und das Neue aktiviert unsere Sinne. Das ist die Realität. Wir wollen nun beide erforschen, welche Ursachen dafür zuständig sind.

Diese Thematik ist sehr interessant und exemplarisch. Wir müssen uns damit befassen und fragen, ob das wirklich normal und natürlich ist. Wenn du dich selbst kennenlernen willst, dann hat diese Thematik eine Bedeutung. Willst du das nicht, weil es dir genügt, nachzureden, was die anderen sagen, dann machst du es dir bequem. Wenn du dich nicht weiter damit befassen willst, dann lebst du so weiter wie bisher, dann willst du nicht tiefer eindringen in die Struktur deines Seins. Die meisten Menschen wollen sich nicht tiefer damit befassen. Es geht ihnen um die oberflächlichen Dinge wie Erfolg, Konsum und materiell sichtbaren Status; sie wollen nicht wissen, wer sie wirklich sind und was es heißt, zu leben. Sie haben, so meinen sie, die Antwort bereits in den materiellen Werten gefunden: Ich habe, ich besitze, ich werde bekommen, ich plane und baue auf.

In der Liebe aber kannst du nichts besitzen und planen. Wir gehen Beziehungen ein, Wirtschafts- und Lebensgemeinschaften, weil wir dann rational planen und etwas in Besitz nehmen können. Das ist alles so verständlich. Aber die Sexualität bleibt auf der Strecke. Du baust ein Haus, du planst zwei Kinder ein, du willst dein Leben mit deiner Frau teilen.

Dabei müssen wir aber viel Erfolg haben, um finanziell abgesichert zu sein, so daß wir uns die Sexualität und ihre Entfaltung nur ›nebenbei‹ erlauben können. Ich schildere nur, wie es abläuft; ich sage damit nicht, es ist befriedigend und erfüllend. Du selbst sagst mir immer wieder, wie du die Normalität siehst – alles andere sei Utopie. Wir stehen also zwischen der Normalität des Üblichen und der Utopie, der Möglichkeit, wie es anders sein könnte. Gibt es sexuelle Erfüllung und liebende Bereitschaft mit einem Partner in einer Beziehung und Lebensgemeinschaft? Kann die sexuelle Intensität erhalten werden? Oder ist Abstumpfung die Folge jeder Beziehung? Muß es zwangsläufig zu Desinteresse und dem Nachlassen der sexuellen Anziehung kommen? Führt kein Weg daran vorbei, weil das der Lauf der Dinge ist? Ist alles andere eine ›Utopie‹?

Das sind sehr wichtige Fragen, denn du wirst damit konfrontiert. Fragen, die kein wirkliches Ausweichen erlauben. Du kannst natürlich, um von der Beantwortung dieser Fragen abzulenken, ›Seitensprünge‹ übernehmen. Du kannst die Beantwortung auch vor dir her schieben – wenn du willst, bis zu deinem Tod. Gut, dann bleiben sie in deinem Leben für dich ungelöste Fragen. Oder willst du Liebe, Sexualität und Individualität verstehen und leben, bevor du stirbst? Willst du erkennen, wer du bist und was dein Leben ist? Willst du Liebe und Sexualität vereinen? Du solltest wissen, wie weit du gehen willst. Wir gehen gemeinsam und teilen unsere Gedanken. Ich möchte dich noch auf vieles hinweisen, dich bei der Hand nehmen, dir einiges zeigen. Dabei betrachten wir gemeinsam, vermitteln wir unsere Meinung, unser Wissen ohne den Anflug von Autorität.

Lebendiges ist immer neu

Warum geschieht dieser Vorgang der Abstumpfung immer wieder, obwohl er nicht zufriedenstellend ist? Wir gehen mit hohen Erwartungen in jede Partnerschaft, wollen aufgrund unserer Einstellung zur Liebe und zur Partnerschaft diese Frische, diese Zärtlichkeit und Glückseligkeit erhalten – und dennoch gelingt es den meisten Menschen nicht. Was ist die Ursache dafür? Warum machen wir alles Neue zu etwas Altem, das uns nicht mehr fasziniert? So muß die Frage gestellt werden, damit wir in der Beantwortung beginnen, uns selbst zu verstehen.

Die meisten Menschen stellen sich diese Frage nicht. Sie leben einfach drauflos, machen aus neu alt und legen das Alte dann enttäuscht und gelangweilt zur Seite. Wir sind es nicht anders gewohnt und haben nichts anderes gelernt. Hierbei kommt unser oberflächliches Konsumdenken zum Tragen, jenes Denken, das all unsere Lebensbereiche durchzieht, wie die Kleidung, die Wohnungseinrichtung, die Musik, die wir hören, die Bücher, die wir lesen – sofern wir überhaupt Bücher lesen –, und die Bilder, die wir uns an die Wände hängen. Die gesamte Unterhaltungs- und Kulturindustrie ist auf dieses Neue ausgerichtet. Es muß neu sein, ein neuer Sound, ein neuer Stil, eine neue Mode, eine neue Inszenierung, eine neue Philosophie. Das Neue, gerade aufgekommen, ist nach wenigen Monaten schon veraltet. Alles unterliegt der Mode, wird konsumiert und dann als veraltet weggeschoben. Jedes Halbjahr erscheint in den entsprechenden Magazinen eine Liste, was als ›in‹ und was als ›out‹ gilt. Die Macht dieser Einflüsse ist viel manipulierender, als du glaubst. Das Rad dreht sich immer schneller und mit ihr die Zeit, in der wir leben, eine Zeit, die vielen als immer knapper bemessen scheint. Dieses Konsumsystem hat seine eigene Strategie, die dich manipuliert. Du wehrst dich gegen das Wort ›Manipulation‹, denn es kränkt deine Selbstachtung, manipuliert zu sein. Aber jene Einflüsse der Moden überrollen und umspülen dich. Du läßt dich mitreißen von den neuen Reizen. All das ist sehr oberflächlich, aber dennoch offenbar äußerst reizvoll.

Du kannst in diesem Strom mitschwimmen, immer obenauf, als Fettauge, dann fühlst du dich immer ›up to date‹. Auf diese Weise kannst du jedem Konflikt aus dem Wege gehen. So kannst du in dem Karussell der Modernitäten eine Runde drehen und dann auf das nächste Karussell aufspringen. Das alles macht Spaß und erscheint voller Lebensfreude und deshalb sogar positiv.

Ich erhebe nicht den moralischen Zeigefinger, wenn ich behaupte, daß das nicht gesund ist, sondern krank macht. Ich bin kein Spielverderber, der dir Freude und Spaß vergällen will. Lass' mich vielmehr zurückkommen auf unsere zuvor gestellte Frage, weshalb wir Unbekanntes, Neues zu etwas Bekanntem, Vertrautem machen und dann die Lust und Freude daran verlieren, weswegen wir immer neue Reize brauchen.

Du kannst dich nach vorne stürzen, von einem Reiz zum anderen. Die Faszination des Neuen wird aber schnell vergehen, da der nächste Reiz schon auftaucht, der dich wieder fasziniert und der dir dann zwangsläufig wieder rasch veraltet erscheint. Ich behaupte daher: Es ist ein Zeichen von Ich-Schwäche, wenn wir nur nach den oberflächlichen Reizen schauen. Ich behaupte ferner: Du benötigst diese Reize gar nicht, da sie dich nur verwirren. Es ist kindisch, sich jedem neuen Reiz zuzuwenden und sich amüsieren zu lassen.

Du brauchst keine Unterhaltungsindustrie, die dir die neue Modewellen zum Konsum anbietet. Das alles ist nicht notwendig, wenn du dich wirklich ernsthaft mit dir selbst befaßt. Das bedeutet: Du beginnst, in ein Chaos zu blicken; zuerst ist alles voller Konflikte und Kontraste. Du schaust in deine eigene Unordnung, in ein scheinbar unentwirrbares Chaos, denn du lebst in einer reizüberfluteten Welt, die ihre Spuren in deinem Inneren hinterlassen hat.

Beginne dich selbst zu betrachten, deine Gefühle, deine Gedanken, deine Wünsche und Vorstellungen. Der innere See muß zur Ruhe kommen. Erst wenn eine große Ruhe in dir ist, eine umfassende Stille, kann der einzelne Tropfen wieder sichtbare Ringe auf dem Wasser auslösen.

Wir glauben, etwas Neues sei uns schon nach kurzer Zeit bekannt. Wir haben es integriert in ein Muster unseres Gedankenbildes; in unserem Denksystem ist es jetzt eingefügt; wir haben es etikettiert, strukturiert, verbalisiert, moralisiert, ästhetisiert und eingeordnet in politische, religiöse und sonstige Systeme; es ist strukturiert, katalogisiert und psychologisiert.

Du hast deine Partnerin in diesen Prozeß mit einbezogen. Du hast ihr die Lebendigkeit genommen und sie in einer Schublade archiviert. Aber alles Lebendige ist weiter lebendig. Jede Meinung, die du dir zurechtgelegt hast, ist eine Meinung von gestern, gehört der Vergangenheit an.

Du bist es also selbst, der das Neue alt macht. Dein Denken macht alles zum Bekannten. Für die Sinne dagegen, also die Sensitivität, ist alles im Augenblick frisch.

Erkennst du, was ich damit verständlich zu machen versuche? Du selbst verursachst diese tödlichen Muster durch dein Denken. Indem du aus dem Denken heraustrittst, stehst du inmitten des Lebens. Es geht um eine völlig andere Weise, zu leben.

Das Unbekannte machen wir reizlos

Die Sexualität ist ein Ausdrucksfeld deiner Liebe, sie ist jedoch nicht die Liebe selbst. Deshalb kann man durch Ausübung der Sexualität auch nicht die Liebe zurückholen, wenn sie nicht mehr vorhanden ist.

Die Menschen interessieren sich allgemein mehr für das Sexuelle als für die Liebe. Viele halten Sexualität für wichtiger als Liebe. Sie meinen, Sexualität wäre eine Voraussetzung dafür, daß Liebe existieren könnte, meinen, die Liebe würde sich durch sexuelle Lust automatisch einstellen. Das ist ein Irrtum. Ich erwähne das, weil wir darüber gesprochen haben, daß sich mit der Zeit das Interesse für den Partner ›abschleift‹ und daß das für den ganz normalen Lauf der Dinge gehalten wird, auch deshalb, weil wir es oft so erleben und weil es von Freunden und Bekannten im Gespräch bestätigt wird.

Es lohnt sich, bei diesem Thema noch etwas zu verweilen und die psychologischen Hintergründe für diesen Vorgang genauer zu betrachten. Wenn wir uns in einen anderen verlieben, dann ist er für uns noch ein Unbekannter, ein fremder Mensch. Erst nach und nach machen wir uns ein Bild von ihm. Wir erfassen ihn mit all unseren Sinnen und erfahren seine Individualität voller Aufmerksamkeit und Achtung. Aus dieser Sensitivität heraus entsteht die Verliebtheit. Weil der andere für uns neu ist und wir für ihn neu sind, hat die Begegnung diese Intensität. Alle unsere Sinne sind angespannt. Sie werden ›gereizt‹, und wir sind hellwach in unseren Beobachtungen. Auch unser Geist ist besonders klar, und die Gespräche sind spannend, denn wir wollen den anderen auch intellektuell abtasten – wir interessieren uns dafür, wie er denkt, welche Meinungen er hat, was er für richtig und falsch hält.

Wir diskutieren mit ihm, vergleichen seine Einstellungen und Lebensmaximen mit den unseren. Wir ermessen uns gegenseitig, suchen nach Stärken und Schwächen, die uns gefallen oder auch nicht gefallen, je nach unserer Persönlichkeitsstruktur. Wir, die wir in unserem Denken durch Erziehung, Religion und gesellschaftliche Stellung geprägt sind, wir sind neugierig darauf, in welchen Anschauungen der andere uns ähnlich ist, in welchen nicht.

Wenn wir als Paar zusammenfinden und eine Lebensgemeinschaft eingehen, dann wird uns der andere im Laufe der Zeit immer vertrauter. Wir wissen, wie er sich bewegt, was er in seiner Körpersprache ausdrückt und wie er über verschiedene Themen denkt. Je mehr wir den anderen kennen, desto schneller wissen wir, wie er sich verbal artikuliert und welche Meinungen er vertritt. Das zeigt sich beispielsweise in folgenden Redewendungen: »Du brauchst gar nichts weiter zu sagen, ich weiß, du denkst, was du jetzt sagen willst.« – »Das Thema brauchen wir gar nicht mehr anzuschneiden, wir sind sowieso anderer Meinung.«

Es erscheint dir vielleicht banal, daß ich das so ausführlich darstelle, denn du kennst es ja selbst, hast es in deinen Partnerschaften erlebt. Diese Illustration halte ich aber für notwendig, um dir bewußtzumachen, daß wir den anderen kennenlernen, ihn dann zu kennen glauben und uns schließlich ein klares Charakter- und Persönlichkeitsbild schaffen. Umgekehrt geschieht es genauso, denn von dir hat sich deine Partnerin auch eine Charakterschablone zurechtgelegt. Sie ›kennt‹ ›jede Regung‹ von dir, ›kennt‹ dich ›in- und auswendig‹.

Wenn du den anderen diagnostiziert hast und ihn so gut ›kennst‹, dann ist es verständlich, daß er langweiliger erscheint als zuvor, als in der Phase des Kennenlernens und der Verliebtheit. Derselbe Vorgang geschieht auch im körperlichen Bereich der Sexualität. Zuerst ist alles neu und spannend. Und nach und nach weißt du, wie der andere reagiert, was er mag und was ihn kaltläßt. Der sexuelle Vorgang ist dann immer mehr der gleiche, und es spielt sich eine sexuelle Verhaltensweise ein, die dir mehr und mehr vertraut wird. Es geschieht nichts Überraschendes mehr, sondern es läuft nach einem Muster ab, das sich eingespielt und bewährt hat.

Vor allem Frauen beklagen sich über das Verhalten ihrer Männer in meiner Praxis, beschweren sich darüber, daß ihre Partner nur an die eigene Befriedigung denken und auf das Ziel lossteuern, einen Orgasmus zu haben. Wenn aber nur das Ziel Orgasmus angestrebt wird, dann bleibt wenig Raum für Zärtlichkeit und erotische Phantasie, denn auch für die Sexualität gilt: Nicht das Ziel ist von Bedeutung, sondern der Weg.

Wenn wir das sexuelle Verhalten des anderen kennen, seine Einstellungen, seinen Charakter, seine intellektuellen Interessen und seine Art zu leben, dann wird er langweiliger, und das intensive Interesse nimmt ab. Dann sehen wir ihn nicht mehr mit frischem Blick, weil er bekannt erscheint. Ich betone erscheint, denn er erscheint uns bekannt, weil wir glauben, ihn zu kennen und ihn deshalb nicht mehr hellwach sehen. Unsere Sinne sind ihm gegenüber nicht mehr geschärft, sondern abgestumpft. Die Sensitivität verschwindet, der Reiz verblaßt, ja, er wird reizloser – und schließlich läßt er uns gänzlich kalt.

Ich möchte dir bewußtmachen, daß wir selbst dafür die Ursache gesetzt haben, wenn wir die Abstumpfung beklagen. Jener beklagenswerte Zustand, den wir resignierend oft mit Ironie und Zynismus zum Ausdruck bringen, ist von uns selbst verursacht. Der andere ist nicht reizloser geworden, sondern unsere Sensitivität und unsere Liebe haben nachgelassen.

Auch wenn deine Partnerin genauso reagiert, also gleichfalls dir gegenüber abgestumpft ist, du für sie reizlos geworden bist, so hat es keinen Sinn, bei ihr die Schuld zu suchen. Es geht jetzt um dich, um deine Selbsterkenntnis. Gewinne deine eigene Selbsterkenntnis, dann verstehst du auch deine Partnerin besser und kannst ihr darüber etwas mitteilen. Das psychologische Grundproblem liegt darin, weil wir zu der beschriebenen schematischen Einordnung neigen. Wir selbst machen alles Neue in uns alt. Demnach reizt es uns irgendwann nicht mehr, und so jagen wir von Reiz zu Reiz, immer nach dem gleichen Prinzip: Unbekanntes wird bekannt, uninteressant und langweilig.

Wir müssen diesen Vorgang verstehen, um ihn unterbrechen zu können. Wir müssen deshalb das Wesen der Liebe, der Sinnlichkeit und der Aufmerksamkeit erfassen, denn dann wird das Bekannte nicht alt. Wir selbst sind abgestumpft, nicht das, was uns umgibt, ist reizlos.

Reife und Unreife

Die meisten Menschen leben in Routine. Damit sage ich dir nichts Neues, denn du hast es selbst einmal so ausgedrückt. Wir müssen einem Beruf nachgehen, um unseren Lebensunterhalt zu verdienen; schon das bringt automatisch viel Routine mit sich. Wir leben in einem Bekanntenkreis und innerhalb einer Familie; auch das bringt viel Routine mit sich. Gut, wir machen Pläne und Ziele, was wir noch erreichen wollen; aber auch das bringt Routine mit sich, wenn deine Gedanken um diese Ziele kreisen. Wir bewegen uns also auf festgelegten und strukturierten Bahnen.

Gibt es einen Ausweg aus dieser Routine? Besteht er vielleicht darin, sich von der Unterhaltungsindustrie amüsieren und mit Reizen überfluten zu lassen? Es ist offensichtlich so, eben weil wir in Routine leben, weil unser eigenes Leben keine Frische hat. Deshalb suchen wir Reize in den Angeboten der Unterhaltungsindustrie.

Ein Mensch, der ein authentisches, selbstverantwortliches Leben lebt, der sich selbst entfaltet und voller Wachheit und Sensitivität durch den Tag geht, der kreativ ist in seinen Handlungen und auch kreativ in seinem Meinungsprozeß – solch ein Mensch sieht abends nicht fern, sieht weder den billigen Spielfilm noch die Showsendung, noch ein Quiz, noch eine kulturelle Galaveranstaltung oder etwas anderes. Damit soll nichts gegen die Unterhaltungs- und Kulturindustrie gesagt werden. Du kannst diese Angebote nutzen, wenn du sie nicht zur Flucht gebrauchst.

Es ist auch nichts gegen Urlaubsreisen in ferne Länder einzuwenden, wenn du mit innerer Anteilnahme reist und nicht, um den Alltag zu vergessen oder dich abzulenken. Der Ratschlag, bei

Liebeskummer oder beruflichen Problemen eine Reise zu buchen, wiederholt sich immer wieder: »So kommst du auf andere Gedanken.« Dadurch wird der Gedankenkreislauf des ständigen Grübelns unterbrochen. Das Gehirn ist mit neuen Reizen beschäftigt und wird abgelenkt.

Wenn du seelische Probleme hast und du darüber mit deinen Freunden sprichst, dann werden sie dir den Rat geben: »Lenke dich ab, komme auf andere Gedanken.« Sogar Psychologen und Psychotherapeuten geben ihren Patienten diesen Rat. Ich weiß von Psychotherapeuten, die ihre depressiven Patienten ins Kino geschickt haben (als Therapieempfehlung), damit sie sich amüsieren und auf andere Gedanken kommen sollten. Ich halte das für falsch. Wir leben nicht, um abgelenkt zu werden, sondern wir leben in dieser konflikt- und problemvollen Welt, um uns damit auseinanderzusetzen.

Wenn du traurig und depressiv bist, dann hat das seine Gründe. Wir müssen uns mit diesen Gründen befassen, ohne darüber ins Grübeln zu verfallen. Wenn du deine Partnerin nicht mehr liebst, dann gibt es Ursachen dafür. Es ist doch reine Zeitvergeudung, dann in Urlaub zu fahren, um das alles zu vergessen, unterstützt durch neue Reize. Wir haben darüber gesprochen, daß auch deine Ängste Gründe haben und durch Amüsement nicht wirklich verschwinden. Du mußt dich damit befassen und solltest nicht in Ablenkungen flüchten. Wenn ein Kind weint, versucht man es abzulenken, indem man ihm ein neues Spielzeug vorlegt. Dann sagen die Eltern: »Schau mal, was ich da habe. Es rasselt, macht Geräusche und verändert die Farbe.«

Wir lassen uns als erwachsene Menschen immer noch wie Kinder behandeln, die ein neues Spielzeug zur Unterhaltung bekommen. Ablenkung durch neue Reize – das ist doch einfach zu billig. Erwachsen werden, das heißt nicht nur, älter an Jahren zu werden. Wenn du fünfunddreißig bist, dann giltst du zwar als erwachsen, aber mit den Jahren wächst die Reife nicht automatisch mit. Ich unterscheide das Erwachsenenalter einmal nach Jahren und einmal nach der psychischen Reife. Dabei stelle ich immer aufs neue fest: Die meisten Erwachsenen sind mit fünfunddreißig nicht psychisch reif. Wenn du also, der du in der Lebensmitte stehst, nur in Urlaub fährst, um dich von deinem Liebeskummer abzulenken, bist du psychisch nicht reif.

Da stehst du nicht allein. Unsere gesamte Gesellschaft ist unreif. Wir halten so große Stücke auf unsere moderne Zivilisation, weil wir vieles besitzen, was es vorher nicht gab. Es existierte kein Telephon, kein Telefax, es gab keinen Kühlschrank, kein Fernsehen, kein Radio und kein Auto. Über diese Annehmlichkeiten dürfen wir uns freuen, aber wir sollten nicht denken, dadurch wäre mehr seelisch-geistige Reife entstanden. Diese Gesellschaft, in der wir leben, diese hochmoderne technische Zivilisation verführt zur Unreife, da sie selbst durch und durch unreif ist.

Technik hat natürlich ihre Vorteile. Das soll nicht bestritten werden, denn der technische Fortschritt ist konkret sichtbar. Im psychischen Bereich haben wir leider nicht Schritt halten können, denn psychisch sind wir unreifer denn je. Ich halte deshalb den Bergbauern, der im vorigen Jahrhundert lebte (und der bei Liebeskummer keinen Fernseher einschalten konnte, um eine dämliche Quizshow zu betrachten), für seelisch reifer, wenn er in den Wald ging, sich auf eine Lichtung setzte und über sich selbst und seine Partnerin nachdachte. Dieses Nachdenken war nicht nur ein Denken, sondern auch ein Einfühlen, ein Nach-innen-Schauen und, damit verbunden, ein Erkennen des eigenen Selbst. Selbsterkenntnis ist die Reife des Erwachsenwerdens. Die technisch hochentwickelte Zivilisation hindert uns daran, psychisch-geistig reife Erwachsene zu werden. Wir sind viel zu abgelenkt.

Wir sind von Unreifen umgeben, lassen uns von ihnen raten – und geraten immer tiefer in einen Sog der Ablenkung. Du kannst zwar die Gesellschaft nicht aufhalten, aber du kannst als Individuum Schluß damit machen – für dich selbst.

Sensibilisierung und Frische

Das Gedicht ›September‹ von Hermann Hesse beginnt mit den vier Zeilen: »Der Garten trauert, / kühl sinkt in die Blumen der Regen. / Der Sommer schaudert / still seinem Ende entgegen.« Man muß ein großer Dichter sein, um in zwei Sätzen etwas anscheinend ganz Banales so ausdrücken zu können.

Jeder kennt den September. Er ist nichts Neues. In unserer alltäglichen Geschäftigkeit interessiert uns das aber nicht mehr bewußt. Wir gehen darüber hinweg, weil wir in unsere Pläne und Ziele eingespannt sind. Außerdem meinen wir den September zu kennen, diesen Monat mit spätsommerlicher und frühherbstlicher Stimmung. Der Monat September ist uns bekannt, also nicht mehr der Rede wert. Weil wir das glauben, haben wir das Thema ›abgehakt‹. Auch aus diesem Grund brauchen wir die Poeten, die uns einen banalen Regentag mit nur einem Satz wieder zur geistigen Frische werden lassen: »Der Garten trauert, / kühl sinkt in die Blumen der Regen.« Ein verregneter Septembertag – na und? »Der Sommer schaudert / still seinem Ende entgegen.« Du kannst es fühlen, oder es berührt dich nicht. Über die Ratio kann es dich nicht anrühren, denn sie konstatiert und etikettiert nur.

Es hat also etwas mit unseren Sinnen zu tun, mit Aufmerksamkeit und Wachheit, um die Schönheit zu erkennen. Mit einfachen, umgangssprachlichen Wörtern macht der Poet uns aufmerksam auf etwas hinter den Wörtern. Du kannst die Zeile »kühl sinkt in die Blumen der Regen« ganz sachlich und rational nehmen: Der Regen ist kühl, und er fällt in die Blumen – das ist doch nichts Besonderes.

Wir wünschen den besonderen Reiz. Er ist hier nicht gegeben.

»Der Sommer schaudert still seinem Ende entgegen.« Dieser Satz ist ganz einfach, ist für viele zu simpel, denn er zeigt keine außergewöhnliche Sprachkunst. Und doch wirst du davon angerührt; ich hoffe das wenigstens. Es existiert eine Schönheit jenseits der Wörter. Der Poet, der die Sprache handwerklich als Ausdrucksmittel benutzt, kann mit den Wörtern soviel anstellen, wie er will, kann sozusagen eine Wortakrobatik vor uns ausbreiten. Das kann dennoch sehr oberflächlich bleiben, denn da Wörter – wie Bilder und Töne – eine Form des Ausdrucks sind, ist entscheidend das, was dahinter aufscheint. Gedichte können mit der Ratio zwar analysiert, aber nur mit der Seele wirklich erfaßt werden. Deshalb meine ich: Künstler haben uns viel zu sagen, aber nicht allein das Vordergründige des Handwerklichen ist dabei von Bedeutung, sondern das Dahinterliegende, das in unsere Psyche hineinreicht und dort etwas auslöst.

Du fragst dich jetzt sicher, warum ich darauf zu sprechen komme, denn es geht dir ja nicht um die Analyse eines künstlerischen Werkes, sondern es geht dir um die Entfaltung deines Lebens, um die Lösung deiner ganz persönlichen Probleme. Ich soll dir dabei helfen.

Ich habe die Gesellschaft als oberflächlich und unreif charakterisiert, sagte dir, daß wir vor unserem eigenen Ich fliehen in Unterhaltung und Amüsements, daß wir reizorientiert sind: Alles muß ›neu‹ sein, damit es uns interessiert, und es soll ›in‹ sein, damit wir es beachten. Wir sprachen von Partnerschaft, sprachen davon, daß das Unbekannte, das Neue, voller Faszination aufgesogen wird, ehe wir es zu etwas Bekanntem machen. Wir ordnen es ein in unser Denksystem, machen uns ein Schema und Denkmuster davon, etikettieren es – und so wird es bekannt und alt. Das ist der übliche Vorgang, den ich meine. Und sobald es ›alt‹ ist in unserem Denksystem, erscheint es uns nicht mehr interessant – es ist katalogisiert, abgelegt, archiviert.

Ich möchte dich darauf aufmerksam machen, daß sich dieser Vorgang alltäglich wiederholt und daß er vom Denken ausgeht. Die Künstler, die Poeten, die Maler, die Musiker, weisen uns mit ihren Werken darauf hin. Sie stellen die bekannten Dinge, die wir bereits ›abgehakt‹ hatten, die kein Thema mehr für uns waren, so dar, daß wir wieder überrascht sind. Ein Galerist sagte zu mir einmal vor fünfundzwanzig Jahren einen Satz, den ich bis heute nicht vergessen habe: »Die Malerei sensibilisiert das Auge.« Man könnte erweitern: »Die Musik sensibilisiert das Ohr.« Und: »Die Literatur sensibilisiert den Geist und das Denken.«

Was bekannt und alt war, wirkt durch die Kunst plötzlich wieder aktuell und frisch. Wir werden aktiviert, bewußt zu sehen, zu hören und wach zu denken. Unsere Wahrnehmung wird geschärft, und das Denken wird aufgerüttelt; wir werden empfänglicher und aufmerksamer. Wir erfahren auf diese Weise über ein Kunstwerk, daß das scheinbar Bekannte keineswegs alt ist; es wird wieder lebendig. Kunst sensibilisiert unsere Sinne und unser Gehirn; wir werden wacher und aufgeregter. Kunst soll uns aufregen, denn sie ist keine Unterhaltung. Die Aufregung bei einem Krimi ist natürlich von anderer Qualität als die Aufregung bei einem Kunstwerk. Der Krimi vermittelt nur Spannung, das Kunstwerk dagegen macht uns wacher und bewußter.

Nach diesem weitgespannten Bogen möchte ich dir sagen, daß du weder den Krimi benötigst, um dich aufwecken oder in Spannung versetzen zu lassen, noch das Kunstwerk, das dich sensibilisiert, also aus der Lethargie des Bekannten in das reizvolle Unbekannte führt, wobei die künstlerische Reizung deiner Sensibilität sicherlich wertvoller ist als die unterhaltende Reizung durch ›Action‹ und Sensation. Beide, Kriminalautor und Künstler, wollen deine Aufmerksamkeit provozieren. Der Künstler ist dabei sicherlich auf einem höheren Niveau angesiedelt als der Unterhalter. Kriminalautoren sind – kategorisieren wir mal so einfach – Personen, die dich in die Spannung einer Handlung hineinziehen, während Künstler noch etwas mehr wollen: Sie suchen keine oberflächliche Handlung, sondern sensibilisieren deine Sinne und dein Denken. Künstler geben Sehanstöße und Denkimpulse, sind Anreger deiner Sensitivität und machen das Bekannte durch ihre individuelle Art der Darstellung zu etwas Neuem.

Die Frage ist jetzt, ob du diese Anregungen brauchst. Die meisten Menschen in unserer Gesellschaft brauchen sie offensichtlich. Künstler sind eine Notwendigkeit, um eingespielte Verkrustungen zu lösen und zu reizen. Stelle dir die Frage, ob du ganz persönlich das brauchst. Müssen deine Augen und Ohren durch Malerei und Musik sensibilisiert werden? Wenn du es brauchst, dann ist nichts dagegen einzuwenden. Wenn du in deiner Struktur verkrampft bist, dann brauchst du die Kunst.

Ist aber ein Leben möglich, das voller Frische sich täglich neu entfaltet und das Bekannte als bekannt hinter sich läßt? Durch diese Frage siehst du die Kunst in einem anderen Licht. Wenn du in dir nichts bekannt werden läßt, also sich in dir nichts ablagert und verkrustet, dann ist in jeder Sekunde alles, was dich umgibt und was geschieht, neu. Du beendest den Vorgang, das Erlebte in etwas Bekanntes zu strukturieren. Du bleibst in deinem Bezug zum Lebendigen lebendig – es gibt keine Abgestandenheit mehr. Dein Gehirn ordnet nichts mehr in ein System ein, um es dann zu archivieren. Es veraltet nichts, alles bleibt neu, wirklich alles. Du siehst alles neu, hörst es wie zum ersten Mal, und jeder Gedanke ist neu, nichts ist bekannt. Das möchte ich dir bewußtmachen. »Kühl sinkt in die Blumen der Regen«, schreibt Hermann Hesse. Wie banal und doch wie erfrischend neu.

Drittes Kapitel

Die zweite Geburt ist der Vorgang der seelischen Menschwerdung

Wir haben uns mit der Partnerschaft befaßt, mit dem großen Problem, den anderen einfach einzuordnen, zu charakterisieren, zu typisieren. Ich sagte, das führe zur Abstumpfung der Sinne und des Bewußtseins. Diese Aussage will ich dir nicht als ausgewiesener Psychologe aufdrängen, denn das hätte wenig Sinn. Du sollst auch nicht einfach *glauben*, sie wäre richtig. Ich möchte vielmehr, daß du es selbst überprüfst. Wir stellen uns immer wieder die Frage: Wer bin ich? Damit sage ich dir nichts aufregend Neues, denn du stelltest dir ja selbst und auch mir diese Frage. Kann ich dir sagen, wer du bist? Kann ich dir auf diese Fragen Antworten geben? Oder kannst du das nur selbst herausfinden?

In unserer hochtechnisierten, rational und wissenschaftlich orientierten Zeit besitzt beispielsweise die Astrologie eine ungeheure Faszination für die Menschen. Ist das nicht ein Widerspruch? Die Astrologie teilt die Menschen nach ihrem Geburtsmonat in zwölf Typen ein und liefert so eine übersichtliche Typologie. Sie versucht also die Frage, wer wir sind, aufgrund unserer Geburtszeit zu beantworten. Diese Typologie wird dann oft noch sehr verkürzt auf wenige Merkmale: »Der Krebs geht zwei Schritte vor und einen zurück.« Oder: »Die Skorpione zerstören sich selbst.« Oder: »Zwillinge haben zwei Seelen in ihrer Brust.« Ich möchte diese ›astrologische Menschenkenntnis‹ nicht weiter darstellen, denn du kennst das alles. Diese Typologisierung weitet sich aus auf Partnerschaft und Liebe. Dann heißt es: »Wassermann und Löwe – das paßt überhaupt nicht zusammen.« Oder: »Widder und Wassermann – das ergänzt sich gegenseitig.« Oder: »Wie, du bist Schütze? Dann paßt du überhaupt nicht zu mir.« Diese astrologische Psychologie ist weit verbreitet – und das keineswegs nur bei unkritischen Menschen, sondern, wie du beobachten kannst, auch bei Personen, die als intelligent, clever, erfolgreich und verstandesbewußt gelten.

Viele neigen also dazu, sich die Frage »Wer bin ich?« (»Wer bist du?«) von außen beantworten zu lassen. Das scheint eine große Anziehung auszuüben. Ich forsche dann nicht mehr in mir selbst, erforsche auch nicht die Mentalität des anderen. Die Typologie nach den Sternkreiszeichen soll mir helfen, ist sie doch ein diagnostisches Instrument in der verwirrenden, komplexen und auch teilweise beängstigenden Situation der Selbsterkenntnis und der Menschenkenntnis. Die Wissenschaft Psychologie hat kein vergleichsweise einfaches und faszinierendes Typologiesystem anzubieten. Populär ist eigentlich nur die uralte Einteilung in Sanguiniker, Phlegmatiker und Melancholiker. Einige Managementtrainer, so habe ich mir erzählen lassen, arbeiten auch mit einer Farbtypologie (der Rottyp, der Grüntyp und der Blautyp). Die Frage »Wer bin ich?« kann nicht und sollte auch nicht auf solch simple Typologien reduziert werden. Wir dürfen sie uns auch nicht von außen durch ein System beantworten lassen, auch nicht durch das Gespräch mit einem Psychologen, der uns sagen soll, wer wir sind. Du kannst nur selbst herausfinden, wer du bist.

In deiner Kindheit und Jugend haben Eltern und Lehrer dir gesagt, wie sie dich sehen und bewerten; danach deine Ausbilder und Chefs, danach deine Liebespartnerin oder auch Bekannte und Freunde. Du hast dir ein Selbstbild geschaffen, das eine Mixtur ist aus Fremdurteilen, Selbsterfahrung, Astrologie, Meinung und psychologischen Begriffen. Wirklich zählt aber nur Selbsterfahrung.

Die meisten wollten dich erziehen und manipulieren. Sogar der Begriff ›Selbsterziehung‹ ist beeinträchtigt von Fremdbestimmung. Die Eltern haben dir ihren Erziehungswillen aufgeprägt – und verlangten dann auch noch, daß du dich selbst nach diesem Wertesystem erziehst. Auch jede Religion will den einzelnen zur

Selbsterziehung hinführen, allerdings zu einer Selbsterziehung im Sinne ihres Selbstverständnisses. Auch der Mensch, der es nun wirklich gut mit dir meinen sollte, nämlich dein Lebenspartner, versucht dich zu erziehen, also zu manipulieren.

So sind wir alle von den vielfältigen Manipulationen der Fremdbestimmung umgeben. Wir stehen in einem Einflußnetz von unterschiedlichen Erziehungsmustern, das uns natürlich verunsichert. Wir sind ja durchaus willig und wollen an uns arbeiten, wollen etwas aus uns machen, versuchen, liebenswert zu sein und Anerkennung zu finden. Wir wollen allen irgendwo gerecht werden: den Eltern, den Lehrern, den Ausbildern, den Liebespartnern, dem Freund und unserer eigenen Vorstellung von uns selbst. Wir versuchen, zuverlässig zu sein, gewissenhaft und konzentriert. Wir geben uns Mühe, unsere Ausbildung mit guten Noten zu absolvieren, wir wollen gute Sexpartner sein, wollen es auch der Religion recht machen, wollen natürlich nicht aggressiv, sondern gut gelaunte und charmante Gesprächspartner sein. Wir wollen etwas leisten, dabei konsumieren, ferner Geschmack haben und Stil und natürlich auch Intelligenz und Bildung. Wir wollen etwas von der Welt sehen, aber auch uns selbst kennenlernen. Wir wollen Erfolg haben, Karriere machen und uns durchsetzen, aber auch einfühlsam und liebevoll sein. Wir wollen unseren Körper durch Sport und Training fit halten, aber auch genug Zeit finden für Weiterbildung und Geselligkeit. Wir versuchen, kontaktaktiver und geselliger zu sein, aber auch belesen und sportbegeistert. Wir versuchen, alles zu erfahren, viel zu wissen, überall anwesend zu sein und dabei uns selbst zu finden. Wir wollen angepaßt sein, aber auch Individuum. Wir kämpfen um unsere Vorteile, wollen die anderen aus dem Feld schlagen, aber auch Einfühlungsvermögen zeigen. Wir sind tolerant und liberal, wollen aber auch unseren Willen durchsetzen. Wir wollen schwach sein, aber auch stark.

Du siehst, das führt in eine ungeheure Konfusion. Das alles erwarten wir von uns selbst und auch von den anderen. Wir erziehen uns selbst und glauben dann, auch die anderen zur

Selbsterziehung motivieren zu können. Was wir uns selbst abverlangen und antun, fordern wir auch von den anderen. Das ist die Situation, in der wir uns befinden. Du suchst zu Recht einen Ausweg aus diesem Dilemma. Deshalb werde ich in meinem nächsten Brief jene ›Selbsterziehung‹ kritisch betrachten.

Keine Selbsterziehung

Die Selbstfindung ist etwas ganz anderes als die Selbsterziehung. Die Stärkung des Ich geschieht nicht über eine Pädagogik, die von außen vermittelt wird oder die du dir selbst verordnen würdest. Zu sich selbst gelangen ist nicht möglich über eines der üblichen Lehr- oder Trainingsverfahren. Erwarte von mir also keine psychologischen Ratschläge im Sinne einer Schulung.

Du hast gute Schulen besucht und viele Jahre deiner Berufsausbildung gewidmet. Es wurde dir Wissensstoff angeboten, und du hast dieses Wissen im Gedächtnis gespeichert, vor allem mit dem Ziel, Prüfungen zu bestehen. Es wurden dir Kenntnisse und Fertigkeiten vermittelt, und du hast auch Fremdsprachen gelernt. Diesen Wissensstoff hast du mit Konzentration angesammelt, und du hast viel geübt; dazu sind Konzentration, Disziplin und auch Wille erforderlich. Oft genug hast du dich zur Konzentration gezwungen und mit Pflichtbewußtsein gepaukt. Du hast dich zu dieser Lernkonzentration erzogen, hast wohl selbst diese Art des Lernens gelernt, um dein Gedächtnis zu trainieren, denn es gibt auch andere Methoden und Techniken des effektiven Lernens.

Nun aber betreten wir den Bereich deiner Seele, also deiner Individualität. Es geht um dein ganz persönliches Ich, dein Selbst, dein Personsein. In diesem seelischen Bereich kannst du nicht die Art des Lernens, wie du sie gewohnt bist, anwenden. Es kann zwar durchaus ein psychologischer Wissensstoff vermittelt werden – du kannst beispielsweise Begriffe wie Neurose, Psychose, Über-Ich, Abwehrmechanismen, Phobie, Ödipuskomplex, Narzismus, Anima und Anismus erlernen, auch das, was es damit jeweils auf sich hat –, aber das hat weder mit Selbsterfahrung noch mit Selbstfindung zu tun.

Ich möchte dir keine Kenntnisse vermitteln, also kein Wissen in dir bekanntem Sinn. Es wird nichts gelehrt, trainiert, geübt. Du brauchst deshalb keine Konzentration und keinen Willen einzusetzen. Es wird kein Lehrstoff vermittelt, kein Dogma, keine Moral und auch keine Lebenslehre. Wir verlassen alle diese Systeme und Denkmuster. Es muß nichts im Gedächtnis gespeichert werden, das wieder abgefragt wird. Du brauchst keine Fachterminologie zu erlernen, denn es reichen die normalen sprachlichen Ausdrucksmöglichkeiten, dich auf etwas aufmerksam zu machen.

Natürlich ist Konzentration erforderlich, damit du den Gedanken folgst und nicht gelangweilt an etwas ganz anderes denkst – aber auch das wäre nicht zu verurteilen. Wenn du nicht bereit bist, weiterzulesen, dann solltest du dich nicht dazu zwingen – es wäre bedauerlich, wenn du dich zusammenreißen würdest, um weiterzulesen. Wir betreten ein Gebiet, in dem dieser Zwang zur Konzentration aufhören muß. Allerdings ist Ernsthaftigkeit erforderlich. Es wird nicht mit irgendwelchen interessanten Ideen gespielt. Es handelt sich nicht um Unterhaltung, um Ablenkung. Das Interesse sollte aus dir selbst entstehen; dann gibt es keinen Zwang, gibt es keine Selbstmanipulation des Willens. Es geht nicht um Selbsterziehung, denn es gibt kein Erziehungskonzept.

Ich versuche dir vor allem eines bewußtzumachen: Jede Art von üblicher Erziehung im Bereich der Psyche ist absurd. Es ist deine Seele, und kein anderer hat das Recht, in sie einzudringen. Das sind, ich weiß, weltfremd wirkende Aussagen, denn du bist von Kindheit an gewohnt, daß man versucht, über den Verstand oder über die Emotionen in dich einzudringen und dich ›auf den rechten Weg‹ zu führen.

Du warst und bist von vielen unterschiedlichen Lebensphilosophien und Lebenslehren umgeben. Die Kirche versucht, dich zur rechten religiösen Haltung zu bringen; die Eltern wollen dir ihre Lebensanschauungen vermitteln; der Partner (die Partnerin) möchte dir beibringen, wie du dich verhalten sollst, ja sogar, wie du fühlen sollst; die Universität vermittelt dir eine Denkweise; und das Berufsleben fordert von dir eine besondere Persönlichkeitsstruktur, je nach dem Platz, auf dem du auf der Karriereleiter angekommen bist. Und alle erwarten ›Selbsterziehung‹ von dir, aber eine Selbsterziehung, die sich gefälligst nach einem bestimmten vorgegebenen Muster auszurichten hat.

Du lebst in einem ständigen Konflikt, einem Konflikt, den diese Systeme verursachen, denn sie widersprechen sich oft. Im Beruf werden Rationalität, Härte und aggressive Durchsetzungskraft von dir erwartet, wo hingegen du zu Hause verständnisvoll und tolerant sein sollst, damit du besser auf deine Partnerin eingehen kannst. Du sollst im Beruf deine Vorteile erkennen und ausnutzen, aber dann zu Hause wieder selbstlos sein. Du sollst die anderen austricksen und an die Wand spielen, aber dann wieder voller Zärtlichkeit, Offenheit und Freundlichkeit sein. Du sollst also nicht mit zweierlei Maß, sondern mit vielerlei Maß messen können. Das ist das alltägliche Problem unseres Lebens, und so wird innere Spannung, werden Konflikte erzeugt.

Du solltest also sehr vorsichtig sein, wenn andere von ›Selbsterziehung‹ sprechen. Ich halte die Ratschläge zur Selbsterziehung für eine der subtilsten Formen von Gewalt. Jeder Ratschlag greift in dem harmlosen Gewand an: Nicht die anderen zwingen dich, nein, du sollst dich selbst zwingen; nicht die anderen manipulieren dich, nein, du sollst es selbst tun. Sobald du dich in diesem Sinne bemühst, bist du von der Selbstfindung abgekommen.

Wer verhilft dir zur Selbstfindung? Niemand, denn jeder hat etwas mit dir vor. Selbstfindung bedeutete ja, dich dir selbst zu überlassen. Sie wollen dir aber alle raten, was du tun sollst, wie und wie schnell. Sie erwarten etwas von dir, und das sollst du dir zu eigen machen und anstreben.

Nein, Selbsterziehung wollen wir nicht. Darum geht es in unseren Gesprächen und Briefen auch nicht, und ich hoffe, du erwartest von mir nicht mehr, dir solche Muster aufzuzeigen. Mediziner mögen sich in der Rolle fühlen, dir etwas über gesunde Ernährung oder gesunde Lebensweise zu vermitteln, indem sie ein Diät- oder Sportprogramm entwickeln – die Psychologie kann vergleichbare Programme nicht anbieten. Der Psychologe ist ein Fachmann, der – so hoffe ich, denn so sollte es sein – weit und tief in den Bereich des seelischen Menschseins eingedrungen ist. Er kann denjenigen, der das möchte, bei der Hand nehmen und ihm durch seine Begleitung vieles zeigen.

Es geht dabei nicht um Erziehung. Ich möchte dir zeigen, daß dort, wo wir gemeinsam hingehen, etwas zu finden ist, das du zwar geahnt, aber bisher nicht voll erfaßt hast. Dieser Vorgang hat nichts mit Pädagogik zu tun, sondern ist ein Begleiten. Wie schön empfandest du es, als dich ein Bergführer bei der Hand nahm und dir einen Wasserfall während eines Gewitters zeigte. Er kannte den Weg, er führte dich in der Nacht zur Schlucht, und er führte dich wieder zurück. Er hatte dir etwas gezeigt, das du wohl nicht mehr vergessen wirst, etwas, das auch mit dir selbst in deinem Inneren zu tun hat.

Schauen und Lauschen

Ich will noch mal auf meinen letzten Brief zurückkommen, um dir etwas deutlich zu machen. Der Bergführer führt dich in unwegsames und unbekanntes Gelände; du vertraust dich ihm an, weil er den Weg kennt. Aber er wird dich stets daran erinnern, selbst auf den Weg zu achten, auf die Steine und Sträucher. Du sollst ihm nicht blind hinterherlaufen, sondern selbst auf alles achten, vor allem darauf, wo du hintrittst, denn sonst könntest du trotz Bergführer abstürzen. Obwohl du mit ihm gehst, ist es für dich ein Abenteuer, und du wirst feststellen, daß du hellwach und voller Achtsamkeit wirst. Er zeigt dir die nächtliche Schlucht und den Wasserfall im Mondlicht; er weist dich darauf hin, aber sehen mußt du selbst. Bei solch einem Anblick ist er vielleicht ergriffen und still, aber er kann dir seine Ergriffenheit nicht vermitteln.

So ähnlich ist unsere Beziehung: Du gehst mit mir gemeinsam auf das unbekannte Gebiet des Seelischen zu. Ich zeige dir, was es dabei zu sehen und zu fühlen gibt, aber sehen und fühlen mußt du selbst – die Ergriffenheit kann dir keiner vermitteln. Wir gehen zusammen in den Bereich des Seelischen und betrachten gemeinsam. Natürlich ist dieses Sehen anders als das Sehen der Augen; deshalb spreche ich von Schauen. Wenn wir nach innen gehen, also unsere Gefühle wahrnehmen, dann sage ich dafür nach innen ›schauen‹. Wenn wir die inneren Wörter hören, Wörter, die nicht über Schallwellen an unser Ohr dringen, aber die dennoch da sind, dann spreche ich von ›lauschen‹. Ergo: In sich hineinschauen und hineinlauschen ist Selbsterfahrung und Selbstentdeckung. Es gibt dafür auch das Fachwort Introspektion; übersetzen wir es mit ›Innenschau‹.

Ich hoffe, es wird deutlich, daß dies nichts mit Egoismus oder

Egozentrik zu tun hat. Sich nach innen zu wenden, in die eigene Seele zu schauen, Gefühle zu fühlen und auf die Wörter, die sich dort ausbreiten, zu lauschen, das ist kein Egoismus. Ich weiß, viele werten Innenschau ab. Wenn du mit anderen darüber sprichst, dann wirst du schnell spüren, daß viel Widerstand und Abwertung damit verbunden sind. Innenschau wird oft als ›Selbstbespiegelung‹ bezeichnet, wird damit verglichen, sich selbst viel zu wichtig zu nehmen, sich ins Zentrum zu stellen. Es wird von manchen sogar ›asozial‹ genannt, sich mit sich selbst zu befassen, und es gilt auch als eigenbrötlerisch, und nicht selten wird der Betreffende für lieblos und liebesunfähig gehalten. Wenn du dir selbst genügst, so daß du mit dir zurechtkommst und dich mit deinem Inneren anfreundest, dann giltst du als ›selbstverliebter Spinner‹, als ›weltabgewandt‹, als ein ›Außenseiter‹ oder, noch schlimmer, als ein ›Narziß‹, der sich, in sich selbst verliebt, von allen Seiten bespiegelt. Das ist großer Unsinn.

Man wird dich nicht verstehen, vor allem nicht verstehen wollen: Deshalb solltest du in der Anfangsphase deiner inneren Selbstschau nicht mit anderen darüber reden, denn dann müßtest du dich verteidigen, würdest du deine Erlebnisse zerreden. Am Anfang fehlt dir noch die Überzeugungskraft, das Neue und Unbekannte verteidigen zu können, denn du bist noch zu unsicher auf diesem Terrain deines Selbst. Ist es nicht absurd und geradezu pervers, daß wir das Schauen und Lauschen nach innen gegenüber anderen rechtfertigen sollen? Etwas Selbstverständliches sollen wir rechtfertigen und erklären müssen? Das ist schwer zu verstehen, wenn man erst einmal in das eigene Innere gegangen ist und das Abenteuer der Selbstentdeckung erlebt hat. Wir müssen uns aber auch mit diesen Anfeindungen befassen, damit wir uns damit in Gesprächen auseinandersetzen können.

Warum versuchen dir andere zu sagen, was du tun sollst und was nicht? Warum wollen andere dir begreiflich machen, daß du nach außen leben sollst, also agieren und reagieren sollst, aber um Gottes willen nicht nach innen schauen sollst? Warum gilt Aktion als richtig und Introspektion als falsch? Sogar bloße Reaktion gilt als tüchtiger und stärker als Kontemplation. Sich mit sich selbst zu befassen, nach innen zu schauen, gilt als Schwäche, wohingegen Reaktion und Aktion als Stärke gilt. Warum trennen wir außen und innen so deutlich voneinander? Warum zählt Rationalität als Stärke und Emotionalität als Schwäche? Warum gilt das eine als etwas Äußeres und das andere als etwas Inneres? Wir müssen diesem Konfliktproblem gemeinsam auf den Grund gehen. Bitte stelle dir diese Fragen. Es handelt sich dabei nicht um etwas Peripheres, etwas Unwichtiges. Wir müssen uns damit auseinandersetzen, denn wir werden im Alltag damit ständig konfrontiert.

Du willst Ordnung in dein Leben bringen. Du willst innere Ruhe finden, hast du mir gesagt. Du willst dich in diese Gesellschaft integrieren, aber du möchtest dabei auch dich selbst nicht verlieren, willst nach außen agieren, aber im Einklang mit deinem Innersten, willst dein Innerstes erkennen und dein eigenes Leben finden, möchtest Ich sein und Ich sagen können, ohne als Egozentriker und Außenseiter zu gelten. Du willst wahrhaftig leben, im Einklang mit Seele und Geist. Dabei wirst du irgendwann erkennen: In der Weichheit liegt die Stärke. Mit dieser Paradoxie möchte ich diesen Brief heute beenden.

Die zweite Geburt

Die Psyche ist zwar mit dem Körper eng verbunden – über die somatischen Vernetzungen haben wir gesprochen –, aber sie reift nicht mit der Ausreifung des Körpers automatisch mit. In einem erwachsenen Körper befindet sich nicht zwangsläufig eine erwachsene, ausgereifte Seele. Auch mit der Schulung des Intellekts, also unserer logischen Denkfähigkeit, und der Ausbildung unseres Wissens ist seelische Reifung nicht verbunden. Wenn du alle Nebenflüsse des Amazonas aufsagen kannst oder über die Napoleonischen Kriege Bescheid weißt oder aus Goethes Faust zitieren oder die Suren des Koran rezitieren oder die Bilder van Goghs beschreiben oder die Grundzüge der Philosophie Heideggers erläutern kannst, dann giltst du zwar als gebildet, aber all das sagt nichts über den Reifegrad deiner Psyche aus. Bildung ist angesammeltes Wissen, und sie kann noch so umfassend sein, noch so bewundernswert universal – man wird dich dafür zwar bewundern, denn Bildung ist in unserem Gesellschaftssystem angesehen, aber deine Psyche bleibt davon unabhängig, reift dadurch nicht schneller oder intensiver.

Ich erlebe es immer wieder in der Praxis, wenn über Eheprobleme geredet wird. Dann wird mir erzählt, daß sich der hochgebildete, promovierte, im Beruf erfolgreiche Ehepartner bei der Trennung verhält »wie ein unreifes Kind« oder »wie ein unmenschliches Schwein«. Deshalb sage ich immer wieder: Intelligenz und Bildung schützen nicht vor Dummheit im weiteren Sinn. Wer nur seine rationalen Fähigkeiten trainiert, aber die Intelligenz des Herzens vernachlässigt hat, der ist unreif – und solch eine Unreife ist eine besondere Form der Dummheit.

Wer seine eigene Psyche noch nicht entdeckt hat, ist zwar

körperlich und geistig durchaus präsent, aber er ist noch kein wirklich ausgereifter Mensch. Ich bezeichne deshalb den Vorgang der Selbstwerdung, wenn du deine eigene Psyche entdeckst und ihr nicht mehr ausweichst, als den Vorgang, der zur zweiten Geburt führt. Erst mit dieser zweiten Geburt wirst du zum vollständigen Menschen, erst nach dieser zweiten Geburt bist du *ganz* auf dieser Welt, weil du erst dann zu einem wirklich eigenständigen Menschen geworden bist, der weiß, wer er ist, weil er zu sich selbst gelangt ist.

Nach dieser zweiten Geburt siehst du dich selbst und deine Mitmenschen mit anderen Augen. Deine Umgebung liegt in einem anderen Licht, und du siehst dich selbst mit anderen Augen. Dieser Vorgang der zweiten Geburt ist schmerzlich, und die meisten Menschen haben deshalb Angst davor; sie vermeiden es möglichst ein Leben lang, mit solchen Gedanken in Berührung zu kommen, wollen davon nichts wissen und wischen diese Gedanken sofort als ›Spinnerei‹ vom Tisch.

Die zweite Geburt ist erst möglich, wenn wir uns mit der Psyche, dem eigenen Inneren, zu befassen beginnen, und zwar vor allem auch mit dem Unbequemen und Unangenehmen wie Angst, Aggression, Neid und Schuld, wie Liebe und Treue, mit Sexualität und Perversion. Das alles muß schonungslos betrachtet werden. Was hilft dir alles enzyklopädische Wissen der Welt, das sowieso nicht zu erlangen ist, oder was helfen dir alle spezifischen Kenntnisse eines Spezialgebietes, wenn du dir selbst ständig ausweichst? Bildung und Wissen können zu einer Flucht vor dir selbst werden, genauso wie Status, Karriere, Erfolg, Konsum und Besitz. Was nützt dir das alles, wenn du vor deinem Inneren ständig auf der Flucht bist und dich selbst nicht verstehst und damit auch die anderen nicht begreifst? Du lebst dann wie ein tüchtiger Automat, der einige Funktionen perfekt erfüllt, aber du bist kein vollständiger, ganzer Mensch. Ganzheit ist erst Heilheit. Nur ein ganzer Mensch (Körper, Geist und Psyche) ist wirklich gesund. Deshalb ist die Integration der Seele von so großer Bedeutung.

Das alles hat nichts mit Esoterik oder Psychologisierung oder Spiritualisierung zu tun. Die zweite Geburt ist auch nichts für weltabgewandte Sektierer. Um die zweite Geburt zu verstehen, wird kein esoterisches Wissen gelehrt, und es geht auch nicht um Reinkarnation oder irgendwelche Heilslehren oder besondere Philosophien. Wenn ich von der Heilheit gesprochen habe, meine ich damit die Ganzheit, die Vollendung der Ausreifung, die in uns allen angelegt ist.

Man sollte allerdings unterscheiden zwischen psychisch gestört sein und psychisch unausgereift sein. Der psychisch Gestörte braucht Psychotherapie, der Unausgereifte braucht Anregungen und Impulse für sein Wachstum. Die Mehrzahl der Menschen schlägt sich mit den verschiedensten psychischen Störungen herum – mindestens 70 Prozent aller organischen Erkrankungen haben psychische Ursachen. Davon völlig unabhängig ist eine viel größere Zahl von Menschen psychisch noch nicht geboren, obwohl sie, durchaus beruflich erfolgreich, in der Mitte ihrer Lebensjahre stehen. Ich sage: Erfolg ist etwas sehr Oberflächliches, genauso wie Tüchtigkeit, Leistungsfähigkeit, gesellschaftliche Stellung, akademischer Grad, sportlicher Erfolg. Selbst eine Karriere im Bereich einer religiösen Institution ist etwas sehr Oberflächliches. Auch dort gelten Gesetze der Karriere und nicht die Werte der seelischen Ausreifung. Damit qualifiziere ich körperliche Gesundheit, Fitneß und geistige Leistungsfähigkeit keineswegs ab, aber sie sind eben nur ein Teil meines Ich, sind vor allem weniger bedeutungsvoll, als allgemein angenommen wird. Diesen ganzen Schutt des üblichen Denkens gilt es erst einmal wegzuräumen, damit der Blick freier wird für die Psyche. Sich mit ihr zu befassen ist niemals oberflächlich, sondern ein Zeichen von Ernsthaftigkeit.

Manipulation durch Psychologisierungen

Die erste Geburt geschah, als du aus dem Mutterleib gekommen bist. Dein kleiner Körper wurde in diese Welt geholt und mußte in den dreißig Jahren danach viel lernen: laufen, sprechen, mit anderen in sozialer Gemeinschaft zurechtkommen. Der Körper entwickelt sich über Kindheit, Pubertät und Jugend zu der ausgewachsenen Person eines erwachsenen Menschen. Diese körperliche Entwicklung geschieht mit dem Ablauf der Jahre ziemlich automatisch; du kannst daran nicht viel ändern. Es geschieht Stufe um Stufe in einer programmierten Entwicklung, bis du schließlich im Alter zwischen zweiundzwanzig und zweiunddreißig Jahren körperlich voll entwickelt bist. Der körperliche Prozeß bleibt nicht stehen. Eines Tages stellst du dann fest, daß du zu altern beginnst; auch daran kannst du nicht viel ändern. Der Körper vollzieht diesen Kreislauf von der Geburt über die Ausreifung und Alterung bis zum Tod.

Seele und Geist, so scheint es, fügen sich in diesen Kreislauf ein. Der Geist braucht die Jahre bis zur Ausreifung des Körpers, um zu lernen, also um Wissen anzusammeln und um die intellektuellen Fähigkeiten voll zu entfalten. Aber ein entwickelter Geist unterliegt dem Alterungsprozeß weniger (sofern keine krankhaften Veränderungen in den Nervenzellen des Gehirns stattfinden). Wenn die Muskulatur eines Siebzigjährigen schon deutlich sichtbar erschlafft ist, kann der Geist noch sehr vital, scharfsinnig und kreativ tätig sein. Die Rationalität altert also, wenn überhaupt, sehr viel später. Deshalb wirken geistig rege Menschen, die ihren Verstand täglich einsetzen, die mit Interesse immer noch lernen, dadurch insgesamt jugendlicher.

Was geschieht mit der dritten Dimension unseres Menschseins, der Seele? Die Seele unterliegt weniger den Leistungsanforderungen, wie das bei Körper und Geist geschieht. Das Denken wird in der Schule ausgiebig trainiert, die Seele dagegen links liegengelassen. Die schulische Pädagogik kümmert sich nicht um sie, sofern ein Kind gut funktioniert und nicht auffällig wird (also stört). Auch der Religionsunterricht kümmert sich wenig um die Psyche, denn er wendet sich an den Geist und vermittelt eine Glaubenslehre; es wird christliche Geschichte gelehrt: die Ereignisse des Alten und des Neuen Testaments – und es werden Dogmen verbreitet. Auch hier wird wieder Wissen gepaukt: Es werden ferner die religiösen Lebensregeln vermittelt, und du lernst, wie du mit der Institution der Kirche umgehen kannst, was du von ihr erwarten darfst und was nicht. Geistliche (Priester und Pfarrer) nennen sich zwar auch ›Seelsorger‹, aber von den seelischen Vorgängen haben sie wenig Ahnung, weil die Theologie eine Glaubenslehre ist, mit Dogmen und Regeln, die wenig Offenheit für die tatsächlichen seelischen Gegebenheiten und Konflikte des Menschen zulassen.

Die Seele bleibt also glücklicherweise während der schulischen Ausbildung und der religiösen Pädagogik ziemlich frei. Psychologie ist kein Standardunterrichtsfach, weshalb sie auch im Unterricht nicht als Seelenbildung oder gar Seelenerziehung mißbraucht wird. Ich würde es zwar einerseits begrüßen, wenn Psychologie an den Hauptschulen und Gymnasien gelehrt würde, aber es graust mir andererseits vor dem Gedanken, daß dann nur Standardwissen gepaukt würde. Das wäre sehr schädlich für die Psychologie und die Psyche des einzelnen.

Dennoch werden wir ständig über Psychisches informiert. Unsere Eltern haben, wie jeder Erwachsene, eine persönliche Psychologie, die vermittelt wird. Wenn eine Mutter ihre Tochter ›erzieht‹, dann übermittelt sie ihr auch ein Frauen- und Männerbild: Sie gibt ihre persönliche Lebenserfahrung weiter und prägt auf diese Weise Einstellungen zum Frausein, zur Berufstätigkeit, zur Sexualität, zur Partnerschaft, zur Ehe. Wir sind also, obwohl Psychologie kein Unterrichtsfach ist, ständig von unterschiedlichen ›Privatpsychologien‹ umgeben. Unsere Freundinnen und Freunde vermitteln uns ihre Einstellungen, die Medien die ihre – und das in starkem Maße. Auch Spielfilme vermitteln psychologische Botschaften – und zwar die des Regisseurs. Dann natürlich auch Popmusik, auch die Kleidermode, die Malerei, die Werbeindustrie – all das und jedes vermittelt eine eigene Psychologie.

Psychologie wird eben nicht nur an einer Hochschule gelehrt, bleibt eben nicht streng umzäunt innerhalb der Universitätsgelände (wobei es schön wäre, wenn es so wäre).

Die Meinungen und Einstellungen über die Psyche tangieren dich also überall. Jeder fühlt sich als Psychologe und vermittelt dir seine eigene Psychologie. Überall wird psychologisiert, in jeder Zeitschrift, in jeder politischen Debatte, auf jeder Party, in jedem Schaufenster, in jeder Talkshow, in jedem Gespräch zwischen Bekannten und Liebenden – wir psychologisieren ohne Unterlaß. Diese Psychologie ist, wenn du den Kern untersuchst, immer Manipulation. Du bist von Manipulationen völlig umzingelt und kannst dich oberflächlich nur dagegen wehren, indem du selbst manipulierst. Du bekommst eine manipulative Meinung vorgesetzt und kannst entweder schluckend stumm sein oder eine Gegenmanipulation starten.

In diesem ständigen Widerstreit der psychologischen Meinungen stehst du selbst mit deiner verbalen Ausdrucksmöglichkeit, deinem Denken und Fühlen. Was wirst du unternehmen? Es geht meist nur um Zustimmung oder Ablehnung. Diese populären Psychologien bekämpfen sich gegenseitig auf verbaler Ebene. Im Kern deiner Psyche solltest du davon unberührt bleiben. Es ist alles nur ein intellektuelles, verbales Spiel. Wir müssen uns unserer Psyche, also du deiner Psyche, anders nähern. Wir müssen das, was die anderen meinen, beiseite schieben und uns davon frei machen, denn deine Psyche ist dein Ureigenstes, gehört nur dir allein, und niemand sollte das Recht und die Möglichkeit haben, darauf über den Intellekt Einfluß zu nehmen. In Wirklichkeit sind diese Einflüsse immens. Damit müssen wir uns befassen, sofern wir es ernst meinen mit unserer Selbstwerdung.

Streben und Dasein

Um nicht mißverstanden zu werden, möchte ich nochmals betonen: All diese äußerlichen Dinge – wie Berufserfolg, geistiges Training, Kenntnisse, Weiterbildung, körperliches Fitneßtraining, politisches Engagement und Streben nach Besitz – verurteile ich nicht pauschal. Geistiges Training durch Lernen hat seine eigene Bedeutung, um beruflich weiterzukommen, und Kenntnisse, die im Gedächtnis gespeichert sind, haben ebenfalls ihre Bedeutung, um dadurch anderen nützlich sein zu können – so brauchen wir beispielsweise die Kenntnisse des Statikers, wenn eine einsturzsichere Tribüne gebaut werden soll.

Es ist auch verständlich, wenn sich finanzieller Erfolg in verstärktem Konsum ausdrückt. Etwas besitzen zu können gibt uns ein besonderes Gefühl der Freude, des Wohlbefindens, der Sicherheit und steigert das eigene Wertgefühl. Das ist psychologisch sehr verständlich, und es wäre weltfremd, das nicht sehen oder verstehen zu wollen. Es soll hier nicht ein Verzicht auf Bildung oder Besitz gepredigt werden, denn es geht nicht darum, daß nur der glücklich sein kann, der besitzlos ist. Armut und Besitzlosigkeit sind alles andere als eine gesunde Basis für das innere Glück; sie führen vielmehr nicht selten zu großen seelischen Belastungen – etwa dann, wenn jemand durch Arbeitslosigkeit oder Krankheit an den Rand der Gesellschaft gespült worden ist.

Es sollen allerdings die Augen dafür geöffnet werden, wie sehr wir in diesem Streben nach Haben – ob Wissen, Geld oder Besitz – gefangen sind, wenn dieses Streben unser ganzes Denken einnimmt und uns einseitig fixiert. Das Streben nach dem Habenwollen hat einen zu großen Stellenwert eingenommen. Tagtäglich fragen wir uns: »Was bringt mir das?« Oder: »Was kommt unter dem Strich für mich heraus?« Dieses Streben bezieht sich auch auf psychische Faktoren, wie Lebensfreude, Spaß, Amüsement und Genuß. Wir sind gefangen in diesem Streben nach Glück. Das ist egozentrisch und egoistisch, denn es ist ein Kampf, der Gewalt impliziert. Wir leben in einer geradezu fanatisch besitzstrebenden mitmenschlichen Umwelt. Die meisten Menschen sind in diesem Sinne egoistisch, nicht in dem anderen Sinn der Selbstwerdung; sie streben kämpferisch, rücksichtslos und lieblos um ihre Vorteile, wobei die Psychologie als Hilfsmittel gesehen wird, ja als Waffe, um den eigenen Vorteil mit psychologischen Mitteln durchsetzen zu können.

Wenn wir bisher von Psyche sprachen, dann meinte ich immer deine eigene Psyche, meinte ich Selbsterkenntnis. Wenn du danach fragst, was du von der zweiten Geburt hast, was sie dir bringt, dann denkst du habenorientiert; mit diesem oberflächlichen Denken des Strebens und des Habenwollens wirst du nur ungeduldig erfahren wollen, welche Vorteile die zweite Geburt hat; dann willst du neben allem anderen, was du gelernt und erworben hast, auch die seelische Reifung erhaschen. Ich soll dir in möglichst kurzgefaßten Tips die Tricks verraten, wie wir dazu möglichst schnell gelangen. Du bist es gewohnt, so zu denken, also kann ich dieses Denken nicht einfach verurteilen.

Zunächst einmal zurück zu der Frage, was die seelische Reifung dir für Vorteile bringt (ich gehe also bewußt auf dieses habenorientierte Denken ein). Die Einbeziehung deiner Psyche in dein gesamtes Leben verschafft dir Klarheit darüber, wer du wirklich bist und macht dein Leben rund, schließt den Kreis. Neben Körper und Geist wird durch die dritte Dimension, wird durch die Psyche deine Ganzheit als Mensch vollendet. Du bist dann nicht nur körperlich-materiell präsent, auch nicht nur durch deine Intelligenz effektiv, sondern du wirst auch psychisch präsent sein. Dann bekommt alles eine neue Bedeutung, denn du funktionierst nicht nur, sondern beginnst vitaler zu leben. Du fühlst dich intensiver, energievoller, souveräner und mit dieser Welt stärker verbunden. Du wirst sensitiver, wacher, aufmerksamer, meditativer und liebevoller leben. Das Haben verliert an Bedeutung, das Sein gewinnt an Wichtigkeit. Du bekommst ein intensiveres Gespür für das Dasein, fühlst dich lebendiger, leichter und freier, dadurch auch lebensfroher und gesünder. Dein Verständnis für dich selbst und damit auch für andere nimmt zu, du wirst mitfühlender, gewaltfreier, umfassender, freundlicher und erlebst ein neues Daseinsgefühl. Das materielle Streben läßt in seiner Verbissenheit nach, und du kannst gelassener dich selbst so annehmen, wie du bist – und auch andere so annehmen, wie sie sind.

Nun habe ich dir gesagt, was es dir bringt. Das ist sicherlich verlockend und erstrebenswert; jetzt willst du es bekommen, und ich soll dir sagen, wie du es erreichen kannst. Nun muß ich dich enttäuschen, weil ich dir sage: Das kann ich dir nicht geben. Die seelische Ausreifung ist keine Handelsware, welche in gebündelter Form weitergegeben werden kann. Sie ist auch nicht durch Ratschläge vermittelbar, vergleichbar denen bei einem Diätprogramm. Daher werde ich versuchen, mich diesem Thema weiter anzunähern. Nicht ich mache die Hauptarbeit (durch meine Gedanken), sondern du machst sie. Es ist entscheidend, was in dir vorgeht, was du dabei empfindest und welche Punkte der Seele zur Schwingung gebracht werden. Psychische Selbstentdeckung kannst nur du selbst realisieren.

Diese Bemühungen kann ich dir also nicht abnehmen. Ich versuche in meinem nächsten Brief ein Gleichnis zu schildern, das dir bewußtmachen kann, was es heißt, eigenständig und authentischer zu werden. Das wird keine Anleitung sein, sondern ein Beispiel, mit dem du deine eigene Situation vergleichen kannst.

Der Maler

Die Lebensgeschichte des Malers Hans ist keiner Biographie eines berühmten Künstlers entnommen, sondern nur ein Gleichnis. Du selbst bist kein Künstler, willst dich auch nicht künstlerisch betätigen – dennoch wähle ich die Darstellung einer dir fremden Lebensform, weil sie dazu geeignet ist, etwas für sich selbst besser zu verstehen, da Fremdartiges die Aufmerksamkeit schärft.

Der Maler Hans hat immer voller Freude gemalt. Schon als Kind zeigte er stolz seine Bilder der Mutter, aber die sagte immer nur entweder ›schön‹ oder bemängelte, dies oder jenes fehle noch auf dem Bild. Die Mutter meinte das nicht böse, aber es fiel ihr eben nichts anderes ein, als einen Vorschlag zu machen, was ihrer Meinung nach auf dem Bild noch enthalten sein könnte. Sie verstand ihre Ideen als konstruktive pädagogische Impulse. Der kleine Hans machte sich seine Gedanken darüber und malte hier und da noch etwas dazu, um es der Mutter recht zu machen.

Da Hans soviel Freude am Malen hatte, gab er in der Schule, wenn nach dem Berufswunsch gefragt wurde, immer an, Kunstmaler werden zu wollen. Er spürte, daß das offenbar nicht ernst genommen wurde, denn die Lehrer lächelten dabei stets ein wenig eigenartig – und dieses Lächeln sagte ihm, daß er wohl nach ihrer Meinung Flausen im Kopf hatte, die früher oder später vergehen werden.

Nachdem Hans das Abitur gemacht hatte, stellte sich nun die Frage, was er studieren sollte. Es wurde in Erwägung gezogen, Betriebswirtschaft oder Architektur zu studieren – Betriebswirtschaft, »weil man das immer gebrauchen« könnte, Architektur, weil Hans dann »sein zeichnerisches Talent verwerten« könnte (und Häuser immer gebaut werden müssen). Die Eltern wünschten sich also für ihren Sohn einen krisensicheren Beruf und berieten ihn dementsprechend. Hans machte trotzdem, gegen den Willen der Eltern, die Aufnahmeprüfung an einer Kunstakademie – und er wurde angenommen. Die Eltern waren darüber gar nicht glücklich, ließen Hans aber gewähren – schließlich könnte er ja danach Kunstlehrer auf einem Gymnasium werden (auch die muß es geben), und schließlich könnte er ja dann die vielen Ferientage nutzen, um sich der Malerei zu widmen. Hans durfte also auf die Kunstakademie, obwohl er dabei ein schlechtes Gewissen hatte, denn Zeichenlehrer an einem Gymnasium wollte er nicht werden, sondern freischaffender Künstler.

Also studierte Hans fünf Jahre und wurde Meisterschüler eines Professors, der als Künstler anerkannt war, da seine Bilder die Eingangshallen vieler Industriefirmen schmückten und auch in einigen Museen vertreten waren. Der Professor war freundlich zu Hans und unterstützte ihn. Vor allem dann, wenn Hans in einem ähnlichen Stil wie er malte, bekam er Lob und Anerkennung; sobald er aber mit anderen Gestaltungselementen experimentierte, die seinem Professor wesensfremd waren, kam Kritik, wurde seine Arbeit auch manchmal stillschweigend übergangen.

Hans beschäftigte sich intensiv mit der Kunstgeschichte, den verschiedenen Stilen, vor allem mit der Klassischen Moderne, dem Expressionismus, dem Tachismus, aber auch mit der Popart, dem Neosurrealismus, dem Neoexpressionismus – und wie die Stile alle heißen. Er probierte alles selbst aus, malte einmal wie Picasso, dann wie Dalí, dann wieder wie Kirchner und Heckel, aber auch wie Lüpertz, Immendorff oder Baselitz. Er konnte sich in jede stilistische Ausdrucksweise hineindenken und darin mit eigenen Ideen arbeiten. Hans besuchte auch alle Vernissagen in der Stadt, die großen Ausstellungen und Museen, reiste zur ›Biennale‹ nach Venedig, zur ›Art Cologne‹ und natürlich auch zu Ausstellungen in Paris und New York – und jedesmal war er begeistert. Er liebte die Bilder und Siebdrucke Andy Warhols, aber auch die Gemälde von Max Ernst, beschäftigte sich mit Skulpturen und setzte sich mit den Rauminstallationen von Joseph Beuys auseinander, obwohl das sein Professor gar nicht mochte, denn er war der Meinung, Beuys würde in der Kunstszene völlig überschätzt. Dennoch wurde die Wißbegierde des Studenten toleriert, denn ein angehender Künstler soll sich schließlich informieren. So sammelte Hans Jahr um Jahr mehr Wissen, und er wurde zum bestinformierten Schüler in der Meisterklasse des Professors. Schließlich bekam er von den Mitstudenten den Spitznamen ›Theoretiker‹, weil er immer häufiger über Kunst diskutierte und immer weniger selbst malte.

Nach fünf Jahren verließ Hans die Akademie und machte sich als freischaffender Künstler selbständig. Zunächst malte er Bilder für eine Ausstellung, denn ein Künstler muß Ausstellungen machen, um bekannt zu werden. Da er auf vielen Vernissagen zu Gast war, kannte er viele Galeristen. Also vereinbarte er Termine und zeigte seine Mappe mit den Bildern, den Zeichnungen und den Fotos der größeren Arbeiten. Die Galeristen lobten den Maler Hans: Das sei alles sehr gut, sehr sensibel und gekonnt, aber es sei hier dieser Stil, und dort jener Stil zu erkennen, die Galerie vertrete aber nur jenen Stil, und Hans müsse sich entscheiden, welcher Stil nun sein Stil sei, und ob dieser Stil zum Stil der Galerie passen würde, müßte dann geprüft werden. So ging Hans von Galerie zu Galerie, und es kam nichts Konkretes dabei heraus. Er setzte sich in sein Atelier und überdachte die Situation. Es war offensichtlich erforderlich, sich für einen Stil zu entscheiden, um eine Ausstellung machen zu können, die in die Konzeption der jeweiligen Galerie hineinpaßte. Hans entschied sich gegen die abstrakte Malerei, auch gegen die Pop-art, auch gegen Rauminstallation à la Beuys und wählte den Neosurrealismus, weil er ein großer zeichnerischer Könner war und seine Perfektion und Artistik in der Beherrschung der Gegenständlichkeit bewundert wurde. Hinzu kam die Meinung von Freunden und Bekannten, die ihm sagten, er könne nicht von seinen vielen Ideen leben, sondern alleine nur vom Verkauf. Sein künstlerisches Schaffen müsse verkaufbar sein, und je besser er verkaufen könne, fügten sie noch hinzu, desto besser könne er das machen, was er wolle.

Hans richtete sich danach und malte viele stilistisch einheitliche Bilder – und er fand eine Galerie, die diesen Stil mit anderen Künstlern vertrat. Er machte viele Jahre Ausstellungen und verkaufte auch, zumindest so gut, um davon leben zu können.

Insoweit scheint sich die Geschichte über den Maler Hans einem Happy-End zuzubewegen, wenn Hans dabei zufrieden gewesen wäre. Er war aber trotz allem voller Zweifel, Ängste und innerer Unsicherheit. Obwohl er erfolgreich wurde, sogar auf Bestellung malte, wollte er noch etwas ganz anderes malen. Er fühlte sich in einem großen inneren Konflikt: Obwohl er Erfolg hatte, war er unzufrieden. Da wurde er von kunstinteressierten Personen der Geldoberschicht in ihre Häuser eingeladen, um Aufträge zu besprechen (hier ein Bild in einer Empfangshalle, dort ein Bild über der Sitzgruppe und hier ein Bild zehn auf zwei Meter in einem Privatschwimmbad, also Aufträge, die viel Geld einbrachten), da hatte er seinen Eltern dokumentiert, daß es sehr wohl möglich ist, als Kunstmaler in dieser Gesellschaft sein Geld zu verdienen; da sollte die innige Liebe zu seiner Freundin in einer baldigen Heirat ihren Ausdruck finden, da hatte er mit dreiunddreißig Jahren alles erreicht, was ein freischaffender Künstler in diesem Alter erreichen kann – und da war er trotz allem unzufrieden. Wenn er über seine Unzufriedenheit sprach, sagten ihm die Freunde und Bekannten: »Was willst du denn? Du bist selbständig, du verkaufst deine Kunst, und du bist in einer Branche tätig, deren Image nicht besser sein kann.«

Hans wurde mit der Zeit sehr nachdenklich – und malte dennoch fleißig die Bilder für seine Kunden und die Galerien, die ihn in ihr Programm nahmen. Nebenbei experimentierte er weiter mit der Malerei: Er malte mal so und mal so, also mal wie der späte Picasso, mal wie Max Ernst und mal wie die Graffitisprüher in New York. Wenn seine Galeristen sein Atelier aufsuchten, versteckte er diese Bilder. Der Maler Hans fühlte sich unwohl dabei – und er hatte nachts Alpträume.

Eines Tages ging er – es war ein Frühlingsnachmittag – im Wald spazieren, dachte an dieses, sah jenes – und dabei wurde ihm bewußt: Du bist abhängig! Dieses Bewußtsein kränkte ihn. Zurück in seinem Atelier, malte er ein Bild, das nur er malen wollte. Von diesem Zeitpunkt an ging er nicht mehr auf Vernissagen, sondern malte nur noch so, wie er es wollte, dachte dabei weder an eine Galerie noch an einen Auftraggeber, malte und malte und fühlte sich dabei frei und glücklich. Er malte Bilder, die keiner stilistischen Konzeption einzuordnen waren. Sein Galerist war entsetzt, als er davon erfuhr. Auf Vorhaltungen und Einwände entgegnete der Maler Hans, er könne nur noch so malen, weil das sein Innerstes zum Ausdruck bringe, aber das überzeugte weder den Galeristen noch seine bisherigen Kunden.

Mit dem Maler Hans ging es wirtschaftlich bergab, und auch die Beziehung zu seiner Freundin bekam Risse; schließlich trennte sie sich von ihm. Hans aber malte weiter, wollte nur noch sich ausdrücken; die stilistische Benennung war ihm egal. Er hatte sich selbst gefunden, malte, wie er es wollte, wurde authentisch und eigenständig.

An dieser Stelle endet die Geschichte. Ist es dabei etwa von Bedeutung, ob es der Maler Hans eines Tages doch noch geschafft hat, als Künstler zu reüssieren?

Individualität

Wir sollten uns mit dem Begriff ›Individualität‹ auseinandersetzen. Was bedeutet es, individuell zu sein? Welche Art von Individualität ist positiv und sinnvoll, welche nicht? Das Wort Individualität wird oft falsch verstanden, auch mißbraucht, wie alle Wörter mit psychologischem Inhalt, wie beispielsweise auch Liebe, Mitgefühl, Verständnis, Selbstentfaltung, Freiheit.

Ob es uns bewußt wird oder auch nicht – wir stehen in einem Reifeprozeß der Selbstwerdung. Auch wenn wir davon nichts wissen wollen, wenn das kein Thema ist, worüber wir sprechen, so ist der latente Vorgang doch vorhanden, auch wenn wir uns selbst blockieren. Erwachsen zu werden, also seelisch-geistig auszureifen, ist ein Vorgang der Individuation – oder mit anderen Worten: Es geht darum, authentisch, also eigenständig zu werden. In diesem Sinne verstehe ich Individualität: zu wissen, wer man ist, die eigenen Gefühle erkennen, sich als Individuum begreifen.

Ich verstehe unter Individualität aber nicht Isolierung. Natürlich ist das Erkennen der Eigenständigkeit auch ein Vorgang der Abgrenzung von anderen. Zu den eigenen Gefühlen stehen bedeutet, sich selbst zu erfahren, ohne unsicher danach zu fragen, ob die anderen auch so fühlen und denken. Zum persönlichen Selbstsein zu stehen ist sehr wichtig, um eine eigene Meinung entwickeln zu können. Wer sich auf sich selbst bezieht, kann aus sich selbst heraus offen und ehrlich (zu sich selbst ehrlich) kommunizieren. Aus dieser Selbstgefundenheit heraus kann ich mich authentisch äußern, ohne mich daran zu orientieren, wie andere denken oder was andere gerade hören wollen. Dieses Authentischsein sehe ich als positive Individualität, in der wir uns von Einflüssen anderer abgrenzen. Negativ wird dieser Vorgang, wenn wir uns von anderen zu isolieren beginnen.

Individualität wird oft so verstanden, daß sich der Betreffende von anderen absondert – Abgrenzung ist in Ordnung, Absonderung aber nicht. Diesen feinen, aber psychologisch bedeutungsvollen Unterschied versuche ich dir bewußtzumachen. Absonderung impliziert etwas Kämpferisches: Ich habe Abitur und stehe somit über der Mehrzahl der Mitmenschen, da sie höchstens mittlere Reife haben; ich bin katholisch und sondere mich ab von den Protestanten (Buddhisten, Moslems); ich bin Weißer und unterscheide mich damit von allen dunkelhäutigen Rassen; ich bin Franzose und somit nicht mit Spaniern und Holländern zu vergleichen; ich stehe politisch rechts und sehe mich getrennt von allen, die politisch links stehen; ich gehöre zur kaufmännischen Elite und befinde mich auf einer anderen Stufe als wirtschaftlich Schwache; ich bin Künstler und trenne mich von allen nicht künstlerisch interessierten Menschen.

Individualität heißt also nicht, irgendeiner Gruppe, Gesellschafts- oder Bildungsschicht, einer Elite oder Gemeinschaft anzugehören, denn das sind alles nur oberflächliche Zugehörigkeiten. Im Alltag aber teilen wir die Menschen nach solchen Zugehörigkeiten ein. Es ist uns als etwas ganz Selbstverständliches sozusagen in Fleisch und Blut übergegangen, uns selbst und die anderen nach oberflächlichen Merkmalen zuzuordnen. Sich von anderen in dieser Art zu isolieren, das ist keine Individualität, denn das ist Abtrennung und Ausgrenzung. Diese Praxis – sie ist üblich und alltäglich – ist nicht die Individualität, die ich meine, denn diese Absonderungsmentalität führt in die Isolation, welche Kommunikation erschwert oder verhindert.

Individualität ist Eigenständigkeit der Selbstwerdung, aber keine Abtrennung durch Abwertung anderer. Individualität sollte, richtig verstanden, keine vertikalen Abstände schaffen, sondern, wenn überhaupt, nur auf horizontaler Ebene, also auf der Ebene der Gleichwertigkeit des Menschseins, den Kontakt erleichtern, ihn also nicht erschweren.

Der Reifeprozeß der Individuation impliziert wesensmäßig nicht die Trennung, sondern die Verbindung. Deshalb ist Selbstwerdung eben nicht Egozentrik, sondern Soziofreundlichkeit (da es, eigentlich auch sehr bezeichnend, kein entsprechendes Wort dafür gibt, nenne ich das einfach so).

Individualität ist die Voraussetzung dafür, sozial integrativ sein zu können. Sich selbst zu erkennen und wertzuschätzen ist notwendig, um den anderen in seiner Individualität erfassen und wertschätzen zu können. Das heißt ganz einfach: Du kannst erst dann liebend annehmen, wenn du dich selbst liebend annehmen kannst. So verstanden, ist Individualität nicht Abtrennung, sondern Annäherung. Erst wenn du dir selbst als Mensch innerlich ganz nahe bist, kannst du anderen nahe sein und dich einfühlen. Individualität ist also nichts Egoistisches, sondern etwas Altruistisches. Sich selbst zu lieben ist nicht narzißtisch, sondern die Voraussetzung für die Offenheit der Liebe. Individuation öffnet für die Individualität des anderen. Gerade das Andersartige des anderen gewinnt dadurch an Bedeutung – der andere darf anders sein, die Trennung wird aufgehoben. Nur durch Individualität wird das Trennende neutralisiert, denn wenn ich nicht selbstorientiert (authentisch) bin, sondern fremdbestimmt, kämpfe ich gegen alles, was anders ist. Fremdbestimmtheit trennt mich, weil sie über die Ratio läuft – und Ratio kennt nur die Unterscheidung nach ja oder nein, plus oder minus. Die Emotionalität dagegen ist integrierend. Individuation – und das scheint dem Verstand paradox – verbindet, obwohl sie abgrenzt. Fremdbestimmung dagegen trennt, obwohl sie sich nach außen hin so gibt, als vereine sie. Das ist nicht leicht zu erfassen. Wir dürfen eben nicht nur rational analysieren, sondern müssen die Seele mit einbeziehen. Es geht um ›Erkenntnis‹, nicht um bloßes Verständnis; es geht um Psychologik, nicht um Logik.

Viertes Kapitel

Mut zur Emotionalität und Subjektivität

Unser Schulsystem ist ein Leistungssystem. Es wird das Streben nach besseren Noten gefördert, es wird von Begabungsstruktur gesprochen und von Intelligenzkapazität. So wird schon in der Grundschule und verstärkt auf dem Gymnasium der Vergleich mit den Mitschülern nach der Leistungsfähigkeit angeregt – ein Wertmaßstab, der als normal gilt. Dieser Vergleich und die Bewertung werden nicht mehr hinterfragt, sondern als natürlich empfunden. Von frühester Kindheit an geht es darum, wer besser ist – ich oder du.

Dieses vergleichende Werten setzt sich in der Freizeit fort: im Sport, bei der Ausübung eines Hobbys – alles wird zur Leistung. Es wird auch verglichen, welche Herkunft der einzelne hat, aus welcher Familie er kommt, welchen Status das Elternhaus innerhalb der Gesellschaft besitzt (Unter-, Mittel-, Oberschicht). Dieses Vergleichen durchzieht alle Bereiche, und so wird die Auf- oder Abwertung der anderen zu etwas Selbstverständlichem. In diesem Kontext wird psychologisch verständlich, daß wir dazu neigen, unsere Individualität an solchen Leistungsmerkmalen festzumachen, an Positionen auf Rangskalen. Ich bin sprachlich oder mathematisch begabt oder künstlerisch talentiert; ich laufe die 100 Meter in 11,6 Sekunden; mein Vater hat eine Fabrik mit zweitausend Mitarbeitern, mein Großvater war ein berühmter Schriftsteller; ich erbe einmal fünf Mietshäuser. Individualität wird an solche Leistungs- oder Besitzmerkmale geknüpft. Dieser Individualismus ist durchaus üblich. Du kennst das alles, denn du neigst selbst zu diesen Charakterisierungen.

Individualität wird auch oft gleichgesetzt mit Bedeutsamkeit. Es gibt zwei Wege, den Erfolg in der sozialen Gemeinschaft zu suchen: die Anpassung und die Eigenständigkeit. Aus beiden Wegen kann der einzelne eine Methode machen: Der Anpasser versucht, sich durch Integration in das System nützlich zu machen, und der Eigenständige versucht, durch seine Besonderheit auf sich aufmerksam zu machen. Dem Anpasser gestehen wir wenig Individualität zu, wohingegen der Eigenwillige durch besonders viel Individualität auffällt. Der Anpasser gleicht sich an, der Eigenständige hebt sich von diesen Konformitäten bewußt ab. Beide sind zwei Seiten einer Medaille, sind Reaktion und Gegenreaktion, gehören zusammen. Wer sich gegen das System wendet, möchte sich zwar vom System separieren, gehört aber dennoch dazu.

Individualität, wie ich sie verstehe, hat nichts mit Separierung durch Besonderheit zu tun, um dadurch Beachtung zu finden. Entfaltung der Individualität heißt nicht, bedeutend und besonders zu werden – im Gegenteil. Ich versuche dir zu vermitteln, daß Individualität nichts Besonderes ist, zwar leider selten, aber nichts, das dich von anderen abheben soll. Wenn du dich um Individualität bemühst, um dich von anderen abzuheben, dann versuchst du, dich (vielleicht gänzlich unausgesprochen und unbewußt) als etwas Besonderes zu fühlen.

Ich möchte dich motivieren, deine Individualität zu entdecken, indem du dich selbst entdeckst, den Kern deines Selbst. Du sollst durch diesen Vorgang nichts Besonderes werden, sondern nur der sein, der du bist, also wahrhaftig fühlen und denken. Du wirst dadurch nicht komplizierter, sondern einfacher. Individualität ist keine Leistung, die dich gegenüber anderen berechtigt, auf einem höheren Sockel zu stehen. Je individueller du wirst, desto mehr steigst du von den verschiedensten Podesten, die du von Kindheit an kennst, herunter.

Ich komme jetzt auf den Maler Hans zurück. Du erinnerst dich? Er versuchte, als Künstler erfolgreich zu sein, indem er sich vom Stil her an den Markt anpaßte. Er wollte einerseits erfolgreich sein, aber andererseits sich selbst als Künstler finden; er wollte einen Stil praktizieren, der anerkannt wird, aber andererseits auch das malen (und in der Art und Weise malen), was er aus tiefstem Inneren heraus als subjektiv für richtig empfand; deshalb wollte er stilistisch experimentieren und sich nicht festlegen lassen. Er versuchte einerseits, anerkannt zu werden in seinem Beruf, aber andererseits auch wieder die anerkannten Wege zu verlassen, also eigenständig zu sein. Er stand in dem Konflikt, sich an gängige und bekannte Stile anzupassen oder eigene Wege der Selbstentdeckung, der künstlerischen Entfaltung zu gehen. Wir bewundern den Künstler, der dazu bereit ist, neue Wege zu gehen, der dieses Risiko auf sich nimmt – das Risiko des Scheiterns.

Individuell zu sein impliziert das Risiko, nicht anerkannt zu werden. Damit meine ich jedoch nicht die Individualität aus Protest, um sich über Provokationen interessant zu machen. Wirkliche Individualität will sich nicht *gegen* etwas anderes profilieren, sondern sie will nur so sein und das ausdrücken, was sie ist. Sie mag aufregend und protestierend (aggressiv) wirken, ist aber nicht so gemeint. Individualität ist keine Kampfhaltung, sondern ein Ausdruck der Selbstliebe; deshalb will sie sich nicht als Bedeutsamkeit darstellen.

Individuell sein heißt, einfach nur so zu sein, wie ich mich fühle; deshalb heißt es, einfach und nicht kompliziert zu sein. Ich sage dir nur, wie ich empfinde, drücke aus, wie ich fühle und denke. Diese elementare psychische Einfachheit ist nicht aggressiv gemeint, obwohl sie von anderen vielleicht als Angriff empfunden werden kann. Es ist verständlich, daß sich die Komplizierten von Einfachem provoziert fühlen. Aber bedenke: Wenn sich jemand provoziert fühlt von dir, bist du nicht zwangsläufig ein Provokateur; nicht du willst bedeutsam sein, sondern der andere mißt deinem Verhalten eine Bedeutsamkeit bei, die gar nicht beabsichtigt ist.

Für den Künstler Hans war seine individuelle Ausdrucksweise nicht als Provokation gedacht – und dennoch provozierte sie. Hans wollte nicht durch Individualität bedeutsam sein – er wurde von den anderen so gesehen. Deshalb sollten wir nur individuell sein, weil wir so sind, wie wir sind, ohne die Meinungen der anderen zu beachten. Aber sie beachten uns und unterstellen uns, bedeutsam sein zu wollen, über den T(r)ick der Individualität. Du wirst dann angegriffen, obwohl du niemanden provozieren wolltest. Warum kann diese Wahrhaftigkeit provozieren? Warum wird der elementaren Einfachheit eine Absicht unterstellt? Du willst keine Bedeutsamkeit, und darin sehen sie eine Besonderheit; du willst dich als Individuum integrieren, und das wird dir als Desintegration ausgelegt; du willst nicht provozieren und dich nur so ausdrücken, wie du fühlst, und gerade das provoziert. In einer Welt der Lüge wird die Verlogenheit anerkannt und die Wahrheit voll panischer Angst gemieden.

Mut zur Subjektivität

Eigentlich ist es etwas ganz Selbstverständliches, daß sich jeder als eigenständiges Wesen begreift – und doch ist Authentizität die Ausnahme und keineswegs die Regel, weil unser Erziehungssystem so beschaffen ist, daß entweder Anpassung oder die Gegenreaktion der Nichtanpassung als Protesthaltung erzeugt wird. Ich sehe noch einen weiteren Grund für die Schwierigkeit, authentisch zu werden: das Mißtrauen gegenüber der Subjektivität.

Wir leben im Zeitalter der Technik und der Naturwissenschaften; unser Wissenschaftsverständnis ist auf meßbare Objektivität angelegt. Die Naturwissenschaft arbeitet mit dem Grundprinzip der objektiven Maßstäbe und der jederzeit nachvollziehbaren mathematischen Berechenbarkeiten. In wissenschaftlichen Experimenten und Untersuchungen muß der Forscher in England zu den exakt gleichen Ergebnissen gelangen können wie der Forscher in Japan; nur dann ist ein Ergebnis verläßlich im Sinne der Wissenschaftlichkeit. Es darf natürlich bei der statischen Berechnung der Belastbarkeit einer Brücke keinen Unterschied machen, ob nun der Statiker gerade verliebt ist oder ob er nun unter depressiven Verstimmungen leidet. Die Objektivität der logischen Regeln und der pysikalischen Gesetzmäßigkeiten ist also die Voraussetzung für die Entwicklung funktionierender Technik.

Objektivität und Rationalität sind eng miteinander verbunden; dagegen soll nicht polemisiert werden, wenn ich dich auf die Subjektivität hinweise. Vor lauter Begeisterung für die objektiven Methoden der Naturwissenschaften dürfen wir nicht vergessen, daß wir auch subjektiv sind und daß die ganz eigene Welt dieser Subjektivität auch ihren Wert besitzt. Natürlich sind Gefühle etwas Subjektives, und das ist gut so. Es besteht kein Grund dafür, das Subjektive weniger ernst zu nehmen. Objektive Wissenschaftsmethoden sind ein Instrument; du benutzt dieses Instrument, wenn es notwendig ist; sobald es aber nicht erforderlich ist, etwa im Bereich deines Erlebens, läßt du dieses Instrument beiseite.

So ist beispielsweise das Erleben von Kunst etwas Subjektives. Und das Schaffen von Kunstwerken ist schon gar nicht nach logischen Regeln der mathematischen Berechnungen möglich, weil der Bereich des künstlerischen Schaffens keinen objektiven Maßstäben unterliegt; deshalb wirst du jedoch nicht den gesamten Bereich der Kunst vom Tisch wischen und auf Poesie, Bilder und Musik verzichten wollen. Aus den genannten Gründen behaupte ich, daß der viel bedeutungsvollere Bereich in unserem persönlichen Leben nicht der wissenschaftlich-objektive ist, sondern der subjektive. Wenn du dich verliebst, dann ist das etwas sehr Subjektives, und du wirst selbst als Techniker und Computerspezialist nicht deine mathematisch ausgerichtete Objektivität einsetzen, denn sonst wäre es schnell vorbei mit der Verliebtheit.

Wir sollten uns also viel deutlicher und ungehemmter zu unserer Subjektivität bekennen. Du brauchst kein schlechtes Gewissen zu haben, wenn du Gefühle hast und über sie sprichst. Lasse dich also nicht verunsichern, wenn Emotionen, wie das leider oft geschieht, als ›Sentimentalitäten‹ belächelt werden.

Selbstfindung heißt, die eigenen Gefühle aus der Tiefe der Seele zu erforschen. Dieses Forschen geschieht nicht mit dem Instrumentarium der Naturwissenschaften. Deine Subjektivität ist dir täglich gegeben; sie ist ein Genuß und keine problematische Angelegenheit. Es geht darum, diese Subjektivität zu vertiefen, und nicht, sie zu verleugnen oder zu fliehen. Leider haben die meisten Menschen das Empfinden, Subjektivität wäre ein Makel, etwas, das sie vor anderen verbergen müßten. Wir verleugnen auf diese Weise unsere Seele und machen uns zu Abhängigen von einer Objektivität des ›guten‹ oder ›richtigen‹ Funktionierens. Selbstwerdung heißt deshalb vor allem Mut zur Subjektivität.

Gerade weil ein anderer subjektiv ist, wird er für dich interessant und reizvoll. Bitte beobachte es selbst. Wenn du eine Person kennenlernst, die nur rational reagiert, die exakt und präzise wie ein Computer agiert, keine Gefühle, weder Temperament noch Schwäche zeigt, dann bleibt deine Seele unberührt, und es beschleicht dich in der Gegenwart dieser Automatenpersönlichkeit ein Unbehagen. Objektiv scheint alles perfekt zu sein, und doch fühlst du dich nicht wohl in der Gegenwart dieses Menschen – du findest ›keinen Draht‹; es geschieht kein Kontakt auf seelisch-emotionaler Ebene. Dieser perfekt funktionierende Mensch, gegen den du objektiv nichts einzuwenden hast, läßt dich dennoch unberührt und kalt, wohingegen ein sehr subjektiv, also individuell wirkender Mensch dein Interesse weckt.

Die Subjektivität darf sogar sehr weitreichend sein. Du wirst feststellen, daß dich ein Mensch gerade dann besonders anzieht und interessiert, wenn er anders ist und zu seiner Andersartigkeit steht. Die Fremdartigkeit unterliegt natürlich subjektiven Erfahrungswerten. Wenn jemand beispielsweise sehr viele unterschiedliche Kulturkreise kennengelernt hat, dann sind ihm Andersartigkeiten auch sehr vertraut.

Das Fremdartige zieht natürlich nicht nur an, es kann auch schnell zu einer Ablehnung und Ausgrenzung führen, wenn dadurch das eigene Wertesystem bedroht zu sein scheint. Natürlich bestehen Ängste zwischen den sozialen Schichten, zwischen der Unterschicht und Oberschicht und zwischen den verschiedenen Bildungsschichten. Diese Spannungsgeladenheit soll damit nicht wegdiskutiert werden. Es bestehen auch Ängste zwischen den einzelnen Persönlichkeitstypen, so etwa zwischen dem rationalen und dem emotionalen Typus. Das führt nicht unbedingt zur Annäherung, sondern auch zur Abgrenzung. Diese Hindernisse werden jedoch durch Bekenntnisse zur Subjektivität überwunden. Was uns äußerlich zu trennen scheint – soziale Schicht, Bildung, Kultur, Konsum –, kann an Bedeutung verlieren, wenn wir uns subjektiv auf seelischer Ebene begegnen wollen.

Realismus

Realistisch zu sein ist zu einem Ideal geworden. Es gilt geradezu als Beschimpfung, wenn gesagt wird: »Du bist unrealistisch«, denn damit wird gemeint, der so Etikettierte sei romantisch, verträumt, habe Flausen im Kopf und stehe nicht mit beiden Beinen fest auf dem Boden der Tatsachen. Jeder bezeichnet sich gerne als Realisten, als sachlich und pragmatisch denkend.

Ich möchte eine Auffassung vom Realismus beschreiben, die zwar weitverbreitet ist, aber die ich nicht für positiv halte. Wenn jemand nachfragt, wie die Realisten ihren Realismus verstehen, dann hören wir meist folgende Definition: »Realist zu sein heißt, den Verstand einzusetzen und sich vom Denken leiten zu lassen, nicht von Gefühlen. Es geht darum, sachlich zu sein, denn die Gefühle führen einen in die Irre. Es hat keinen Sinn, romantisch zu sein; das sind Spinnereien. Du mußt immer wissen, was du willst, also deinen eigenen Vorteil beachten. Ich bin Praktiker und frage deshalb immer danach, was mir das unter dem Strich bringt. Was habe ich davon? Will mich der andere vielleicht über den Tisch ziehen? Gefühle – das ist doch nur ein Schmus, um einen zu verwirren. Du mußt die Dinge rational und objektiv betrachten, dann siehst du realistisch. Alles andere ist Schwärmerei und Utopie.«

Diese Definition des Realismus ist eine egozentrisch-egoistische Betrachtung von sozialen Kontakten, bringt Kampfhaltung zum Ausdruck. Realismus gilt als Stärke, und die Subjektivität der Gefühle gilt wieder einmal als Schwäche. Ich sehe das anders, ich sage: Diese pragmatisch-sachliche Haltung der Umwelt gegenüber wird aus Ich-Schwäche heraus geboren, aus der Abspaltung von der eigenen Seele und einer bedingungslosen Hinwendung zur Rationalität, die dem Objektivitätskult verfallen ist.

Ohne Einbeziehung der Ganzheit in die Wahrnehmung, also auch in die Gefühlswelt, kann es gar keinen Realismus geben. Die sich in kämpferischer Überzeugung Realisten nennen, sind keine wirklichen Realisten, sind vielmehr ichbezogene Egoisten, die nur den Bereich der Ratio gelten lassen und einbeziehen, während sie die anderen Bereiche durch Abwertung auszuklammern versuchen. Diese Teilwahrnehmung der Realität kann nicht zur wirklichen Ich-Stärke führen, im Gegenteil, sie schwächt das Ich. Wenn ich den Bereich der Emotionen wegdränge und als unrealistisch abwerte, kann ich nicht mehr die Ganzheit wahrnehmen; also schwäche ich mich selbst und auch eine ganzheitliche Betrachtung. Das kann kein wirklicher Realismus sein.

Dieselben Realisten fallen dann auf die Lehren des ›positiven Denkens‹ herein und behaupten, man müsse nur positiv und erfolgsbezogen genug denken, dann stelle sich der Erfolg auch ein. Hier offenbart sich aber eine Orientierung an dem Glauben, die positive Erwartung werde das Erwartete magisch herbeiziehen. Es handelt sich hier um Selbstsuggestion, also um eine verengende Sichtweise. Allerdings ist unbestritten, daß eine optimistische Erfolgserwartung allemal besser ist als eine pessimistische Mißerfolgserwartung. Wenn nichts daran wäre, an der Selbstsuggestion, dann könnte sie sich nicht durchsetzen. Es ist psychologisch erwiesen, daß eine positive Lebenseinstellung die Lebensenergie steigert und eine negative die Kräfte schwächt. Auch die Wahrnehmung wird verzerrt: Der Pessimist sieht alles ›grau‹, der Optimist hat sich die schönfärbende ›rosarote Brille‹ aufgesetzt.

Nicht selten wird auch der Alkohol als Psychopharmakon eingesetzt, um die Konflikte und Probleme des Lebens positiv zu sehen, um sich Mut zu machen. Es gibt zu denken, daß gerade die rational eingestellten Realisten sich gerne ›alkoholisieren‹. Es wundert, daß gerade die nüchternen, die Objektivität preisenden Realisten über Gott, den Sex und die Welt zu philosophieren beginnen, wenn sie einige Gläser zuviel getrunken haben. Sie benötigen die psychopharmakologische Wirkung des Alkohols, um die abgespaltene Seite ihrer Person hervorholen zu können. Alkohol macht mutig, die Wahrheit zu sagen. Es wird dann ganz offensichtlich, daß unter der Oberfläche des rationalen Realismus eine tiefere Schicht liegt, die nicht mehr so sachlich-intellektuell im Griff zu halten ist. Hinter der Fassade des Realismus liegt eine Wirklichkeit verborgen, die dazugehört. Nach einem solchen Zechgelage bleibt der Betrachter verblüfft zurück und stellt sich die Frage: »Soll man das alles nicht ernst nehmen, weil der Gesprächspartner betrunken war, oder soll man es besonders ernst nehmen, weil Betrunkene die Wahrheit sagen?«

Der Realist wird wieder nüchtern und sieht einige Tage später wieder alles sachlich. Er hat das, was er sagte, »nicht so gemeint«, war es doch übertrieben formuliert und hat doch der Alkohol die Wirklichkeit verzerrt. Es wird ihm meist nicht bewußt, daß es seine Gespaltenheit war, die ihn verändert hatte; nun ist er eben wieder nüchtern und spaltet die Emotionen ab; in nüchternem Zustand ist er Realist. Aber alkoholisiert war er noch viel realistischer, denn er hat Bereiche einbezogen, die auch dazugehören, die er jedoch nicht als dazugehörig anerkennt.

Du kannst die ganze Wirklichkeit mit einbeziehen ohne einen Tropfen Alkohol, kannst deine Gefühlswelt ständig präsent haben, ohne eine Blockade durch das Psychopharmakon aufbrechen zu müssen. Das bedeutet, so mutig zu sein, in der Gegenwart jedes in deiner Seele auftauchende Gefühl zu fühlen, auch wenn es schmerzlich ist und dich verwirrt. Das ist der Realismus: die Realität so zu sehen, wie sie ist, in ihrer Ganzheit, über allen Aspekten, in ihrer Schönheit und in ihrer Häßlichkeit. Das bedeutet, die Schönheit zu genießen und sich vor der Häßlichkeit nicht zu verschließen – und es bedeutet, das Angenehme dankbar anzunehmen und das Unangenehme nicht von sich zu weisen. Das kann der Verstand allein nicht leisten. Die Seele mit ihren Empfindungen wird zugelassen, ist immer dabei. Der Verstand hingegen möchte sich die Realität so zurechtbiegen, wie er sie gerne hätte. Wenn du die Gefühle mit einbeziehst, dann geht das nicht, denn sie vervollständigen das Bild von der Realität.

Wir sollten über die Sinne wahrnehmen, denn sie lösen in uns etwas aus. Diese Sensitivität ist die Basis für Realität. Deshalb erfasse nicht, was einer sagt, alleine über seine verbalen und scheinbar logischen Äußerungen, sondern beziehe alle Sinne und die Gefühle mit ein. Der Realist sagt beispielsweise: »Ich liebe die Kunst.« Das sagt sich so schnell und so leicht, und es klingt so richtig positiv. Vielleicht stimmt es. Aber vielleicht ist es auch nur so dahingesagt. Nun ja, ob er die Kunst liebt, ist nicht so wichtig. Vielleicht sagt er aber auch: »Ich liebe dich.« Dann wird es für dich schon bedeutungsvoller, ob das stimmt. Und so verstehst du vielleicht besser, was ich meine, wenn ich sage, daß hinter dem oberflächlichen rationalen Realismus noch eine andere, tiefere Wirklichkeit steht; mit ihr verbunden zu sein, also ganz zu sein, das hat Gewicht. Und nun frage nicht, ob die anderen damit verbunden sind, sondern sei selbst in Verbindung mit der Wirklichkeit des Seelischen. Dann wird das alles für dich klarer und deutlicher.

Gefühle sind real

Wir sollten uns einmal danach fragen, warum wir überhaupt Gefühle fühlen, wenn sie für die Objektivität und den Realismus angeblich so störend und unwichtig zu sein scheinen. Wir erfassen die Umwelt mit unseren Sinnen, also über die Augen, Ohren, den Tast-, den Geschmacks- und den Geruchssinn. Wir sind genauso biologisch strukturierte Lebewesen, wie es die Tiere sind, und wir machen uns ein Bild nach diesen Sinneserlebnissen von der Umwelt, in die wir hineingeboren worden sind, orientieren uns über die Sinne, finden uns in der Umwelt auf diese Weise zurecht.

Jedes Lebewesen besitzt den Grad von Sinnesausprägung, den es braucht, um in seiner Umwelt zurechtzukommen, also zu überleben und sich fortpflanzen zu können. Die Fledermäuse, die sich vor allem in der Nacht zurechtfinden müssen, besitzen noch den Sinn des ›Echolots‹. Diese sinnliche Erfahrung fehlt uns Menschen, und wir haben deshalb das Radar als Sinnesprothese entwickelt. Auch das Mikroskop ist eine solche Prothese für das Auge, um Mikrolebewesen sichtbar zu machen, auch das Teleskop, um weit entfernte Sterne mit dem Auge erkennen zu können. Die objektive Wissenschaft braucht also die Sinne, sind sie doch die Basis für das Denken, für seine Hypothesen und Spekulationen.

Was die Sinne erfassen, ist nur ein Teilausschnitt der Wirklichkeit. Aber die ganze Realität können wir auch nicht mit technisch konstruierten Prothesen erfassen. Wir können zwar Sichtweisen erweitern, aber nie das gesamte Spektrum einfangen; das übersteigt einmal unsere biologischen Möglichkeiten, zum anderen unsere technischen Perspektiven. Vieles bleibt im dunkeln, bleibt ungehört und ist weder riech- noch schmeckbar. Deshalb ist beispielsweise die radioaktive Strahlung, die wir technisch freisetzen können, so tückisch, weil unsere Sinne sie nicht wahrnehmen können. Wir benötigen dafür eine Sinnesprothese, den Geigerzähler. Um es plastisch auszudrücken: Wir können mit unseren Sinnen vielleicht etwa 1 Prozent der Realität erfassen und darüber hinaus vielleicht 10 Prozent mit technischen Prothesen, aber etwa 90 Prozent bleiben uns verborgen. Ich sage das nicht mit einem Bedauern, denn ich meine, wir hätten in unserem Leben genug damit zu tun, dieses eine Prozent zu erfahren, vor allem zu erleben. Es ist bedauerlich, daß uns eine falsche Einstellung zu unserem Personsein oft daran hindert, die über die Sinne erfahrbare Welt auszuschöpfen. Wenn wir uns auf die Rationalität zurückziehen, dann machen wir die Fenster immer mehr zu.

Sinnliche Erfahrung wird nicht einfach nur registriert. Farben sind nicht neutrale Farben, Töne sind nicht nur akustische Fakten – die Seele sieht und hört mit. Sinnesreize wirken in uns hinein und lösen Gefühle aus. Wir sehen nicht nur die Farbe Gelb oder Rot, wir fühlen auch etwas dabei. Viele stehen auf dem Standpunkt, wir sollten uns dabei etwas denken; das wäre wichtiger, als etwas zu fühlen, denn es hätte keinen Sinn, Gefühle zu haben. Damit begäben wir uns auf eine niedrige Stufe; schließlich stellte das Denken die höhere Stufe dar.

Das ist ein Schritt in die falsche Richtung. Denken und Fühlen lassen sich nicht so einfach gegeneinander ausspielen. Es handelt sich um zwei verschiedene Welten, und jede dieser Welten hat ihre wichtige Berechtigung. Deshalb sollte hier keine Wertung stattfinden, denn es hat einen biologischen Sinn, die Sinnesreize subjektiv zu fühlen.

In unserer modernen technischen Zivilisation besteht ein destruktiver Widerspruch: Auf der einen Seite wollen wir rational und sachlich sein, aber auf der anderen Seite lechzen wir nach der Welt der Gefühle. Wir wollen rational, objektiv, realistisch sein, aber wir wollen auch fühlen, obwohl wir uns unserer Gefühle geradezu schämen – und weil wir unsere Gefühle im Alltag mehr und mehr zurücknehmen, weil sie abgewertet werden, suchen wir sie in der Unterhaltung. Die Unterhaltungsindustrie produziert sie denn auch, diese Gefühle, und zwar auf einer abstrahierten Ebene. Wenn wir etwa ins Kino gehen und einen ›ans Herz gehenden‹ Film anschauen, dann verdrücken wir schon mal die eine oder andere Träne. Im realen Leben haben wir uns dagegen nicht selten das Zeigen von solchen Gefühlsäußerungen abtrainiert.

Wir sollten uns nicht spalten lassen. Das geschieht aber, wenn wir die Gefühlswelt im realen Leben wegdrängen und sie in der elektronischen Scheinwelt wieder herauslassen. Wir dürfen unser Bedürfnis nach Gefühlen – es ist nicht nur ein Bedürfnis, es ist unsere Grundstruktur – nicht auf zwei Ebenen verteilen: Das reale Leben soll frei davon sein, das über die Medien vermittelte Leben toleriert sie. Ich denke, du erkennst jetzt die Perversion. Ich empfinde das als skandalös und auch beleidigend für unser Menschsein. Ich möchte dich davon loslösen und befreien, möchte dich aus dieser Gespaltenheit, indem ich sie dir bewußtmache, zurückführen. Die erlebte Wirklichkeit ist real: Dort sind deine Gefühle angesprochen, und dort sollst du sie erleben, nicht verbergen. Es ist eine Störung, wenn du bei einer Liebeskummerstory, die dir elektronisch vermittelt wird, den Tränen freien Lauf läßt, aber bei deinem eigenen ganz persönlichen Kummer nicht weinen kannst.

Es ist bedauerlich und für mich zutiefst erschreckend, wenn manche sich nur in eine Medienperson verlieben und in der Realität ihres persönlichen Lebens vor lauter Realismus, Sachlichkeit, Intellektualismus und Pragmatismus diese Gefühle nicht mehr ausgelöst werden können. Diese Gefühle sind etwas sehr Reales, sind so real wie der Stuhl, auf dem du sitzt.

Wir mißtrauen unseren Gefühlen im Alltag, aber wir sehnen uns nach Gefühlen (die wir uns dann aus dem Medienangebot sozusagen herausfischen). Wenn wir es so betrachten, dann wird sogar die Poesie verdächtig. Wozu benötigen wir Poesie, wenn sie in uns ist? Warum muß uns ein Dichter sagen, was wir selbst empfinden sollten? Warum brauchen wir Verse von Hermann Hesse?

»Golden tropft Blatt um Blatt / nieder vom hohen Akazienbaum. / Sommer lächelt erstaunt und matt / in den sterbenden Gartenbaum.« Warum gehen wir nicht hinein, gehen nicht in unsere eigene Poesie? Wir machen die Sinne auf und sehen es selbst und fühlen, wie der Spätsommer lächelt, wie golden die Blätter tropfen, wie wir selbst erstaunen und lächelnd unser Verwelken begreifen. Kannst du das nicht selbst erfahren? Nein. Denn du hast große Angst davor. Wir erleben nicht ganz, solange wir uns nur mit der Rationalität befassen wollen. Doch bedenke: Die Gefühle, die damit verbunden sind, sie sind real. Kehre um, denn du hattest einmal diese Ganzheit. Über die Sinne erfahren, in der Seele die Resonanz fühlen, Glück empfinden und Traurigkeit ausweinen – erst dann schließt sich der Kreis, und dann wird auch dein Nachtschlaf wieder ruhig und erfrischend. Wir müssen das Verschüttete wieder hervorholen. Die Diamanten in der Seele warten auf den Lichtstrahl, der sie wieder funkeln läßt.

Gefühle nicht analysieren

Sich selbst zu nähern heißt vor allem, sich den eigenen Emotionen zu nähern, aber auch dem Denken. Wir sollten dabei die Gefühle und das Denken voneinander separieren. Emotionen können wir nur erkennen, indem wir sie ausfühlen. Das eigene Denken erfassen wir, indem wir Gedankenfragmente zusammenfügen und somit die Struktur ihrer rational-logischen Hintergründe verfolgen. Ich möchte mich jetzt jedoch den Emotionen widmen, nicht dem Denken, wobei ich durchaus weiß, daß es oft große Schwierigkeiten bereitet, beides voneinander zu trennen.

Ich möchte dir bewußtmachen, daß diese Annäherung an die Emotionen nichts mit ›Psychoanalyse‹ zu tun hat. Es geht nicht darum, die Emotionen zu analysieren oder sie zu psychologisieren. Analyse heißt zergliedern, in seine Bestandteile zerlegen, und Synthese bedeutet, das Zergliederte wieder zusammenzusetzen. Es geht hier weder um die Analyse noch um die Synthese von Emotionen.

Es ist typisch für den Verstand, daß er zunächst Dinge benennt und sie dann verbalisierend analysiert. Das auf die Gefühle zu übertragen, also sie nur zu verbalisieren, wäre jedoch wenig hilfreich. Aufgrund unserer rationalen Mentalität neigen wir dazu, alles zu verbalisieren, meinen wir, wenn wir etwas in Worte fassen könnten, dann hätten wir es verstanden oder könnten darüber verfügen. Das trifft auf die wissenschaftliche Forschung zu, denn sie muß alles deklarieren, für alles einen Namen finden, also eine Nomenklatur einführen, damit jedes Detail beschrieben werden kann und jeder Wissenschaftler weiß, welches Detail gerade gemeint ist.

Die Analyse (und die Nomenklatur) spielen – das ist unbestritten – eine große Rolle in unserer technisch orientierten Welt. Wenn wir uns aber unseren Gefühlen nähern, dann sollten wir diese ›Verbalisierungssucht‹ beiseite lassen. Zwar benutzen wir Begriffe wie Angst und Neid, Liebe und Freude, Haß und Aggression, Begierde und Sehnsucht sowie Eifersucht und Traurigkeit, um die verschiedensten Empfindungen zu benennen und uns auf diese Weise verständlich zu machen, doch geht es jetzt nicht darum, diese Emotionen zu benennen, um über sie sprechen zu können. Ich möchte dich vielmehr an die Gefühle heranführen, ohne sie zu benennen und sie zu erklären. Wenn wir fühlen, dann geht es um das Fühlen, nicht um eine Kommunikation mit anderen darüber. Und da liegt offenbar die große Schwierigkeit: Es fällt uns schwer, in unsere Gefühle ›hineinzugehen‹. Wenn uns das denn doch gelingt, wenn wir aber Gefühle spüren, jenes Seelische in uns, dann prescht sofort das Kommunikationsbedürfnis dazwischen: Wir wollen das Gefühl benennen, um es anderen mitzuteilen. Weil das aber oft nicht möglich ist, weil es keine präzisen Bezeichnungen für bestimmte Seelenvorgänge gibt, glauben wir, es handele sich hier nur um einen flüchtigen Schein, also um nichts Konkretes, Faßbares – schließlich sind wir so geprägt, weil wir meinen, nur das, was benannt werden könnte, wäre real. Das aber ist ein verhängnisvoller Irrtum.

Wir stehen nicht nur in Kommunikation mit anderen Personen, sondern wir sind auch in Kommunikation mit uns selbst; wir unterhalten uns nicht nur mit einem von uns getrennten Individuum, sondern wir sprechen auch in uns mit uns – nicht laut zwar, denn wir wollen ja nicht als ›merkwürdig‹ stigmatisiert werden; deshalb beherrschen wir uns. Wir sprechen also innerlich, in uns finden Gespräche statt. Das ist völlig normal und hat nichts mit einer Psychose zu tun.

Dieses Gespräch, das in uns stattfindet, ist eine innere Realität. Wir wollen uns jetzt damit beschäftigen, und zwar vorurteilslos, müssen uns auch damit befassen, denn es hat wenig Sinn, dem immer wieder auszuweichen, nur weil wir mit anderen darüber nicht sprechen, da wir uns nicht trauen, es zuzugeben.

Um ein Gespräch zu führen, sind entweder Personen oder Instanzen notwendig, die verschiedene Standorte einnehmen. In unserem Fall ist der eine Standort das Seelische – dort findet das Gefühl statt –, der andere das Denken, welches das Gefühl verbalisiert, es auf- oder abwertet. Und wenn wir nun genau hinsehen, dann erfassen wir, daß das Denken mehrere Standorte hat, nach denen es die Verbalisierungen wertet. Im Volksmund heißt es: »Jedes Ding hat zwei Seiten.« Nur zwei? Wenn wir es genau betrachten, dann hat jedes Gefühl und jede Meinung dazu mehrere Seiten, jedenfalls nicht nur zwei. Diese Seiten sind in uns.

Man sagt, wenn zwei Juristen zusammen sind, dann sind sie nicht nur verschiedener Meinung, sondern sie haben drei Meinungen. Nicht nur unter Juristen ist meist eine dritte Meinung mit dabei, sondern auch unter Medizinern und Psychologen. Wenn wir ganz intensiv uns selbst beobachten, dann stellen wir fest, daß wir drei, vier und mehr Meinungen in uns haben. Das ist nichts Abnormes, und das hat schon gar nichts mit ›Schizophrenie‹ zu tun.

Wir fühlen etwas – das Gefühl ist elementar –, fühlen eine Sprache, die zu uns spricht, keine verbale Sprache natürlich. Und sofort macht sich die Ratio über dieses Gefühl her; sie versucht, es zu benennen und dann zu werten; und mit der Benennung ist meist schon die Auf- oder Abwertung verknüpft. Wenn ich beispielsweise gegenüber einem anderen Menschen Zorn fühle, dann wertet die Ratio vielleicht ab: »Du darfst nicht wütend sein; das ist ein schlechtes Gefühl; es schadet eurer Beziehung.« Wenn ich Zuneigung und Sympathie empfinde, dann sagt die Ratio vielleicht: »Du darfst keine Sympathie empfinden, denn das schadet deiner sozialen Stellung.« Die Emotion ist also das eine und die Bewertung des Denkens mit seinen Normen das andere. So findet in uns ein Zwiegespräch statt, und zwar zwischen dem Erleben und der rationalen Bewertung. Emotion und Ratio sind die Gesprächspartner. Die Ratio möchte die Gefühle analysieren und psychologisieren – und schon wird eine Spaltung vollzogen. Oft nimmt dann die Ratio verschiedene Bewertungsstandpunkte ein; das kann ein politischer, ein sozialer, ein ästhetischer, ein religiöser, ein nationaler, ein rassistischer oder auch ein wirtschaftlicher sein. Das alleine sind schon sieben verschiedene Analysestandpunkte von den vielen, die in uns angelegt sind. Ich betone: Nicht von außen kommen diese Standpunkte, müssen also gar nicht erst in die Diskussion geworfen werden, nein, sie sind bereits in uns aufgrund unserer Erziehung und Sozialisation.

Wir haben diese verschiedenen Aspekte schon lange in uns verinnerlicht. Das hat nichts mit psychologischer Theorie zu tun, und ich will dich auch nicht psychologisch beeinflussen, denn schließlich kannst du selbst in dir nachprüfen, ob das zutrifft oder nicht. Ich möchte dich auch nicht in eine Art von Psychoanalyse hineinziehen, möchte ferner keine wissenschaftlich-philosophische Richtung vertreten – und ich möchte dir nichts beweisen. Ich vertrete weder eine Theorie noch eine psychologische Schule, noch eine Therapierichtung; hinter mir steht weder eine Universität noch eine politische Partei, noch eine religiöse Gemeinschaft; du sollst von nichts überzeugt und nicht überredet, und es soll auch nichts bewiesen werden, was als Postulat oder Hypothese von irgendeiner Interessengemeinschaft eventuell vertreten wird. Wir betrachten vielmehr völlig frei und unabhängig von Meinungen, Ideologien, Utopien. Ich möchte dir keine Meinung aufdrängen. Meine Meinung ist bedeutungslos, wenn *du* damit nichts anfangen kannst. Ich sage nur: Fühle deine Gefühle, ohne sie zu analysieren durch Verbalisierung. Es ist schon viel zuviel Verbalisierung durch deine Ratio in dir vorbereitet. Wir sollten sie vom Tisch wischen. Du diskutierst schon häufig genug in dir, und deshalb geht es nicht darum, neue Diskussionspunkte ins Spiel zu bringen.

Der vorgehaltene Spiegel

Du kennst die verbreitete Charakterisierung, die da heißt: »Der Mensch ist ein soziales Wesen.« Damit wird nicht gemeint, daß er altruistisch und solidarisch ist, sondern ein Gruppenwesen, welches die Sozialgemeinschaft braucht. Allein aus der Tatsache, daß wir viele Jahre der Kindheit auf die Versorgung und Pflege durch die Familie angewiesen sind, ist diese Meinung nicht herzuleiten – da schon eher aufgrund der Ausbildung des Über-Ich (nach der Instanzenlehre Sigmund Freuds).

Wir brauchen die soziale Gemeinschaft, denn unsere Gesellschaft basiert auf Arbeitsteilung. Davon abhängig war in früheren Zeiten die autarke Selbstversorgung – etwa auf abgelegenen Gehöften – durchaus möglich. Voraussetzung hierfür: Auf diesen Höfen mußte die kleine Gemeinschaft auf Gedeih und Verderb zusammenhalten.

Es geht jetzt nicht darum, ob der Mensch ein Einzelgänger ist oder ein Gruppenwesen, denn er sollte auch innerhalb der sozialen Gruppe ein Einzelmensch mit Individualität sein können, ein Thema, das wir bereits behandelt haben.

Ich möchte dich heute auf die Gefahr der Abhängigkeit in einer Gemeinschaft von den Mitgliedern solch einer Gemeinschaft hinweisen. In seiner Entwicklung über die Kindheit, die Jugendzeit und die Adoleszenz will der einzelne nicht nur abhängig sein. Die Pubertät ist deshalb die Zeitphase, in der die Gemeinschaft kritisch gesehen wird, in der die Besinnung auf das eigene Ich erfolgt.

Die Pubertät ist eine Zeit, in der sich der einzelne selbst bespiegelt, und zwar nicht nur vor dem Toilettenspiegel, sondern auch und gerade in der Meinung der anderen. Jeder will erkunden, wie die anderen über ihn denken, was sie von ihm halten, will wissen, ob er gut aussieht, ob er sympathisch wirkt. In der Pubertät wiederholen sich daher regelmäßig die Fragen: Wie gefällt dir meine Frisur? Wie gefällt dir dieses (jenes) an mir? Warum gefällt es dir nicht? Aufgrund des erwachenden Selbst beginnt der Jugendliche, sich von den Wertmaßstäben der Eltern (oder der bisherigen Bezugspersonen) zu lösen und macht oft das genaue Gegenteil. Wenn die Eltern bisher etwa auf einen kurzen Haarschnitt Wert legten, läßt man sich die Haare lang wachsen, und wenn sie etwa auf Ordnung und Sauberkeit pochten, probiert man das Chaos und die Anarchie. Sind die Eltern dagegen unsauber und chaotisch, hält man peinliche Ordnung und duscht täglich fünfmal.

Trotz dieser Gegenreaktionen sind wir nicht frei davon, die Meinung der anderen zu erfragen und auszutesten. Die Pro-Test-Haltung ist ein Test. Wir reflektieren uns selbst in den Ansichten, Meinungen und Stellungnahmen der anderen. Wir wollen wissen, wo wir stehen in den Augen, auch im Denksystem der anderen – wir spiegeln uns in ihnen. Diese Reflexion ist ein natürlicher Vorgang im Lernprozeß. Die anderen vermitteln uns ein Bild, das sie von uns haben. Dieses reflektierte Bild ist die Ursache dafür, wie wir uns verhalten, um uns eventuell anzupassen, damit wir ihrem Bild nahe kommen. Andererseits wehren wir uns vielleicht auch dagegen, einem vorgegebenen Bild überhaupt zu entsprechen. Dann meinen wir, selbständig zu sein. Doch wie Anpassung Abhängigkeit von Fremdbestimmung ist, so ist auch Protest Abhängigkeit von Fremdbestimmung. Wir glauben zwar, Selbstbestimmung gefunden zu haben, sind aber immer noch in demselben System eingebunden. Anpassung und Protestbewegung weisen ein gleiches Muster auf. Protest und Revolution bedeuten deshalb noch lange nicht Fortschritt, noch lange nicht Freiheit. Anpassung und Revolution sind nämlich gebunden an die Reflexion des Fremdbildes – was bedeutet: Durch Revolution entsteht kein eigenständiges Selbstbild.

Ich möchte dir damit folgendes sagen: Du sollst dir der Reflexion deiner Persönlichkeit, deines Selbstbildes bewußt werden.

Die Bespiegelung muß daher gänzlich aufhören – und das ist die große Schwierigkeit. Individuation beginnt erst dann, wenn die Reflexion beendet ist. Das gelingt den wenigsten, was jedoch nicht heißt, es wäre schwer. Dieser Umstand wird den meisten Menschen während ihres Lebens eben nie richtig bewußt, auch deshalb, weil sie niemand darauf hinweist. Wir sind es gewohnt, daß uns andere auf etwas hinweisen, und zwar auf einen Standpunkt, der artikuliert wird. Da er aber höchst selten artikuliert wird, scheint der Vorgang für viele nicht zu bestehen.

Es hat nicht nur das Realität, was artikuliert und reflektiert wird. Hinter aller Reflexion, die von außen kommt – ein Spiegel zum Beispiel ist etwas Äußerliches –, existiert ein Bedürfnis nach Selbsterfahrung und Selbsterkenntnis, unabhängig von allem Äußeren. Dieses Thema sollten wir vertiefen, gerade weil niemand darüber spricht und weil es deshalb kein ernsthaftes Thema zu sein scheint.

Es ist etwas in dir, das nur dir gehört, ja, das nur dich ausmacht. Diesem Inneren wollen wir uns nähern, denn darauf kommt es an. Du möchtest dich so sehen, erkennen und annehmen, wie du tief innerlich bist. Dort ist etwas, das nur du selbst sehen kannst, kein anderer. Es ist deshalb zunächst einmal nicht möglich, dieses Etwas in einem Spiegel zu betrachten. Erst wenn du es gesehen hast, kannst du versuchen, es in Worte zu fassen, um es der Reflexion durch andere vorzulegen. Es zu sehen und zu erkennen, ist der wichtigste Vorgang, während die Reflexion nachfolgend ist, also sekundär. Du kannst mit der Zeit unabhängig und frei werden von dieser Reflexion, obwohl sie nach wie vor fortbesteht. Dennoch werden deine Mitmenschen meist versuchen, dir ihre Bespiegelung geradzu aufzudrängen, weil sie nichts anderes kennen und sich selbst ständig in anderen reflektieren.

Es gibt eine Nähe zum eigenen Selbst, die keiner Reflexion mehr bedarf. Dort beginnt die Ich-Stärke – und dorthin möchte ich dich begleiten. Ich versuche, dein Inneres dafür zu öffnen. Das hat nichts mit ›Esoterik‹ zu tun. Es gibt nämlich in dir eine Realität, die zwar nicht wissenschaftlich seziert werden kann, aber die dennoch elementare Wirklichkeit besitzt. Diese Wirklichkeit ist eine eigene Welt. Was ist elementarer, die Wirklichkeit oder ihre Betrachtung in einem Spiegel? Vor einer Spiegelwand stehend, greifst du immer nach der realen Person, nicht nach ihrem Spiegelbild. Du bist, der du bist, lebst relativ so, wie du dich innerlich fühlst – und nicht, wie du dich selbst in einem Spiegel siehst.

Wenn wir verliebt sind, wollen wir wissen, ob diese Person uns auch liebt, wollen erfahren, ob sie uns als liebenswert, tüchtig, gutaussehend und begehrenswert empfindet. So reagieren die meisten Männer und Frauen; es erscheint deshalb normal und natürlich. Der andere ist für uns ein Spiegel, und wir wollen für ihn ein Spiegel sein. Ich hoffe, du erkennst, wie verkehrt das alles ist, spiegelverkehrt.

Kein Selbstbild

Durch Fremdbestimmung, also durch Manipulation von außen, werden wir konditioniert. Andere haben ein Bild von mir, von dem ich durch Reflexion erfahre. Ich kann entweder versuchen, diesem Bild gerecht zu werden, oder ich kann es ablehnen. So habe ich bei anderen ein ›Image‹, das ich pflegen und fördern kann oder dem ich, falls es abgelehnt wird, ein anderes Image entgegensetze und aufbaue.

Du hast ein Selbstbild von dir und hältst dich unter anderem für mathematisch begabt, für intelligent, traust dir dieses und jenes zu und anderes nicht. Es gibt ein Selbstbild, das du vor dir vertrittst, und eines, das du nach außen zum Ausdruck bringst. Du weißt auch von dir, daß du beispielsweise sehr sensibel und verletzlich bist, aber dieses Selbstbild versuchst du zu verbergen, da andere davon nichts merken sollen; also gibst du dich sachlich, kühl, durchsetzungsbetont, als wärest du hart und unverletzlich. Doch gerade weil du verletzlich bist, gibst du dich aggressiv, denn im Angriff liegt angeblich ›die beste Verteidigung‹. So entsteht ein Widerspruch in deiner Person: Auf der einen Seite steht das Selbstbild, auf der anderen das Image, das du nach außen vor anderen dokumentieren willst. In diesem Widerspruch liegt eine Spannung. Vielleicht gelingt es dir meist, diese Spannung nach außen nicht sichtbar werden zu lassen; dennoch ist sie vorhanden, da du dich angespannt fühlst. Ergo: Auch wenn du dieses Gefühl verdrängst, also vor dir zu verbergen suchst, so ist es dennoch wirksam. Nicht nur das: Wenn du es verdrängst, macht es sich durch psychosomatische Beschwerden bemerkbar. Wir können uns auf Dauer nicht selbst unbeschadet etwas vormachen und uns belügen. Andere lassen sich vielleicht von einer Fassade, einer Maske täuschen, aber dein eigener Körper reagiert entweder mit Gesundheit und Wohlbefinden (wenn du dich nicht belügst) oder mit Krankheitssymptomen (wenn der Konflikt, wenn die Spannung in dir ist). Bitte denke nicht, hier handele es sich nur um psychologisierende Theorien. Keineswegs, sind dies doch erwiesene Tatsachen, die wirksam sind. Eine Tatsache wird durch rationales Herunterspielen nicht unrealer oder unwirksamer.

Ich weiß, es ist sehr schwer, den Tatsachen offen und ohne Beschönigung ins Auge zu sehen. Wir neigen dazu, an einer Tatsache herumzumanipulieren. Du hast es vielleicht schon selbst erlebt, wenn du in einen Menschen verliebt warst und dir gewünscht hast, er möge dich auch lieben. Wenn er dich liebt, ist ja alles wunderbar, aber wenn er dich nicht liebt, dann ist das sehr schwer als Realität hinzunehmen. Das Gehirn ist dann erfinderisch, konstruiert Ideen, Phantasien, Utopien, Hoffnungen, Erwartungen, jedenfalls viele Entschuldigungsgründe dafür, warum der andere ›nicht so verliebt‹ ist, wie ich es bin. Dann heißt es: »Sie hängt noch an ihrem alten Freund; ich muß ihr Zeit lassen.« Oder: »Sie hat noch nicht erkannt, was für ein liebenswerter und wertvoller Mensch ich bin. Außerdem hat sie zur Zeit viel beruflichen Streß um die Ohren; sie kann sich nicht genug fallenlassen.« Oder: »Ich muß mich wohl etwas mehr bemühen, ihr Blumen schicken, Liebesbriefe schreiben, sie öfters anrufen, ihr mehr und mehr sagen, wie sehr ich sie liebe.« Nimm doch die Tatsache einfach hin, wenn sie denn so ist, und gestehe dir ein: »Sie liebt mich nicht.« Das kann viele Gründe haben, die du nicht ergründen kannst, denn du kannst niemals gänzlich erfassen, was in ihr vorgeht. Du kennst nicht ihre Konditionierung, nicht ihre Pläne, Ideale, Utopien. Es hat keinen Sinn, ihr ein Image vorzugaukeln, das du vielleicht bei ihr gar nicht hast, auch niemals erreichen kannst. Nicht nur deshalb solltest du erst gar nicht versuchen, dir ein Selbstbild zu konstruieren, welches mit der Wirklichkeit nicht vereinbar ist. Das heißt nicht, die Hände in den Schoß zu legen und inaktiv zu verharren. Wenn sich jemand beispielsweise für Medizin interessiert und Arzt werden will, dann muß er studieren, lernen und mit vollem Engagement bei der Sache sein, damit er einmal ein guter Arzt wird. Aber ein Liebespaar kann nicht *werden*, wobei alles Bemühen und alles Engagement keinen Wert hat, da sich das nur *ereignen* kann. Äußerliches kann werden, kann entstehen. Innerliches dagegen ist da, ist Sein. Das Geschriebene ist nur ein Bereich des Lebens und des Menschseins, das mit dem Sein zu tun hat, nicht mit dem Habenwollen.

Deshalb sage ich dir: Befreie dich von allen Selbstbildern. Charakterisiere dich nicht, sondern bleibe offen, und ordne dich auch nicht in eine Typologie ein (was lediglich eine Festlegung wäre). Deshalb bin ich auch beispielsweise gegen die Typologie der Astrologie eingestellt, und zwar deshalb, weil sie uns unfrei macht. Sage also nicht, ich bin Skorpion – und Skorpione sind eben so und so. Wenn du dich mit dieser Typologie identifizierst, schaffst du ein Selbstbild, das dich festlegt und einkerkert.

Du solltest dich selbst erforschen, völlig unabhängig von astrologischen oder anderen Typologien. Es geht nicht um die Frage, ob an der Astrologie etwas dran ist oder nicht – diese Diskussion kannst du getrost bei nichtssagenden Partygesprächen führen –, sondern es geht darum, wer du wirklich bist, unabhängig von deinem Sternzeichen. Sicherlich wird hierbei manches zutreffen, weil es aufgrund der Allgemeinheit alles Psychischen irgendwann auch einmal zutreffen muß. Der Wassermann, sagt die Astrologie, ist Neuem gegenüber aufgeschlossen; natürlich trifft das auf viele Wassermänner auch zu. Der Krebs geht drei Schritte vor und dann wieder zwei zurück; das trifft bestimmt auf viele Krebse zu, aber auch auf viele Wassermänner. Wenn etwas zutrifft, heißt das aber noch lange nicht, daß das ganze System in sich schlüssig und stimmig ist. Wenn man sagt, Wassermann und Krebs passen nicht zusammen, dann kann das natürlich vorkommen. Wenn es aber gutgeht, so heißt es: »Ausnahmen bestätigen die Regel.« Ich möchte, daß du dich frei machst von allen Typologien, von allen Stereotypen, von allen Fremdbildern, heißen sie nun Akademiker, Arbeiter, Künstler, Manager oder Professor, Homosexueller, Moslem, Jude oder Christ, Kind, Mann oder Frau, Sozialarbeiter,

Obdachloser oder Geschäftsmann. Das alles hat keinen Wert für dich.

Versuche weder die anderen zu typisieren noch dich selbst. Mache dir von dir selbst kein Selbstbild und von den anderen kein Fremdbild. Erforsche dich selbst und erfahre, wer du wirklich bist. Dafür brauchst du keine Typologie. Und erforsche den anderen, wie er wirklich ist, ohne jegliche Hilfsmittel, ob Astrologie, Psychologie oder Religion, ob Soziologie, Moral oder Ethnologie.

Natürlich kannst du in einer Konfliktsituation einen Psychotherapeuten nach seiner Meinung fragen. Es ist gut, fragen zu stellen, möglichst an die jeweiligen Fachleute auf ihrem Gebiet. Höre dir die verschiedenen Meinungen an; das ist sehr interessant und durchaus wertvoll. Alle diese Meinungen sind aber nur Bilder; integriere sie nicht zu einem Selbstbild.

Niemand, wirklich niemand, weder Lehrer noch Vorgesetzter, weder Priester noch Psychologe, weder Philosoph noch Künstler, kann dir sagen, wer du bist. Nur du selbst kannst das erkennen, indem du bereit bist, schonungslos und vorurteilslos in dich hineinzuschauen. Kann dir ein anderer sagen, was dir gefallen soll? Kann dir ein anderer sagen, in welche Frau du dich verlieben sollst? Kann dir ein anderer sagen, wie du dich beruflich verwirklichen kannst, was dich interessieren sollte?

Kannst du einen anderen manipulieren, das schön zu finden, was dir gefällt? Kann ein anderer wissen, wer du bist und was du fühlst? Kannst du das umgekehrt von ihm wissen? Du brauchst kein Selbstbild von dir, mußt auch nicht wissen, welches Image du hast. Du brauchst keinen Spiegel, mußt auch nicht anderen einen Spiegel vorhalten.

Versuche nicht, andere einzuordnen oder gar ändern zu wollen. Nehme dich so an, wie du tief innerlich bist, dann kannst du das auch nach außen tragen, kannst den anderen so erkennen, wie er ist, ohne Auf- oder Abwertung, ohne ihn manipulieren zu wollen. Dort angelangt, beginnt die Entfaltung der Liebe. Wenn Selbstmanipulation endet, zerfallen auch das Fremdbild und die

Manipulation der anderen. Das geschieht ohne Zwang, Disziplin, Pflichtgefühl oder Wollen.

Die Tatsache zu erkennen und sie zu lieben – darauf kommt es an, darin liegt Weite und Freiheit. Wir brauchen keine Enge durch das Denken. Die Ratio schafft die Probleme, die Seele aber ist offen und frei, wenn wir sie nur lassen. Ich weiß, du kannst das alles immer noch nicht vollständig nachvollziehen, da dein Denken viele Einwände macht, dein Denken der Herrscher ist, der die Schönheit unterjocht.

Fünftes Kapitel

Erst durch den Kontakt mit dir selbst verstehst du andere wirklich

In unserer Leistungsgesellschaft ist Ehrgeiz eine erstrebenswerte und geschätzte Tugend. Von frühester Kindheit an wurdest du dazu angehalten, strebsam zu sein, dich zu bemühen, zu lernen, gute Noten zu erzielen, besser zu sein als deine Klassenkameraden. Du hast mir deine Kindheit, deine Jugend und deine Studienzeit geschildert. In deiner Familie legte man großen Wert auf ›Herkommen‹; man hat dir von Anfang an gesagt, daß du in einer ›Akademikerfamilie‹ lebst, daß dein Vater promoviert hat, dein Großvater Mediziner war und dein Urgroßvater Bürgermeister – und daß aus allen in dieser Familie ›etwas geworden‹ ist. Es gab nicht einmal ein ›schwarzes Schaf‹, obwohl es durchaus die Regel ist, daß in einer solchen Familie wenigstens einer revoltiert und somit ein Gegenbild aufbaut. Du hast Angst davor, nun womöglich das erste ›schwarze Schaf‹ in deiner Familie zu werden, denn du bist der einzige, der sich ›diese Gedanken‹ macht. Du weißt aber auch, daß du finanziell abgesichert bist. Deine Schwester ist ›gut verheiratet‹ (wie ihr es in euren Kreisen formuliert), und ihr werdet euch eines Tages ein stattliches Erbe teilen können. Schließlich leitet der Bruder deines Vaters – er hat keine Kinder – als Inhaber ein großes Konsumgüterunternehmen.

Nun bin ich etwas abgeschweift vom Thema Ehrgeiz. Du weißt, daß du sehr ehrgeizig bist; damit sage ich dir nichts Neues. In deiner Familie spielen die Leistung, das Geld, der Konsum und der Status eine große Rolle. Du hast früh erfahren, daß du sozial und finanziell zwar privilegiert bist, aber man hat von dir auch besonders herausragende schulische und berufliche Leistungen erwartet. Und es kommt noch hinzu, daß du immer von ehrgeizigen Gleichaltrigen umgeben warst. Ehrgeizige und strebsame junge Männer waren deine Freunde, und ehrgeizige junge Frauen waren deine Freundinnen, und auch deine von dir mittlerweile geschiedene Frau war so. Sie ließ sich von dir versorgen, und die Möglichkeiten, die du ihr bieten konntest, waren nie ausreichend und zufriedenstellend – sie wollte, daß du viel erreichst und weiter nach oben kommst. Auf dieser Basis war sie eine ›emanzipierte Frau‹, die tun und lassen konnte, wonach ihr gerade zumute war. Erst als du erfahren mußtest, daß sie dich seit einem Jahr sexuell betrogen hatte, warst du bereit, dich von ihr zu trennen.

Der Ehrgeiz deiner Frau bestand darin, dich in deinem Ehrgeiz zu bestärken. So ist alles in allem Ehrgeiz für dich eine sehr natürliche Sache. Wie denn auch? Du kennst es ja nicht anders. Nicht ehrgeizig zu sein ist für dich gleichbedeutend mit Uninteressiertheit, Schlampigkeit, Dummheit, Chaos, mit dem Sich-gehen-Lassen, ja mit dem Sich-durchhängen-Lassen, mit unsolide, untüchtig und nicht wertvoll zu sein. Streben, streben, streben – du hast nichts anderes in deinem sozialen Umfeld gesehen.

Die Philosophie des Strebens und des Erringens von herausragenden Leistungen war von Anfang an der bedeutendste Einfluß auf dich – und du hast diese Ehrgeizhaltung geradezu ständig eingeatmet. Wo großer Ehrgeiz ist, sind die Leistungserwartungen hoch gesetzt, Leistungserwartungen, die nicht immer erfüllt werden können – also waren deine ständigen emotionalen Begleiter auch Angst, Frustration und Ärger.

Du möchtest, daß ich dir aus diesem Dilemma heraushelfe, möchtest aber auch auf der einen Seite den Ehrgeiz nicht aufgeben, auf der anderen wiederum Angst, Ärger und Frustration nicht mehr erleiden müssen. Die Psychologie müßte, so meinst du, doch einen Weg wissen, wie das realisiert werden könnte. Wenn ich dir sage, daß ich keinen solchen Weg aufzeigen kann, dann bin ich für dich ein ›schlechter Psychologe‹. Du gehst dann zu einem anderen – der dir aber auch keine Lösung anbieten kann – und dann zum nächsten, der es auch nicht kann. Du gehst zu den Astrologen, den Esoterikern, den Gurus, den Karrieretrainern, den Spiritisten, Seminaranbietern für Selbsttransformation – und wie dieser Hokuspokus auch genannt wird.

Solange du deinen Ehrgeiz nicht hinterfragst und ihm auf den Grund gehst, wird sich nichts ändern. Du kannst so viele Seminare besuchen, wie du willst, kannst Philosophen, Psychotherapeuten und Gurus aufsuchen und dir ihre Meinung anhören – und das einzige, was du davon hast, ist: Du kannst erzählen, wo du überall warst. Doch eine Lösung hast du bisher nirgendwo gefunden. Vielleicht kommst du dann zum folgenden Resultat: Es gibt keine Lösung.

Auch ich biete dir keine Lösung an, die so klar zu fassen wäre, wie du dir eine Lösung vorstellst. Der Ehrgeiz ist eine Tatsache – schließlich leben wir in einer ehrgeizigen Kultur. Aber der Ehrgeiz führt zu Angst, Ärger, Frustration und Aggression. Du kannst diesen Kreis der psycho-logischen Zusammenhänge nicht durchbrechen. Wer ehrgeizig ist, wird zwangsläufig oft frustriert sein und sich ärgern. Solange du ehrgeizig bist, wirst du die Angst durchleiden und dich unfrei fühlen.

Und doch gibt es einen Ausweg aus diesem Dilemma. Ich möchte dir diesen Ausweg gerne zeigen. Es gibt eine Interessiertheit und eine Freude, ein Engagement und eine Aufmerksamkeit, die nicht ehrgeizig sind – sie kommen aus deinem tiefsten Inneren. Diese Selbsterkenntnis, diese Entfaltung, hat damit zu tun, daß du das unternimmst, was du liebst. Wenn du dich voller Hingabe und Liebe einer Sache widmest, hat das nichts mehr mit Ehrgeiz zu tun. Wenn dann etwas mißlingt, dann ist das auch kein dich schwächendes Ärgernis mehr. Es geht also darum, das zu finden, was du liebst, um dich dem in Liebe zu widmen. Leider denken und fühlen die wenigsten Menschen so; sie machen nur das, was ihnen geraten worden ist; sie sind deshalb nicht mit ganzer Seele und vollem Herzen dabei; sie streben zwar nach etwas, aber stehen nicht dahinter, denn wenn es mißlingt, sind sie frustriert. Wenn du etwas liebst, dann darf es auch schiefgehen; deshalb liebst du es immer noch und wirst keine Mühe scheuen, dich weiter damit zu befassen.

Wenn du etwas liebst, dann zieht es dich an und kostet dich nicht zuviel Kraft, doch wenn du etwas nicht liebst, es dir egal ist, dann brauchst du Ehrgeiz, Einsatz, Energie, Überwindung, Pflicht, Zwang, und dann kannst du nicht einmal das Gelingen einer Leistung wirklich von Herzen genießen.

Eifersucht

In einer Konkurrenz- und Leistungsgesellschaft zu leben, ihre Wertmaßstäbe für sich selbst anzuerkennen und zu übernehmen, das bedeutet zwangsläufig, ehrgeizig zu sein, also nach Macht, Statusgewinn und Erfolg zu streben. Wenn du diese Wertung verinnerlicht hast, dann bist du automatisch eifersüchtig und neidisch. Du siehst also, wie Persönlichkeitseigenschaften oder, anders ausgedrückt, wie emotionale Empfindungen und geistige Strukturen stark miteinander vernetzt sind. Psyche und Geist hängen eng zusammen – und die Vorgänge innerhalb der Psyche auch.

Wenn du ehrgeizig bist – und du bist ehrgeizig; das weißt du selbst; wir haben uns darüber unterhalten –, dann ist damit automatisch das Fühlen von Angst, Neid und Eifersucht verbunden. Das sind alles Empfindungen, die wir nicht mögen und die wir in uns selbst nicht gerne betrachten. Wir versuchen, davor zu fliehen, durch Aktivität und Ablenkung, wollen ehrgeizig bleiben und andere überflügeln, Macht gewinnen, Status erringen, um die Früchte dieses Strebens zu genießen. Aber der Genuß des Erfolgs und der Leistung wird erkauft um den Preis der Angst, des Neides und der Schmerzen der Eifersucht.

Ich möchte dir diese Zusammenhänge aufzeigen, denn du sollst erkennen, daß das eine nicht ohne das andere möglich ist. Darin liegt die Spannung, liegt der Konflikt, ja die Tragödie unseres Menschseins. Wenn du die Zusammenhänge dieser Vernetzung erkennst, dann ist viel gewonnen; es wird dir dann vor allem eines klar: Die verlockende Frucht deiner ehrgeizigen Bemühungen schmeckt nicht nur süß, sondern auch bitter. Du solltest deshalb nicht nur die Süße voller Erwartung und Sehnsucht auskosten, sondern auch die Bitternis, die damit verknüpft ist. Nicht, daß der Triumph dadurch geschmälert würde, denn du willst ihn ja voll und ganz auskosten – er sei dir auch gegönnt; aber du solltest wissen und mit einbeziehen, daß damit Angst, Neid und Eifersucht automatisch verbunden sind.

In unserer Gesellschaft, die eine Leistungsgesellschaft ist – ich muß es immer wieder betonen –, bezahlen wir für dieses Streben jenen Preis in unserer Psyche. Dabei meinen wir, diese Folgekosten des Strebens seien nicht zu hoch. Trotzdem streben wir weiterhin nach Macht, Status und Besitz. Wir gehen stillschweigend davon aus, daß wir mit diesen ›Folgekosten‹, wenn sie denn auf uns zukommen, schon fertig werden. Wir fragen dann den Psychologen oder einen guten Freund: »Wie werde ich nun mit der Angst und mit der Eifersucht fertig?«

Der Neid scheint das geringere Problem zu sein. »Neid ist nicht so schlimm«, sagen wir dann. »Alle sind irgendwo neidisch, wenn ein anderer Erfolg hat und weiterkommt.« Auch die Eifersucht spielen wir herunter mit der Bemerkung: »Jeder ist eifersüchtig, und Eifersucht ist normal. Man will das, was man will, besitzen, alleine für sich haben und mit niemanden teilen.« Und weil es normal ist, ist es, so der Folgeschluß, ›natürlich‹. Es ist angeblich natürlich, daß man nach Status und Erfolg strebt, daß man Macht erringen will, neidisch ist auf den Erfolg der anderen, Angst hat zu versagen. Ist das wirklich natürlich? Gesetzmäßig ist es schon, daß Leistungs- und Konkurrenzdenken Angst, Eifersucht, Neid und Aggression erzeugen. Aber ist es auch natürlich? Sind wir aufgrund unserer biologischen Natur so konstruiert, daß es gesetzmäßig so sein muß? Wenn das natürlich ist, dann ist es eine Entschuldigung, denn wir sind dann einfach so; die Natur hat uns so geschaffen, es ist unsere Bestimmung – und dann müssen wir uns eben fügen. Ist das wirklich so? Wir sind ratlos, und weil wir es nicht klar und deutlich wissen, wenden wir uns schnell wieder den Aktivitäten und Ablenkungen zu.

Wir wollen uns aber nun damit intensiv befassen. Du willst

es, denn du bist mit den üblichen Erklärungen nicht mehr zufrieden, wie du mir sagtest. Du willst erkennen, wo du stehst und wie die Zusammenhänge sind. Diese Basis, ein Bedürfnis zu entwickeln, das Dahinterliegende zu sehen, ist die Voraussetzung dafür, daß wir weitermachen können. Mit der vordergründigen Erklärung, daß das ›normal‹ und ›natürlich‹ sei, kommen wir nicht weiter, denn diese Erklärung ist sehr einfach und führt zur Stagnation des Denkens und des Fühlens. Du möchtest die Hintergründe erkennen und verstehen. Und ich wiederhole jetzt deshalb: Angst, Leistungserwartung, Neid, Eifersucht und Ehrgeiz sind psychologisch miteinander verknüpft. Es führt kein Weg daran vorbei, daß du neidisch und eifersüchtig wirst, wenn du nach Besitz und Leistung strebst. Das eine ist nicht ohne das andere möglich. Das sagt nichts gegen Leistung. Es ist herrlich und beglückend, wenn ein Mensch etwas liebt, wenn er sich engagiert für eine Sache, eine Aufgabe. Ich unterstütze das und freue mich für jeden, der sich auf diese Weise engagiert, denn – und das ist jetzt der wichtige Punkt – es zählt dann die Liebe für die Sache. Wenn du dich aus Liebe engagierst, haben Angst, Neid, Eifersucht keinen Raum.

Wenn du etwas aus Liebe unternimmst, hat das mit Ehrgeiz, Leistung und Konkurrenzdenken nichts zu tun. Von dieser Liebe und dieser Zuneigung, von dieser zärtlichen Hingabe aber wissen wir nichts, denn wir sind so konditioniert, daß Ehrgeiz uns etwas geben und ›bringen‹ muß. Ist es aber Liebe, wenn es dir ›etwas bringen‹ soll? Ist es Liebe, wenn du etwas besitzen willst? Hängt das wirklich essentiell zusammen? Oder ist Liebe etwas ganz anderes? Kann jemand eifersüchtig sein auf das, was er liebt? Oder ist das Geliebte gerade das, was tun und lassen kann, was es will, das, was so sein darf, wie es ist, gerade weil wir es lieben? Würden wir es vielleicht gar nicht mehr lieben können, wenn es nicht so wäre?

Wir müssen uns darüber Gedanken machen und unsere Gefühle erforschen. Es ist wichtig, das zu begreifen, um uns selbst und die anderen zu verstehen. Wir sollten das alles verstehen, um mit diesem Leben zurechtzukommen, um ohne Angst leben zu können, um Neid hinter uns zu lassen und die quälende Eifersucht zu verstehen. Ein glückliches Leben ist nur möglich, wenn wir uns damit befassen, nicht abstrakt oder theoretisch, sondern in uns selbst fühlend und erkennend.

Ärger

Ärger ist nicht nur Streß oder Frustration, Ärger besitzt seine ganz eigene Gefühlsqualität. Der Anlässe für Ärger gibt es viele: wenn dir etwas mißlingt oder wenn du erfährst, daß andere abwertend über dich reden, oder wenn du deinen Standpunkt vermitteln willst, aber laufend absichtlich mißverstanden wirst, um dich nervös zu machen.

Jede Art von ungerechter Behandlung führt zu Verärgerung. Du willst dich nicht ärgern, hast dir vorgenommen, innerlich ruhig und gelassen zu bleiben – da sagt beispielsweise jemand in schnippischem Ton: »Ich dachte, das hättest du schon längst erledigt«, obwohl du ihm noch gestern ausführlich erklärt hast, warum du aus verständlichen Gründen nicht dazu gekommen bist. Deshalb fühlst du dich jetzt provoziert. Zu deinem Selbstbild gehört aber, daß du dich nicht ärgern lassen willst; also ärgerst du dich über dich selbst, daß du diesem Ideal nicht entsprichst. Deshalb solltest du kein ideales Selbstbild von dir entwerfen, wie du gerne werden, sein möchtest. Jedes Ideal, das du dir im psychischen Bereich schaffst, wird zum Ursprung für Ärger über dich selbst.

Und dann das Ideal: »Du sollst nach außen anderen nicht zeigen, daß du dich ärgerst, denn sich zu ärgern ist Schwäche.« Also versuchen wir, den Ärger hinter einer unberührten Maske zu verbergen. Das ist jedoch sehr energieaufwendig und führt zu einer inneren Spannung. Die meisten denken: Es soll niemand sehen, daß ich mich ärgere, denn sie freuen sich doch nur, wenn sie das beobachten. Dieses Denken aber verstärkt den Ärger noch, wenn wir uns ärgern. Du weißt sicherlich bereits, wie ich diese Thematik sehe und was ich dir jetzt sagen werde. Akzeptiere, vor dir selbst, daß du dich ärgerst, bekenne dich dazu, und schäme dich nicht über dich, denn es ist keine Schwäche, sich zu ärgern, es ist völlig in Ordnung – du darfst dich ärgern, wie du auch Ärger fühlen darfst. Versuche dich also nicht selbst zu belügen, indem du bestrebt bist, deinen Ärger herunterzuspielen. Du ärgerst dich, und das ist die Wahrheit, daran ist nichts falsch.

Der zweite Schritt ist dann, im Kontakt mit anderen das zu zeigen, was dich bewegt. Ich weiß, du willst keine Schwäche zeigen, denn es gilt als weitverbreitete Regel, »andere nicht in die eigenen Karten schauen zu lassen«, also ihnen keinen Einblick in die eigenen Emotionen zu geben. Ich halte diese Regel für falsch, weil sie dich in Wirklichkeit schwächt und nicht stärkt. Es ist viel mutiger und psychisch gesünder – und damit auch stärkender –, zu sagen: »Das hat mich geärgert, du ärgerst mich mit deinen Äußerungen« und die innere Erregung auch deutlich zu zeigen. Deine Stimme darf ruhig lauter werden und bebend sein, und du darfst vor Erregung auch schneller sprechen.

Ärger ist keineswegs etwas Negatives, sondern hat viele positive Seiten; beispielsweise macht er dich wachsamer und aufmerksamer. Wenn du dich ärgerst, kannst du dich nicht ins Bett legen und sofort einschlafen; auch wachst du morgens früher auf und denkst über das ärgerliche Ereignis nach. Ärger aktiviert die Sinne, das Denken, die Tatkraft, mobilisiert Kreativität, damit eine Lösung gefunden wird. Dir fällt dann beispielsweise ein, was du hättest sagen sollen, wie du dich spontan direkt hättest äußern können. Du kennst das: Hinterher hat man meist die guten Einfälle, die in der entsprechenden Situation nicht präsent waren. Und wieder hat man einen Grund, sich über sich selbst zu ärgern, weil man so schwerfällig, ja geradezu dumm war, weil man nicht direkt so oder so reagierte.

Wenn du deinen Ärger unterdrückst, dann bist du so sehr mit der Unterdrückung beschäftigt, daß dadurch dein spontanes Reagieren behindert wird, denn deine Denkfähigkeit wird dadurch blockiert. Deshalb solltest du dich mit Unterdrückung des aufkommenden Ärgers nicht selbst behindern. Wir haben auch

Angst davor, unseren Ärger zu zeigen, weil wir befürchten, daß der andere dann wütend auf uns wird, uns das übelnimmt und wir Nachteile dadurch bekommen. Wir fürchten uns davor, daß die Situation eskaliert und der andere aggressiv wird. Seine Aggression macht uns möglicherweise dann auch aggressiv, wodurch alles nur noch schlimmer wird.

Diese Ängste sind durchaus berechtigt, denn wenn wir unseren Ärger zeigen, spürt der andere, daß er uns nicht so einfach manipulieren kann, wie er dachte; das durchkreuzt sein Vorhaben, und er wird nun aggressiv, um seiner Absicht Nachdruck zu verschaffen. Es ist jedoch sehr nützlich, zu beobachten, wie die anderen in dieser Situation reagieren: Du erfährst mehr über sie, reißt ihnen unter Umständen die Maske der Beherrschung vom Gesicht und siehst deutlicher, was sich dahinter verbirgt. Das Gespräch kann eskalieren, und du kannst die Aggression auftauchen sehen: Plötzlich bricht hervor, was lange, manchmal jahrelang unter einer Fassade der Spannung verborgen war – in der Aggression des anderen kann plötzlich aufgestauter Haß sichtbar werden. Das erschreckt uns, denn wir wollen das eigentlich gar nicht sehen. Ich halte es aber für positiv, sich dem zu stellen, denn du erfährst mehr von den Gefühlen und Meinungen des anderen und erspürst, woran du bist.

Innerhalb einer Ehe geht oft im Alltag alles seinen scheinbar normalen Gang: Jeder erfüllt seine Aufgaben, und ihr scheint ein ›gut eingespieltes Team‹ zu sein. Der Ärger über den anderen wurde immer unterdrückt, und es wurde versucht, eine Art Harmonie aufrechtzuerhalten. An welch seidenem Faden sie hängt, wird deutlich, wenn einer einmal seinen Ärger zeigt. Das kann wie ein Dammbruch wirken, der die unterdrückten Gefühle der Enttäuschung, der Frustration, der Kritik zum Ausdruck bringt. Davor haben wir Angst. Das ist natürlich verständlich, aber reicht dieses Verstehen aus? Können wir es aufgrund von Verständnis gutheißen? Ärger sollte immer sofort offenbart werden, denn ein solches ›Gewitter‹ reinigt die Luft für ein besseres Kommunizieren, kann aber auch dazu führen, die Gräben erst so richtig sichtbar werden und ein Zusammenfinden unmöglich erscheinen zu lassen. Das ist vor allem der Fall, wenn über lange Zeit Ärger verdrängt und innerlich aufgestaut wurde.

Deshalb ärgere dich sofort deutlich und intensiv, nutze dadurch die gesteigerte Wachheit für das Problem beziehungsweise den Konflikt. Probleme müssen immer sofort angegangen werden – schiebe sie also nicht vor dir her. Bereite dir keine schlaflosen Nächte über längere Zeit. Schlaflose Nächte ruinieren auf die Dauer deine Vitalität, zermürben dich, machen dich angespannter, ängstlicher und unsicher. Es ist sehr viel neue Energie erforderlich, mit diesen Energiefressern zurechtzukommen, eine Fassade der scheinbaren Dickfelligkeit aufzubauen. Der Preis der Schlaflosigkeit und anderen psychosomatischen Beschwerden ist zu hoch. Leider wissen wir zuwenig über die Höhe des Preises, weil wir nicht nur versuchen, den Ärger herunterzuspielen, sondern noch vieles andere, was mit der Psyche zu tun hat.

Der Angriff auf unsere somatische Gesundheit ist der höchste Preis überhaupt. Nicht frei, offen, wahrhaftig, liebevoll, emotional, verletzlich und sensitiv leben zu können, das ist auf Dauer qualvoll. Der Aufwand, Ärger direkt zu fühlen und ihn zu zeigen, ist dagegen lächerlich gering. Wir dürfen uns ärgern; es geht im Leben nicht ohne Ärger; er gehört dazu. Wir sollten ihn annehmen und ihn geradezu auskosten, damit er bewußt eingesetzt wird und dadurch keinen weiteren Schaden mehr anrichten kann. Ärger ist Körperverletzung. Wenn dich jemand körperlich angreift, mußt du sofort reagieren; du sollst dir dann nicht in Ruhe überlegen, was da zu tun sein könnte. Wenn dich jemand ärgert, also psychisch verletzt, dann steht dir das Recht zu, dich auf der Stelle dagegen zu wehren.

Bewußtsein des Alleinseins

Die meisten versuchen es zu vermeiden, mit sich selbst, dem eigenen Inneren, in intensiven Kontakt zu kommen, denn es wird ihnen dann bewußt: Ich bin alleine. Vor diesem Empfinden des ›Alleinseins‹ haben viele geradezu panische Angst. Wir müssen unterscheiden zwischen allein, einsam und isoliert, denn darin besteht jeweils ein Unterschied. Sich einsam zu fühlen bedeutet, daß wir gerne zu anderen Kontakt hätten, da wir ihn, aus welchen Gründen auch immer, derzeit vermissen. Der Wunsch, Kontakte zu haben und mit anderen zu kommunizieren, aber diesen Wunsch nicht realisieren zu können, läßt das Gefühl von Einsamkeit entstehen. Wir wollen nicht einsam sein, sondern durch Kontakte ein Gefühl der Geborgenheit in der Gemeinschaft finden.

Das Gefühl der Isolation unterscheidet sich von der Einsamkeit dadurch, daß wir zwar möglicherweise Kontakte aufnehmen können und auch aufgenommen haben, aber uns nicht verstanden und angenommen fühlen. Wir kommunizieren zwar, aber es wird uns bewußt, daß wir anders denken, andere Anschauungen haben, andere Wertmaßstäbe zugrunde legen als unsere Gesprächspartner. Wir leben also inmitten einer Gemeinschaft, gehen einem Beruf nach, haben ausreichend soziale Kontakte – und fühlen uns dennoch isoliert. Ein weiteres Beispiel: Ein Künstler geht andere, eigenständige gestalterische und ästhetische Wege und findet dadurch keine Anerkennung, sondern stößt auf Gleichgültigkeit oder Ablehnung; er fühlt sich dann in seiner kreativen Arbeit isoliert, also nicht in den aktuellen Kunstbetrieb integriert.

Völlig unterschiedlich von der Einsamkeit oder der Isolation, ist das Alleinsein eine Grundtatsache, an der wir nicht vorbeikommen. Bei der Geburt bist du allein, in der Pubertät wird dir dieses Alleinsein besonders bewußt, in Krankheitsphasen, und schließlich bist du beim Sterben allein. Es mögen sich zwar einige Menschen an deinem Sterbebett einfinden und dir Trost zusprechen (was immer sie auch unter Trost verstehen) und dir die Hand halten, doch sie werden sich wieder verabschieden. Dieses Alleinsein ist eine Grundtatsache deiner Existenz.

Wir müssen uns mit diesem Alleinsein anfreunden. Selbst in einer Zweierbeziehung, selbst dann, wenn ihr euch liebt, bist und bleibst du allein. Es ist neben der Sexualität (körperlicher Kontakt), jener biologischen Programmierung, die Faszination an der Liebe, es ist vor allem der seelische Kontakt, der uns glauben macht, in diesem Augenblick das Alleinsein überwunden zu haben.

Die körperliche Vereinigung führt zum Orgasmus, der uns das Gefühl gibt, in der sexuellen Vereinigung für kurze Zeit miteinander zu verschmelzen. Jene körperliche und seelische Anziehung ist einerseits etwas sehr Beglückendes, aber wir stellen auch fest, daß es sich nur um eine Annäherung handelt und wir letztendlich alleine zurückbleiben. Wenn die Anziehung nicht nur körperlich war, sondern auch seelisch, dann besteht über die körperliche Vereinigung hinaus Zuneigung. Dieses Wort bringt den seelischen Vorgang sehr treffend zum Ausdruck: Zu-neigung bedeutet, man neigt sich dem anderen zärtlich zu, man ist ihm zugeneigt, mit anderen Worten wohlgesonnen. Zuneigung und Wohlgesinntheit bringen deutlich zum Ausdruck, daß der andere allein bleibt: Der Partner neigt sich ihm in Wohlgesonnenheit lediglich zu. Das alles heißt: Jeder ist allein, und jeder kann sich dem anderen nur zuwenden in Zuneigung.

Deshalb hat der Begriff Liebe für uns eine so große Bedeutung, denn wir verstehen unter Liebe mehr als nur Zuneigung und mehr als nur körperliche und psychische Zärtlichkeit. Was bedeutet Zärtlichkeit? Wir gehen zart und einfühlsam miteinander um und nicht grob und aggressiv. Das alles hebt unser Alleinsein aber nicht wirklich auf. Unter Liebe verstehen wir mehr als ›nur

Zärtlichkeit, Zuwendung und Zuneigung‹. Liebe soll uns miteinander verbinden, so daß wir zwar zwei Personen sind, aber doch wie eine Person in Gemeinsamkeit denken, fühlen und handeln. Diese Vorstellung von Liebe ist das Ideal, das wir erwarten, erhoffen und erstreben. Es ist damit die Sehnsucht verknüpft, das Alleinsein dadurch zu beenden. Alleinsein läßt sich aber niemals beenden, weder durch das Ideal noch durch Sexualität.

Wir sehnen uns nach Liebe und können nicht verbalisieren, was wir damit konkret meinen. Wir hoffen, etwas zu bekommen, was wir allerdings nicht erhalten können. Deshalb ist es so wichtig, daß wir uns damit befassen, damit wir über das Hoffen und Sehnen hinausgelangen und beginnen, die Wirklichkeit zu sehen.

Wir müssen uns unserem Alleinsein stellen, uns damit vertraut machen – und es akzeptieren. Erst danach können wir uns über die Liebe erneut Gedanken machen. Die Liebe wird niemals das Alleinsein aufheben, es auch nicht überwinden helfen. Das Wesen der Liebe wird erst erfaßt, wenn wir uns mit dem Alleinsein völlig vertraut gemacht haben, denn die Liebe agiert aus dem Alleinsein und wendet sich einem anderen Alleinsein zu. Die Liebe wird erst hieraus richtig verstanden. Gerade weil ich allein bin, subjektiv und eigenständig, erfasse ich die Subjektivität des anderen voll und ganz. Es geht also nicht um ein Werden, nicht um einen Anpassungsprozeß, meine Liebe beläßt die Andersartigkeit voller Respekt und Achtung. Gerade das ist das Wesen der Liebe.

Und noch etwas: Es ist unreif und hat nichts mit Liebe zu tun, den anderen erziehen zu wollen. Diese Absicht ist der Liebe wesensmäßig völlig fremd. Die Liebe will also nicht das Alleinsein aufheben, sondern sie genießt das Alleinsein: Du bist so, und ich bin ganz anders; ich darf so sein, wie ich bin, und du sollst das auch. Ich freue mich, daß du mich so nimmst, wie ich bin in meiner Andersartigkeit; du freust dich, daß ich dich genauso lasse, wie du bist, und voller Achtung und Freude darauf reagiere.

Alleinsein und Subjektivität müssen geachtet werden. Das ist die Basis, auf der Kommunikation liebend werden kann. Deshalb ist es von großer Bedeutung, daß du dein Alleinsein in dir selbst annimmst, damit du mit dir selbst versöhnt leben kannst und bereit wirst dafür, dich in deiner Art, in deiner Subjektivität in ehrlicher, offener und wahrhaftiger Weise auszudrücken. Wenn sich zwei Menschen lieben, dann trauen sie sich, einander das anzuvertrauen, was sie ›tief innerlich‹ wirklich fühlen und denken. Auf einmal gibt es hinter der Maske ein ›tief innerlich‹. Es macht uns überaus glücklich, wenn wir vor einem anderen unsere tiefsten Empfindungen offenbaren können. Das zeigt, in welch kranken sozialen Kontakten wir uns bewegen, denn es sollte das Selbstverständlichste und Natürlichste sein, daß wir mit anderen darüber kommunizieren, uns in unserem Alleinsein ehrlich und wahrhaftig offenbaren können. Weil das aber in dieser korrupten und kranken Fassadengesellschaft nicht möglich ist, können wir das nur noch in der Zweierbeziehung zu finden versuchen. Damit wird diese Zweierbeziehung meist überfordert, nicht die Liebe.

Wenn wir also einmal die Fassade ablegen und unser Innerstes offenbaren, dann ist das ein für uns so gewaltiger Vorgang, daß wir übersteigert in unseren Beziehungserwartungen reagieren.

Du bleibst allein, und dieses Alleinsein ist völlig in Ordnung, ist natürlich und gesund – und du bleibst allein, ohne isoliert, ohne einsam zu sein. Wir haben panische Angst vor Isolation und Einsamkeit. Diese Panik überdeckt das wunderbare Faktum des Alleinseins. Es ist ein köstlicher Genuß, allein zu sein – und aus dieser Glückseligkeit der Subjektivität voller Liebe und Aufmerksamkeit die andere Subjektivität (gerade weil sie allein ist) zu genießen. Ich würde mich freuen, wenn du erkennen könntest: Erst beim Übertreten dieser Schwelle beginnt die Liebe.

Selbsterfahrung des Alleinseins

Selbsterfahrung geschieht entweder über den Kontakt zu anderen oder durch das Alleinsein, wobei ersteres verschiedene Möglichkeiten zuläßt. So wurde etwa innerhalb der Psychotherapie die Gruppentherapie entwickelt, die sich in verschiedene Richtungen aufspaltet und unter anderem durch das Gespräch über die eigenen Gefühle (Sensitivity-Training), das Ausagieren von Gefühlen in der Gruppe (Encounter-Group) und das spielerische Darstellen (Psychodrama) gekennzeichnet ist. Unter Selbsterfahrung verstehen wir im Alltag auch das mutige Sicheinlassen auf neue und ängstigende Situationen, um durch das konkrete Durchleben zu lernen und die eigene Widerstandskraft zu fördern. Viele verstehen unter Selbsterfahrung auch, über die eigenen Konflikte mit einem guten Bekannten oder einem Freund zu reden, seine Meinung zu hören und mit ihm darüber zu diskutieren. Die meisten suchen die Geselligkeit, und es besitzt für sie etwas Tröstliches, wenn andere sie anhören und zum Ausdruck bringen, daß sie das Problem oder den Konflikt kennen und Ratschläge erteilen, sich so oder so zu verhalten.

Für viel wertvoller aber halte ich, wie du weißt, die Selbsterfahrung durch Selbstbetrachtung – und dafür ist Alleinsein erforderlich. Dieses Alleinsein heißt nicht, sich in die eigenen vier Wände zurückzuziehen, stillzusitzen und vor sich hin zu grübeln. Du kannst auch einen Waldspaziergang machen, dir die Pflanzen ansehen und dem Flug der Vögel nachschauen. Wichtig ist jedoch, daß du alleine bist. So fühlst du keine Verpflichtung, mit jemandem zu reden, Erzählungen und Ausführungen zuzuhören, lenkt dich so etwas doch nur von der

Selbstbetrachtung ab. Du kannst dich auch vor einen Tisch setzen und deine Gedanken und Gefühle aufschreiben. Das allerdings liegt den meisten nicht, da für sie das Aufschreiben eine Blockierung darstellt. Wer dagegen gerne zeichnet oder malt, kann die derzeitigen Empfindungen auch mit Farben und Formen ausdrücken, und wer ein Instrument beherrscht, kann sich dem kreativen Vorgang des Musizierens überlassen. Es ist gut, neben den Eindrücken, die wir täglich empfangen, diese Eindrücke durch jede Art von Ausdruck aus unserer Seele wieder herausfließen zu lassen. Wir sollten nicht nur innerlich anhäufen und aufstauen, sondern uns durch Ausdruck davon wieder entlasten. Es reicht aber auch, wenn du dein Innerstes, die Gedanken und Gefühle einfach nur betrachtest. Dazu ist Alleinsein erforderlich, denn du willst dich ja nicht vor anderen produzieren. Diese Selbstbetrachtung ist notwendig, um uns selbst kennenzulernen, um unseren Standort festzustellen.

Ich weiß, wir leben in einer hektischen, extravertierten, also auf Aktion und Handlung hin orientierten Gesellschaft. Kontemplation gilt nicht als tüchtig, sondern als ›Verträumtheit‹. Das aber ist falsch.

Wenn ich in meiner Praxis auf die Kontemplation hinweise, höre ich sehr oft: »Dafür habe ich einfach keine Zeit.« Ich halte das für eine Ausrede. Für andere Bedürfnisse, zum Beispiel Essen und Geselligkeit, nehmen wir uns die Zeit. Manche sitzen stundenlang in Gemeinschaft bei einem Essen zusammen und haben nicht das Gefühl, ihnen ginge wertvolle Zeit verloren. »Essen, also die Befriedigung der Nahrungsaufnahme, ist ein Grundbedürfnis«, höre ich oft als Argument. Die Integration in geselliges Beisammensein vermittelt Ablenkung und auch ein Gefühl von Sicherheit. In der Gemeinschaft fühlen wir uns sicher, obwohl wir uns vielleicht über das Verhalten eines anderen ärgern. Im Alleinsein und der Selbstbetrachtung, der Kontemplation, fühlen wir uns dagegen unsicher, ja, es entsteht bei vielen sogar Angst – da beruhigt doch das gesellige Beisammensein, ängstigt es uns doch nicht. Wir sollten uns dennoch der Selbstbetrachtung und des Lauschens und Schauens nach innen hingeben und diese anfängliche Angst durchleben, denn sie verflüchtigt sich, je länger wir unser Innerstes betrachten.

Anfänglich teilen wir unsere Gefühle noch ein in angenehme und unangenehme und die Gedanken in positive und negative. Mit diesen Wertungen sind wir unsere eigenen Kritiker. Wir werden also nicht nur von anderen kritisiert, sondern auch von uns selbst. Wer ist das, der Kritik in uns übt? Dem müssen wir nachgehen. Woher kommen die Gedanken? Du kannst auch diese Gedanken einfach nur betrachten – sie beobachten, wie du das Ziehen der Wolken oder den Flug der Vögel beobachtest –, ohne sie auf- oder abzuwerten. Du lernst deine Kritiker in dir einfach nur kennen, ebenso wie deine Gefühle, die in dir diese kritischen Gedanken auslösen. So gehst du deinen Gedanken nach und verfolgst sie bis zu ihrem Ursprung, so wie du einem Bach bis zur Quelle stromaufwärts folgen kannst. Dazu ist Alleinsein notwendig; das leuchtet doch ein.

Du begibst dich außerhalb der Gesellschaft und lauschst auf deine ureigensten Empfindungen. Gefühle und Gedanken vermischen sich am Anfang noch, denn Gedanken lösen Gefühle aus, und Gefühle rufen Gedanken herbei. Du lernst durch diese Beobachtung beides voneinander zu unterscheiden. Du gehst zum Ursprung eines Gefühls und zur Quelle eines Gedankens; das ist Kontemplation des eigenen Inneren. Dafür ist keine Anstrengung erforderlich; du mußt dich nicht konzentrieren, denn es handelt sich nicht um eine Aufgabe, die in einer bestimmten Zeit als Leistung erledigt werden soll. Diese Kontemplation ist also nicht anstrengend, sondern erfrischend. Dabei wird keine Energie verbraucht, im Gegenteil: Durch diese Aktivität wird Energie erzeugt. Dadurch, daß du dich selbst betrachtest, Anteil an deinem Inneren nimmst, aufmerksam mit dir umgehst, gibst du dir selbst Anteilnahme und Liebe. Du wirst von Gebundenheiten freier, und jedes Freierwerden läßt deine Energie besser fließen. Je mehr Freiheit du in dir gewinnst – denn Selbstbetrachtung ist ein Vorgang der Selbstbefreiung –, desto näher kommst du einer ganz besonderen Form des Glücks. Es handelt sich um ein Glücksempfinden, das nicht gekoppelt ist an die Erfüllung einer Leistung, an ein Lob von anderen, auch nicht an materiellen Gewinn. Es ist das Glück, das aus dem Dasein erwächst, ein Glück der gefühlten Lebensenergie. Deshalb vitalisiert dich das, und Vitalisierung dieser Art ist die höchste Form von Glück überhaupt. Davon wird im Alltag nicht gesprochen; niemand erzählt hierüber; es scheint unbekannt und auch nicht zeitgemäß zu sein. Und dennoch hast du das Wichtigste im Leben versäumt, wenn du es nicht erkennst und daran achtlos vorbeigehst.

In Kontakt mit sich selbst

Die Stärkung deines Ich geschieht, wenn du dich dir selbst annäherst. Ich sehe meine Aufgabe darin, dir den Mut dafür durch meine Briefe zu vermitteln. Außerdem versuche ich dich darauf hinzuweisen, daß es notwendig ist, mit dir selbst in Kontakt zu kommen, denn das ist für die meisten Menschen nichts Selbstverständliches; nach meiner Erfahrung ist es leider die Ausnahme und nicht die Regel. Unter Kontakt und Kontaktfähigkeit verstehen wir fast ausschließlich die Kommunikation mit anderen. Wir starren wie gebannt immer auf andere Personen und auf das, was uns umgibt, die Außenwelt; mit ihr versuchen wir in Kontakt zu treten und zu kommunizieren. Es scheint für uns so zu sein, als ginge es in unserem Leben vor allem darum, den Kontakt mit der Außenwelt zu suchen. Wir sind so sehr nach außen hin orientiert, daß wir übersehen, daß wir auch eine Innenwelt besitzen. Es gibt aber auch einen Kontakt mit dir selbst, der nach innen, der auf deine Innenwelt gerichtet ist. Eine solche Erläuterung – das zeigen meine täglichen Gespräche in der Praxis – trifft auf Erstaunen und erzeugt Irritation. Mit sich selbst Kontakt haben, das erscheint den meisten etwas merkwürdig und überraschend.

Wir wissen, daß wir Kontakt zur Außenwelt haben; das ist verständlich. Aber es ist uns nicht bewußt, daß wir auch Kontakt mit unserer Innenwelt haben müssen. Wir denken immer, das Ich wäre eine Einheit: Das Ich sucht den Kontakt mit anderen Ichs. Kann dieses Ich Kontakt mit sich selbst aufnehmen? Mit wem nimmt dieses Ich, mein Ich, dann Kontakt auf? Das klingt für viele überraschend und paradox, als wäre das nicht möglich, als wäre das ein Widerspruch in sich selbst. Diese Irritation zeigt, daß wir noch nicht wirklich begriffen haben, wer wir sind und wo wir als Selbst stehen.

Wir nähern uns jetzt einem sehr wichtigen Thema, das volle Aufmerksamkeit erfordert. Ich möchte erreichen, daß es dir gelingt, dich selbst als Ich zu sehen, ein Selbst, das sich als Einzelwesen begreift, das mit anderen Individuen kommunziert, aber auch mit sich selbst.

Es geht dabei nicht um Selbstgespräche – du sollst also nicht laut mit dir selbst reden. Davor hättest du große Angst, denn du würdest dann von anderen als merkwürdiger Sonderling, als ›komischer Kauz‹ eingestuft. Die Angst davor ist jedenfalls sehr groß. (Das ist ein anderes interessantes Thema, doch wollen wir uns jetzt nicht darin verlieren.) Mit anderen Menschen in Kontakt treten – damit kommst du klar, und das hast du praktiziert; es geschieht täglich und ist etwas Selbstverständliches. Du hast ein Ichbewußtsein gebildet, ein Selbstbild aufgebaut; wir haben darüber gesprochen. Nun weise ich dich darauf hin, daß du mit dir selbst in Kontakt treten kannst.

Ein Stein ist ein Stück Materie; er kann nicht mit sich selbst kommunizieren. Du aber bist vielschichtiger; deine Einheit setzt sich zusammen aus Körper, Geist und Seele. Dein Körper spricht seine eigene Sprache; er sagt dir etwas über seine Bedürfnisse, wenn er beispielsweise Nahrung braucht, Bewegung oder Schlaf. Auch dein Geist spricht seine eigene Sprache; er meldet sich, wenn er angeregt oder gefordert sein will – und er konstruiert Muster und Strukturen eigener Art. Und deine Seele spricht auch zu dir; sie vermittelt dir Gefühle wie Angst oder freudige Erwartung.

In dir sprechen also verschiedene Instanzen ihre jeweils eigene Sprache, und du nimmst diese Botschaften zur Kenntnis. Wer nimmt das zur Kenntnis? Wer ist das, der vom Geist eine Meinung hört, wer von den Emotionen eine Vermittlung erhält, wer vom Körper beispielsweise signalisiert bekommt, sexuelle Bedürfnisse befriedigen zu wollen? Du bist also weder alleine Körper noch alleine Geist und Ratio, noch alleine nur Gefühl. Es existiert eine Instanz, die in diesen Kommunikationen als Zentrum steht; das Zentrum erhält Informationen vom Körper, von der Seele und dem Intellekt. Dieses Zentrum ist dein Selbst. Es läßt sich nicht konkret materialistisch deutlich und klar fixieren, ist nicht physikalisch oder technisch beschreibbar, es ist naturwissenschaftlich nicht konkretisierbar. Dieses Selbst, dieses Zentrum, tritt nun seinerzeit in Kontakt zum Körper, zur Seele und zum Geist und natürlich auch zur Außenwelt. Es ist von großer Bedeutung für deinen Lebensweg, dich damit zu befassen.

Du selbst bist etwas, das es zu erfassen gilt. Kein anderer kann dir darüber etwas sagen oder dir das vermitteln. Du selbst bist gefordert, das zu erkennen und zu erfahren. Wir betreiben keine Philosophie, auch keine Psychoanalyse; es handelt sich nicht um etwas Theoretisches, sondern um etwas ganz Konkretes. Wir philosophieren nicht über das Thema des Selbst, denn es geht um dein Selbst. Dieses Zentrum ist eine Realität, und es tritt in Kontakt nach innen und nach außen. Wir sind voller Enthusiasmus und Energie nach außen gerichtet; das ist normal und erscheint nicht schwierig. Ich weise dich jetzt aber darauf hin, daß du nach innen Kontakt aufnehmen sollst. Ein Zentrum im Selbst – oder ein Ich, wie du es auch nennen magst – kommuniziert mit seinem Inneren. Extraversion ist uns vertraut, aber mit der Introversion haben wir Probleme. Das ist aber Selbsterfahrung: Du nimmst Kontakt mit dir auf, mit deinem Körper, der als Materie sterblich ist, und mit deiner Seele, die an den Körper gebunden ist, aber über das Materielle hinausgeht.

Sex beispielsweise ist an den Körper gebunden, aber Liebe geht über ihn hinaus. Sex erscheint uns elementar und nicht kompliziert, aber sobald Liebe dazu kommt, erscheint es uns viel schwieriger. Du bist es, der mit diesen Dingen in Kontakt kommt, du erlebst Sex und Liebe, und dein Geist oder dein Intellekt gibt dazu seine Stellungnahme ab. Nach außen zu kommunizieren ist beispielsweise Sex, nach innen zu kommunizieren führt zur Liebe. Nach außen hin reagierst du vielleicht aggressiv, nach innen wandelt es sich in Liebe. Du stehst unabhängig von diesen Vorgängen. Es existiert ein Selbst, das nach außen und nach innen kommuniziert. Damit müssen wir uns befassen, wenn du willst. Vielleicht interessiert dich das aber gar nicht? Dann müssen wir das Gespräch beenden, bis es dich interessiert, denn nur dann hätte das weitere Gespräch einen Sinn. »Man kann den Hund nicht zum Jagen tragen«, sagt ein altes Sprichwort.

Selbst- und Fremdmanipulation

Mit sich selbst in Kontakt stehen heißt, zuzuhören, was dein eigenes Denken dir erzählt, schauend zu betrachten, was deine Gefühle ›sagen‹ (wie sie sich anfühlen), um die Bedürfnisse und das Befinden deines Körpers zu erfassen. Es geht darum, daß du dir die Zeit nimmst – nenne es auch Muße –, dich selbst anzuhören. Diese Muße ist kein Müßiggang, dieses Innehalten ist keine Passivität. Da die meisten Aktivität für das Erstrebenswerte halten, verwechseln sie dieses Innehalten mit einer Inaktivität im Sinne von ›Stillstand gleich Rückschritt‹.

Ich möchte dir bewußtmachen, daß dieses Innehalten damit überhaupt nichts zu tun hat. Unter Schauen und Lauschen verstehe ich kein passives Müßiggängertum. Für dieses Innehalten, für dieses Zur-Besinnung-Kommen ist im Gegenteil sehr viel Aufmerksamkeit (also Aktivität) erforderlich. Diese Aufmerksamkeitsaktivität richtet sich nur nicht nach außen, sondern eben nach innen. Das ist der einzige Unterschied.

Wenn du den Flug eines Vogels beobachtest, wie er seine Flügel ausbreitet und sich vom Wind tragen läßt, und jede seiner Bewegungen in dich aufnimmst, ist diese Betrachtung keine Passivität, denn sie erfordert deine volle sensitive Wachsamkeit. Diese Aufmerksamkeit ist keine Konzentration, zu der du dich zwingen mußt, sondern sie geschieht als besondere Form von Aktivität und hat nichts mit Passivität (oder gar Faulheit) zu tun.

Wenn du dich selbst mit wachen Sinnen, wachem Geist und bewußter Aufmerksamkeit so betrachtest – ich weiß, dieser Vorgang ist dir noch fremd –, dann handelt es sich um eine besondere Aktivität. Sinn und Zweck dieser Betrachtung bestehen nicht in Selbsterziehung. Es geht nicht darum, sich selbst zu manipulieren. Selbstbetrachtung hat nur den Zweck, wahrzunehmen, ohne einen Einfluß auf das Wahrgenommene nehmen zu wollen. Wenn du eine gelbe Rose wahrnimmst, willst du sie in ihrer Schönheit und Besonderheit erfassen, willst sie nicht etwa rot umfärben. Wir meinen, wir müßten immer etwas tun, damit es einen Sinn ergäbe, müßten uns nur selbst betrachten, um durch die Bewertung in richtig oder falsch, in gut oder schlecht daraus die Berechtigung für eine Handlung zu ziehen, um dann etwas zu ändern. Und wenn es nichts zu ändern gibt, dann wollen wir uns zumindest vornehmen, etwas zu tun.

Ich meine eine Selbstbetrachtung, die nichts bewertet und nichts machen möchte und die dennoch keine Inaktivität ist. Lass' deinen Geist seine Gedanken entfalten. Du wirst dann feststellen, wie aktiv das Denken ist; es fügt einen Gedanken an den anderen; lass' es einfach geschehen, wie es geschieht, und betrachte das, ohne einzugreifen. Sei nicht beunruhigt, wenn die Gedanken nicht mehr logisch zu sein scheinen, sondern ein Eigenleben entwickeln. ›Es denkt in dir‹ – und du schaust zu. Gedanken rufen Gefühle in dir hervor; du betrachtest sie, und es fühlt in dir. Auf diese Weise kommst du in Kontakt zu all dem, was in dir geschieht. Du wirst überrascht sein, welche Gedanken in dir sind, wie sie sich entfalten und wieder sprunghaft zu etwas anderem übergehen, weil die wachgerufenen Gefühle neue Gedanken anregen und diese wieder neue Gefühle erzeugen. Du erkennst, wie das Denken und das Fühlen miteinander verbunden sind. Gefühle erzeugen assoziativ Gedanken, und diese erzeugen Emotionen. So lernst du kennen, was in dir vorgeht, was dich beschäftigt und bewegt. Wichtig ist dabei, daß du nur aufmerksam beobachtest. In der Umgangssprache heißt es, »den eigenen Gedanken nachhängen«, doch »den eigenen Gefühlen nachfühlen« ist dagegen nicht gebräuchlich. Das zeigt: Wir messen den Gedanken mehr Bedeutung zu als den Gefühlen.

Je häufiger du so in dich hineinlauschst, desto mehr wirst du feststellen, daß die Gefühle eine bestimmte Rolle spielen, und dann beginnst du Gedanken von Gefühlen zu unterscheiden. Das ist für deine Selbsterkenntnis wichtig; nicht weil das Rationale an erster Stelle stünde und das Emotionale unwichtig wäre. Du wirst einen Bezug dazu gewinnen und die Erfahrung machen, daß das Rationale einer anderen Dimension angehört als das Emotionale. Beides ist in dir und macht deine Ganzheit aus. Du unterscheidest die Gedanken von den Gefühlen und nimmst auf beides keinen Einfluß. Erst durch diese Betrachtung wirst du in dir selbst erkennen, was Produkte des Denkens sind und wie sie in Beziehung zu deinen Gefühlen stehen, also was das Seelische in dir ist und welchen Stellenwert es hat.

Ich weiß, du fragst jetzt: Was bringt mir das, was habe ich davon? Wenn wir nach dem Zweck fragen, dann steht eine Absicht dahinter, dann soll es dem eigenen Erfolg dienen, dem Weiterkommen, der Selbsterziehung, der Problemlösung und der Konfliktbewältigung. Selbstbetrachtung ist aber keine Rechenaufgabe, bei der unter dem Strich eine richtige Lösung herauskommt. Der Sinn der Selbstbetrachtung liegt in der Beobachtung selbst. Du sollst dich nicht manipulieren und auch keine andere Person. Es geht nicht um eine Problemlösung. Dabei kann dir die Befreiung von diesem Zweckdenken bewußt werden: Du löst dich von der Selbstmanipulation und siehst die Fremdmanipulation mit anderen Augen. Gut, dann liegt auch darin ein Zweck. Und der Nutzen? Was nützt dir das und anderen? Beantworte dir diese Frage erst, wenn du dich so betrachtet hast, also danach und nicht vorher; dann liegt die Antwort auf der Hand. Wenn du die Antwort klar selbst vor Augen hast, bist du diesen Schritt gegangen, zu dem ich dich auffordere.

Klarheit

Nicht wenige treten gegenüber anderen so auf, als wäre ihnen vieles klar und bewußt. Das gehört zu dem nach außen hin dokumentierten Selbstbewußtsein. Jeder möchte dokumentieren, daß er weiß, was er will und daß die ›Dinge des Lebens‹ für ihn ganz einfach zu beurteilen sind. Sie vertreten eine klare Meinung zu allem und jedem, wie dieses ist und jenes, warum es so ist und nicht anders. Wir haben uns selbst eine klare Linie geschaffen und in die Bedeutungen von Geist, Emotionen und Körper strukturiert. Wir geben Stellungnahmen ab zu unserem Beruf, zu unserer Ehe, zur Liebe, zum Mann- und Frausein, zur Religion, zur Politik und zum sozialen Zusammenleben. Wir haben ein Bedürfnis nach solchen klaren Strukturierungen und meinen, dadurch entstünde eine Ordnung, durch die wir präzise wissen, was wir wollen und wer die anderen sind.

Mit Hilfe dieser Strukturierungen versuchen wir, Sicherheit zu gewinnen und der Angst vor Unsicherheit auszuweichen. Wir haben viele Meinungen über die Dinge des Lebens, über ihre Bedeutung und ihren Sinn von anderen übernommen. Wir orientieren uns daran, wie andere über diese Dinge denken, was der Vater oder die Mutter dazu sagten, was ein Lehrer dazu meinte, ein Geistlicher, ein Politiker, irgendein Fachmann. Wir übernehmen vieles von diesen vermeintlichen Autoritäten. Auch wenn wir die Meinung einer Autorität ablehnen und das genaue Gegenteil für richtig halten, so sind wir immer noch orientiert an einer von außen vermittelten Meinung; deshalb steht die Gegenmeinung in Abhängigkeit davon. Wenn du meinst, du hättest dir eine ›eigene Meinung‹ gebildet, so ist das meist ein Trugschluß, steht sie doch wohl in Verbindung zu diesen Vermittlern.

Du kannst mit dieser Strukturierung des Denkens über das Leben und Menschsein deinen Weg gehen und erfolgreich sein. In der sozialen Gemeinschaft bist du als ordentliches Mitglied eingefügt und anerkannt. Soweit scheint alles in bester Ordnung zu sein. Doch dann stellt dich das Leben vor Probleme, die du nicht mehr auf diese Weise strukturieren kannst. Es wird dir zum Beispiel plötzlich bewußt, daß du deine Frau nicht mehr liebst, und du fragst dich, warum. Oder du lebst mit einer Frau in einer geordneten Beziehung zusammen, bist fleißig, korrekt und ehrgeizig, meinst, du machst alles richtig, und sie eröffnet dir, daß sie dich nicht mehr liebt und seit einem halben Jahr einen Geliebten hat. Oder du strengst dich in deinem Beruf an, machst Karriere und wirst anerkannt und gelobt, aber in dir entsteht ein Gefühl von Leere und Desinteresse: Du mußt dich von Tag zu Tag mehr zwingen, deine Aufgaben zu erfüllen, möchtest am liebsten etwas ganz anderes machen, etwas Neues, aber du weißt nicht, was. Oder du besuchst deinen Freund im Krankenhaus, der unheilbar an Krebs erkrankt ist, hältst seine Hand und weißt nicht, was du sagen sollst; das Sterben erschreckt dich, und du findest weder vor dir noch vor anderen eine Antwort auf diese Fragen. Du empfindest Angst und möchtst mit niemandem darüber sprechen und lenkst dich durch Betriebsamkeit ab.

Du erkennst, daß die Klarheit der Meinungen zum Leben nur oberflächliche Scheinklarheiten sind. Es kann daher keine wirkliche Klarheit entstehen, solange du nicht in dir selbst Klarheit gefunden hast. Wirkliche Klarheit kann es nur geben, wenn sie aus dir selbst kommt, niemals, wenn sie dir von anderen vermittelt wurde und du sie einfach nur übernommen hast. Deshalb mußt du selbst erkennen, was in dir vorgeht, was Liebe ist und Entliebung, was Angst ist und Neid, was Krankheit heißt und Sterben, wie Mißerfolg sich anfühlt, was dich bewegt und motiviert und was dich wirklich interessiert. Deshalb ist Selbsterkenntnis so wichtig, dieser Kontakt zu deinem Inneren im Gegensatz zum Kontakt nach außen.

Es geht nicht darum, daß du zum Einzelgänger werden sollst,

der nur für sich selbst lebt und den Kontakt nach außen zu anderen einschränkt oder abbricht. Unser Denken neigt dazu, in Gegensätzen zu ordnen: Entweder ich lebe kommunikativ nach außen und bin gesellig, oder ich lebe nach innen und bin ein ›Sonderling‹. Außerdem haben wir panische Angst davor, ein ›Eigenbrötler‹ zu sein. Diese Angst wurde uns in unserer Erziehung vermittelt, weil das übliche Menschenbild das extravertierte Kontaktverhalten überbewertet und den introvertierten Kontakt zum Selbst abwertet.

Beides ist für dein Leben wichtig – du kannst das eine praktizieren, ohne das andere zu vernachlässigen. Das Pendel muß nach beiden Richtungen schwingen können, damit Ausgeglichenheit und Harmonie entsteht: Es schwingt in die Extraversion und danach wieder in die Introversion zurück, und ebenso schwingt es in die Aktivität der Handlung, um wieder zurückzuschwingen in die Passivität der Nichthandlung. In der Schwingung liegt die Lebendigkeit, also ist der Wechsel, ist die Veränderung zu begrüßen. Wenn du mitschwingst, fühlst du dich wohl, dann entsteht keine Reibung; wenn du dich dagegenstemmst, wirst du innerlich verspannt, verkrampft und psychosomatisch krank. Du solltest dir diese Flexibilität bewahren. Es gibt keine feststehende Meinung und keine eindeutige Klarheit; das wirst du selbst in dir erfahren. Wenn du alle Meinungen und äußeren Scheinklarheiten abwirfst und mit dir Kontakt aufnimmst, der Sprache der Gefühle lauschst, dann bewegst du dich mit, dann steht deine Ratio nicht starr gegen die Emotionen, dann schwingst du mit und überläßt dich den Schwingungen, dann bekommst du ein Gespür für die Gedanken und Emotionen und für deinen Standort in der jeweiligen Situation, in der du dich gerade befindest. Aus dieser Selbsterfahrung entsteht eine Strukturierung, die nicht von außen aufgeprägt wird, sondern die in lebendigem Bezug zur Wirklichkeit steht.

Du bekommst ein ganz neues Gespür für das Leben, dein eigenes Leben und das Leben der anderen. Es entsteht eine Klarheit in dir selbst, die von ganz anderer Beschaffenheit ist als die Klarheit, die du bisher zu besitzen glaubtest. Es fällt dir wie

Schuppen von den Augen, daß deine bisherige Klarheit gar keine war, daß die bisherige Ordnung Unordnung war, daß du verwirrt warst im Vergleich zu dieser neuen Klarheit. Du siehst erstmals dich selbst und die anderen mit neuen Augen, stellst fest, daß du bisher die Welt aus einem Gefängnis heraus betrachtet hast. Jetzt trittst du heraus und fühlst dich frei – wie neu geboren. In diesem Moment bist du seelisch geboren. Es ist die eigentliche Geburt deines Selbstseins als eigenständiger Mensch.

Die Schattenseite

Der Weg zur Selbsterkenntnis führt über das Nach-innen-Schauen und das Nach-innen-Lauschen. Du sagtest mir, das würde einfach klingen, und du fragst: Warum gelingt mir das so selten und anderen offenbar auch nicht?

Zunächst einmal möchte ich dir empfehlen, nicht darauf zu achten, was anderen gelingt und was nicht. Wir achten viel zu sehr auf die anderen, weil wir das so gewohnt sind. Unser Erziehungssystem ist auf Leistungsvergleich hin ausgerichtet. Von frühester Jugend an schätzen wir uns selbst ein durch den Vergleich: Was kann er, was kann er nicht? Außerdem, so sagen die Erziehungspersonen, sollen wir uns an anderen ein Beispiel nehmen, und zwar an denen, die mehr leisten, die mehr haben, die erfolgreicher sind. Du mußt also aufhören damit, dich mit anderen zu vergleichen. Was sie nicht praktizieren oder was ihnen schwerfällt, muß dir noch lange nicht schwerfallen.

Das In-sich-Hineinschauen, die Introspektion – das hast du richtig erkannt –, fällt den meisten schwer, denn was du in dir zu sehen bekommst, ist nicht unbedingt nur positiv, nicht nur angenehm. Wenn du deinen Gefühlen nachfühlst, stößt du auch sehr schnell auf Gefühle der Angst. Du stellst fest, daß hinter vielem, was du in dir betrachtest, Angst hervorkriecht. Damit konfrontiert zu werden und nicht in die Ablenkung zu flüchten, ist nicht einfach. Was ich dir sage, hört sich mitunter einfach an, aber es ist nicht leicht zu praktizieren. Du mußt diese auftauchenden Angstgefühle aushalten, ihnen nachgehen und ihren Ursprung aufspüren. Es gehört sehr viel Energie und Konsequenz dazu, diesen Weg weiterzugehen.

Selbsterforschung ist auch ein Stück Abenteuer und birgt den

Reiz in sich, Neuland der eigenen Psyche zu entdecken. Um ein Entdecker zu sein, mußt du dazu bereit sein, Hindernisse zu überwinden und angsterzeugende Situationen auszuhalten. Nur wenn du ein solcher Entdecker bist, stößt du in Neuland vor. Kolumbus zum Beispiel war davon getrieben, Gold zu finden und Ruhm zu erringen. Wenn du dich selbst zu entdecken beginnst, so wirst du zunächst kein Gold finden und auch keinen Ruhm erwerben. Du wirst vielmehr von deinen Mitmenschen, wenn du davon erzählst, belächelt werden, wirst erleben, wie sie sich abfällig äußern über das, was du vorhast. Sie werten dich ab und sagen dir, Selbstbetrachtung ›bringe nichts‹, sie mache dich ›untüchtig‹, beschränke deinen Handlungsspielraum, auf den es doch so sehr ankomme. Was in dieser Geringschätzung zum Vorschein kommt, ist die Angst der anderen.

Ich frage dich, was für einen Wert hat Handlung, die nicht mit tiefer Selbsterkenntnis einhergeht? Was bedeutet Handlung, die nur um der Aktion willen erfolgt? Sie ist lediglich energiezehrende Betriebsamkeit. Ich behaupte: Selbsterforschung ist eine hohe Form der Aktivität. Du magst zwar still auf einer Wiese sitzen, du sprichst nicht, telefonierst nicht, gehst keinen Geschäften nach, knüpfst keine neuen Kontakte, denkst nicht über Geldvermehrung nach, auch nicht darüber, wie du andere manipulieren kannst – und dennoch ist dieses äußerliche Stillsein keine Passivität, sondern, so behaupte ich, die wertvollste Form der Aktivität, eine Aktivität, die auch deine äußerlichen Handlungen, die sekundär sind, schließlich beeinflussen wird.

In dieser Phase der Selbsterforschung nimmst du Kontakt mit deinem Inneren auf. Du betrachtest deine Wünsche und Sehnsüchte, siehst deine Untreue, deine Faulheit und Bequemlichkeit, deine Wildheit und Unmoral. Ich weiß, es ist sehr schwer zu ertragen, wenn wir sehen, daß wir hinterhältige Gedanken hegen, daß wir Heuchler sind und den anderen von uns ein falsches Bild suggerieren, wenn wir sehen, daß wir habgierig sind und auf den Erfolg von anderen mit Neidgefühlen reagieren. Den eigenen Neid zu erkennen kann erschreckend sein.

Du wirst durch Selbsterforschung auch auf deine Feigheit stoßen, wirst erkennen, wie du versuchst, einer schwierigen Situation auszuweichen, wirst erkennen, wie dein Denken nach Wegen sucht, solche Situationen zu umgehen, selbst wenn es dazu einer Intrige bedarf. Es ist sehr schwer, das eigene Intrigantentum vor sich zuzugeben, es in Ruhe und ohne Scheu zu beobachten.

Es ist nicht einfach, die eigene Aggressivität zu erkennen. Ich meine nicht die vordergründige Aggression eines Wutausbruchs, nein, ich meine die Aggressivität, die als Destruktivität und als Neid in dir arbeitet, die dich über das Mißgeschick anderer lachen läßt, die den Mißerfolg anderer genießt. Ich meine die versteckte Aggression, die sich verbal als Ironie und Zynismus äußert. Jene Feinheiten deiner Destruktivität kannst du nur durch diese intensive Selbsterforschung aufspüren – und das alles ist nicht angenehm. Du bist verheiratet und spielst deiner Frau den treuen, freundlichen und liebenden Ehegatten vor, aber in dir sind sexuelle Begierden nach einer anderen Frau, die du flüchtig kennengelernt hast und von der du hoffst, sie wiederzusehen. Sich dem zu stellen, das vor dir selbst anzuerkennen, das macht angst.

Ich habe einmal gesagt: In jedem von uns sind viele Diamanten verborgen, die es zu entdecken gilt. Das bringt aber nur die eine Seite zum Ausdruck. Die Diamanten in uns scheinen nicht so verlockend zu sein, daß wir nach ihnen Ausschau halten, denn bevor wir an die Diamanten gelangen, müssen wir einen Dschungel von Beängstigendem durchdringen. Um ans Licht zu gelangen, müssen wir durch viel Dunkelheit gehen. Wir scheuen die Schatten in unserer Seele. Wegen dieser Schatten geben wir vorzeitig auf. Es scheint einfacher zu sein, davon nichts wissen zu wollen, also begeben wir uns lieber in das künstliche Licht der Schein- und Glitzerwelten.

Wenn du in dich hineingehst, dich selbst zu erkennen beginnst, dann spürst du zunächst nichts als Angst, Aggression, Destruktionswünsche, Neid, Habgier, unerfüllte sexuelle Wünsche, Ärger, Wut, Frustration, Verletztheit und so weiter. Das alles zu sehen zieht dich nicht an, sondern stößt dich ab. Du wendest dich erschreckt, vielleicht sogar angeekelt von deinem Inneren ab. Du planst dann mit dem Denken lieber ein neues Geschäft, buchst vielleicht einen Urlaub, triffst dich mit Freunden, kaufst dir ein neues Motorrad, versuchst, deinen Konkurrenten in eine Sackgasse laufen zu lassen. Wenn du damit auch noch Erfolg hast und deine soziale Umwelt dich dafür lobt, bist du für die Selbsterkenntnis verloren. Du wirst so weitermachen und andere, die sich mit Selbsterforschung befassen, für dumm halten. Du wirst dann in Zukunft alles, was mit ›Seele‹ und ›Gefühl‹ zu tun hat, mit Vehemenz abwerten. Am Grad der Heftigkeit deiner Abwertung ist dann deine Angst zu erkennen, die dem zugrunde liegt. Du wirst nun immer in diesem Stil weitermachen, wirst vielleicht äußeren Erfolg haben, aber dabei trotz allem unglücklich und unzufrieden sein. Du wirst zu einem verbitterten Zyniker, weil du tief innerlich doch spürst, daß du dich selbst und das Leben verfehlst. Du fliehst vor deinen inneren Schatten, die dich doch immer wieder einholen, wobei du nicht bewußt wahrnimmst, daß es die Schatten aus deiner Seele sind. Du wirst allen anderen und den Umständen in der Gesellschaft, der Politik, der Kultur, meist dem Zeitgeist die Schuld geben. Du hältst vor dir selbst die Illusion aufrecht, du seiest in Ordnung, während alles Übel immer von anderen komme.

Wer nicht die Schatten in sich selbst erkennt, wird niemals ein glückliches, freies und entspanntes Leben führen können. Du gehst daran vorbei, so daß sich aus dir selbst die Schatten ausbreiten und sich auf alles Schöne legen. Es gibt aber nur den einen Weg der Selbsterforschung, der ans Licht führt.

Sechstes Kapitel
Liebe wird in dir wirksam

Wir wollen vornehmlich geliebt werden und natürlich auch selbst jemanden lieben. Wir wissen aber seit frühester Jugend viel zuwenig über die Liebe. In meiner Praxis erlebe ich bei Partnerschafts- und Ehescheidungsproblemen immer wieder, wieviel der Gesprächszeit darauf verwendet wird, mir zu schildern, der Partner (die Partnerin) sei langweilig, aggressiv, treulos, unverschämt, faul, desinteressiert, schwierig, lieblos und ohne Verständnis. Aus allem spricht: Ich werde nicht genügend geliebt. Wenn ich dann frage: »Lieben Sie Ihren Partner (Ihre Partnerin)?«, dann folgt erstauntes Aufblicken, folgt die Gegenfrage: »Ich weiß nicht. Was ist überhaupt Liebe? Ich weiß nicht, ob ich sie (ihn) noch liebe. Sagen Sie mir, was ist Liebe?«

Kann ein anderer dir beantworten, was Liebe ist? Liebe ist ein elementares Gefühl, das jeder in sich selbst fühlen muß. Wenn er es fühlt, dann sollte er dieses Gefühl ausfühlen, damit er ›weiß‹, was Liebe ist. Es ist natürlich nicht einfach, dieses Gefühl zu verbalisieren. Wir meinen, wir müßten alles in Worte fassen können, damit es zur konkreten Wirklichkeit würde. Liebe ist aber ein Gefühl, eine Realität, die jenseits der Wörter und der Rationalität existiert.

Die meisten Menschen verwechseln Liebe mit Sexualität. Ist Liebe Sexualität? Ich stelle dir jetzt diese Frage und bitte dich, ihr nachzugehen. Du wirst herausfinden, daß Liebe viel mehr ist als sexuelles Begehren. Sexuelle Anziehung zwischen Mann und Frau hat ihre Bedeutung; das ist selbstverständlich. Sexuelle Anziehung aber allein ist nicht Liebe. Was ist dieses Mehr? Dieser Frage müssen wir nachgehen. Damit soll die Sexualität nicht in ihrer Bedeutung geschmälert werden. Ich bin allerdings der Überzeugung, daß der Sexualität eine zu große Bedeutung beigemessen wird.

Wir leben in einer sexorientierten Gesellschaft. Die Sexualität spielt eine überdimensionierte Rolle in der Werbung, den Medien, der Mode, eben weil wir körperorientiert sind. Deshalb werden Liebe und Sexualität zu einer Einheit verschmolzen. Ist sexuelle Anziehung schon Liebe? Ist das Verwirklichen sexueller Wünsche ein Akt der Liebe?

Wir interessieren uns sehr für die sexuellen Spielarten, für alle sexuellen Möglichkeiten, für sexuelle Arten und Abarten. Wir richten unser Interesse auf Perversionen und befriedigen das mit Pornographie aller Art. Die Schattenseiten und Abgründe der Sexualität wecken unsere Neugier. Warum sind wir so extrem an der Sexualität interessiert, nicht aber an dem Thema Liebe? Die Thematik der Sexualität und der Pornographie ist ein Markt für geschäftstüchtige Unternehmer, die Thematik Liebe aber nicht. Wir sind trotz aller Befreiung von traditioneller Prüderie noch nicht wirklich befreit. Die Abkehr von muffiger Sexualmoral und die Liberalität der Berichterstattung in den Medien hat uns offenbar nicht frei gemacht. Es schwelen immer noch verborgene Wünsche in uns, die uns nicht zur Ruhe kommen lassen. Wir haben Sex im Kopf und dabei keinen Bezug zur Liebe. Liebe und Sexualität sind voneinander getrennt, und es fällt uns schwer, beides zu unterscheiden und wieder den Zusammenhang herzustellen.

Das hat damit zu tun, daß wir unser Innerstes fliehen. Solange wir uns nicht selbst erforschen und erkennen, leben wir oberflächlich. Solange wir den anderen nicht in unsere Seele schauen lassen, weil wir es nicht ertragen, selbst hineinzuschauen, sind wir unfrei. Die sexuelle Entfaltung bleibt oberflächlicher Körperkontakt, solange wir die Seele nicht mit einbeziehen – und das führt zur Frustration. Ein Orgasmus allein ist nur eine oberflächliche Befriedigung, solange wir auf der körperlichen Ebene Befriedigung suchen. Seele und Körper können wir zwar rational voneinander trennen, aber nicht existentiell.

Ich möchte dir damit vor Augen führen: Wir leben gespalten in Körper, Seele und Geist. Du kannst auf der körperlichen Ebene durch Sexualität Befriedigung erlangen, und du kannst danach wieder zur rationalen Ebene des Denkens zurückkehren. Du konsumierst über den Orgasmus körperliche Befriedigung, und die Ratio findet das in Ordnung so. Was hat das aber mit Liebe zu tun? Kann die Ratio beschließen, das zur Liebe zu erklären? Wenn sie es dazu erklärt, ist es dann auch Liebe? Oder ist Liebe etwas ganz anderes? Kann die Ratio Liebe definieren? Hat Liebe etwas mit Moral, Religion, mit Philosophie zu tun? Wen wirst du befragen? Den Psychologen, den Psychiater, den Politiker, den Kardinal, den Priester, deinen Onkel, deinen Vater, deine Mutter, einen Wissenschaftler? Du hast bereits unbewußt und auch gezielt in deinem Lebenslauf alle danach gefragt, und jeder gab dir eine Antwort, geprägt von seinem speziellen Blickwinkel. Du erhieltst viele Antworten, aber keine Antwort, die dich befriedigt hätte. Und nun erwartest du von mir eine Antwort. Findest du die Antwort dafür nicht in dir selbst? Was ist Liebe für dich, was bedeutet Sexualität für dich? Das ist kein Ausweichen vor der Beantwortung deiner Frage. Von der Sexualität weißt du genug. Aber es scheint immer noch nicht genug, denn du bist, wie viele andere auch, sexbesessen. Von Liebe weißt du sehr wenig, und es interessiert dich auch weniger. Hier liegt das Problem. Wir weichen der Liebe aus und wundern uns, warum der Bereich der Sexualität uns nicht glücklich und zufrieden macht.

Die Dimension der Liebe zu betreten ist nicht modern und scheint etwas mit Introvertiertheit zu tun zu haben. Liebe ist schwer in Worte zu fassen, während wir über Sexualität, sofern wir uns trauen, konkret körperbezogen reden können. Liebe ist etwas Psychisches und Emotionales; dafür fehlen uns die Worte. Wenn du dich wirklich verliebst, dann fühlst du überrascht: Hier geschieht etwas, was mich ergreift, etwas, das mehr ist als sexuelle Anziehung. Es existiert also etwas jenseits davon.

Durch Selbsterforschung stößt du auf diesen Bereich, der dich über die Geschlechtererotik hinausführt. Ich möchte dich bei der Hand nehmen und dich mit dieser Dimension bekanntmachen.

Liebe ist in dir

Du kannst die Liebe nur entdecken, wenn du sie in dir selbst erkennst. Nur durch diese Selbsterforschung deiner Seele, deiner Vorgänge in dir, kannst du die Zusammenhänge erkennen, die Liebe fördern oder sie zerstören. Es ist deshalb wichtig, daß du dich mit deinem Ehrgeiz, deinem Neid und deiner Angst befaßt. Du wirst dann sehen, daß der Ehrgeiz, der dir als etwas Positives vermittelt wurde, dein Inneres durchzieht: Er läßt dich beispielsweise neidisch werden auf den Erfolg eines ›Konkurrenten‹, denn wenn du vom Ehrgeiz durchdrungen bist, sind fast alle deine Konkurrenten, stehen sie doch mit dir im Wettbewerb, beruflich, in der Freizeit und privat. Du wirst dann erkennen, daß Ehrgeiz und Angst miteinander verbunden sind.

Wenn du eine ehrgeizige Einstellung hast, dich also im Leistungswettbewerb fühlst, dann entsteht die Angst zu versagen. Wir sind ja nicht nur ehrgeizig in der Verfolgung eines beruflichen Zieles, das wir erreichen wollen. Du bist regelrecht darauf ›getrimmt‹ worden, fleißig zu sein, konzentriert deine Aufgaben zu erledigen, dich anzupassen, Wissen anzusammeln, Intelligenz zu entwickeln, Sprachen zu lernen, um dich so in deiner Umwelt vor den anderen zu profilieren.

Natürlich ist es nützlich, Sprachen zu lernen, und es ist sinnvoll, seine Intelligenz zu schulen, sofern dich das nicht ehrgeizig macht, sofern du dich dadurch nicht in einen Leistungswettbewerb treiben läßt. Aber du bist von Kindheit an nichts anderes gewohnt, als deine Leistung an der Leistungsfähigkeit der anderen zu messen. Und so wird die Grundlage für Neid, Egoismus und Angst in deiner Seele gelegt.

Was hat das alles nun mit der Liebe zu tun, von der ich dir

etwas erzählen wollte? Ich möchte dir bewußtmachen, daß unsere Geisteshaltung der Liebe entgegensteht und sie nicht zur Entfaltung kommen läßt. Die ehrgeizige Mentalität, die die meisten Menschen in unserer Gesellschaft nun einmal zwangsläufig haben, ist liebesfeindlich.

Eine liebende Mentalität ist das genaue Gegenteil, ist nur möglich in einer anderen Persönlichkeitsstruktur. Du kannst eine Person nicht lieben und gleichzeitig mit ihr in Konkurrenz treten. Liebe und Konkurrenzdenken gehen nicht zusammen, und auch Liebe und Neid vertragen sich nicht. Die Liebe wird dadurch erstickt. Und das ist der Grund dafür, warum sich Ehepartner oft nur noch in Spannung und Konflikt begegnen, da sie ihre Liebe durch Ehrgeiz, Angst und Neid ersticken.

Wir alle suchen Liebe, aber nur wenige können sie in sich bewahren. Deshalb möchte ich, daß du dir über die Liebe als einen seelisch-geistigen Prozeß klar wirst. Liebe ist nicht etwas, das dir entgegengebracht werden soll, denn dann wäre Liebe ja eine Art Konsumgut, das konsumiert wird wie ein Getränk oder wie ein Unterhaltungsprogramm. Solcher Konsum würde nur deinem Selbstwertgefühl schmeicheln, sonst jedoch nichts in dir auslösen. Deshalb solltest du nicht ehrgeizig danach streben, geliebt zu werden, sondern die Voraussetzung dafür schaffen, selbst zu lieben. Diese eigene Liebesfähigkeit ist in dir vorhanden. Wenn du dich mit dir selbst befaßt, wirst du sie entdecken. Sie ist allerdings verschüttet durch das Streben nach Selbstbestätigung, durch die gierige Konsummentalität. Etwas zu begehren und es haben zu wollen, bündelt zwar das Interesse und mobilisiert die Energie, dein Ziel zu verfolgen, aber das führt nur zu einer Bedürfnisbefriedigung und läßt nicht Liebe wachsen.

Zu lieben ist eine andere Art von Aufmerksamkeit. Sie entsteht durch die Betrachtung in Offenheit, sie ist eine Freude in dir; es wird dir etwas geschenkt, ohne es konsumieren zu wollen. Der Ursprung der Liebe liegt nicht in der Sexualität (die nur ein Teil von ihr ist). Die Freiheit der Wahrnehmung bezieht sich auf die gesamte Umwelt, die Außenwelt, auf alles, was die Sinne erfassen können. Die Sinnlichkeit entsteht in deiner Entwicklung vor der Geschlechtsreife. Alles, was dir die Sinne übermitteln, ist ein Geschenk des Lebens an dich.

Wir müssen das Äußere und das Innere unterscheiden. Du selbst bist auch etwas Äußeres. Wenn du deine Hände betrachtest, so sind sie etwas Äußeres. Wenn du dich im Spiegel anschaust, dann weißt du, daß du das bist, daß es deine äußere Hülle ist, die, aus deinem Inneren gesehen, positiv oder negativ bewertet wird. Es besteht eine Trennung in dir selbst; du stehst möglicherweise in einem Konflikt mit dir. Wenn du dich selbst nicht als gutaussehend wertest, dann macht sich dieser Widerstreit sehr unangenehm bemerkbar. Wenn du dich an dir selbst nicht erfreust, wirst du immer anderen gegenüber mißtrauisch sein. Wenn du dich selbst nicht akzeptierst, fällt es dir schwer, auch andere zu akzeptieren. Deshalb müßte die wichtigste Aufgabe der Erziehung darin bestehen, dir dieses Selbstwertgefühl zu vermitteln, damit du in Frieden leben kannst, mit deinem Inneren und deinem Äußeren – und dadurch auch mit anderen.

Ich möchte dir bewußtmachen, daß deine äußere Hülle, dein Körper, nur etwas Äußerliches ist. Davon unabhängig existiert dein Inneres tief in dir, ist der eigentliche Kern deiner Person. Du kannst ihn Seele nennen oder Selbst oder Ich. Sich damit zu befassen hat nichts mit Egozentrik zu tun. Es geht darum, sich selbst kennenzulernen, also nicht vor diesem Innersten zu fliehen, sondern sich damit zu befassen.

Dieses Innerste ist nicht das Denken. Das Denken dreht sich oft schnell im Kreis und wird dann zu einem Grübeln. Wir meinen oft, wir wären das Denken; das ist jedoch falsch. Auch das Denken ist etwas Äußeres und nicht unser eigentliches Inneres. Wenn du den Schirm des Denkens durchbrichst und tiefer in dich hineinschaust, wirst du feststellen, daß hinter dem Vorhang des Denkens erst das Seelische beginnt, deine Subjektivität, die immer da ist, aber mit der du selten in Kontakt bist. Ich möchte deine Aufmerksamkeit dafür schärfen, damit du diesen Kontakt in Zukunft häufiger herstellst. Wenn du diese Momente erlebst, in denen du ganz bei dir bist, wirst du einen anderen Bezug zu deiner Person und zu deiner Umwelt gewinnen. Wenn du ganz bei dir bist, kannst du auch ganz in der Welt sein. Und in diesem Augenblick entsteht der Zustand der Liebe. Du achtest nicht darauf, geliebt zu werden, sondern du entdeckst deine liebende Haltung zu deiner Umwelt. Du selbst liebst, und das macht dich frei, läßt dich aufatmen, macht dich beschwingt und erzeugt Lebensfreude.

Diese Lebensfreude ist etwas anderes als die Freude über einen Erfolg, über etwas Materielles, denn diese Lebensfreude bewegt sich in einer anderen Qualitätsdimension. Du wirst feststellen, daß nur diese Lebensfreude wirklich glücklich macht und dein Leben dann in einem anderen Licht steht. Alles andere, was wir oberflächlich als Glück bezeichnen, ist im Vergleich dazu grau. Nur über die Öffnung aus deinem subjektiven Inneren heraus, das hinter dem Denken liegt, entsteht Liebe in dir. Wenn du nicht liebst, verläuft dein Leben in grauen Gefängniszellen. Selbst wenn die Wände mit Gold verziert sind und Diamanten in den Fußboden eingelassen sind, so ist es immer noch ein Gefängnis, in dem du dahinvegetierst. Diese Entdeckung wird dir von keinem anderen gegeben. Du mußt sie selbst machen.

Liebe ist ein Lebensgefühl

Wenn ich dich immer wieder auf die Wahrnehmung deines inneren Selbst verweise, verstehe ich darunter keinesfalls ein Zurückziehen ins eigene ›Schneckenhaus‹. Ich meine damit nicht, daß du dich in dich selbst einkapseln sollst, stünde das doch auch nicht im Einklang mit dem, was ich dir über die Liebe geschrieben habe. Erst wenn wir uns nach außen öffnen und die Außenwelt mit wachen Sinnen wahrnehmen, erwacht in unserem Inneren eine liebende Haltung. Sofern wir uns in uns selbst nur zurückziehen, um vor der Außenwelt zu fliehen, kann keine Liebe entstehen. Liebe ist Zuwendung nach außen in Mitgefühl. Das wichtigste Charakteristikum der Liebe ist die Anteilnahme. Dieses Mitgefühl allerdings entsteht in deinem Inneren, in der Seele, nicht im Verstand. Die Ratio kennt kein Mitgefühl – also ist ihr auch die Liebe fremd.

Du kannst Liebe nicht mit der Ratio erzeugen, kannst also nicht über das Denken lieben. Die Liebe ist nicht ausrechenbar mit rationalen Faktoren. Du versuchst vielleicht, über die Ratio deinen Willen zu mobilisieren und dir selbst zu befehlen: Ich will diesen Menschen lieben, denn die und die ›guten Gründe‹ sprechen dafür. Wenn du so vorgehst, wirst du feststellen, daß sich die Seele störrisch verhält und sich dem Willen widersetzt. Jemanden zu lieben läßt sich nicht durch eine Willensentscheidung realisieren. Mit Hilfe der Ratio lieben zu wollen ist also der falsche Weg. Du mußt dich vielmehr vertrauensvoll deinem Inneren überlassen und durch die Öffnung der Seele – in Verbindung mit deiner Sensitivität – die Liebe geschehen lassen. Deshalb ist Liebe auch immer ein Risiko.

Mit dem Verstand versuchen wir, dieses Risiko zu minimieren.

Diese Rechnung aber geht nicht auf, denn wir schneiden uns auf diese Weise von unserem Gefühlsleben ab. Einen anderen Menschen zu lieben erzeugt in uns nicht nur Freude, sondern auch die Angst, er könne nach rationalen Erwägungen ›der (die) Falsche‹ sein. Doch da der Weg zur Liebe eindimensional über die Seele führt, können wir eigentlich, sofern wir lieben, nicht den (die) Falsche(n) oder das Falsche lieben. Es ist immer richtig und beglückend, zu lieben. Erst danach kann der Verstand die Frage stellen, ob er, aus rationalen Erwägungen heraus, mit diesem Menschen eine Lebensgemeinschaft eingehen möchte. Natürlich möchte man nicht mit jedem, den man liebt, auch zusammenleben. Darauf kommt es aber auch gar nicht an. Du wirst ja auch nicht jeden Baum, den du schön findest, unter dem du im Sommer sitzt und meditierst, in deinen Garten verpflanzen wollen.

Diese Erkenntnis über die Liebe ist eine wunderbare Öffnung in die Freiheit, die jegliche Angst verweht. Du läßt deiner Liebe freien Lauf und kontrollierst sie nicht mit dem Verstand, und dabei hört auch der Wille auf, dich zu zwingen, jemanden zu lieben, weil es ›vernünftig‹ wäre, ihn zu lieben.

Du erkennst jetzt, daß Liebe ein Lebensgefühl ist, das zur Entfaltung kommen möchte. Alleine dieses Lebensgefühl – zu lieben – macht dich glücklich, weil du durch Mitgefühl mit allem, was dich umgibt, verbunden bist. Es eröffnet sich ein ungeheurer Reichtum, eine offene und weite Welt voller Schönheit, in der auch die Häßlichkeit, das Sterben und das Leid ihren Platz haben. Deshalb heißt Selbstfindung auch Selbsterforschung, nicht Abwendung von der Außenwelt, sondern Aufschließung deiner eigenen Innenwelt. Du räumst den ganzen Schutt weg, die Wände, die du errichtet hast, um dein Inneres vor Verletzungen zu schützen. Deshalb bedeutet Selbsterforschung der eigenen Seele auch nicht, sich zu schützen, sondern die innere Sensitivität anzunehmen.

Wir sind alle sensibel und in dieser Sensibilität sehr verletzlich. Wir versuchen sogar vor uns selbst, diese Sensibilität oft zu verleugnen, denn wir wollen hart, stark, durchsetzungsbewußt, tüchtig und unangreifbar sein. Wenn du in dich gehst, dein Inneres vorurteilsfrei betrachtest, dann wird dir deine Sensibilität bewußt. Auch das macht uns angst, weil sie nicht dem Idealbild entspricht, das wir uns von einem lebenstüchtigen Menschen machen. Deshalb müssen wir uns ernsthaft fragen, was ist eigentlich Lebensuntüchtigkeit? Oberflächlich betrachtet, wollen wir gut funktionieren und die Aufgaben des Lebens mit Erfolg meistern – wir wollen wie ein Computer, der ja seelenlos ist, genauso seelenlos sein, also von Gefühlen unberührt.

Du bist aber ein lebendiges Wesen, und neben deiner körperlichen Existenz, die naturwissenschaftlich als chemisch-physikalischer Prozeß analysiert und beschrieben werden kann, führst du als Lebewesen darüber hinaus ein seelisches Leben, und dazu gehören neben der reinen Physiologie und Rationalität glücklicherweise auch Emotionalität und Sensibilität. Anderenfalls wäre Liebe nicht möglich. Ein Computer funktioniert entweder richtig oder falsch, aber er verliebt sich nicht, denn er verfügt nicht über die Dimension der Emotionalität. Der Computer ist ein Werkzeug für unsere Rationalität, und so hat dieses Instrument sonst keine Bedeutung für unser Menschsein. Wenn ich sage, gehe in dich und erfahre deine Seele, dann hat das, völlig unabhängig von deinen Studienzeiten und deinen beruflichen Aufgaben, den Sinn, dich aus dieser oberflächlichen Welt der Leistung und Funktion auf deine eigentlichen Aufgaben als Mensch hinzuweisen.

Ein Leben ohne Verliebtsein in das Leben hat wenig Sinn, ist ein oberflächliches Existieren ohne wirklichen Reichtum. Deshalb ist die Erforschung der eigenen Seele kein Rückzug in ein Schneckenhaus, sondern führt zu den Quellen des Menschseins, zu deiner Sensibilität und deiner Fähigkeit, mitzufühlen und zu lieben. Wenn du dich mit dieser elementaren seelischen Basis zu befassen beginnst, wirst du feststellen, daß Verliebtheit nichts Besonderes ist, sondern ganz selbstverständlich zur Emotionalität und Sensitivität dazugehört. Liebe ist das Lebensgefühl des beseelten Lebewesens, ist Befreiung aus der Funktion der physiologischen Gesetzmäßigkeiten und auch aus den Strukturen der Rationalität, in denen wir uns so leicht verfangen.

Wenn du dich physiologisch erlebst, wirst du dich richtig ernähren und eventuell deine Muskulatur mit einem Fitneßprogramm kräftigen. Wenn du dich rational als intelligentes Wesen erlebst, wirst du dich bilden, Wissen ansammeln und so deine Gehirnzellen trainieren. Wenn du dich aber davon unabhängig und darüber hinaus auch psychisch erlebst, wirst du ein Lebensgefühl erfahren, das Liebe impliziert. Und Liebe ist viel mehr als physiologisches und intellektuelles Leben. Du betrittst einen neuen Raum, zunächst vielleicht zögernd und ängstlich, aber du wirst dann feststellen, daß dein Leben als beseeltes Wesen erst hier beginnt. Es wird dir nichts genommen, sondern es wird dir Lebensenergie gegeben. Dein Lebensgefühl wird gesteigert, und trotz Sensibilität und Verletzlichkeit wird dir mit der Verliebtheit in die Umwelt Kraft gegeben.

Liebe kräftigt deine Vitalität, während fehlende Liebe (nicht die Liebe, die du erhältst, sondern Liebe, die du empfindest) deine Vitalität schwächt, weil sie dein positives Lebensgefühl beschneidet und an der Entfaltung hindert. Liebe ist Lebensentfaltung, während fehlende Liebe zur Lebensverkümmerung führt. Liebe zu fühlen (also selbst zu lieben) macht dich vital, während du geschwächt wirst, wenn du dich nicht liebst, trotz physiologischer Programme, trotz Schärfung deiner intellektuellen Kräfte durch Studium und Anhäufung von Wissen.

Egoismus ist keine Selbststärke

Die meisten Menschen sind egoistisch, denn sie sind so erzogen, sich selbst innerhalb der Konkurrenz mit anderen zu vergleichen und besser, größer und erfolgreicher zu sein als andere. Das ist die alltägliche Situation. Es besteht ein ständiges Gerangel um mehr Erfolg, mehr Status und mehr Durchsetzung des eigenen Egos gegenüber anderen egoistischen Interessen. Jeder versucht, sich selbst vor anderen ins rechte Licht zu setzen und seine Ansprüche gegenüber anderen durchzusetzen. Das kennst du alles.

Wenn ich von der Stärkung des Ich spreche, dann meine ich etwas ganz anderes. Und ich hoffe, daß du es verstehst, nachdem ich dir über die Liebe und das Mitgefühl meine Gedanken mitgeteilt habe. Das egoistische Streben des einzelnen nach Erfolg ist allgegenwärtig. Du weißt, daß die Menschen danach gieren und vor allem mehr darüber wissen wollen, wie sie dieses Ziel erreichen können. Deshalb wird die Psychologie als Wissenschaft von der Seele nicht selten dazu mißbraucht, dieses Wissen über die Steigerung des Egos und die Unterdrückung der andere Egos zu vermitteln. Die Psychologie sollte aber keine Waffe sein im Kampf des Egos gegen die andere Psyche, sollte daher als Wissenschaft nicht mißbraucht werden wie etwa Physik und Chemie. Ich denke da an die Waffen, die gegen Menschen, Lebewesen und Natur eingesetzt wurden und werden. Wenn Wissen über die Psyche des Menschen dazu benutzt wird, ihn zu manipulieren, ihn zu unterdrücken, ihn für Zwecke gefügig zu machen, dann wird dieses Wissen mißbraucht. Wenn beispielsweise ein Arzt Medikamente einsetzt, um einen Menschen an die Gesellschaft anzupassen, dann mißbraucht er das medizinisch-pharmakologische Wissen. Überhaupt ist festzustellen: Der Mißbrauch wissenschaftlich erforschter Erkenntnisse nimmt mehr und mehr zu. So wird heute die Wissenschaft, einstmals ein hoch eingeschätztes Instrument der Aufklärung, Wissen zu schaffen und durch dieses Wissen dem Menschen zu dienen, zu einem Problem. Wir leben mit den beiden Seiten: Wissen hilft und beseitigt Not, Wissen unterdrückt und schafft neue Not.

Ist es zwangsläufig so, daß Positives immer auch Negatives impliziert? Ist es unausweichlich so, daß ein Hammer einmal dazu benutzt werden kann, einen Nagel in die Wand zu schlagen, um ein Bild daran aufzuhängen, zum anderen dazu benutzt werden kann, einen Menschen damit tödlich zu verletzen? Können wir mit den Erkenntnissen über die Seele einen Menschen gesund und glücklich machen, ihn aber auch manipulieren und ihn zu einem egoistischen, ja egozentrischen Diktator machen?

Aber wird nicht auch die Religion mißbraucht? Die Lehre von Jesus Christus, die die Grundlage des Christentums ist, eine Lehre, die Freiheit, Liebe und Mitmenschlichkeit predigt, hat sie nicht auch zu Intoleranz, Lieblosigkeit, Mord und Unterdrükkung geführt? Und die Kunst? Wir schätzen die künstlerischen Entfaltungen des Menschen in der Literatur, in der Musik und in der Malerei als höchste Form menschlichen Ausdrucks. Hat die Kunst nur Gutes gebracht – oder wird sie nicht auch eingesetzt, um Menschen zu manipulieren? Müssen wir unterscheiden zwischen wirklicher Kunst und ›entarteter Kunst‹? Wenn alles mehrdeutig ist, dann gibt es natürlich auch entartete Medizin, entartete Literatur und entartete Psychologie.

Deshalb müssen wir sehr wach selbst entscheiden, worauf es ankommt, was gut ist für uns und was uns unterdrückt. Welche Psychologie ist gut für unsere Existenz und welche nicht? Welche Religion meint es gut mit uns und welche nicht? Wie soll ich diese elementaren Fragen beantworten? Kann sie ein anderer für mich beantworten? Oder muß ich selbst die Antwort finden?

Du weißt, wie ich darüber denke und welche Antwort ich dir gebe: Du mußt selbst die Antwort finden. Aber zuvor muß erst der Boden in dir bereitet sein, damit du in der Lage bist, selbst die Antwort zu finden. Dieser Boden ist die Selbsterkenntnis. Du mußt erst den Mut haben, selbst nachzuforschen und es aufgeben, andere zu fragen, also den ›Rat von Experten‹ heranzuziehen. Wenn du dich verliebt hast, wirst du dann einen Experten, einen Psychologen oder Sexualforscher, heranziehen, damit er dir erklärt, warum du verliebt bist? Du wirst das natürlich nicht tun, denn du bist es, der fühlt. Aber plötzlich ist die Liebe verschwunden, dann bist du verunsichert, gehst zu einem Experten, der dich beraten soll. Kann er deine Gefühle erfassen? Kann er die verschwundene Liebe zurückholen? Er kann es natürlich nicht. Also bleibt dir nichts anderes übrig, als dich mit deinem Inneren zu befassen. Darauf möchte ich dich hinweisen. Das hat überhaupt nichts mit Egoismus oder Egozentrik zu tun.

Egoismus und Liebe

Die Stärkung des Ich führt nicht zu Egozentrik oder Egoismus. Die zweite Geburt heißt vielmehr Selbstwerdung, jene Entfaltung als individueller Mensch. Egoismus wird von einer anderen Seite in uns herangebildet, ja heranerzogen. Er entsteht in der Dimension des Denkens, nicht im Bereich des Seelischen.

Wir wollen gemeinsam dieses psychologische Thema untersuchen, wollen sehen, wie Egoismus entsteht. Ich möchte also nicht, daß du mir einfach glaubst, nur weil ich vielleicht der Experte bin, sondern wir nehmen uns die Thematik vor, wobei du nachprüfst, was du von dem Gesagten beziehungsweise Geschriebenen für richtig und was du für falsch hältst. Wir wollen das Thema auch nicht endgültig lösen und wissenschaftlich exakt bestimmen. Du bist kein Wissenschaftler, willst dich lediglich intensiv damit auseinandersetzen. Wir wollen uns deshalb gemeinsam darüber Gedanken machen und uns der Problematik ohne Vorurteile annähern. Was hat es also mit dem Egoismus für dich und mich auf sich?

Die meisten Menschen sind Egoisten. Das ist eine Tatsache. Es geht jetzt nicht darum, den Egoismus zu verurteilen und das Ideal zu postulieren, der Mensch habe nicht egoistisch zu sein, sondern eher altruistisch. Wir wollen nicht ab- oder aufwerten, sondern lediglich konstatieren, daß Egoismus eine Realität ist. Es ist offensichtlich eine naturgegebene Tatsache, daß sich jedes Lebewesen auf egoistische Weise durchzusetzen versucht. Das ist nicht nur unter Menschen so, sondern auch im Tierreich beobachten die Zoologen, daß jedes Tier sein Territorium mit äußerster Energie und Heftigkeit verteidigt. Das Territorium spielt eine große

Rolle. Es handelt sich um ein Naturgesetz, daß die Tiere ihren Brut- und Lebensraum gegenüber allen Rivalen verteidigen. Es wird ein Revier abgesteckt, und jeder Eindringling wird mit Wachsamkeit und allerhöchster Lebenskraft daraus vertrieben. Es gibt also diesen vitalen, auch instinktgebundenen, an den Lebensraum geknüpften Egoismus. Jedes Lebewesen will sich in seinem Territorium entfalten und seinen Nahrungs- und Brutraum schützen.

Das hier beschriebene Naturgesetz kann und darf nicht mit einer Ethik verurteilt werden. Es ist ein elementares Grundrecht, seinen Wohnraum vor Eindringlingen zu schützen. Wer das Wohngebiet eines anderen betritt, ist nur Gast, kann auch Gastfreundschaft erhalten, wobei jedoch erwartet wird, daß er sich als Gast verhält. Dieser Egoismus und diese Einstellung zum Territorium sind biologische Naturrechte, und deshalb sollte hierfür auch nicht der Begriff Egoismus verwendet werden. Darüber hinaus versucht jedes Lebewesen, seine elementaren Bedürfnisse zu befriedigen. Auch das sind grundlegende Entfaltungsrechte.

Der Egoismus beginnt mit der Durchsetzung eigener Wünsche, Ideen und Vorstellungen, die darüber hinausgehen. Neben diesen egoistischen Strebungen, die uns allen so vertraut und verständlich sind, sollten wir mit einbeziehen, daß davon unabhängig Liebe möglich ist. Selbstbehauptung will schützen und bewahren, Egoismus dagegen will darüber hinaus *nehmen*. Liebe aber will – und das ist eine andere Dimension – geben. Sexualität will nur nehmen; deshalb gehört die Sexualität zu weiten Teilen in den Bereich der egoistischen Begierde, der egoistischen Gier; Sexualität will mit einer Habenmentalität konsumieren (ein Stück weit darf hier elementarer Egoismus im biologischen Sinne stattfinden). Liebe aber ist etwas ganz anderes. Liebe – und das ist das so wichtige Thema der populären Literatur als auch der Religionen als auch der Psychologie und der Philosophie – ist eine Seinsweise. Lieben kann nur der, der über den üblichen naturgegebenen Egoismus hinausgeht. Dort beginnt eine neue Erlebnisebene.

Die Begierde ist biologisch beschreibbar und ›normal‹. Liebe aber ist keine Begierde. Begierde ist Gier – und sie will haben. Liebe dagegen ist frei davon, denn sie will geben. Dieses Geben ist kein Aufdrängen; Liebe gibt aus sich selbst heraus, ohne das Geben als eine Gabe im Sinne einer Ware zu verstehen; deshalb ist Liebe eine Entfaltung ohne Egoismus und ein Geben ohne Hintergedanken, denn sie kommt aus der Seele und nicht aus dem Denken. Durch das Denken kann Liebe zu einem zweckvollen Verhalten werden, das wiederum den Egoismus mit einfließen läßt. Deshalb lege ich so großen Wert darauf, daß das Wesen der Liebe verstanden wird; die Verstrickung mit dem Egoismus sollte deutlich werden. Ich möchte deinen Blick schärfen für diese Vorgänge in dir. Du kannst die Trennungslinie zwischen Liebe, die aus der Seele kommt, und dem Taktieren mit dem Begriff Liebe, das aus dem Denken kommt, durch Selbstbeobachtung fühlen. Das kann nicht als Wissen vermittelt werden, denn es kann nur gefühlt werden. Dieses Fühlen ist ein Vorgang der Erkenntnis.

Die Verletzlichkeit des Egos

Die Verletzbarkeit im Kontakt mit anderen ist bei den meisten Menschen sehr stark ausgeprägt. Wir versuchen, sie nach außen hin vor den anderen zu verbergen, denn verletzt zu wirken gilt als Schwäche. Nicht jedem gelingt es, seine Verletztheit zu kaschieren. Verletzt zu sein wird auch mit übermäßiger Sensibilität gleichgesetzt, auf diese Weise ist die Sensibilität in Verruf geraten. Wir sind alle in Wirklichkeit tief innerlich sensibel, aber wir wollen das nicht zugeben und nicht darüber sprechen.

Ich möchte mich in meinem heutigen Brief an dich mit der Verletzbarkeit befassen, weil du mich gefragt hast, wie du die Aufmerksamkeit auf das eigene Innere und die Bewußtheit der Sensibilität, der Sensitivität und das Mitgefühl in Einklang bringen könntest mit der dadurch von dir befürchteten stärkeren Verletzbarkeit deines Egos.

Wenn du deine Mitmenschen aufmerksam beobachtest, wirst du feststellen, daß sie fast ausnahmslos darum bemüht sind, etwas darzustellen, etwas zu sein, also ihr Ich zu unterstreichen. Dies geschieht auf den unterschiedlichsten Wegen und mit den verschiedensten Methoden, mitunter sehr leicht durchschaubar, beispielsweise durch Angeberei und den Einsatz verschiedenster Symbole des Erfolges, aber auch sehr subtil durch schwer durchschaubare Methoden, um über andere Macht zu gewinnen oder um sich überlegen zu fühlen. So können selbst so positive Werte wie Hilfsbereitschaft, sozialpolitisches Engagement, religiöse Bestrebungen, künstlerische Betätigung dafür eingesetzt werden, sich den anderen überlegen zu fühlen und das Ich zu erhöhen.

Wir unternehmen alle diese facettenreichen Anstrengungen,

um dadurch unsere Verletzlichkeit psychisch zu verarbeiten. Beobachte deine Mitmenschen sehr genau, und du wirst herausfinden, wie sie mit der Art und Weise, sich darzustellen, ihre jeweilige subjektive Verletzbarkeit kaschieren wollen. Aber betrachte nicht nur andere, sondern auch dich selbst. Wie gehst du vor, um erfolgreich zu erscheinen? Auf welchem speziellen Gebiet möchtest du anerkannt werden? Worin möchtest du dich von anderen unterscheiden? Das sagt alles etwas über deine Verletzbarkeit aus. Du möchtest etwas Besonderes sein, etwas Besonderes haben, einer besonderen Gruppe angehören, eine besondere Philosophie vertreten, auch wenn du insgesamt ein sehr unauffälliges und angepaßtes Leben führst. Du integrierst dich als Angestellter in deine Firma, du heiratest, ihr habt zwei Kinder, du fährst einmal im Jahr in Urlaub. Du unterscheidest dich nach außen kaum von allen anderen, bist sogar sehr bemüht darum, so zu leben, wie sie leben, weil du das für richtig hältst und vor allem für normal.

Es ist unser Wunsch, ›normal‹ zu sein, und dennoch sind wir damit nicht zufrieden, sondern wollen auch etwas Besonderes sein – und wenn es nur auf einem ganz speziellen Gebiet ist. So wollen wir unser Ego stärken. Die Verletzlichkeit dieses Egos läßt sich aber so nicht auflösen. Es ist eine Selbsttäuschung, etwas Besonderes sein zu wollen. Du suchst auf diese Weise eine Stärkung, um Kritik, Angriffe und Verletzungen besser ertragen zu können. Es ist eine Art Selbstschutz, um mit alldem besser zurechtzukommen. Wenn über eine Kränkung gesprochen wird, hören wir nicht selten den Rat: »Du darfst einfach nichts an dich herankommen lassen!« Wir wollen durch solche Abschirmungen vermeiden, verletzt zu werden. Wie machen wir das aber, daß wir nichts an uns herankommen lassen? Wir halten uns für etwas, schaffen uns ein Bild von uns, das ausdrücken soll: Ich habe besondere Eigenschaften, besondere Ziele verfolgt, einer besonderen Gruppe angehört, mit der ich mich identifiziere, in der ich auf sozialem Gebiet für andere etwas tue, in der ich für ein politisches oder religiöses Ziel kämpfe, mich für den Frieden einsetze (oder den Nationalismus, die Rasse, das Geschlecht, die Landsmannschaft). Du kannst dich auch gänzlich von der Welt zurückziehen, etwa als Mönch, etwa als Einsiedler leben – und dennoch bist du nicht frei davon, dadurch dein Ich zu stärken und dein Ich gegen das der anderen zu erhöhen.

Du kannst sogar sehr devot und demütig anderen dienen, um dadurch ein Stärkegefühl deines Ich zu erfahren. All diese Methoden, von denen ich nur einige angedeutet habe, sind falsche Wege zur Erlangung von Ichstärke.

Natürlich ist auch die Methode, durch selbstbewußtes Auftreten und ungeniertes Dokumentieren der eigenen Leistung, des Erfolgs, des errungenen Status, falsch. Nach außen durch solche Tricks jemand sein zu wollen ist nicht viel mehr als das Spielen einer Rolle. Dieses Rollenverhalten ist sehr oberflächlich und vermittelt dir nur eine oberflächliche Befriedigung deines Wunsches, dich stark zu fühlen. Mit all diesen angedeuteten Methoden, der Verletzlichkeit zu entgehen, ist die Angst verbunden, daß sich die Werte auflösen, daß sich etwas verändert. Du bist mit diesen oberflächlichen Tricks abhängig von äußeren Bedingungen und Einflüssen.

Wir müssen deshalb unsere Verletzbarkeit ganz anders angehen. Damit meine ich, wir sollten unserer Verletzlichkeit auf den Grund gehen. Es gibt einen subjektiven Grund, den wir erkennen müssen, denn jeder hat einen individuellen wunden Punkt. Der eine reagiert gekränkt, wenn man seine Intelligenz in Frage stellt; dem anderen macht das nichts aus – er wird dagegen unruhig und reagiert aggressiv, wenn man seine Kleidung oder seine Frisur kritisiert; wieder ein anderer reagiert gekränkt, wenn man seine Hilfsbereitschaft in Frage stellt, worüber ein anderer nur lacht und sich ungeniert dazu bekennt, ein Egoist zu sein. Der eine verteidigt mit aller Heftigkeit seinen Gerechtigkeitssinn, und einem anderen macht es offensichtlich überhaupt nichts aus, wenn man ihn als ungerecht bezeichnet. Der eine sonnt sich in seiner Boshaftigkeit, und ein anderer hat schlaflose Nächte, wenn man ihn bösartig nennt. Die meisten reagieren allerdings sehr heftig, wenn man ihnen sagt, daß sie diesen oder jenen Fehler begangen haben, blühen jedoch auf, wenn man sie lobt und ihnen sagt, was sie gut und richtig gemacht haben.

Das hat mit unserer Erziehung im Elternhaus zu tun, auch mit unserem Schulsystem. Mit der Zeit sind wir psychisch allergisch geworden, wenn wir auf Fehler hingewiesen werden. Wir sind darauf konditioniert, Fehler sehr ernst zu nehmen, Kritik an unserer Leistung und unserem Verhalten wichtig zu nehmen und mit unserem Selbstwertgefühl in Verbindung zu bringen. Stelle dir einmal vor, du wärest ganz anders erzogen worden, hättest gelernt aus Freude am Lernen, keiner hätte jemals in einem Fehler etwas Negatives gesehen, sondern etwas Positives – dann wärest du heute frei von dieser Verletzbarkeit durch Kritik, denn du würdest in jedem Fehler das Positive sehen und aus ihm lernen. Du könntest vielleicht sogar über einen Fehler herzhaft lachen – nicht mitlachen, weil die anderen aus Schadenfreude lachen, sondern weil du es wirklich komisch finden würdest, wie du einen solchen Fehler begehen konntest. Dann wäre da kein ›wunder Punkt‹ einer Verletzbarkeit, sondern eine vitale, gesunde Situation und Kritik würde dich nicht berühren, nicht schwächen, sondern stärken.

Deshalb möchte ich dich dazu motivieren, in dir selbst deine wunden Punkte aufzuspüren und zu untersuchen, wie sie zu wunden Punkten wurden, damit deine Verletzbarkeit verringert wird. Dein Ego sollte sich nicht stärken mit diesen beschriebenen oberflächlichen Methoden, dich als etwas Besonderes zu fühlen, um zu kompensieren. Es gibt überhaupt nichts zu kompensieren; du warst nie schwach oder fehlerhaft. Das alles ist Unsinn, hervorgerufen durch dieses falsche Erziehungssystem, mit dem du konfrontiert warst. Nun aber bist du erwachsen und hast alles hinter dir gelassen. Ich möchte dir dabei helfen, dich davon zu befreien und deine Verletzbarkeit mit anderen, neuen Augen zu sehen. Du kannst frei davon werden.

Selbstkritik ist unnötig

Die meisten Menschen kritisieren gern. Sie werten andere auf oder ab, meinen, es wäre ein Zeichen von Intelligenz, kritisch zu sein und zu kritisieren. Es besteht ein großer Unterschied zwischen kritisch und kritisierend. Wenn du kritisch bist, dann verhältst du dich aufmerksam und wach, doch wenn du kritisierst, dann wird ein anderer verletzt, sofern er verletzbar ist. Da steht er nicht alleine, denn heutzutage sind die meisten Menschen sehr verletzbar. Du weißt, wie verletzbar du selbst bist. Beobachte einmal genau dein eigenes Verhalten, etwa wie du mit Kritik umgehst, sowohl mit Selbstkritik als auch mit Kritik gegenüber anderen. Auch die Selbstkritik kann zu einem Problem für dich werden, wenn du dich beobachtest, um dich zu kritisieren. Mit Selbstkritik kannst du dich selbst verletzen, dir die Lebensfreude rauben und in eine Depression geraten.

Mein ständiges Hinweisen auf die Selbstbetrachtung und die Entfaltung der eigenen Individualität hat nichts mit Selbstkritik zu tun. Ich habe dir bereits über die Selbsterziehung dazu einiges geschrieben. Nach dem Persönlichkeitsmodell von Sigmund Freud besteht die Person aus den Schichten Es, Ich und Über-Ich. Das Es bedrängt das Ich mit Triebwünschen, während das Über-Ich das Ich durch Wertvorstellungen aller Art reglementiert. Dieses Modell ist sehr brauchbar, uns die Situation des Ich vorzustellen, wie es zerrieben werden kann zwischen den wichtigen Positionen Es und Über-Ich. Selbstkritik bildet sich im Über-Ich; es ist die Instanz der introjizierten Autorität. Die Fremdbestimmungen werden übernommen, und du gängelst und reglementierst dich mit ihnen. Du zwingst dich zum Beispiel zur Anpassung – und verletzt dich so durch deine Selbstkritik unablässig selbst.

Es ist eine Tragödie, daß wir auf diese Weise zu unserem eigenen Feind werden. Daher ist es wichtig, das zu durchschauen, um den Feind in uns entmachten zu können. Zu allererst gilt es natürlich, diesen Feind zu erkennen. Den meisten ist gar nicht bewußt, daß so etwas möglich sein könnte. Sie wollen sich nicht damit befassen, da es ihnen unangenehm und geradezu unheimlich ist, das erkennen zu müssen. Diese Betrachtung ist aber unbedingt notwendig, um mit dir selbst vertraut zu werden. Du kannst zwar davor weglaufen und dich davon ablenken, aber wenn du die Zusammenhänge der Selbstkritik nicht durchschaust, dann kommt die Verletzung zurück.

Ich verurteile die Selbstkritik, wie du weißt. Das bedeutet nicht, daß wir uns einfach nur gehenlassen sollten und immer das machen, wozu wir gerade Lust haben; es bedeutet auch nicht, daß wir nichts unternehmen sollten, um somit Fehler zu vermeiden. Irrtümer und Fehler sind notwendig. Lernen heißt, Irrtümer erkennen und das Richtige vom Falschen unterscheiden zu können. Dieses Lernen kann eine Lust und Freude sein, wenn du offen und voller Liebe an das Neue herangehst. Du wirst feststellen, daß dann ein Interesse aus der Sache selbst erwächst. Wenn du dich ständig über Fehler ärgerst und dich kritisierst, dann entsteht eine Aversion gegen dieses Neue, und deine Lernfähigkeit wird sogar geschwächt. Deshalb: kritisch beobachten – ja, aber dich selbst kritisieren – nein; nur so kann sich Wachstum entfalten. Selbstkritik macht dich durch Selbstverletzung krank, und durch Selbstkritik verkümmerst du, wohingegen du mit Zuwendung und Interesse voller Vitalität sein wirst und auch viel schneller eine Aufgabe bewältigst.

Wenn das so einfach ist, wie ich es hier darstelle, dann fragt man sich natürlich, warum das Schul- und Erziehungssystem einen ganz anderen Weg beschreitet. Das ist ein gesellschaftspolitisches Thema. Warum wird soviel auf Zwang und Pflicht Wert gelegt? Warum sind die Religionen, die dem Menschen große Werte vermitteln wollen, so intolerant und dogmatisch? Warum ist ein angepaßter Kirchgänger, der sich als fromm und religiös bezeichnet, nicht wirklich religiös? Warum ist ein Meisterschüler einer Kunstakademie nach seinem Abschluß auf der Akademie nicht zwangsläufig ein bedeutender Künstler? Warum kann ein Maler, der nie eine Akademie besucht hat, wie beispielsweise van Gogh, ein sehr großer Künstler werden? Warum predigen wir das Gute, sind stolz auf unsere Geistestradition und führen dennoch zerstörerische Kriege, die Leid und Elend über Millionen von Menschen bringen? Warum sprechen wir von Schönheit und Kultur, verschmutzen aber die Flüsse, vergiften die Erde und zerstören die Natur? Diese Fragen decken die Widersprüche auf, mit denen wir täglich konfrontiert werden, nicht nur in der Außenwelt, sondern auch in uns selbst. Die Beantwortung dieser Fragen hat etwas mit dir und mit mir zu tun. Wir müssen in uns in Harmonie leben, um davon etwas nach außen tragen zu können. Wenn du dich ständig selbst kritisierst, wird in dir das zwanghafte Bedürfnis erzeugt, auch andere zu kritisieren. Wenn du mit dir selbst nicht im reinen bist, wirst du auch nichts dafür tun können, daß andere mit sich ins reine kommen. Wenn du selbst nicht lieben kannst, wirst du auch anderen keine Liebe vermitteln können. Wenn du selbst unglücklich und depressiv bist, wirst du auch deine Umgebung infizieren. Wenn du dich selbst ständig kritisierst, wirst du auch andere verletzen und so Frustration und Aggression auslösen. Deshalb ist dieses intensive Beschäftigen mit der eigenen Seele und deinem Denken – ich sage es nochmals – überhaupt nichts Egoistisches. Im Gegenteil. Nur auf diese Weise kannst du auch für andere etwas tun.

Wenn du dich selbst erkennst und dadurch Ordnung und Klarheit in dir schaffst, kannst du mit anderen besser umgehen. Wenn du Frieden in dir gefunden hast, dadurch ein einheitlicher Mensch geworden bist, kannst du diesen Frieden weitergeben. Wenn du frei geworden bist, kannst du die Atmosphäre der Freiheit um dich verbreiten. Wenn du dich entwickelt hast, entsteht ein Freiraum, sich neben dir auch entfalten und entwickeln zu können. All das hat nichts mit Pädagogik zu tun, da du die anderen nicht missionieren und belehren willst. Du bist nur ein Beispiel, bist auf gar keinen Fall ein Vorbild. Du wirst zu einem Menschen, neben dem andere frei atmen können. Du wirst nicht zu einem Egoisten, sondern zu einem Menschen, der den anderen Platz zur Entfaltung schafft, und weil du dich nicht mit Selbstkritik zerfleischst, wirst du auch nicht mit Kritik verletzten. Es geht um Wachstum. Dieses Wachstum muß geschehen; es kann nicht durch Lob oder Tadel erzwungen werden. Reifung ist mehr als ein biologischer Vorgang, ist vielmehr physische Entwicklung. In einem gesunden Körper wohnt nicht zwangsläufig auch eine gesunde Seele. Die Seele wächst nicht automatisch mit der biologischen Entwicklung mit, auch nicht mit dem Ausbau des Wissens, den wir auf Schule und Universität erfahren. Reifung – dafür fühlt sich niemand zuständig. Verlasse dich nicht auf die Institutionen der Gesellschaft, denn sie behindern dich nur. Deine Eigenverantwortlichkeit dir selbst bewußtzumachen, das ist der erste Schritt. Du mußt dich um dich selbst kümmern, denn anderenfalls bist du verloren, verloren in einem mittelmäßigen Leben, das nur ›normal‹ und angepaßt ist. Ohne Liebe – und die kannst nur du in dir entdecken – ist das Leben klein, eng, traurig und voller Mühsal.

Ichstärke will keine Autorität

In unserer Entwicklung haben wir alle – der eine mehr, der andere weniger – unter Autorität gelitten. Da war die Macht eines anderen, der wir uns gebeugt haben, ohne Widerspruch nach außen, aber mit inneren Ohnmachtsgefühlen, haben wir uns doch beugen müssen (wollen), weil wir erpreßbar sind. Wir haben uns der Autorität untergeordnet, um einen Vorteil davon zu haben, nämlich Zuwendung zu erhalten in Form eines Lobes, einer Anerkennung, ja sogar in Form von Liebe. Wir haben den Mund gehalten und das getan, was ein anderer wollte, und das nur, um ihm zu gefallen, um von ihm eine gute Note zu erhalten, vielleicht auch aus Angst vor seinem Zorn und den Konsequenzen, die für uns daraus hätten resultieren können. Oftmals haben wir das erwünschte Lob erhalten, haben den Streit vermieden, aber wir fühlten uns nicht gut dabei. Im stillen haben wir vielleicht in Gedanken durchgespielt, wie wir uns hätten widersetzen können, fühlten uns dann etwas besser, aber insgesamt ging das doch mit einem Gefühl von Schwäche einher: Wir fühlten unser Ich schwach und das andere Ich stärker. Also streben wir danach, eines Tages einmal genauso stark zu sein und über andere gleichfalls Autorität ausüben zu können.

Du kannst beobachten, wie die älteren Geschwister die jüngeren kritisieren und maßregeln, wie es von ihren Eltern ihnen gegenüber praktiziert wurde; es sind die gleichen Gesten und oft die gleichen Sätze, die gleiche Bedrohung mit Strafe. Es handelt sich um die Methode der Einschüchterung und der Erpressung des Kleineren, Unwissenderen und Hilfloseren. Der Schwächere wünscht sich daher, die Stärke des Stärkeren zu besitzen – zuerst nur in der Phantasie, um die Realität dann zu erproben, wenn es ihm ungefährlich erscheint, er also gegen vermeintlich Schwächere vorgehen kann. Wenn ich von Ichstärke schreibe, meine ich nicht diese Art der Autorität. Durch Ichstärke sollst du keine Autorität über andere gewinnen. Wenn du das versuchen solltest, dann hättest du mich völlig mißverstanden. Zu sich selbst zu finden bedeutet ja gerade, nicht Autorität zu entwickeln, sondern bedeutet, jedweder Autorität widerstehen zu können. Die Stärke des Ich liegt darin, auf das eigene Ich mehr und mehr zu vertrauen, aber nicht mit dem Hintergedanken, diese Stärke dann gegenüber anderen auszuspielen. Zu wissen, was du willst, heißt nicht, deinen Willen auch anderen aufzudrücken. Wenn du spürst, was du selbst willst, dann wächst deine Achtung davor, daß der andere möglicherweise etwas ganz anderes will.

Diese elementare Ichstärke hat mit Autorität nicht das geringste zu tun. Deine Erkenntnisse werden nicht zu autoritären Maßstäben für andere, sie sind auch keine Autorität für dich selbst. Das bedeutet, daß du nicht rechthaberisch das, was du für dich selbst erkannt hast, anderen aufdrücken sollst; es bedeutet aber auch, daß du es dir selbst nicht aufdrücken sollst. Eine von außen vermittelte Norm beziehungsweise Lebensmaxime kannst du introjizieren – und sie kann zu Selbstversklavung führen. Etwas Selbsterkanntes sollte nicht diesen autoritären Charakter für dich selbst annehmen. Mit etwas Selbsterkanntem kannst du dich nicht unterdrücken, denn du bleibst dem Prozeß der Erkenntnis verbunden. Das Grundprinzip der Selbsterkenntnis und der Selbsterforschung ist ein lebendiger Vorgang; es entstehen keine Reglementierungen. Diese Ichstärke will keine Autorität ausüben, weder über andere noch über dich selbst.

Deshalb solltest du immer mißtrauisch sein, wenn jemand sagt, er hätte etwas als richtig erkannt und er würde sich nun danach ausrichten. Meist steckt dahinter, daß er nicht selbst diese Erkenntnis gewonnen hat, sondern sie von anderen gehört und als richtig übernommen hat. Weil er sie nicht wirklich erlebt hat, deshalb muß er sie verteidigen und auf autoritäre Weise versuchen durchzusetzen.

Was du selbst erlebt und erkannt hast – du wirst es erfahren –, bewirkt keine autoritären Tendenzen. Du mußt anderen nichts beweisen und dir auch selbst nichts einreden, denn es handelt sich um ein tiefes und elementares Wissen, ein Wissen, das nicht vergleichbar ist mit Lernstoff. Wenn andere versuchen, dir auf nachdrückliche Weise das Gegenteil zu beweisen, wird dich das nicht zu einer autoritären Mentalität verführen. Erlebte Erfahrung ist geduldig und neigt nicht zu missionarischem Eifer. Du wirst entweder schweigen oder wirst voller Freude und innerer Anteilnahme davon sprechen.

So sieht es auch in deiner eigenen Seele aus: Du wirst von deinem Erkenntniserlebnis tief berührt sein und andere nicht in Unsicherheit befragen wollen, ob dieses richtig, jenes falsch sei. Wenn ein anderer dich versteht und Ähnliches erlebt hat, wirst du dich freuen und ein Gefühl der Geborgenheit erfahren, und du wirst dich nicht ärgern, wenn er das nicht erlebt hat und nicht versteht, wovon du sprichst. Ichstärke ist eine Stärke, die keine Anerkennung braucht und sich nicht im Wettstreit der Konkurrenz messen muß.

Ichstärke hat also nichts mit Stärke in der Gesellschaft (im Konkurrenzkampf) zu tun. Es ist eine Stärke, die nur etwas für dich selbst bedeutet. Es handelt sich um kein Mittel für einen Zweck. Du läßt dich weder von einer Autorität mehr manipulieren, noch willst du selbst jemanden für einen egoistisch-autoritären Zweck manipulieren, da du Autorität auf jedem Gebiet ablehnst. Das bedeutet jedoch nicht, daß du trotzig Kompetenz ablehnen würdest – das natürlich nicht. Wenn du mit einem Bergführer in einer Gletscherregion unterwegs bist, wirst du seine Fachkompetenz anerkennen. Trotzig deinen eigenen Weg zu gehen wäre Egozentrik, und das bedeutet, der Autorität des Egos folgen zu wollen. Egozentrisch zu sein ist keine Ichstärke, sondern ist ein Zeichen für Revolte aus Schwäche.

Natürlich müssen wir gegen die Normen unserer Gesellschaft, die auf autoritäre Weise versucht, uns ihre Werte aufzudrücken, rebellieren. Wir sollten ohne Scheu nein sagen. Es ist kein trotziges

Nein, sondern ein Nein zur Fremdbestimmung und ein Ja zu Selbstbestimmung, ein Nein zur Autorität, ohne die Autorität herauszufordern. Es ist kein trotziges Nein aus Schwäche, sondern ein lächelndes Nein aus den Quellen der inneren Erkenntnis. Es hat mit Liebe und Mitgefühl zu tun. Autorität sucht den Kampf durch Unterdrückung; sie hat deshalb leichtes Spiel. Ichstärke sucht nicht den Kampf, sondern sie nimmt ihn auf; sie will dabei niemanden unterdrücken, hat deshalb auch kein leichtes Spiel, da sie voller Mitgefühl für andere ist und deren Verständnis sucht.

Das autoritäre Nein ist diktatorisch gemeint und droht mit Strafe; das ichstarke Nein ist verständnisbereit und erhofft Toleranz, ist nicht erpreßbar, sondern ist voller Schönheit und Entfaltung. Das diktatorische Nein ist häßlich in seiner Brutalität; das ichstarke Nein verliert nichts von dem Charme seiner Individualität und Kreativität. Dem diktatorischen Nein muß man sich beugen, mit dem ichstarken Nein darf man sich auseinandersetzen, es von allen Seiten betrachten und in Frage stellen, ohne daß es zusammenzubrechen droht. Das ichstarke Nein hat keine Institution und keine Lobby hinter sich, mobilisiert keine effektiven Gruppen oder Mehrheiten. Das ichstarke Nein ist wie das ichstarke Ja fern von jeder Autorität, aber es besitzt Authentizität.

Wie ernst soll ich mich selbst nehmen?

Du hast in einem Gespräch die Frage angeschnitten, ob man sich durch Selbstbetrachtung nicht allzu ernst nehmen würde. Du meintest, die meisten Menschen würden sich allzu wichtig nehmen und gerade das würde viele Probleme im mitmenschlichen Kontakt erzeugen. Nun sind wir erneut bei dem Problem der Egozentrik angelangt. Der Egozentriker stellt sein Ich gegenüber anderen ins Zentrum, er möchte gebührend beachtet und bevorzugt behandelt werden, er nimmt sich also selbst wichtiger und bringt das auch zum Ausdruck.

Ich möchte eine Unterscheidung treffen zwischen ›sich wichtig nehmen‹ und ›sich ernst nehmen‹. Man kann sich ernst nehmen, ohne die eigene Bedeutung dadurch dokumentieren zu wollen. Es gibt einen Ernst gegenüber sich selbst, der nichts mit Egozentrik zu tun hat. Unter diesem legitimen Ernst verstehe ich zum Beispiel die Aufmerksamkeit dem eigenen Inneren gegenüber. Auf die Gesundheit zu achten und die eigenen Kräfte nicht zu überfordern heißt, mit Ernst und Bewußtsein zu leben. Wenn dein Körper dir durch Müdigkeit signalisiert, daß er Schlaf braucht, dann solltest du das beachten. Wenn du in dich hineinlauschst und deine Gefühle zur Kenntnis nimmst, dann hat das nichts damit zu tun, daß du dich in egozentrischer Weise zu wichtig nehmen würdest. Ein ernsthafter, bewußter und wacher Mensch ist sich über seine derzeitige Befindlichkeit immer im klaren, was nicht heißt, er nehme sich *zu* ernst. So ernst sollte man sich selbst schon nehmen, daß man seine Kräfte nicht überfordert, die Angstgefühle als Angst erkennt und nicht zu verdrängen versucht, den Ehrgeiz als Ehrgeiz erkennt, den Neid als Neid und sich an der Verliebtheit in die Natur oder in eine Tätigkeit oder in einen anderen Menschen voller Lebensfreude ganz ausschöpft – und es genießt. Vor allem sich freuen, einen Spaziergang auszukosten, sich mit einer kreativen Entfaltung zu befassen – und das mit aller Ernsthaftigkeit –, hat nichts damit zu tun, daß man sich wichtig nehmen würde.

Natürlich ist auch nichts dagegen einzuwenden, wenn du dich an dir selbst erfreust. Du kannst es genießen, daß du dich wohl fühlst, daß dein Körper gesund ist, daß du den Duft einer Blüte einatmest, daß du deine Füße an einem Sommertag in das Wasser eines Baches baumeln läßt, daß du barfuß das Moos einer Waldlichtung betrittst und natürlich auch die Lustgefühle deines Körpers registrierst, wenn du in Liebe gestreichelt wirst. Das alles hat nichts damit zu tun, daß man dabei auf egozentrische Weise sich selbst zu wichtig nehmen würde. In konzentrierter Weise über die Sinne stimuliert zu sein gehört zur Entfaltung der Lebensfreude und führt dazu, daß deine Energie unblockiert und frei fließen kann. Das Wort ›ernst‹ ist hier störend, wirkt moralisierend miesepetrig, als wäre es unstatthaft, sich wohl zu fühlen, in einem Genuß aufzugehen und darin in Selbstvergessenheit zu versinken.

Das Wort Selbstvergessenheit zeigt, daß das eigene Ich an Bedeutung verliert. Nicht das Ego wird ernst genommen und in seiner Bedeutung überhöht, sondern die Lebendigkeit deines Ich. Das Ich wird von allen Blockierungen befreit und zu einer Durchflußstation des Lebens. Je vitaler du selbst bist, je offener deine Sinne sind, desto mehr kann das Leben mit seinen Erscheinungen in dich einfließen und durch dich hindurchfließen. Du hältst dann nichts fest, denn ein Festhaltenwollen wäre wieder ein In-Besitz-Nehmen, wäre also ein Ernstnehmen, das egozentrische Züge annimmt.

Wir gelangen durch Bewußtheit oder Aufmerksamkeit oder Wachheit oder Sensitivität mit der Einheit Körper, Seele und Geist – darin sehe ich eine legitime Ernsthaftigkeit – zu einem intensiven Leben. Es ist Offenheit und Freiheit dafür erforderlich. Wir müssen uns damit befassen, um diesen Zustand der Lebendigkeit zu erreichen. Wir müssen den Verstand mit seinem ständigen Denken in seinen Kreisen und Mustern erkennen und den Bereich der Seele öffnen. Das ist kein interessantes psychologisches Spiel, das wir so nebenbei einmal in Erwägung ziehen. Es handelt sich um ein sehr bedeutendes Thema, mit dem du dich auseinandersetzen mußt, ohne daß du dich dafür bekritteln lassen brauchst, du würdest dich zu wichtig nehmen.

Erst einmal müssen alle Hindernisse und Blockierungen beseitigt werden, damit die Wirklichkeit zu dir vordringen kann. Wenn es dann geschieht, daß du wirklich in der Realität bist und mit allen Sinnen erleben und erfahren kannst, wenn ungeschönt durch die Zensur des Verstandes in deiner Seele sich das ausbreiten kann, was geschieht, wenn du es wahrnimmst, weil du es auch fühlen und aushalten willst, dann bist du ein ernsthafter Mensch. Diese Ernsthaftigkeit hat nichts mit Moral zu tun.

Wenn du erst einmal in diesen Zustand gelangt bist, daß deine Seele dafür offen ist, die Wirklichkeit zu empfangen, ihre Schönheit und ihre Häßlichkeit, die Einfachheit und die Schwierigkeit, das Lob und den Tadel, das Angenehme und das Unangenehme, wenn es auf dich zukommt und ohne Zensur durch dich hindurchfließen kann, wirst du feststellen, daß in dieser Erfahrung nicht ein egozentrisches Ich etwas besitzen will. Das egozentrische Ich nimmt sich nicht mehr ernst, du selbst als ›Selbstbild‹ nimmst dich nicht mehr ernst. Erst dann, wenn du so weit bist, daß du vital empfangen kannst, daß Wirklichkeit sich voll und ganz in dir ausbreiten kann, wirst du erkennen, daß du nicht mehr wichtig bist. Nicht du nimmst dich ernst in der Form eines Selbstbildes, das sich bestätigen will, sondern das Leben nimmt dich ernst. Nicht du gehst zum Leben und willst ihm etwas erzählen oder es reglementieren, sondern das Leben kommt zu dir. In diesen Momenten erkennst du, daß das Leben *dich* ernst nimmt und daß es *dich* liebt. Das Leben kommt mit Macht dann intensiver von Tag zu Tag zu dir – und du läßt in deiner Seele fließend seine Wirkung entfalten. Du erkennst, daß das Leben zu dir *will* und daß darin Liebe liegt.

Durch deine Vorstellungen und Meinungen hast du dich selbst dagegen blockiert. Du hast dich abgeschnitten von der Erfahrung, daß du gar nichts zu erstreben brauchst, außer es hereinzulassen und durch dich hindurchfließen zu lassen. Du brauchst nichts zu werten, denn das Leben wertet dich auch nicht. Du solltest es nur erfassen, erleben, erfühlen, dich streicheln, natürlich auch erschauern lassen. Dein Ego ist gar nicht wichtig, erfährst du dann, denn das Leben ist viel wichtiger. Ich weiß, der Begriff ›Leben‹ erscheint dir zu global. Aber nimm es einfach so; wir wollen es im Moment nicht weiter analysieren. Das Leben steht vor der Tür. Es will nicht zu dir als Einzelwesen, denn nicht du in deinem ›Selbstbild‹ bist wichtig – es will nur durch dich hindurch. Du bist auf dieser Welt nicht, um dich davor abzuschotten, sondern um es durch dich hindurchzulassen. Nicht du nimmst dich ernst, wenn du das geschehen läßt, sondern das Leben nimmt dich ernst. Auf diese Weise erfährst du eine ganz andere Art von Ernsthaftigkeit, und zwar eine Ernsthaftigkeit, die Liebe ist. Zuerst kommt Liebe, die dir zuströmt, und danach wirst du dich verlieben. Wenn du verliebt sein wirst, dann nimmst nicht mehr du dich selbst so ernst, sondern du gehst auf in der Verliebtheit. Das ist keine egozentrische Haltung. Du vergißt dich selbst und wirst in Selbstvergessenheit das genießen, was diese Lebendigkeit und Vitalität zu geben hat. Vor allem dir wird gegeben, nicht du bist der Gebende. Um so weit zu kommen, bedarf es großer Intensität. Du selbst bist dann nicht mehr wichtig, denn du erkennst, wie wenig du geben kannst. Es entsteht eine Dankbarkeit, die sehr ernsthaft ist. Dieser Ernst ist etwas ganz anderes, als sich wichtig zu nehmen. Dankbarkeit ist konträr zur Egozentrik.

Teil III

Gefühle der Selbstfindung

Texte und Aquarelle

»Diejenigen, die nicht mit Aufmerksamkeit
den Bewegungen ihrer eigenen Seele folgen,
geraten notwendig ins Unglück.«

MARK AUREL

Kindheit

Kinder haben keine ›Ästhetik‹,
sie sind Genies,
fliegen mit dem Wind
und drücken die Sonne ans Herz.

Die Kinder im Heu
lecken die Pollen,
greifen das Korn
und werfen mit Spucke,
triebhaft lebendig,
so unmoralisch genial.

Sie laufen zum Regenbogen,
sammeln das Gold der Lerchen,
ihr Lied ist unfaßbar,
ihre Schönheit ist jenseits
von Kunst oder Kitsch.

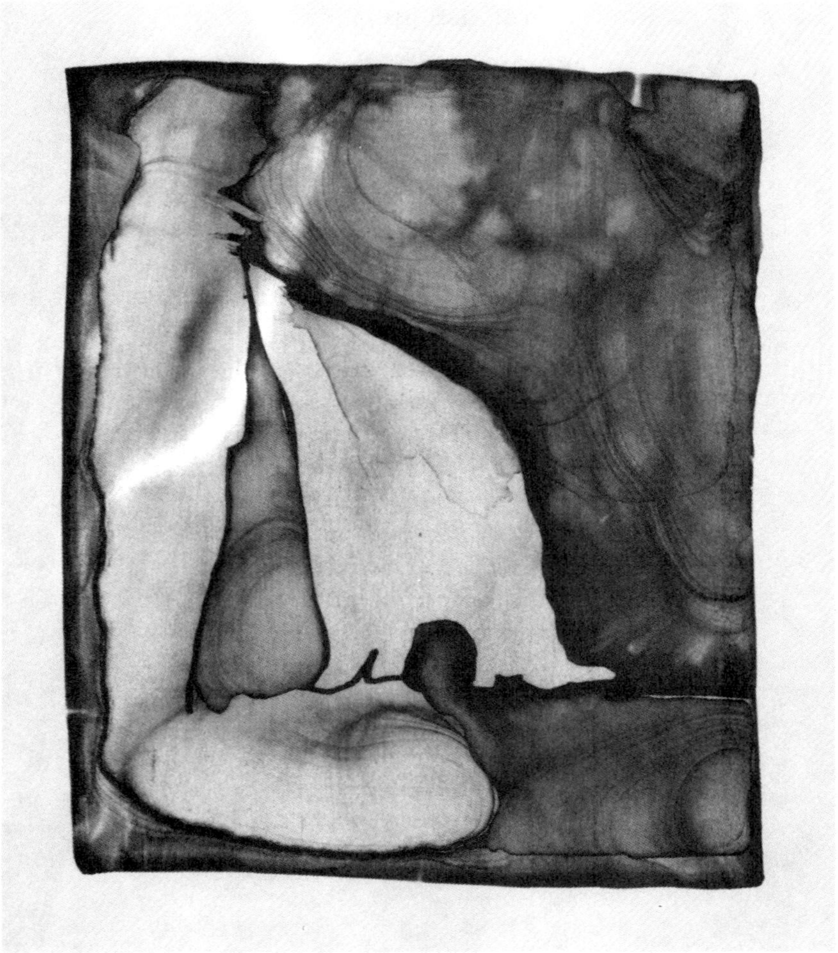

Einssein im Alleinsein

Alleinsein ist keine Einsamkeit,
Alleinsein ist nur Einssein
mit mir und dem Kosmos.

Alleinsein ist keine Isolation,
Alleinsein ist nur Einssein
mit mir und all den anderen.

Im Alleinsein finde ich dich,
in Geselligkeit aber –
verliere ich dich;
denn Alleinsein ist das Paradies
und Geselligkeit die Vertreibung.

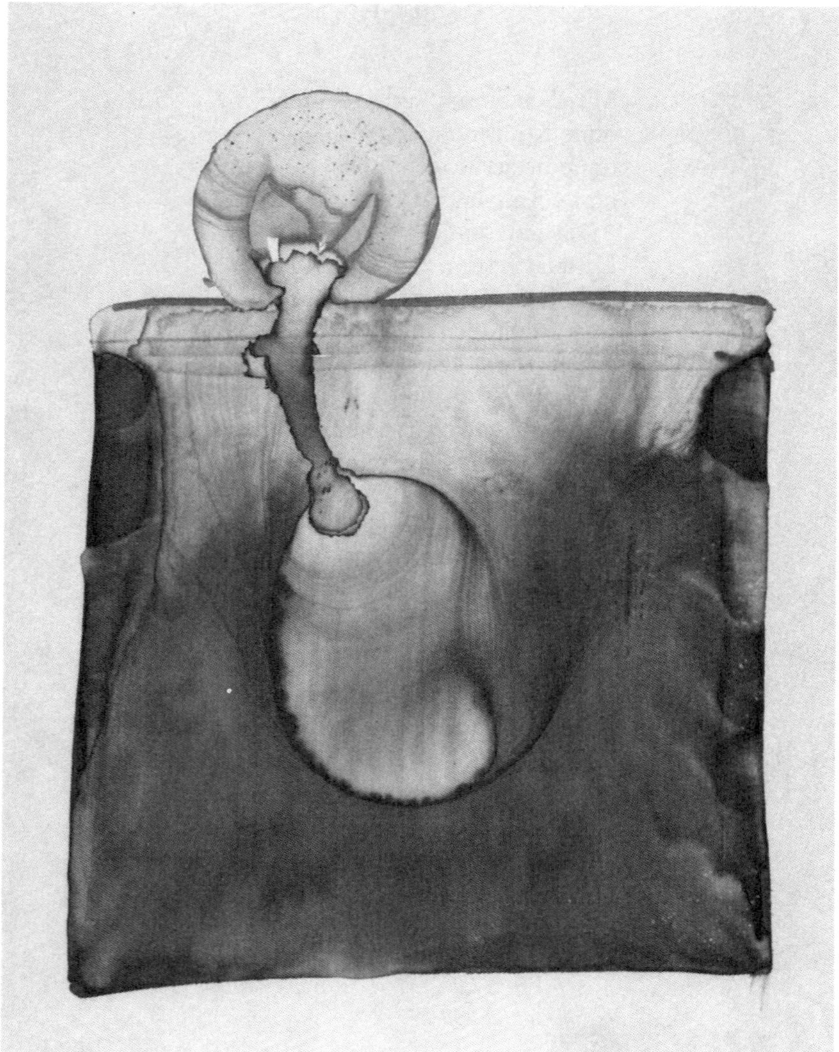

Offenheit

Mit allen Sinnen wahrnehmen,
ohne Konzentration,
ohne Begierde oder Abscheu,
ohne Pläne und Vorstellungen.

Denken erzeugt den Kitsch,
diskutiert nur den Geschmack,
so entsteht die Angst, und
aus ihr wird Aggression.

Aufmerksamkeit aber geschieht ohne Denken,
sie wird kein Analysieren;
das Reale bleibt real,
kein Ehrgeiz sucht ein Ideal.

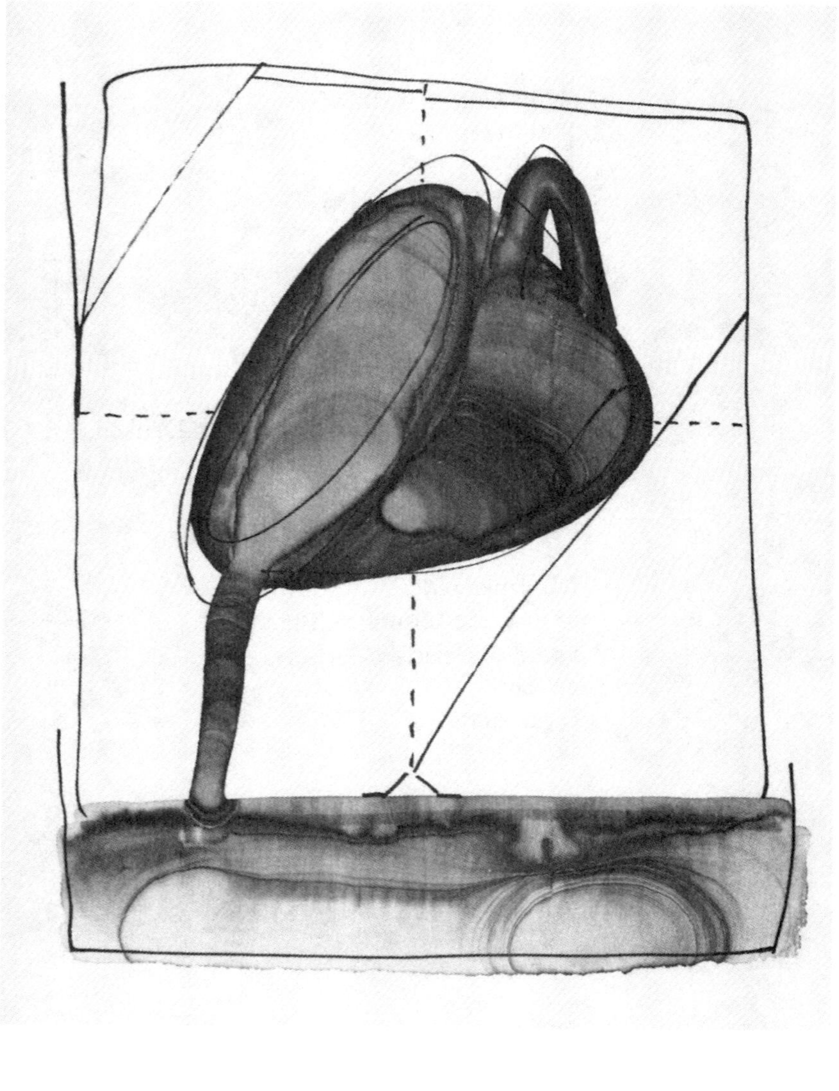

Freundschaft

Sonnenstrahlen vibrieren
in dir und mir,
herrliche Liebe,
zeitgeboren und verweht.

Ich grüße dich,
Freund stiller Stunden,
wenn du meine Liebe teilst
und meine Angst.

Du sagst: »Verliere, was du besitzt,
und gewinne die Freiheit,
die auf der Sonnenwiese
deiner Kindheit wehte.«

Ich danke dir,
weil du die Lösung siehst,
von dieser gierigen Liebe
zu ihr –
sogar zu dir.

Am Ende aller Tage

Blaues Gras,
roter Mund,
weißes Wasser,
im Bach ertrinkt der Karpfen.

Gellender Ton,
kneifendes Gelb,
bemaltes Meer,
in der Luft erstickt der Vogel.

Blaues Gelb,
roter Ton,
klirrender Bach,
in den Bergen träumt der Verliebte.

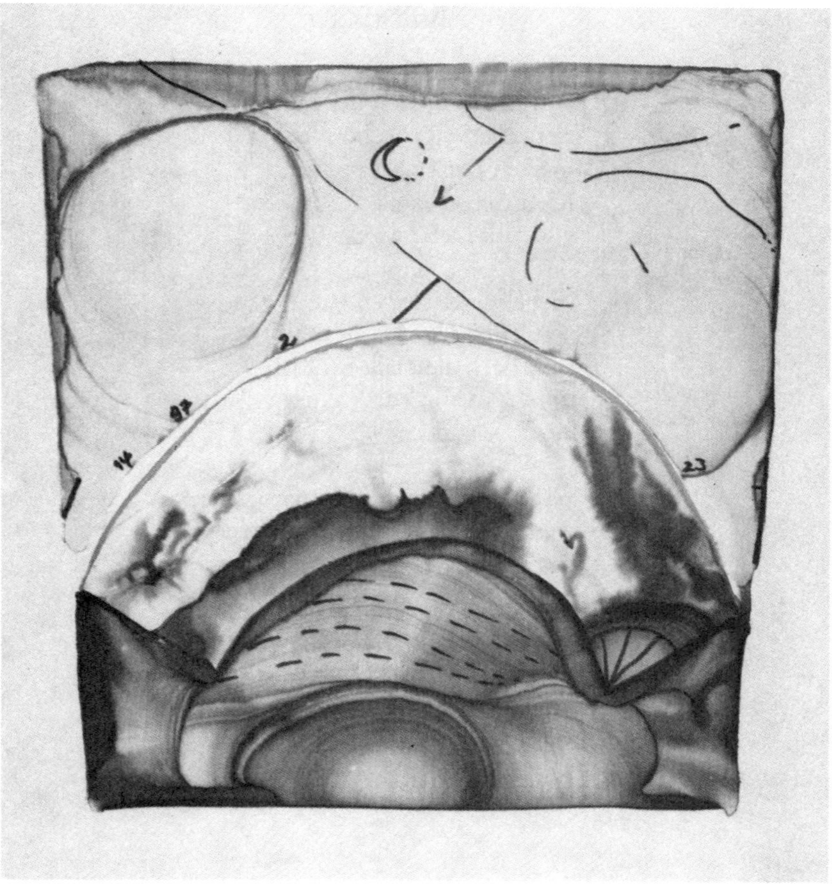

Aufbruch

Am Morgen nach der Flucht
zieht die Sonne schon früh
meinen Blick weit ins Tal.
Ich atme euch alle ein
und voll Liebe wieder aus.

Nebelbänke steigen auf,
zerfließend im Gegenstrahl.
Eine Schwalbe fällt ins Licht,
mit ihr meine Zärtlichkeit
im Duft von Gras.

Nichts kann mehr sein wie gestern,
wenn sich das Neue entfaltet;
deine Seele wird zur Quelle,
die Steine und Kiesel umfließt.

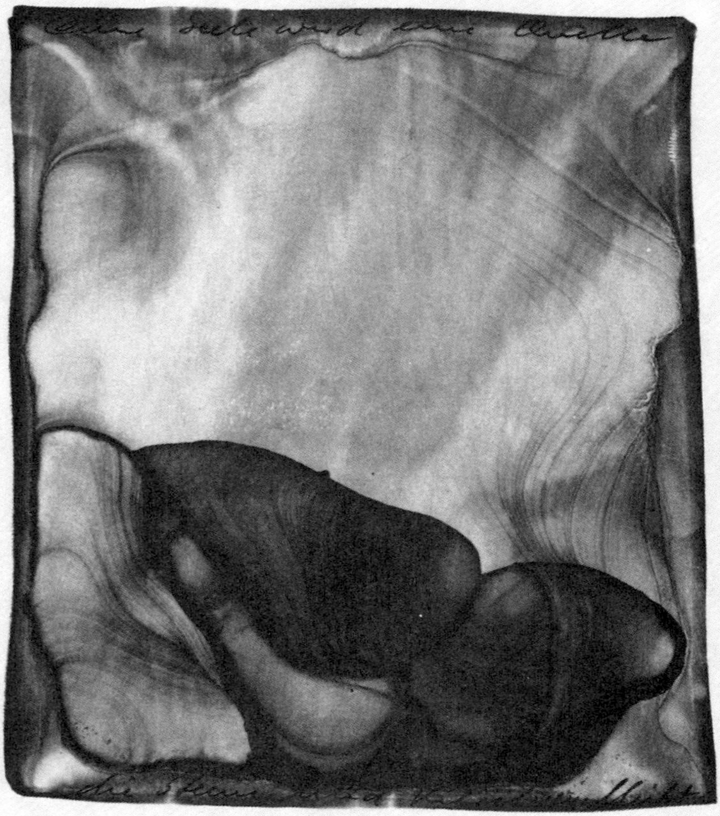

Seinsfühlung

Bin leer und offen,
vom Wind berührt,
ein sanfter Duft
im Sternenregen,
sehe unsere Zukunft
im blauen Tuch
deines Zauberkastens.

Durch die Leere
zieht das Neue,
hinterläßt keine Spuren.
Die Zeit wird weit und
mild wie Altweibersommer
gegen dunkle Tannen.

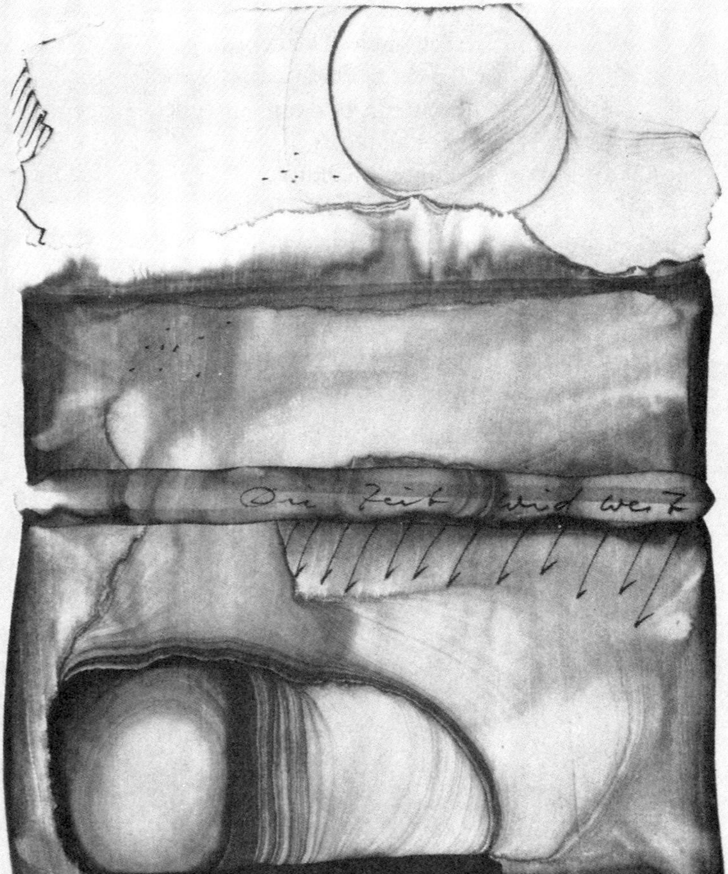
Die Zeit wird weit

Ohne Bindung

Ich bin auch glücklich,
wenn du nicht da bist,
selbst wenn es draußen regnet.

Ich bin so glücklich,
wenn du mich liebst,
bin froh,
wenn du mich nicht brauchst,
um mir
das zu sagen.

Selbsterkenntnis

Schöpfe aus dem Brunnen
deiner Seele,
bis das Wasser
frisch und klar wird.

Schütte deine Vergangenheit
in den Sand,
denn sie will verdunsten.
Atme den Wind,
frage niemanden
und geh diesen Weg,
bis die Stirn kühl wird
und der Stein funkelt.

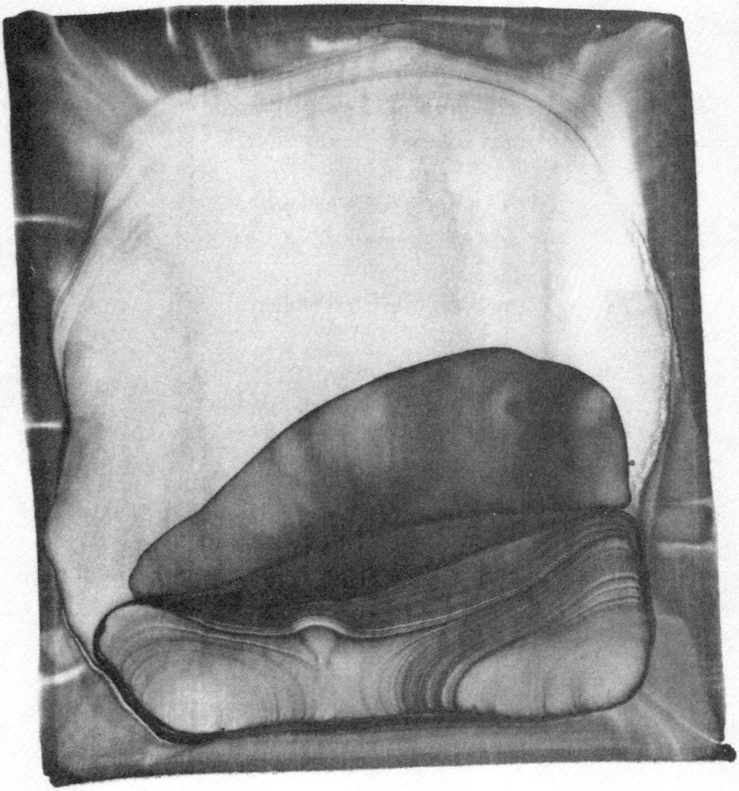

Augenblick

Fließendes Wasser,
Regen im Moos,
schwemmt die Farben davon
und sammelt sie dunkelgrün …

Das alles geschieht jetzt,
jede Vergangenheit ist vergessen,
alle Ziele sind
von den Gipfeln gefallen.

Ein Vogel fliegt hoch,
durch den Regen so glücklich,
er kennt keine Zukunft
und sinkt ins Tal …

Spätsommertraum

Das Feld ist groß,
Wind streicht durch gelbes Korn,
eine Kraft schwillt in dir,
zu lachen und zu tanzen.

Die Früchte hängen schwer,
fallen faulend vom Baum.
Reife steigt vibrierend
in jede Birnenspitze,
und ein weißer Falter flügelt
libellenleicht – windverweht.

Duft von Blüten
schimmert fließend
durch den Atem deines Flugs.
Freue dich,
tanze in der Stunde des fallenden Apfels,
wenn das Heu gegen den Himmel ragt.

Dieser Sommer ist bald vorüber,
und du träumst noch viele Nächte
das Lied zirpender Gewitterschwüle.

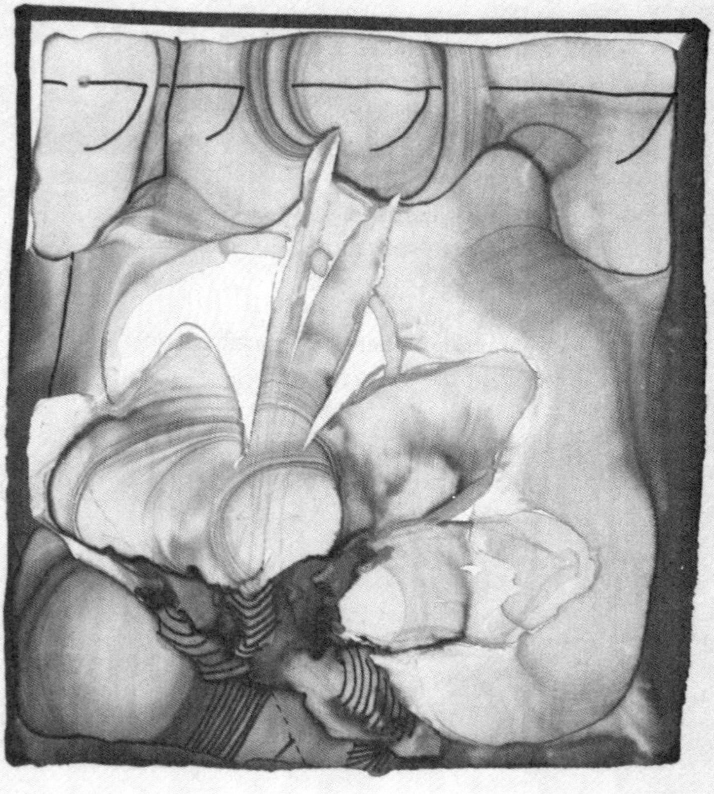

Einheit

Wachsend, blühend, überschäumend;
grün ist nur ein Teil.
Lachen, springen, schwimmen,
ein Teil ist nie das Ganze.

Im Glück beruhigt sich Leid,
im Leid strömt schon das Glück.
Erleide Glück,
liebe Leid;
wachsend, blühend, überschäumend
entsteht das Ganze.

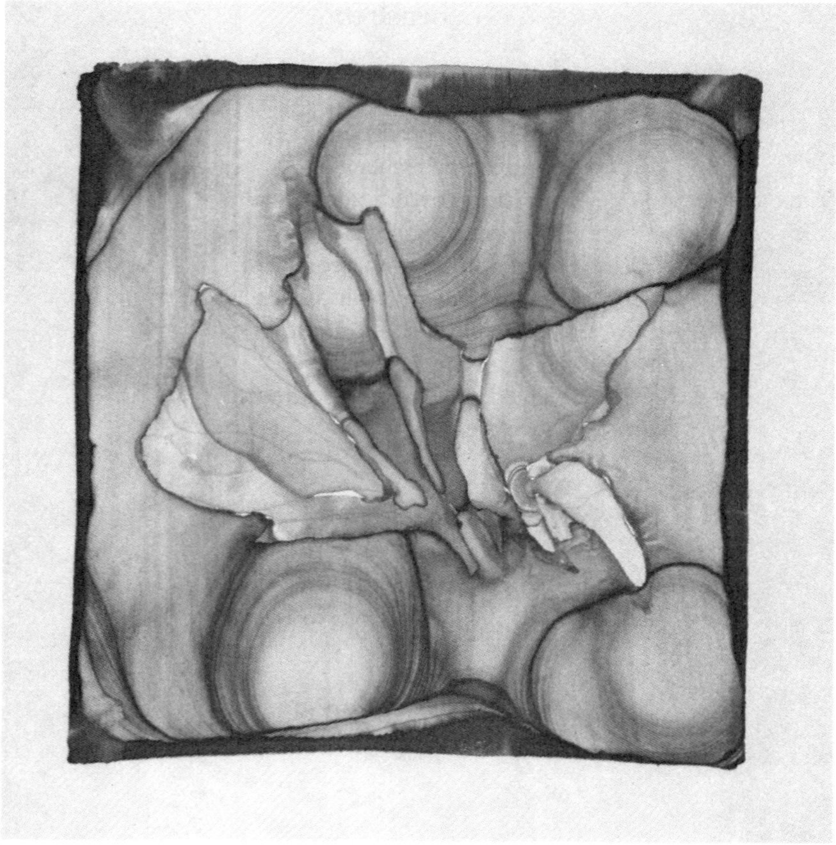

Lebensfreude

Hier bin ich,
ein Engel, der fliegende Igel,
freundlich-lieblicher Drache,
vom Morgenwind hochgebläht,
Engel mit Waldohren,
Flügelhund mit Wiesenaugen,
Glücksdrache mit Moosgeruch,
tanze ich in deine Träume,
grüße unsere Lehrer,
fülle jedes Glas mit Windrosen.

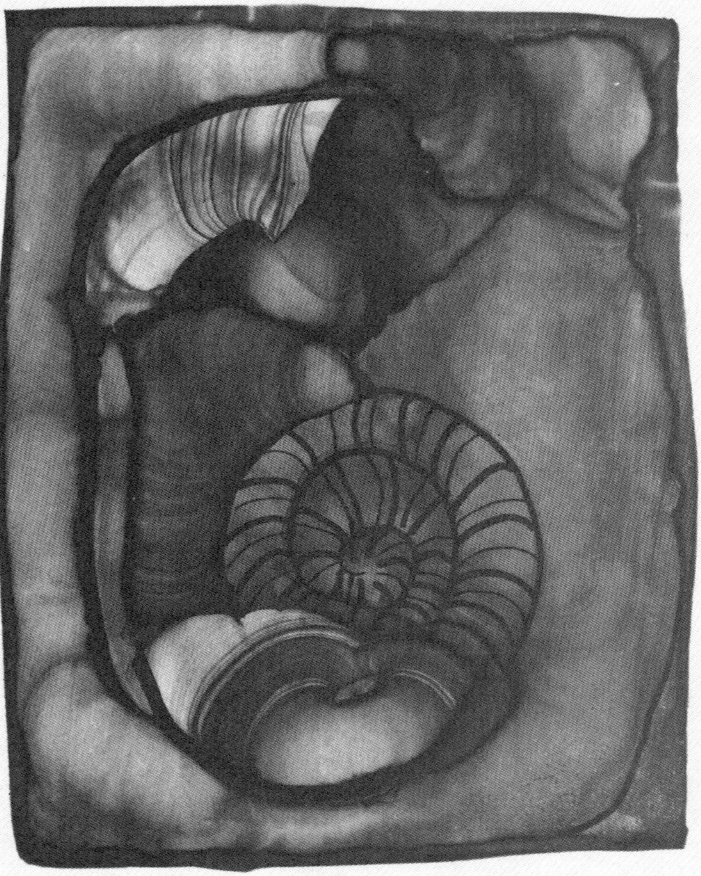

Seelenleben

Meine Seele erzeugt die Welt,
verdunkelt die Sonne,
verschönt den Freund,
zerstört die Liebe
und erhellt das Spinnennetz.

Die Seele ist der Schöpfer
von Gesundheit oder Infektion,
von Glück und Unglück,
Monotonie und Faszination.

Im richtigen Moment
hat sie alles, was sie braucht,
und löst sich los
von allem, was sie stört.

A B C D

Seelenflügel

Öffne dich, mein Herz,
lass' den Vogel Freiheit frei,
gib ihm deine Liebe mit,
aber nicht nur einmal.

Freiheit ist kein Geschenk,
sie ist die Wahrheit
deiner Existenz;
mit jedem Herzschlag klopft sie an.

Mach dein Herz weit,
vergiß die Ängste all der anderen,
fliege Vogel Freiheit, flieg,
glücklich, schwingend,
singend, fallend, steigend –
auch wenn keiner folgt.

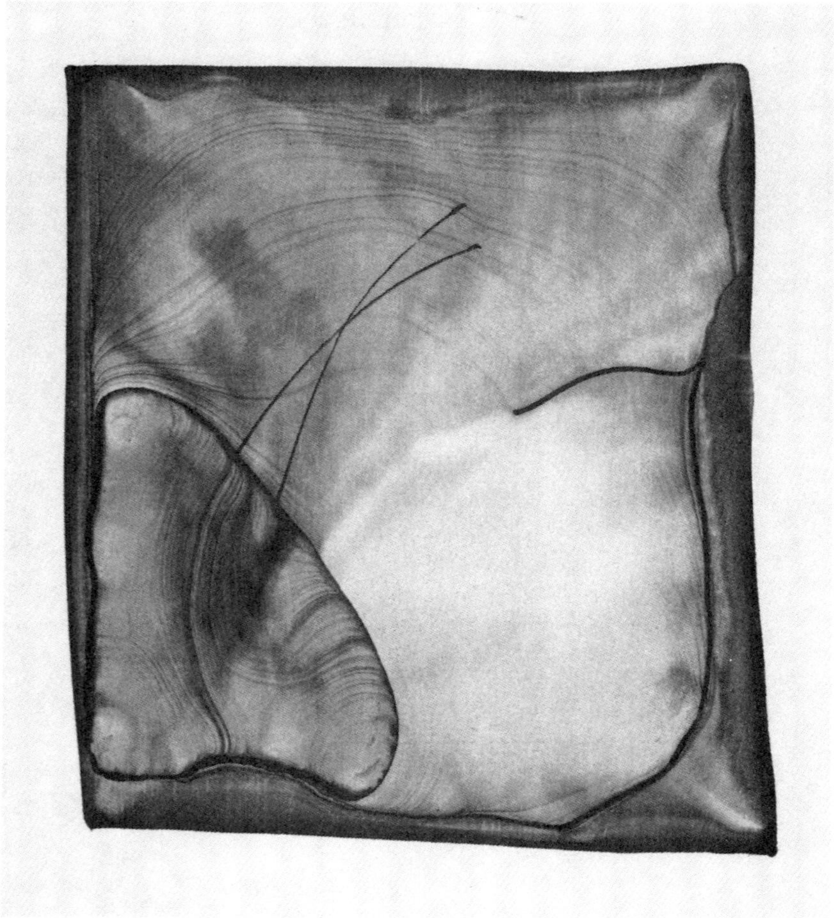

Nachtfenster

Sternenstaub
rieselt durch die Nacht,
im Fensterkreuz,
glitzernd über die Palme.

Du bist Teil
des tanzenden Staubs,
Sternschnuppe,
ein Herzflimmern
im Atem der Nacht.

Herzaufgang

Glitzerndes Wasser im Nebelgras,
Fischgeruch,
späte Stundenliebe
in heller Tagbleiche.
Im Gebirge springt das Almkraut
in den Himmel.
»Grüß meine Freunde,
ihre Lügen, ihre Blüten«,
heute ist ein neuer Tag,
heute könntest du die Wahrheit sagen.

Lass' uns jetzt den Tag begrüßen,
feuchtes Staubmuster im Waldfarn,
neu, klar und kühl.
Ich liebe die schwere Regenwolke,
Sonnengras im Winterlaub,
Libellengesang;
Liebe durchzieht mein Herz,
nichts war umsonst,
Fischgeruch im Nilgras,
Herzaufgang.

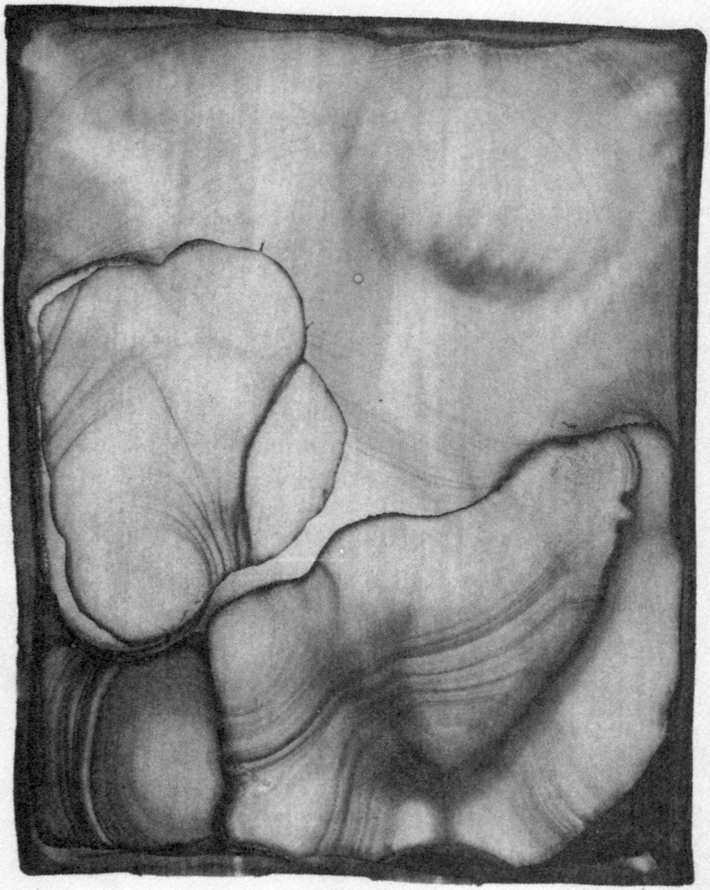

Annäherung

Ich bin, der ich bin,
so stehe ich am Tor,
verbunden mit dir und doch allein,
leih' ich dir mein Ohr.

Jeder Tautropfen ist heute neu.
Seht, wie glitzert die Sonne
in diesem Fallen
und Rinnen,
Kreisen und Klingen.

Ich schöpfe aus dir,
hellwach und präsent,
erschaffe ich dich neu,
Gott, in mir.
Du freust dich,
denn du hast eine Idee,
um etwas anderes zu machen.

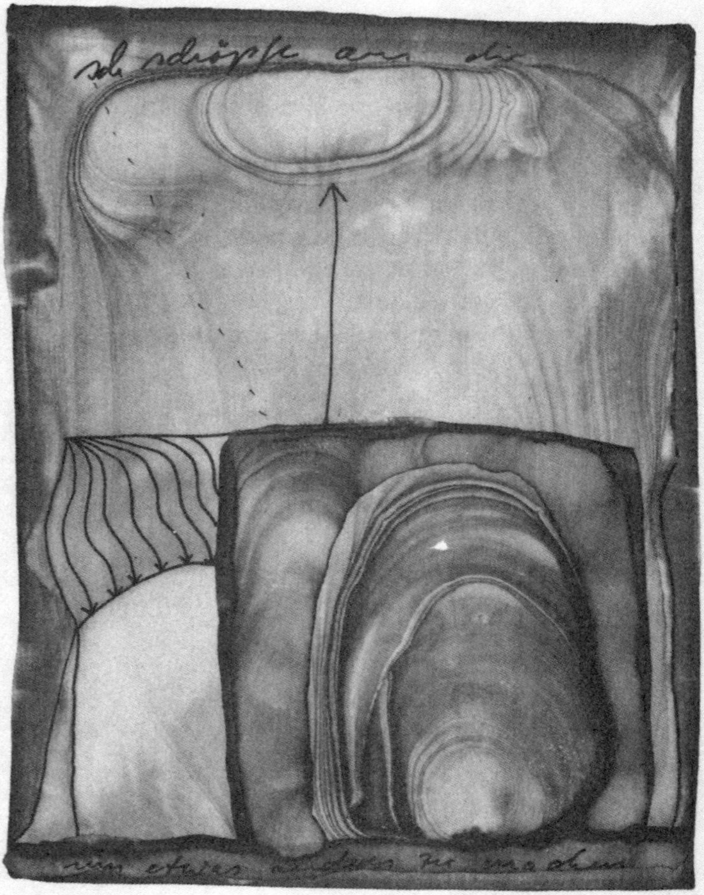
ich schöpfe an dir
um etwas anderes zu machen

Gegenwart

Am Rande der Zeit,
wo die Zeitlosigkeit beginnt,
schimmert der Regenbogen
meiner Kindheit.

Er berührt das Gras
und teilt den Himmel
in Vergangenheit
und Zukunft,
damit mein Augenblick
schöpferisch wird.

am Rande der Zeit
in diesem Augenblick

Neujahrsnacht

Du suchst die Ordnung,
aber Chaos ist in dir,
du suchst die Liebe,
und Haß ist um dich,
du suchst die Selbstentfaltung
und findest Selbstentfremdung.

Löse mich von dir,
lass' das Ego fallen,
entfalte die Sekunde,
damit die Jahre tief werden.
Wirf alle Worte aus dem Fenster,
und Freiheit durchdringt den Atem.
Das Wurzelwesen deiner Existenz
öffnet sich der Dimension der Vögel.
Alles muß in diesem Augenblick verschwinden,
damit sich Neues offenbaren kann.

AUGENBLICK
Entfalte die Sekunde
Neues offenbaren

Glücksgefühl

Nach dem Gewitter
mit heißen Wangen
gelaufen, gestolpert
über Stoppelfelder,
barfuß,
zum Ende des Regenbogens,
um die goldenen Sterne
aufzusammeln
und in der Dachkammer
bei offenem Fenster
zu sortieren,
wie ein Glückskind.

Liebesgefühle

Liebe ist wie frisches Regenwasser;
es fließt, wohin es will,
und selten, wie es soll.

Heute fließt es zu dir,
mein Liebling,
und morgen zu mir.

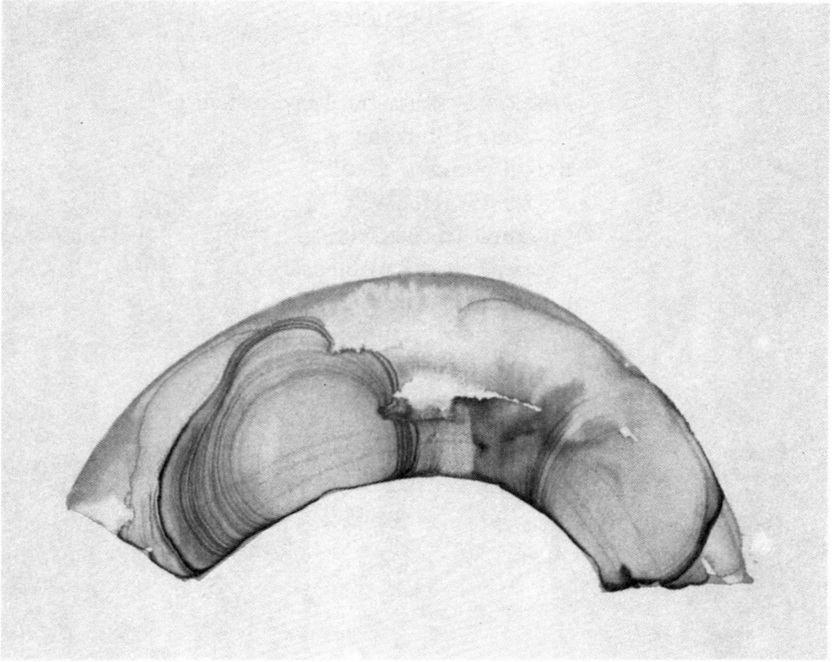

Sehnsucht

Komm in meine Arme
und Gedanken,
fall in mich,
zerstöre mich,
damit ich wach werde,
die Teile zusammensetze
zu einem Bild,
das mir bekannt ist,
etwas von mir selbst,
wie ich sein könnte,
heute noch.

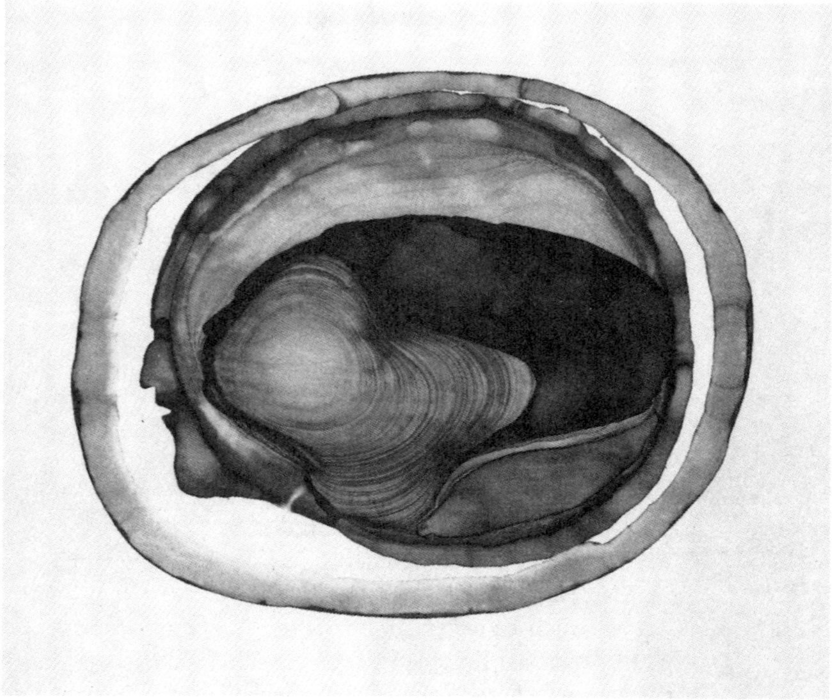

Autonomes Selbst

Mut zum eigenen Gedanken
aus der Tiefe des Herzens
erschreckt dich.
Dein Selbst aber,
unteilbarer Kern,
ist Freiheit,
führt dich heraus
aus Abhängigkeit
und Unterdrückung.

Da stehst du,
den Wind umfassend,
und hörst sie kommen.
Sie wollen dich zurückholen.
Neid und Bewunderung
ruhen nicht,
dich zu testen,
wieviel Energie
aus dieser Freiheit explodieren kann.

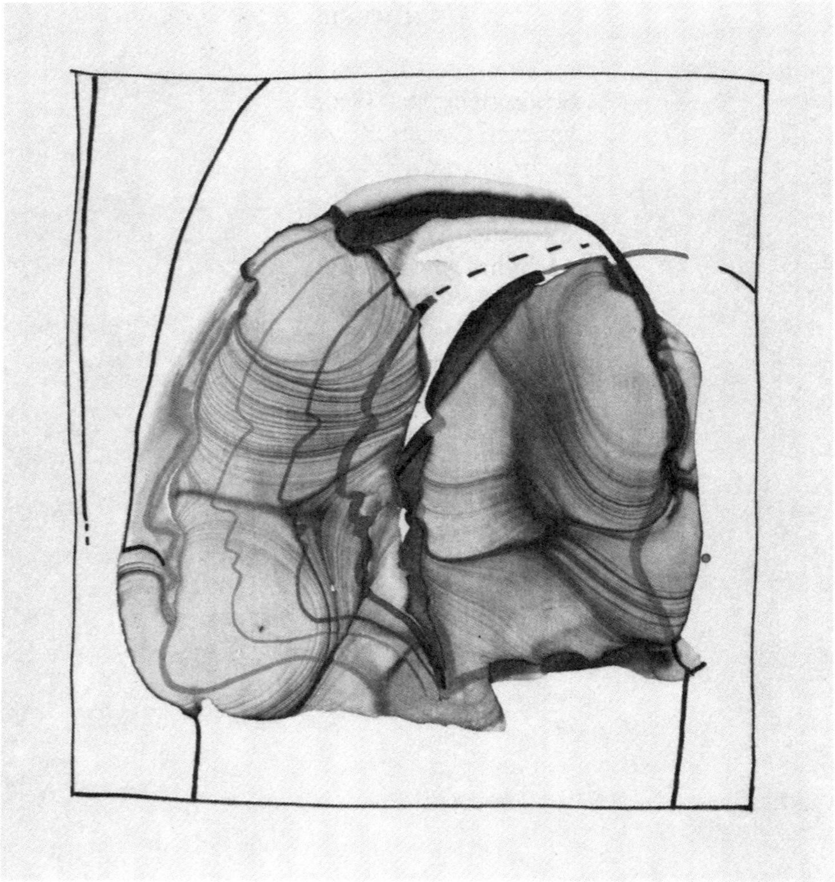

Nacktheit

Schön stehst du
vor dem Geröll
in der Sehnsucht
deiner Erwartungen,
willst alles haben,
mich und eine Zukunft.

Ich aber fliege aus meinen Plänen,
will dich nicht besitzen,
damit ich dich ganz sehe,
voll Bewußtheit und Achtung
in einer Nacktheit,
die frei ist von Sexualität.

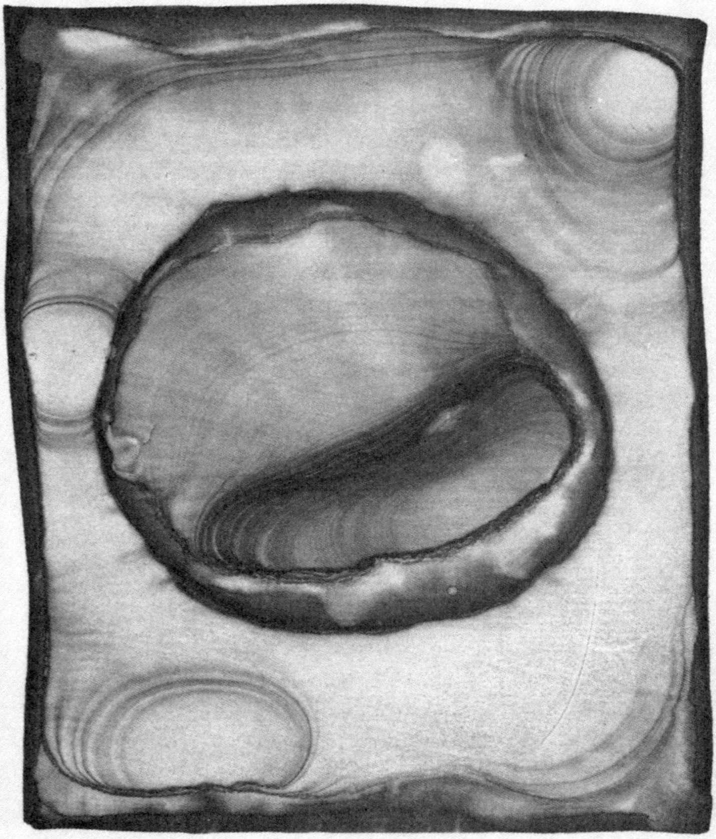

Einfühlsam

Mein Herz fließt
mit dem Strom
zum Regenbogen
hinter dem Kornfeld.

Wenn du es hinderst,
weint es sich leer
nach den Sternen
und fällt rollend
zu den Kieseln des Feldes.

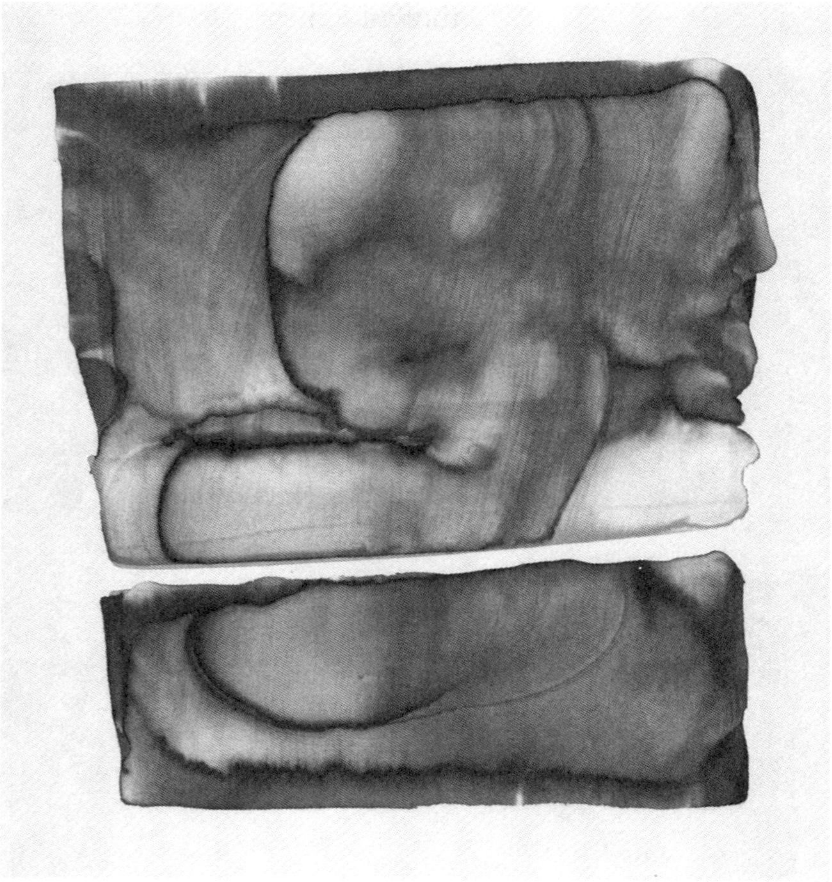

Sterben ist Leben

Das Blatt sinkt zu Boden
wie ein Wunsch aus meiner Seele.

Eine Blüte schließt sich,
jeder Ehrgeiz schmilzt in sich zusammen.

Die Frucht fällt vom Baum
wie meine Liebe unter die Menschen.

Das Laub wird gelb und rotbraun,
die Adern meiner Seele werden sichtbar.

Der erste Schnee rieselt im Geäst,
heute bin ich gestorben.

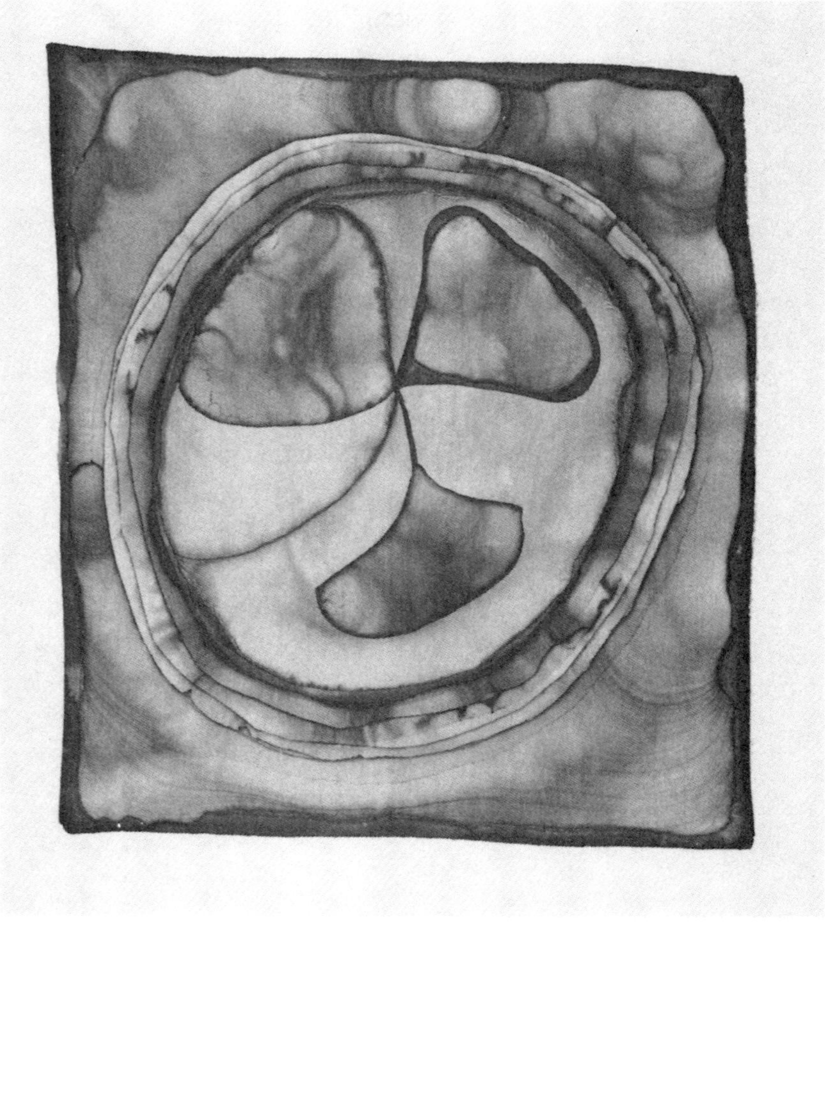

Fischgräte

Toter Fisch,
hier liegt deine Gräte,
der eine erstickt an ihr,
ein anderer radiert sie auf Bütten.

Was geschieht mit meiner Wirbelsäule?
Welcher Riese erstickt an ihr?
Wer macht daraus ein Kunstwerk?

Letzter Wunsch

Morgen soll ich sterben,
sagt der Richter.
Laßt mich diese Nacht
am Fluß träumen,
damit meine Seele
mit den Wellen zieht
und ich im Morgengrauen
durch das Wehr wirble,
wenn das Beil
auf meinen Hals fällt.

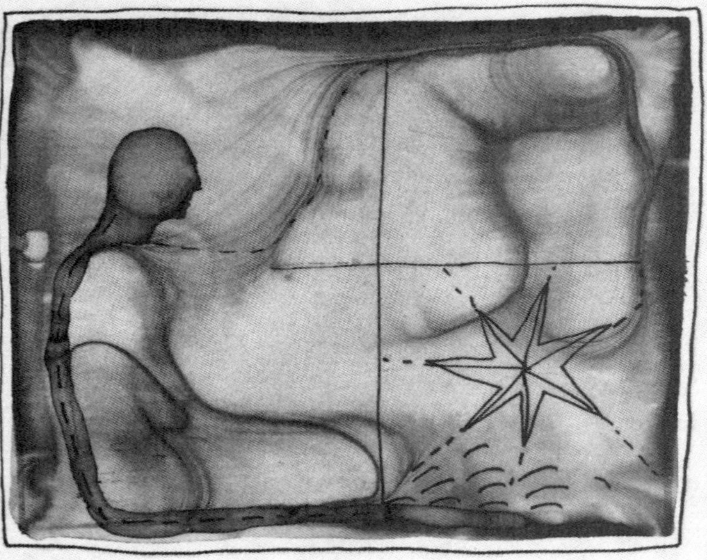

Gedanken zur Selbstfindung

»Wir sehnen uns zwar alle nach Freiheit,
sind aber gleichzeitig auf vielfältige Art an die
Macht gebunden, von der wir Anerkennung und
Lob verlangen. Das verurteilt uns zur ewigen Suche
nach Bestätigung ausgerechnet bei denjenigen,
die unsere wirklichen Bedürfnisse verneinen.«

Arno Gruen

Ich verstehe unter Selbstfindung etwas, das weit über die Charakterisierungen hinausgeht, die auf dem Vergleich mit statistisch ermittelten Normen beruhen. Die Frage: »Wer bin ich?« wird uns täglich von den Mitmenschen »beantwortet«, denn von früher Kindheit an sind wir den Bewertungen der anderen ausgesetzt, als Kind sogar ziemlich hilflos ausgeliefert. Wir werden von den Eltern bewertet: »Du bist brav, wenn du das tust oder es so machst; du bist böse, wenn du dieses oder jenes anstellst.« Die Geschwister manipulieren uns gleichfalls, auch die Spielkameraden. In der Schule bewertet uns der Lehrer mit Noten und seinen Bemerkungen: »Das kannst du nicht, du hast dir nichts gemerkt, das war gut, das ist richtig, das falsch. Du kannst Fußball spielen, aber nicht rechnen.« Sogar die Religion, zu der man eigentlich selbst finden sollte, wird uns beigebracht: »Du sollst das glauben, es verhält sich so und so, du sollst beten und beichten und Buße tun.« Wir grenzen uns ab mit unserem »guten Glauben« von anderen Religionen, die das Falsche glauben und deshalb missioniert wurden und werden.

Was wir als Kind selbst fühlen und denken, wird nicht beachtet, wir sollen lernen, was andere für uns vorgedacht haben und was sie für richtig befinden, weil sie es angeblich besser verstehen. Wir akzeptieren, »unreif, dumm und unwissend« zu sein, nehmen diese Bewertungen in uns auf und versuchen, sie mit unserem Selbst zu vereinbaren. Dieser Vorgang der Erziehung ist ständige Fremdbestimmung, Prägung unseres Geistes und Konditionierung unseres Denkens.

In der Pubertät entwickeln wir erstmals massiven Widerstand dagegen und beginnen, all das in Frage zu stellen. Für Erwachsene gilt der Pubertierende aber als unreif in seiner Rebellion gegen die vermittelten Werte und Normen: »Er wird sich schon noch die Hörner abstoßen.« Es wird ihm beigebracht, daß er sich diese eigenen Gedanken alle gar nicht machen soll, denn sie führen ihn angeblich in die Irre, da er ein angepaßter Mensch in der sozialen Gemeinschaft werden soll (Pädagogen nennen das Sozialisation), um ein leistungsfähiger und erfolgreicher Erwachsener zu werden. So geht es weiter mit der Fremdbestimmung – auf dem Gymnasium, am Ausbildungsplatz, auf der Universität, im Betrieb, im Verein, in der politischen Partei, bei der Bundeswehr, im Sportklub. Wo wir auch hinkommen, war bereits ein Vordenker da, der als Autorität Regeln und Normen aufgestellt hat, die wir übernehmen sollen, um gut und richtig zu funktionieren, immer angeblich »zu unserem Besten«.

Nicht Eigenständigkeit zählt, sondern die Bereitschaft, anzunehmen, zu merken, zu speichern und uns auszurichten. Das Vertrackte dabei ist, daß wir vieles in dieser hochtechnisierten Welt tatsächlich einfach mechanisch lernen müssen. Wenn ich eine Fremdsprache lernen will, hat dieses mechanische Übernehmen durchaus einen Sinn und Effekt; das sieht der Schüler auch sofort ein. Wir müssen Grundkenntnisse übernehmen, um in dieser komplizierten Welt zurechtzukommen. Natürlich muß man sich an die Verkehrsregeln halten und die Gesetze eines Landes befolgen; das soll hier nicht in Frage gestellt werden. Es geht nicht darum, daß jeder sich so egozentrisch verhält, wie er gerade aus einer Laune heraus denkt. Es geht also nicht um eine schrankenlose Freiheit auf Kosten der anderen. Das ist immer wieder der Einwand, der Fremdbestimmung und Manipulierung rechtfertigt.

Selbstfindung heißt nicht, das eigene Selbst in egoistischer Weise rücksichtslos gegen andere zu richten; das wäre ein Ausbruch des rebellischen Egoismus, ein gewalttätiges Aufbegehren gegen Normen. Ein solches Verhalten wäre eine Reaktion der Gewalt – als Gegengewalt wider die erlebte Gewalt der Fremdbestimmung. So falsch die Unterdrückung ist, so falsch muß auch der gewalttätige, destruktive Widerstand sein, obwohl er psychologisch verständlich ist. Ein Staat braucht und benutzt solche Rebellen nur zu gern als abschreckendes Erziehungsbeispiel dafür, daß es offenbar kein Entrinnen aus der Anpassung geben kann.

Wie ist Selbstfindung in dieser Umzingelung dennoch möglich – und zwar gewaltfrei, ohne Schaden für das Individuum und die Gesellschaft? Ist ein Austritt aus der Fremdbestimmung und der Weg zu Freiheit und Selbstbestimmung anders möglich? Ich behaupte: Er ist möglich! Es geht dabei um mich selbst als Einzelwesen, um mich allein – und um keinen anderen. Es geht also darum, die Flucht vor dem Selbst zu beenden, zu mir zu kommen, zur Besinnung (auf mich) zu kommen.

Ich möchte an dieser Stelle auf den problematischen Kontakt zu den Mitmenschen verweisen. Wir haben kein Selbstvertrauen zu uns selbst, deshalb ist uns Kontakt und Geselligkeit so wichtig. Wir halten es nicht mit uns selbst und bei uns aus und suchen ständig die Kommunikation mit den Mitmenschen. Wenn wir allein sind, dann empfinden wir das als einen Mangel (es fehlen die anderen). Alleinsein wird so zur Einsamkeit und Isolation, ein Makel, der schnell beseitigt werden muß durch einen Telefonanruf, durch die Vereinbarung eines Treffens, durch das Planen von Terminen: Montag im Tennisklub, Dienstag Kegelabend, Mittwoch Disco, Donnerstag Essen mit Hansens, Freitag Vereinsabend, Samstag Chorprobe und am Sonntag Familienbesuch usw. Jeder hat seine eigenen Vorstellungen, welche Art von Menschen er treffen will, und es ist prinzipiell kein Unterschied, wo ich diese Menschen treffe, ob in der Disco, auf dem Fußballplatz, in der politischen Frauengruppe oder in der Psychotherapiegruppe (Encounter Group, Workshop, Kreativgruppe oder wie das auch etikettiert sein mag). Ich möchte damit nicht sagen, daß diese Treffen und Begegnungen zwischen Menschen schlecht wären. Sie sind gut und sinnvoll, sofern ich dabei nicht auf der Flucht vor mir selbst bin, wenn ich glaube, einer »Isolation« entgehen zu müssen.

Nach erreichter Selbstfindung kann ich überall hingehen. Ich sollte aber nicht vor mir selbst fliehen und deshalb unter Menschen gehen, um mich dort finden zu können, um von den anderen definiert zu werden. Kein anderer kann mich definieren, kann mir nicht sagen, wer ich bin, wie ich fühle, was ich will oder zu wollen hätte. Dabei muß es nicht so banal ablaufen, daß ich die anderen danach frage, sondern ich spiegele mich vielleicht nur in ihren Meinungen und versuche auf diese Weise herauszufinden, wer ich bin. Ich begegne den anderen und sehe mich in ihnen; jeder sagt mir durch seine Reaktion, durch seine Sympathie oder Antipathie, was er von mir denkt, ob er mich so akzeptiert oder nicht, was er mag und was er nicht mag, was er mir ungefragt rät, anders zu machen. In dieser Beurteilung der anderen kann ich mich nicht selbst finden; ich erfahre dabei nur etwas über das Denken und die Probleme der anderen, aber nichts über mich selbst.

Was ist also Selbstfindung? Es gibt keine Autorität, die wir fragen können, wer wir selbst sind, nicht die Eltern, nicht den Geistlichen, auch nicht den Psychologen oder Psychotherapeuten, natürlich nicht unseren Chef, auch nicht den Guru, der sich als wissender Weiser ausgibt, nicht den Philosophen, nicht einmal den Menschen, in den wir uns gerade frisch verlieben.

Es gibt nur eine Person, die dafür zuständig ist: wir selbst. So klein und mickrig unser Selbstbewußtsein auch sein mag, so gering wir uns auch leider oft selbst achten; wir müssen bei uns selbst anfangen und diese einprogrammierte Geringschätzung beiseite schieben. Selbstfindung heißt deshalb, in Fühlung mit sich selbst zu kommen, sich dem eigenen Inneren zu stellen. Wer bin ich selbst?

Gesellschaft und Bekannte weisen mir eine Rolle zu; für sie bin ich beispielsweise der praktische Typ, der anpacken kann, der Student, der noch nichts vom Leben weiß, der aufstrebende, dynamische Unternehmertyp, der einmal Karriere machen wird, bin eine achtbare Person, die es geschafft hat, mit Vermögen, Haus, Kindern und einer Kunstsammlung. Das sind die oberflächlichen Bewertungen, die vom Äußeren ausgehen, von Statusgegebenheiten und Symbolen aller Art. Hinter diesen Äußerlichkeiten – zu ihnen zählt auch das Erscheinungsbild (»Kleider machen Leute«) – befindet sich das Innere, das wir meist verbergen vor den anderen, um nach außen »unser Gesicht zu wahren«.

Ihrem Inneren weichen die meisten leider aus; es wird darüber nicht gesprochen, besteht doch oft ungesprochen ein Tabu des Seelischen, von den modischen Psychoanalysiertrends mancher Cliquen einmal abgesehen. Wir alle kennen psychische Probleme, Ängste, Schuldgefühle, Neid, Minderwertigkeitsgefühle, Wut und Aggression, Trauer und Depression. Das ist das Innere, das Seelenleben, die Welt der angenehmen und unangenehmen Gefühle. Wir suchen aber nur die angenehmen Gefühle, suchen Freude, Lust, Beschwingtheit, Optimismus, das Gefühl, Bäume ausreißen zu können. Solche Gefühle wollen wir haben, die anderen lehnen wir ab, und wir fühlen uns schlecht, wenn sie dennoch auftauchen. Das Seelenleben wird so gespalten in eine Licht- und in eine Schattenseite. Und wie reagieren wir, wenn die Schattenseite auftaucht – und sie taucht oft auf? Wir fliehen meist davor! Es gibt unzählige Fluchtmöglichkeiten: So lassen wir uns durch Musik ablenken, sehen fern, gehen ins Kino, treffen in der Kneipe andere Menschen, planen den Urlaub, räumen die Wohnung auf, trinken Alkohol oder nehmen Drogen und suchen den Sex mit all seinen Spielarten. Das alles dient der Unterhaltung, dem Amüsement, mit dem wir uns von uns selbst ablenken. Um nicht mißverstanden zu werden, muß ich an dieser Stelle noch einmal betonen: Sexualität ist, für sich neutral betrachtet, genausowenig etwas Negatives wie Musik oder Sport, aber als Fluchtweg, als Ablenkungsmanöver wird es hier problematisch. Freude am Essen beispielsweise ist etwas Natürliches, aber zwanghaftes Essen, das dazu dient, mich über unangenehme Gefühle hinwegzubringen, mich von meiner Seele abzulenken, wird zu einer Flucht und leicht zu einer Sucht, und der angegessene »Kummerspeck« führt zu neuen Problemen auf der Flucht, wenn mich andere wegen meines Gewichts abwerten.

Nach dieser notwendigen Abschweifung nun zurück zur Selbstfindung und der wichtigen Frage: »Wer bin ich?« Ich muß mir die Frage, die jedem einzelnen täglich gestellt ist, selbst beantworten, indem ich nicht mehr davor fliehe. Hier heißt es nicht: Wer bin ich für andere?, sondern: Wer bin ich für mich, in mir selbst? Wer bin ich tief in mir, in meinen Gefühlen, in meinem Seelenleben? Ich sollte also in Fühlung mit mir kommen und es auch bleiben. Lust zu fühlen ist nicht schwer; darauf zielen alle ab. Ich darf aber auch die Fühlung nicht abtrennen, wenn ich Unlust fühle.

Neulich unterhielt ich mich mit einem Theologen, der mir anvertraute, daß er Wut und Ärger nicht zulassen könne, weil es nicht seinem Ideal entspreche. Er wurde in seiner Kindheit so erzogen, daß Wut und Ärger etwas Primitives seien, etwas Böses. Ein guter Mensch (sagen die Eltern) und ein seelisch gesunder Mensch (sagt die psychologische Wissenschaft) ist nicht wütend, sondern ausgeglichen und streßstabil. Er erzählte mir, daß er immer diesem Ideal nachgeeifert sei und versucht habe, es zu verwirklichen. Er hat seine Wut unterdrückt, sie ignoriert, verleugnet, sie in sich selbst vor sich selbst nicht zugelassen. Darüber wurde er gedrückt und energielos. Er hat sein Ideal nach außen hin verwirklicht, die anderen glauben von ihm, er wäre nie wütend und könnte alles gelassen und ausgeglichen verarbeiten. Diesen Anschein erweckt er, fühlt sich innerlich aber sehr unwohl, weil er jetzt unter Depressionen leidet. Das Ideal hat ihm nicht geholfen. Deshalb sage ich: Ideale sind falsch, sinnlos und schädlich. Je mehr solcher Ideale (und es gibt viele) ein Mensch nacheifert, desto unglücklicher muß er werden. Einem Ideal nachzulaufen ist eine Flucht.

Genau das hatte der Theologe gemacht. Ich riet ihm deshalb: »Weiche deiner Wut nicht mehr aus, sondern fühle sie. Selbstfindung heißt Einfühlung in das ganze Seelenleben. Fühle die Wut und den Ärger völlig aus, stehe dazu, stelle dich diesem Gefühl. Gut, es mag von anderen abgewertet werden (»Du sollst dich nicht ärgern, denke positiv!«), aber Ärger läßt sich so nicht überlisten und wegdiskutieren. Besinne dich auf dich selbst, fühle den Ärger aus, gehe ihm nach bis in seinen letzten Winkel – und du erfährst Wichtiges über dich selbst, zum Beispiel über deine Ängste, über Hoffnungen, Wünsche, Erwartungen. Das alles ist in dir, ein Kosmos von Vorstellungen und Gefühlen. Wir sollten ihn kennenlernen, um uns selbst besser zu verstehen.« Ein Ideal aber hindert uns daran.

Ein Ideal sagt beispielsweise, man sollte mutig und angstfrei sein. Ich will die Angst deshalb in mir nicht wahrnehmen, sie schnell überwinden und mutig erscheinen. Das führt dazu, daß ich dann besonders forsch und dominant auftrete, um die »Schwäche« der Angst vor anderen zu verbergen, auch vor mir selbst. Ein großer Selbstbetrug: Ich möchte vor mir selbst anders erscheinen, als ich mich fühle. Das hindert mich daran, zu fühlen, wie ich wirklich bin, jetzt, in diesem Moment.

Selbstfindung aber heißt, mit mir selbst in Fühlung zu bleiben und keine Unterbrechung zuzulassen; nur so kann ich mich wirklich kennenlernen. Dem wird oft entgegengehalten, das reibungslose Funktionieren im Alltag dürfe nicht unterschätzt werden, denn die Zwänge des Berufs wirkten schonungslos auf mich ein, ich dürfe mich nicht »gehenlassen«, meinen Stimmungen und Gefühlen nachgeben, weil die anderen gnadenlos diese »Schwäche« ausnutzen würden.

Natürlich, der Berufsalltag erfordert ein klares Denken, große Sachlichkeit, denn Emotionen werden von den Mitmenschen als »Sentimentalitäten« abgewertet; das ist eine traurige Tatsache. Die Menschen gehen sehr lieblos, wenig einfühlsam und vorwiegend rational miteinander um, als wären wir alle programmierte Maschinen, die lediglich gut zu funktionieren hätten. Das zum Beispiel macht Angst, und diese Angst versuche ich vor anderen zu verbergen – aber ich sollte sie nicht vor mir selbst verbergen.

Der Tag setzt sich – grob vereinfacht – zusammen aus acht Stunden Berufsalltag, acht Stunden Freizeit und acht Stunden Schlaf. Es bleiben mir also immerhin acht Stunden Freizeit, wovon zwei bis drei Stunden ausgefüllt sind mit Routinearbeiten und Pflichten, die eine Wohnung, eine Ehe oder Familie zwangsläufig mit sich bringen. Dann bleiben noch etwa fünf Stunden, die mir alleine gehören könnten, die kostbare Zeit, die der Selbstfindung zur Verfügung stehen könnte. In diesen fünf Stunden sollte ich täglich, nicht nur einmal in der Woche, in Fühlung mit mir selbst treten. Dieser Vorschlag ist nicht unrealistisch oder utopisch, nein, er ist durchaus realisierbar.

In diesen Stunden sollte ich das Werkzeug Denken, mit dem ich ständig aktiv bin, beiseite legen. Jetzt habe ich Zeit, den Gefühlen, die in mir sind, nachzugehen. Jetzt kann ich endlich zu mir selbst, zu meinem Wesen kommen, jetzt kann die Flucht aufhören und die Meditation beginnen. So könnte man anfangen.

Die Aussage: »Es bleibt mir keine Zeit, ich bin immer nur eingespannt, der Tag verrauscht, und ich weiß nicht, wo die Stunden geblieben sind« ist eine Ausrede. Wir müssen uns selbst finden, unsere Gefühle fühlen, unsere seelische Befindlichkeit anschauen, ihr liebende Aufmerksamkeit widmen. Das ist sehr wichtig, um ein sinnvolles Leben zu leben.

Ich versuche, dies so eindringlich wie nur möglich bewußtzumachen und stehe dabei sehr alleine und ziemlich verloren, denn keine Instanz fühlt sich dafür zuständig. Ich weise nicht aus einem ehrgeizigen Grund darauf hin, sondern ich weise deshalb darauf hin, weil ich erkannt habe, daß es von großer Bedeutung für das Leben jedes einzelnen ist, von Bedeutung für seine seelische Gesundheit und für sein Lebensglück.

Ich bin kein Missionar, und niemand soll zu etwas überredet werden. Ich sage nur: Selbstfindung ist möglich, und sie ist notwendig für jeden, nicht etwa für eine gebildete Elite, denn wir sind mit diesen existentiellen seelischen Problemen alle gleich. Ich weiß, daß jeder Mensch eine Sehnsucht danach hat, sich selbst zu finden, zu sich selbst zu kommen, bei sich zu sein. Viele Hindernisse stehen dem im Weg, so die gesamte Erziehung zum Erwachsenen, so die alltäglichen gesellschaftlichen Gegebenheiten. Wir werden sogar programmiert, uns schließlich selbst im Wege zu stehen. Das geht so weit, daß wir unser Innerstes sogar als etwas Feindliches empfinden. Unsere Gefühle erscheinen uns feindlich, störend, hinderlich. Unser Ureigenstes wurde zu etwas Suspektem, das wir nicht annehmen, sondern sogar ablehnen. Das ist die traurige Realität. Nun fragt sich der Leser: Wie kann ich das ändern? Wie soll ich es anstellen, daß ich mein Inneres annehme und aushalte? Wie gelange ich zu mir selbst zurück? Gibt es einen Rat, eine Methode? Sagen Sie mir, wie ich mich selbst finde?

Es gibt viele Methoden, die der menschliche Geist ersonnen hat, die aber alle sehr oberflächlich sind. Es gibt autogenes Training, man verordnet Psychopharmaka, es gibt Diskussionsgruppen zu diesem Thema, es gibt die Religionsgemeinschaften mit ihren Angeboten, es gibt Zeitschriftenartikel, psychologische Bücher über Ängste, Depressionen, Esoterik und positives Denken. Alle diese Angebote sind gut gemeint, das soll nicht bestritten werden. Dazu könnte im einzelnen noch viel gesagt werden. Jedenfalls ist es schon ein positiver Ansatz, wenn jemand beginnt, sich damit zu beschäftigen. Viele Menschen begeben sich auf diese Suche, und das ist hoffnungsvoll. So muß es anfangen ... Es sollten mehr und mehr Menschen damit beginnen, anstatt zu fliehen.

Jede dieser Methoden hat ihren Sinn. Sie richten sich an den Intellekt, sie schlagen Übungen und Trainingsprogramme vor; auch das hat seinen Sinn. Aber all diese Methoden helfen wenig, wenn es uns nicht gelingt, letztlich zu uns selbst vorzustoßen. Wenn eine Methode von mir selbst ablenkt und ich durch die Methode gefesselt werde, dann hindert sie mich, dann geht sie an der eigentlichen Aufgabe schließlich doch vorbei. Wenn es um mein Seelenleben geht, dann darf eine Methode nur ein Hilfsinstrument sein. Die Frage: Wer kann mir helfen, meine Gefühle zu fühlen? impliziert praktisch schon die Antwort: Ich muß sie selbst fühlen! Nur ich kann mit mir in Fühlung kommen, kein anderer. Der Wert einer Methode liegt also darin, ob es ihr gelingt, mich mir näher zu bringen.

Vielleicht braucht der einzelne auch gar keine Methode, vielleicht lenkt sie ihn sogar ab – und das ist oft der Fall. Fühlen wir unsere Gefühle aus, gehen wir ihnen liebend auf den Grund – wir müssen selbst herausfinden, nicht andere fragen. Es ist das Natürlichste und doch scheint es heute zum Schwersten und Seltensten geworden zu sein.

Wir finden uns selbst, indem wir uns unserer Gefühle annehmen, sie durchfühlen. Das ist keine Egozentrik. Sich selbst anzunehmen und liebend sich selbst zu erforschen richtet sich nicht gegen andere; dabei wird niemand geschädigt, ausgebeutet oder manipuliert. Selbstfindung heißt – ich sage es nochmals –, sich dem Inneren zuwenden, die eigene Seele erfahren, ohne Theorien an sich selbst zu überprüfen, denn man muß dazu keine Fachbücher über Psychoanalyse gelesen haben. Es ist keinerlei psychologische Spezialbildung erforderlich, um die eigenen Gefühle zu fühlen – Bildung dieser Art kann sogar behindern.

Fühlen ist etwas ganz anderes als Analysieren. Wenn ich meinen Neid fühle, dann muß ich das nicht mit Fachbegriffen zerlegen und beschreiben, denn das führt mich weg von den Gefühlen selbst. Die Gefühle tatsächlich fühlen, nicht davor ausweichen, sondern sie durch- und ausfühlen, das ist wichtig, denn sie gehören zu mir wie Arme, Beine und Finger, sie sind ein konkreter Bestandteil meiner Person. Ich kann sie zwar verleugnen, mich weigern, sie anzuschauen, aber sie sind – davon unabhängig – dennoch weiter vorhanden. Gefühle haben die besondere Eigenschaft, meine seelische Gesamtverfassung zu beeinflussen. Wenn ich sie verleugne, werde ich unsicher. Vor sich selbst auszuweichen, sich selbst teilweise zu verleugnen, bereitet einen Nährboden für Ängste, Aggressionen und Depressionen. Das verleugnete Innere ist verleugnetes Leben.

Unsere Ansprüche an das Leben sind zwar hoch, denn wir alle suchen Glück und Erfüllung. Die materiellen Grundbedürfnisse sind in den hochtechnisierten Zivilisationen befriedigt, aber Erfüllung bleibt dennoch aus. Viele fragen sich, warum sie trotzdem so unzufrieden und mißgelaunt, also nicht »so richtig glücklich« sind. Wir suchen dieses Glück, das offensichtlich fehlt, wir wollen es noch zu allem Materiellen – als wäre auch das etwas Materielles – sozusagen hinzuerwerben. Ein Psychologe soll es uns geben oder ein Guru oder ein Trainingsseminar oder ein esoterisches Buch – das alles wird konsumiert, und wir sind enttäuscht, daß wir das Glück nirgendwo bekommen, es nicht finden. Wir lernen neue Wörter kennen, Fachbegriffe zur Seinserfahrung, aber das Eigentliche, das was wir suchen, bleibt aus.

Solange wir nicht bereit sind, unser Inneres zu fühlen, sondern nur darüber diskutieren wollen, treten wir auf der Stelle. Die Selbstfindung ist nur durch Fühlung des gesamten Seelischen möglich. Das ist die Voraussetzung. Erst nach der Selbstfühlung kommt die »Seinsfühlung«. Nur derjenige, der im Kern bei sich selbst sein kann, der sein Wesen fühlt, hat den Blick frei für das Ganze; erst dann kann er sich dem »Sein« öffnen, dann geschieht das Wesentliche wie Glück, Liebe, Schönheit und Erleuchtung. Die Selbstfühlung kann nicht übersprungen werden.

Wer sie umgehen will, und das machen die meisten, der spricht nur über Glück, Liebe, Schönheit und Erleuchtung. Er kann das sogar beruflich auswerten, als Ratgeber für Glück – so wollen uns beispielsweise die Werbemacher mit Produkten glücklich machen. Er kann die Liebe propagieren, als Philosoph oder Psychotherapeut, er kann sich der Schönheit widmen als Kunsthistoriker oder Künstler oder der Erleuchtung als Theologe, Sektierer, Esoteriker oder Guru. Er kann also beruflich versuchen, anderen zu diesen hohen Sehnsuchtswerten zu verhelfen. Wer behauptet, es ginge ohne Selbstfühlung, wer das umgehen oder überspringen will, belügt sich selbst und seine Klienten.

Nur auf der Basis der Selbstfühlung ist Seinsfühlung möglich. An dieser Stelle will ich versuchen, das Wort Seinsfühlung etwas genauer zu erklären. Ich kenne weder eine wissenschaftliche Untersuchung noch eine esoterische Abhandlung, die ausführlich erläutert, was Seinsfühlung ist. Sie läßt sich nur sehr schwer in Worten oder Bildern ausdrücken. Zur Einfühlung möchte ich deshalb ein frühes Gedicht von Hermann Hesse – es stammt vom August 1899 – heranziehen.

Das war des Sommers schönster Tag,
Nun klingt er vor dem stillen Haus
In Duft und süßem Vogelschlag
Unwiederbringlich leise aus.

In dieser Stunde goldnen Born
Gießt schwelgerisch in roter Pracht
Der Sommer aus sein volles Horn
Und feiert seine letzte Nacht.

Das Gedicht vermittelt diesen Zustand, in dem sich Seele und Geist befinden können, in einer kurzen Stunde vor dem stillen Haus im August, wenn der Sommer in den Herbst übergeht. Die Worte und Gedanken verdichten sich zum Erfassen einer Einheit des Seins. Das Selbst (Seele und Geist) des Betrachters geht ein in den Seinszustand dieses Sommertages. Denken und Analysieren werden still, das Selbst öffnet sich dem Sein. Das ist nichts Übersinnliches, denn das Selbst steht ganz konkret, sozusagen »mit beiden Beinen«, in der Welt, aber das Ich mit seinen Eigeninteressen schweigt – Seinsempfindungen können sich einstellen. Das meine ich mit Seinsfühlung, dieses Geöffnetsein, diesen Austritt aus dem Kreislauf egozentrischer Gedanken und Pläne, um mitzufühlen, was um uns herum in diesem Augenblick geschieht. Dann kann sich ein Fenster öffnen für eine Dimension, die wir im Getriebe des Alltags verloren haben.

Dieser Moment hat für ein lebendiges und glückliches Leben eine große Bedeutung. Nicht nur Dichter sind dazu befähigt, das zu erleben. Der Poet faßt es vielleicht im nachhinein in schöne Worte, aber nicht die Wörter sind von Bedeutung, sondern das seelische Erlebnis selbst, das dahinter steht. Dieses Erlebnis hat viele Namen, zum Beispiel Glück, Losgelöstheit, Stille, kosmische Gefühle, Erleuchtung, Einswerden mit dem Grund, Berührung mit der Mystik des Lebens, Gefühl der Fülle, große Erfahrung, göttliche Seinserfahrung, Segen, Erfahrung des Numinosen, erlösende Erfahrung des Schöpferischen, Sternstunde des wahren Lebens, der Wahrheit und des Mitgefühls. Gleichgültig, wie wir es auch benennen wollen, für mich ist das schlicht und einfach »Seinsfühlung«. Jeder hat sie schon einmal so oder ähnlich empfunden, aber meist wieder verloren. Erst wenn ich ganz bei mir selbst sein kann, wenn nichts mehr zu einer Flucht vor mir selbst führt, kann ich auch ganz bei etwas anderem sein, ob dies nun ein anderer Mensch ist, die Natur oder eine Stunde im Jahreskreislauf. Über Selbstfühlung entsteht Ruhe und Intensität, die Seinsfühlung ermöglicht – ein nicht mit Worten beschreibbares Glück.

Diese Beschreibung, das sehe ich als Autor sehr selbstkritisch, ist keine konkrete Hilfe. Sie ist Theorie und bleibt Theorie, solange sie nur im Denken als Aussage gespeichert wird. Wir reden dann *über* eine Sache und sind nicht *in* der Sache.

Wir müssen in uns sein, zu uns selbst kommen, damit wir zu den Dingen des Lebens gelangen. Das sollte jeder einzelne für sich selbst praktizieren, denn hier hört dann das Lesen auf.

In uns hinein und von dort zurück in die Welt. Bitte, versuchen Sie es, legen Sie das Buch beiseite, und fühlen Sie in sich selbst, schauen Sie nach innen und dann nach außen, dann sehen Sie den Tautropfen in der Astgabelung mit neuen, jungen, frischen und befreiten Augen.

Fragen zur Selbstfühlung

»Man sieht nur mit dem Herzen gut;
das Wesentliche ist für die Augen unsichtbar.«

ANTOINE DE SAINT-EXUPÉRY

»Ich hatte schon einmal das Erlebnis der Seinsfühlung. Es war ein wunderbares rundes Gefühl der Einheit und Geborgenheit in der Schöpfung. Ich fühlte mich danach innerlich ruhig und gesund. Ich versuchte, dieses Gefühl wieder zu bekommen, aber es ging nicht.«

Es gibt keine einfache, beschreibbare Methode, die dazu führt. Viele Menschen berichten mir von Erlebnissen der Seinsfühlung und beklagen das Entgleiten im Alltag. Je mehr man mit dem Willen danach strebt, desto geringer ist die Chance, daß sich Seinsfühlung einstellt. Sie kann nicht als eine Art Vergnügen angesehen werden, das man sozusagen in Besitz nimmt wie ein Konsumgut. Je mehr man danach strebt, als wäre es etwas Materielles, desto eher entgleitet es.

Es ist wie mit der Liebe. Sie stellt sich auch nicht auf Befehl ein, denn sie ist nicht dem Willen oder der Macht des Denkens unterworfen. Man kann sich nicht zur Liebe zwingen, genausowenig kann man sich zu Seinsgefühlen zwingen. Du kannst vor dem schönsten Sonnenuntergang stehen, die Meereswellen rauschen – und es geschieht nichts, wenn du darauf gespannt wartest oder dabei im Gedächtnis nach dem vergangenen Erlebnis kramst, um das Seinsgefühl so zu stimulieren oder wieder zu beleben.

Der Vergleich mit der Liebe ist naheliegend, denn bei Seinsgefühlen handelt es sich auch um Liebe. Für das Wort Seinsgefühl kann auch Liebe gesagt werden, allerdings natürlich nicht das, was die Menschen üblicherweise unter Liebe verstehen, also sexuelles Vergnügen, Eroberung, Abhängigkeiten und Bindung.

Zwischenmenschliche Liebe ist leider meist sehr begrenzt und oberflächlich. Liebe als Seinsgefühl ist Liebe zu dem, was im Moment geschieht, zu einem Naturerlebnis, dem man sich ganz öffnet und das die eigene Seele zutiefst berührt, ohne jegliche Absicht eines Eigennutzens. Eine Voraussetzung dafür ist, in Fühlung mit sich selbst zu sein, ohne dabei über irgendein Problem nachzudenken. Selbstfühlung heißt deshalb nicht, sich selbst zu problematisieren und darüber nachzugrübeln, denn Fühlen steht im Mittelpunkt – das Denken hat sich zurückgezogen. Das bedeutet natürlich nicht, daß Selbst- und Seinsfühlung etwas für naive Gefühlsromantiker oder weniger Intelligente wäre.

*

»Gefühle werden von vielen abgewertet, denn die Ratio gilt als eine spezifisch menschliche Qualität, worin sich der Mensch über das Tier erhebt.«

Der alte Streit der Bewertung von Emotionalität und Intellektualität ist, psychologisch gesehen, sehr einfach. Die Funktion des Geistes ist das Denken. Mit dem Denken werden technische, mathematische, juristische und ähnliche Probleme gelöst. Das Denken ist dafür das passende Werkzeug – aber alles zu seiner Zeit.

Die Domäne der Seele ist das Gefühlsleben. Unter Selbstfühlung verstehe ich eine Erkenntnisfähigkeit des Psychischen; hierbei geht es um den Kontakt zu den Gefühlen. Du bist nicht nur dein Denken, zu dir gehört auch die Welt deiner Gefühle, denn sie sind ein wichtiger Teil von dir. Das Denken ist notwendig, um berufliche Entscheidungen zu treffen oder Auto zu fahren, um in einer fremden Stadt ans Ziel zu kommen. Denken ist aber nicht notwendig, um das eigene Innere, also die Gefühle, zu erfahren, zu erforschen. Hier gilt es, diese Gefühle zu fühlen, nicht über Gefühle nachzudenken. Wenn ich Angst verspüre oder Neid oder Wut, diese ganz unterschiedlichen Gefühle, dann hat es keinen Zweck, darüber nachzudenken. Zuerst muß ich das Gefühl ganz fühlen. Das Grübeln ist eine Flucht, die vom Gefühl wegführt, die der Ausfühlung einen Riegel vorschiebt.

Solche Selbstfühlung ist wichtig, weil nur durch Ausfühlen das Gefühl zu seinem Recht kommt und auch ausgelebt werden kann. Unterbrechung durch Denken unterbricht den Vorgang der Selbstfühlung, und das Gefühl wird mit Gedanken und Ideen nur zugedeckt. Es taucht als unerledigtes Gefühl dann immer wieder auf und wird zu etwas Unangenehmem. Ein neurotischer Prozeß kann ausgelöst werden.

*

»Wird durch diese Selbstfühlung nicht einem egozentrischen Individualismus Vorschub geleistet? Individualismus ist Egoismus und steht im Widerspruch zu wirklicher Liebe.«

Die eigenen Gefühle auszufühlen ist kein Egoismus, denn ich will mein eigenes Wesen, etwas, das in mir selbst geschieht, erfahren und ganz kennenlernen. Sich selbst zu erfahren ist kein Egoismus, denn dieser Vorgang richtet sich nicht gegen andere. Sich selbst genau und intensiv durch Ausfühlung kennenzulernen ist die Voraussetzung für einen ehrlichen und sinnvollen Kontakt zum Nächsten. Das ist auch kein egozentrischer Individualismus, denn Selbstfühlung dient ja nicht dazu, mich von anderen abzugrenzen, sondern den Kontakt aus mir heraus offener und ehrlicher gestalten zu können. Wir müssen genau unterscheiden zwischen Individualität und Individualismus. Auch wenn ich von der Gesellschaft, ihren Normen und Maximen konditioniert bin, also nur zum Teil eigenständig, zu einem anderen Teil aber sozialisiert und fremdbestimmt bin, so bin ich wenigstens teilweise auch ein Selbsterfahrender, der ureigene Gefühle erlebt, die persönlich sind und sein sollen. Individualismus ist etwas anderes, tatsächlich etwas Negatives. Wenn ich mich als ein Individuum beschreibe und nach außen hin etwa darstelle: Ich bin Intellektueller, ich bin klüger als andere, ich bin Künstler und betone meine Individualität als etwas Besonderes – dann setze ich mich trennend und dadurch auch aggressiv-kämpferisch anderen entgegen. Ich weiß mehr als du, ich kann mehr als du, ich habe mehr Wissen und Erfahrung – das ist Individualismus, Selbstabgrenzung und steht der Liebe zu anderen im Weg. Zwei Individualisten, die auf ihre Individualität pochen, können sich nicht lieben, weil sie sich ständig vergleichen, zanken und streiten. Das Denken gestattet sich den Individualismus.

Das Gefühl ist nicht trennend. Wenn ich fühle und bei mir selbst so verweilen kann, dann kann ich mein Gefühl auch möglicherweise dem anderen mitteilen. Ich erfahre mich selbst, und er lernt mich besser kennen. Gut, auch da kann man individualistisch werden nach dem Motto: Meine Angst ist größer als deine, mein Neid ist sinnvoller als deiner. Aber das ist wieder das Denken, denn das Gefühl wird dann zum Objekt des Verstandes gemacht. Wir unterhalten uns zwar über unsere Gefühle, aber diese Unterhaltung bewegt sich weit weg von der Selbstfühlung. Dann ist das Gefühl selbst gar nicht mehr da; es wird verbalisiert, und man bewegt sich auf der Ebene des Denkens. Das ist nicht die Selbstfühlung, deren Bedeutung ich vermitteln will.

*

»Selbstfühlung behindert zwar nicht den Kontakt, wenn man seine Gefühle nicht vergleicht mit den Gefühlen anderer – aber ist das nicht dennoch ein Rückzug auf sich selbst, denn man entzieht sich währenddessen doch den anderen?«

Selbstfühlung heißt, Bezug zum eigenen Wesen zu nehmen. Dieser Rückzug, wie du es nennst, muß täglich stattfinden. Es können Pendelbewegungen sein zwischen Außengerichtetheit (Kontakten und Aktivitäten) und Innengerichtetheit (in Fühlung sein). Die Pendelschwünge können nach und nach immer kleiner werden, und ich bin dann außengerichtet, ohne den Kontakt zur inneren Fühlung zu verlieren. Beides wird eins; während außen etwas geschieht, beispielsweise Kommunikation, bleibe ich in ständigem Kontakt zu meinen Gefühlen. Meine Handlungen sind dann im Einklang mit meinen Gefühlen; dann fühle ich mich ganz, wahrhaftig, ehrlich und konkret. Es besteht dann kein Konflikt mehr zwischen äußerem Verhalten (meinen Reaktionen) und meinem inneren Gefühlszustand. Solche Wahrhaftigkeit eines konkreten Lebens wird von den wenigsten verwirklicht.

Zwischen äußerem Verhalten und innerem Wesen klafft meist ein Abstand, es besteht ein Widerspruch. Mit diesem quälenden Widerspruch schlagen wir uns täglich herum. Was machen wir, wenn wir den Widerspruch erkennen? Wir halten uns an Äußeres und verdrängen das Innere, verschieben es auf später, eine stille Stunde, vor der wir dann auch wieder ausweichen.

Man entzieht sich also nicht nur dem anderen, sondern vor allem sich selbst. So sind eigentlich die anderen als egoistisch zu bezeichnen, wenn sie das fordern. Man agiert in seiner Umwelt, aber als ein halber Mensch, nur vordergründig, ohne Beteiligung des Inneren. Ist damit den anderen wirklich gedient? Wäre es nicht für alle sinnvoller, als ganzer Mensch präsent zu sein? Ist man dann nicht viel konkreter anwesend? Kann man dann nicht viel intensiver auf die Mitmenschen eingehen, als ganzer, nicht nur als halber Partner?

Als ganze Person kannst du dich dem anderen mit vollständiger Anteilnahme widmen. Euer Gespräch bleibt nicht nur an der Oberfläche, es kann in die Tiefe gehen. Es handelt sich bei der Selbstfindung deshalb nicht um einen unsozialen Kontaktrückzug, sondern um die Schaffung der Voraussetzungen für einen ganzheitlicheren, ehrlicheren, tieferen und dadurch auch gehaltvolleren Kontakt von ganzer Person zu ganzer Person, sofern der andere bereit ist, einen solchen Kontakt überhaupt zuzulassen und darauf einzugehen.

*

»Wenn man sich in einen Menschen verliebt, dann möchte man über seine Gefühle reden, dann beginnt man sich zu öffnen und möchte ihn in seiner Ganzheit kennenlernen. Wie ist das zu erklären?«

Im Zustand der Verliebtheit beginnt man sich für den anderen zu interessieren. Die eigenen Gefühle möchte man mitteilen – und dann erfahren (und hoffen), daß er die gleichen Gefühle fühlt. Im Zustand der Verliebtheit erlebt man sich ganz, Gefühl und Handlung vereinigen sich. Man ist als ganze Person präsent und fordert auch die Ganzheit des anderen heraus. Im Zustand der Verliebtheit wird man hellwach, nach außen und nach innen, und man betrachtet den anderen sehr aufmerksam, seine Handlungen, seine Worte und seine Gefühle, wie sie sich ausdrücken. So wird der Kontakt sehr konkret und lebendig. Man achtet genau darauf, wie sich der andere bewegt und wie er reagiert, man nimmt ihn als Person ernst. Verliebtheit gibt dir sehr viel Intensität.

Leider geht dieser Zustand sehr schnell wieder verloren, sobald man den anderen kennt oder glaubt zu kennen. Aus einem lebendigen Wesen wird dann ein Partner, eine Bindung, eine Einordnung in ein System, und man beginnt wieder auf einer oberflächlicheren Ebene miteinander umzugehen. Die Wachheit und Gefühlstiefe des Kontakts geht verloren, Selbstfühlung und Einfühlung in den anderen lassen nach. Auch hier zeigt sich: Aus Selbstfühlung heraus zu handeln ist nichts Egoistisches, sondern die höchste Form der intensiven Kommunikation. Das Nachlassen dieser totalen Verbindung, das Übergehen zum Alltäglichen und Schematischen, das Einplanen und Verplanen des anderen – da ist der Egoismus zu suchen. Das ist ein Rückzug in Äußerlichkeiten.

Die Innerlichkeit ist kein Rückzug, denn sie ist die Basis für ganzen Kontakt in großer Tiefe und Ernsthaftigkeit. Die Liebe ist der Beweis. Deshalb ist Selbstfühlung der Weg zur Liebe, und zwar zu einem liebenden Kontakt mit allem, was uns umgibt. Selbstverleugnung spaltet davon ab.

*

»Ist Liebe also keine romantische Gefühlsduselei, sondern der Weg zum richtigen Leben?«

Gefühlsduselei ist das nur für Leute, die verbittert sind, die den Gefühlskontakt schnell verlieren, dann aufgeben und sagen: Das hat alles keinen Sinn, das bringt mich nicht weiter. Gefühle sind etwas Konkretes. Gut, sie sind nicht wissenschaftlich faßbar, nicht im Labor meßbar und zu quantifizieren. Muß denn alles meßbar sein? Wollen wir uns davor verschließen, wenn es nicht meßbar ist? Auch der Wissenschaftler kann sich verlieben, obwohl er das nicht in sein wissenschaftliches System pressen kann.

Es geht hier um eine Realität, nicht um Spinnerei, Phantasie oder Hirngespinste. Die Selbstfühlung meiner Gefühle ist etwas Reales, auch wenn es nicht auf einem Bildschirm sichtbar gemacht werden kann. Gefühlskontakt zwischen zwei Menschen ist etwas Reales; er kann oberflächlich sein oder verbindend, ohne sich zu binden – das ist alles sehr real. Viele Menschen agieren sozusagen neben sich, über sich, aber nicht wirklich in sich; sie leben als Halb- und Viertelmenschen und nicht als Ganze. Sie spüren zwar diese Halbheit, aber sie wissen nichts dagegen zu tun. Fernsehen hilft nicht, diskutieren hilft nicht, Rat einholen von Älteren hilft meist auch nicht. Wir müssen ganz werden durch Selbstfühlung und dürfen die Verliebtheit nicht aus den Augen verlieren. Ein ganzer Mensch beginnt sich liebend aufzuschließen, er wird bereit zu einem liebenden Leben und fühlt sich dadurch seelisch und geistig gesund und vital.

*

»Wir reden von Selbstfühlung und Liebe in einer Welt voller Probleme wie Armut, Arbeitslosigkeit, Ungerechtigkeit und Umweltverschmutzung. Ist es nicht sehr unpolitisch, sich bei solch großen Problemen mit sich selbst zu beschäftigen? Ist das nicht ein Rückzug in die private Innerlichkeit?«

Das ist eine Frage, die so oder ähnlich oft gestellt wird. Natürlich leben wir, das wird nicht verkannt, in einer Gesellschaft mit riesigen Problemen. Arbeitslosigkeit ist eine enorme seelische Belastung für die Betroffenen; Verarmung und soziale Isolation sind oft die Folge. Jede dritte Ehe wird heute geschieden; das bringt große Gefühlskonflikte und finanzielle Probleme für die Betroffenen mit sich. Die Umwelt wird täglich mehr verschmutzt, Flüsse und Wälder sterben, Nahrungsmittel sind teilweise vergiftet und krebserregend. Wir sind von radioaktiver Strahlung bedroht durch Atomreaktoren, wie Tschernobyl jedem von uns deutlich bewußt gemacht hat, haben alle Angst vor einem Atomkrieg, haben Angst vor Verstrahlung und Krebs. All dem fühlen wir uns ziemlich machtlos ausgeliefert. Das Vertrauen in die von uns demokratisch gewählten Politiker sinkt von Jahr zu Jahr. Das sind große äußere Probleme, mit denen wir uns täglich konfrontiert sehen. Deine Frage lautet aber, ob es unpolitisch sei, sich durch Selbstfühlung mit sich selbst zu befassen, im Sinne einer privaten Innerlichkeit.

Ich frage zurück: Soll ich mich mit den äußeren Problemen befassen, bevor ich die inneren gelöst habe? Ist meine private Innerlichkeit wirklich etwas Unpolitisches? Ich behaupte, sie ist etwas sehr Politisches. Die persönliche seelische Verfassung eines jeden Menschen ist politisch von großer Bedeutung. Hitler ließ die Bücher von Sigmund Freud verbrennen, nicht allein deshalb, weil Freud Jude war, sondern weil er erkannte, daß Psychoanalyse auch etwas Politisches ist. Viele psychologische Bücher durften nicht in der DDR verkauft werden, und sie wurden vom Zoll, wenn ich sie an einen Psychiater in der DDR (also einen Berufskollegen) mit der Post versandte, beschlagnahmt und wieder an mich zurückgeschickt. Psychologie, Gedanken über seelische Vorgänge, sie waren für die Bürokraten der DDR offenbar etwas sehr Politisches. Sie wünschten nicht, daß Gedanken der Selbstentfaltung, Eigenverantwortung und Freiheit über ein Buch in die Köpfe ihrer Bürger gelangten.

Das wache, bewußte, freie und liebende Individuum ist in der

Geschichte der Menschheit immer schon etwas Politisches gewesen. Die ersten Christen wurden deswegen von den Römern in die Arena (und den Tod) geschickt. Natürlich ist es etwas Politisches, wenn jemand seine Religion praktiziert, sei er jetzt Christ, Jude, Moslem oder Hindu. Nach dieser Abschweifung zurück zu deiner Frage. Es ist etwas Politisches, wenn ein Mensch sich der Selbstfühlung widmet, weil aus ihr Selbstentfaltung hervorgeht. Selbstfühlung führt zur Wahrheit, Echtheit, Offenheit – und die Knoten der Anpassungsnormen beginnen zu platzen.

Wir leiden alle mehr oder weniger unter den beschriebenen Problemen der Außenwelt, und wir wollen alle, daß sie gelöst werden. Solange wir automatische, angepaßte Roboter sind, programmiert und konditioniert, ändert sich nichts. Die Politiker können uns weiter manipulieren. Politiker sind keine Übermenschen, keine »Götter«, sind sie doch genauso geprägt von Normen und Denksystemen wie die, die sie gewählt haben. Die Politiker führen uns ins Unglück, wenn wir uns nicht ändern.

Sollen wir blind darauf vertrauen, daß die Politiker sich ändern? Konnte man 1939 darauf vertrauen, daß Hitler sich ändert, daß er ein liebender, mitfühlender sich selbst erkennender Mensch wird? Er wollte nichts von Psychologie und Selbstfühlung wissen; er war ein Machtmensch voller Vorurteile, starr und unbeweglich in seiner Geprägtheit. Einem Menschen wie Hitler 1939 die Selbstfühlung nahezubringen, das wäre etwas sehr Politisches gewesen. Vielleicht hätten dann sechs Millionen Juden überlebt.

Wir wissen heute: Hitler war seelisch gestört, nicht im psychiatrischen Sinne, denn er war ja nach außen hin sehr tüchtig, war selbstbewußt, ideenreich, charmant, aktiv und nach bürgerlichen Vorstellungen untadelig. Er trank nicht einmal Alkohol; er war Vegetarier, er führte kein unmoralisches, ausschweifendes Leben im konservativen Sinne; er war Nationalist und wollte für die Deutschen im Sinne eines nationalen Selbstbewußtseins das Beste – oberflächlich gesehen. Dennoch war er für die Deutschen und für Europa ein großes Unglück. Er war nicht in Selbstfühlung, und nicht in Seinsfühlung, ein Politiker ohne Innerlichkeit und Mitgefühl. Hypothetisch gesprochen (ich bin 1940 geboren), hätte ich gerne mit ihm geredet und ihm das bewußt gemacht. Hätte er mich empfangen? Natürlich hätte er mich ins Konzentrationslager transportieren lassen.

Es ist etwas sehr Politisches, die private Innerlichkeit anzuerkennen, sie zu respektieren und ins Zentrum zu stellen. Die Liebe und das Mitgefühl in den Menschen zu fördern, das ist keineswegs unpolitisch.

Wir lösen diese ganzen angesprochenen Probleme nur durch Innerlichkeit. Nur so kann unsere Gesellschaft verwandelt werden. Jeder muß zuerst bei sich selbst beginnen. Zuerst muß Liebe, Selbstfühlung und Mitgefühl sein, damit Klassenschranken fallen können und Gleichheit entsteht. Erst muß Gleichheit zwischen den Menschen sein, bevor wir die Probleme wirklich lösen können. Gleichheit aber ist das Politischste überhaupt. Haben wir heute Gleichheit und Liebe? Wir haben sie nicht. Bevor wir das nicht erreichen, beseitigen wir keines der angesprochenen Probleme wirklich. Du kannst dich vor den Atomreaktor stellen und lautstark protestieren – das ist sehr ehrenwert und wird mit viel Lob bedacht; man wird dir ein Denkmal setzen; es ist eine politische Aktion. Aber: Sie löst das Problem nicht wirklich. Wir müssen bei uns selbst beginnen, bei unseren Gefühlen und dem Kontakt zu den allernächsten Mitmenschen. Wenn wir hier Frieden schaffen und mit Mitgefühl Liebe verbreiten, dann ist das der Anfang einer Welle, die sich ausbreitet und wächst und immer größer wird und die Politiker zu den richtigen Handlungen zwingen wird.

Anhang

Kleines Lexikon der Fachausdrücke

Abwehrmechanismus Dieser Fachausdruck der Psychoanalyse bezeichnet die Mechanismen, die das ICH benützt, um beispielsweise Triebimpulse aus dem ES abzuwehren, deren Befriedigung wegen der Forderungen des ÜBER-ICH (Gewissen) und der Realität nicht möglich sind. Die wichtigsten Abwehrmechanismen sind Verdrängung, Verschiebung und Rationalisierung.

Angst Angst ist ein schwer beschreibbares Gefühl, das verknüpft ist mit Erregung, Beengung und Verzweiflung. Dabei ist der Mensch nicht mehr Herr seiner selbst, das heißt, die willensmäßige Steuerung der Persönlichkeit ist beeinträchtigt oder aufgehoben. Beispiel: »Er blieb vor Angst wie angewurzelt stehen und brachte kein Wort heraus.« In der Psychoanalyse hat Angst eine zentrale Bedeutung. Nach Sigmund Freud ist sie stets eine Trennungsangst. Diese erlebt zum Beispiel der Säugling, wenn er von der Mutterbrust ›getrennt‹ wird.

Bedingter Reflex Beim Anblick eines unbedingten Reizes, etwa Futter, sondert ein Hund Speichel ab (angeborener, unbedingter Reflex). Ertönt gleichzeitig zum Futter ein Glockenton, sondert der Hund nach einigen Wiederholungen allein beim Erklingen des Glockentones (bedingter Reiz) Speichel ab (bedingter, gelernter Reflex), auch wenn kein Futter da ist. Den bedingten Reflex entdeckte der russische Physiologe Pawlow. Die Art dieses Lernens nennt man ›klassische Konditionierung‹.

Eigenschaften Bezeichnung für Merkmale, die den Menschen allgemein sind (allgemein menschliche Eigenschaften) oder die Einmaligkeit eines bestimmten Menschen charakterisieren (individuelle Eigenschaften). Individuelle Eigenschaften können aus dem Verhalten eines Menschen erschlossen werden. Sie sind als relativ überdauernde Charakteristika quantitative und qualitative Unterscheidungsmerkmale zwischen Menschen.

Einstellung Eine relativ konstante Haltung gegenüber Personen, Ideen, Lebensmaximen. Einstellungen entstehen durch das Zusammenspiel von Eigenschaften (zum Beispiel Selbstbewußtsein), Umwelteinflüssen (zum Beispiel Erziehung) und Erwartungen.

Frustration Das Erlebnis, wenn eine bestimmte Erwartung nicht erfüllt, also enttäuscht wird. Eine Behinderung der Triebbefriedigung führt zum Beispiel zu Frustrationserlebnissen.

Frustrationstoleranz Die Fähigkeit, Frustrationen längere Zeit aushalten zu können.

Individualpsychologie Eine von Alfred Adler begründete Richtung der Psychologie. Nach ihr kann der Mensch aufgrund seines Sozialisationsprozesses verstanden werden. Ein Mensch entwickelt den Lebensplan, soziale Anerkennung zu erreichen, da er nach Macht und Geltung strebt. Dieses Streben postuliert Adler als Grundtrieb. Dadurch sollen Minderwertigkeitskomplexe kompensiert werden, die jeder Mensch seit seiner Kindheit durch Organminderwertigkeiten und auch durch seine Hilflosigkeit als Säugling entwickelt hat. Im Kompensationsprozeß entsteht die Persönlichkeit eines Menschen. Adler unterscheidet sich von Sigmund Freud vor allem dadurch, daß er der Sexualität keine so große Bedeutung beimißt.

Minderwertigkeitsgefühl Dieser in Adlers Psychologie zentrale Begriff bezeichnet das Erlebnis seelischer oder körperlicher Unzulänglichkeit. Minderwertigkeitsgefühle beeinträchtigen die Entwicklung eines gesunden (umfassenden) Selbstbewußtseins und können zu Neurosen führen. Sowohl endogene (zum Beispiel nicht voll funktionstüchtige Organe) als auch exogene Faktoren (zum Beispiel zu strenge Erziehung) können zu Minderwertigkeitsgefühlen führen. Wenn sie chronisch werden, können sie sich zu einem Minderwertigkeitskomplex entwickeln.

Neurose Konfliktsituationen werden nicht bewußt bewältigt, sondern verdrängt. Die verdrängten Impulse sind damit jedoch nicht verschwunden, sondern äußern sich in einer seelischen Gleichgewichtsstörung (Neurose), die zu einem mehr oder weniger lange dauernden Leidenszustand und zu einem Gestörtsein der Gesamtpersönlichkeit führt.

Psychiatrie Teilgebiet der Medizin, das sich mit den Geistes- und Gemütskrankheiten beschäftigt und sich medizinischer Methoden zu deren Behandlung bedient.

Psychoanalyse Die Psychoanalyse beruht auf Sigmund Freuds Erkenntnissen vom Unbewußten. Das Unbewußte ist danach ein seelisches Gebiet mit eigenen Wünschen (nach Freud vor allem sexueller Art) und besonderen Mechanismen. Die Therapie beruht auf dem Bewußtmachen dieser unbewußten Inhalte durch den Psychoanalytiker.

Psychose Eine Geisteskrankheit bzw. seelische Krankheit, die von der Beeinträchtigung bis zur Aufhebung des normalen Seelenlebens führt, so daß der Patient (Psychotiker) für längere Dauer das Orientierungsvermögen in der realen Umwelt verlieren kann. Dieser Verlust an Orientierungsvermögen unterscheidet die Psychose (allerdings nicht immer) von anderen

Störungen des Erlebens und Verhaltens, etwa von der Neurose.

Psychotherapie Die Wissenschaft von der Behandlung seelischer oder seelisch bedingter Leiden mit psychologischen Mitteln (im Unterschied zur Psychiatrie). Es können drei Hauptmethoden unterschieden werden: *Suggestive Verfahren:* Der Konflikt, unter dem der Patient leidet, wird umgangen (zum Beispiel Hypnose oder Autosuggestion). *Trainingsverfahren:* Durch körperliche oder geistige Übungen wird eine seelische Gesundung und Willensfestigung angestrebt (zum Beispiel autogenes Training, Desensibilisierung). *Tiefenpsychologisches Verfahren:* Die Aufdeckung und Aufhebung des Konflikts bzw. der psychischen Schwierigkeiten wird versucht (zum Beispiel die psychoanalytische Methode von Freud).

Streß Bezeichnung für jede psychische oder körperliche Belastung. Dabei unterscheidet man ›positiven‹ und ›negativen‹ Streß. Positive Streß-Situationen ergeben sich beispielsweise bei sportlicher Betätigung, negativer Streß beispielsweise bei beruflicher Überforderung. Verliebtheit wiederum bedingt positiven Streß, während eine Trennungsphase negativen Streß hervorruft.

Gedankenaustausch

Durch die Leserbriefe, die ich täglich erhalte, weiß ich, wie viele einen Gedankenaustausch mit Gleichgesinnten in ihrer Umwelt vermissen. So kam ich auf die Idee, einen ›Briefclub‹ für Interessierte zu gründen. Deshalb habe ich eine Adreßkarte für die Leserinnen und Leser dieses Buches entwickelt, die mit anderen Lesern gerne in einen Gedankenaustausch treten wollen.

Daß ein Bedürfnis danach besteht, ist aus den vielen Leserbriefen zu ersehen, die ich täglich erhalte. Ich war sehr überrascht, wie viele Leser malen, Gedichte schreiben und eigene kreative Gedanken entwickeln. Sie leiden oft darunter, daß sie Gesprächspartner im Alltag oft nicht finden, weil viele eine Scheu davor haben, sich zu offenbaren. Es gibt viele Menschen, die sich in dieser normierten Anpassungsgesellschaft ein eigenständiges Seelenleben bewahrt haben und weiter bewahren wollen. Darüber in Kommunikation zu treten und sich auszudrücken, das sollte auf jeden Fall gefördert werden, und zwar auch durch dieses Experiment.

Die Adressen werden von meinem Sekretariat gespeichert und jedem Interessenten zur Kontaktaufnahme zugesandt. Der Empfang der Adressen verpflichtet natürlich zu nichts. So können Sie Ihre Adresse selbstverständlich jederzeit wieder streichen lassen, sind auch nicht verpflichtet, alle Kontaktinteressenten anzuschreiben oder auf Briefe, die Sie erhalten, zu antworten.

Schneiden Sie die folgende Adreßkarte aus, und senden Sie sie mit einem einmaligen Beitrag für die Organisationskosten (50-DM-Schein oder Scheck im Brief) an das Sekretariat der Praxis P. Lauster, Usambarastraße 2, 50733 Köln.

Es wäre schön, wenn durch diese Aktion ein Netz geistiger

Verbundenheit vieler Menschen entstehen könnte und wenn Sie uns über Ihre gemachten Erfahrungen gelegentlich etwas schreiben würden.

Vorname: ______________________ Name: ______________________

Straße: ____

PLZ: ____________ Ort.: ___________________________________

Alter: ____________ Hobby: _________________________________

Interessengebiete: ____

____

____

Ich bin damit einverstanden, daß meine Adreßkarte an Leser/-innen weitergegeben wird, die an einem Gedankenaustausch interessiert sind.

Datum: ____________ Unterschrift: ___________________________

Wenn Sie sich für andere engagieren wollen

Das vorliegende Buch thematisiert die authentische Autonomie des einzelnen in der Gesellschaft. Das hat nichts mit egozentrischer ›Nabelschau‹ zu tun, sondern meint die legitime Selbstfindung. Dadurch wird der Gesellschaft nichts an sozialkonstruktivem Potential entzogen. Wer sich mit sich selbst befaßt, seiner eigenen Entwicklung, Ausreifung und seiner Gesundung, schafft die Basis für eine mitfühlende Soziabilität. Ein psychisch gesundeter Mensch bewirkt gerade dadurch sehr viel Positives für die Gesamtgesellschaft. Emotional glücklich sein heißt nicht, sich selbst in einen ›stillen Winkel‹ zurückzuziehen, sondern bedeutet ein Kräftesammeln, um auch für andere liebesfähig und mitfühlend etwas tun zu können.

Die folgenden Anschriften und Spendenkonten dienen als Vorschlag. Jeder, der sich hier engagieren will, wird mit offenen Armen empfangen. Diese Gruppen sind politisch und religiös unabhängig. Die Auswahl dieser gemeinnützigen Organisationen stellt keine Wertung dar. Es gibt darüber hinaus noch viele andere ähnliche Organisationen, die unterstützt werden sollten und sich über jedes Engagement freuen.

Peace Bird e.V.
Postfach 60 20 47
2000 Hamburg
Peace Bird ist eine internationale Kinder- und Jugendorganisation, die sich für den Frieden und die Umwelt einsetzt.
Spendenkonto: Bank für Gemeinwirtschaft Berlin
(BLZ 100 101 11), Kto.-Nr. 1 606 123 800.

Greenpeace e.V.
Vorsetzen 53
20459 Hamburg
Greenpeace ist eine Vereinigung, die sich für unsere Umwelt einsetzt, unter anderem für das Klima, die Meere und den Regenwald.
Spendenkonto: Postgiroamt Hamburg
(BLZ 200 100 20), Kto.-Nr. 20 61-206.

Deutsche Krebshilfe e.V.
Thomas-Mann-Straße 40
53111 Bonn
Die Deutsche Krebshilfe (gegründet von Dr. Mildred Scheel) setzt sich nicht nur für die Forschung, sondern auch für die Krebsbehandlung ein.
Spendenkonto: Postgiroamt Köln
(BLZ 370 100 50), Kto.-Nr. 9090 90-501.

Deutsche Aids-Stiftung
Pipinstraße 7
50667 Köln
Die deutsche Aids-Stiftung hilft an Aids Erkrankten, die in finanzielle Not geraten, unterstützt die Forschung und verleiht einen Journalistenpreis für aufklärende Berichterstattung in den Medien.
Spendenkonto: Westdeutsche Landesbank
(BLZ 370 500 50), Kto.-Nr. 5000.

Bund für Umwelt und Naturschutz Deutschland e.V.
Im Rheingarten 7
53225 Bonn
Der BUND setzt sich für den Umweltschutz ein und gibt eine Zeitschrift für Ökologie und Umweltpolitik heraus (»Natur und Umwelt«).
Spendenkonto: Postgiroamt Köln
(BLZ 370 100 50), Kto.-Nr. 64 67-509.

Deutscher Verein der Blinden und Sehbehinderten in Studium und Beruf e.V.
Frauenbergstraße 8
35039 Marburg
Eine der wichtigsten Aufgaben des Vereins ist es, Dienstleistungen für Blinde und Sehbehinderte bereitzustellen (zum Beispiel einen Vorlesedienst).
Spendenkonto: Commerzbank Marburg
(BLZ 533 400 24), Kto.-Nr. 3 922 945.

UNICEF Kinderhilfswerk der Vereinten Nationen
Deutsches Komitee für UNICEF
Steinfelder Gasse 9
50670 Köln
UNICEF hilft notleidenden Kindern in 119 Ländern der Erde.
Spendenkonto: Postgiroamt Köln
(BLZ 370 100 50), Kto.-Nr. 3000 00-503.

Die Aquarelle des Autors

1. Aquarellmappe von Peter Lauster
   Format: 21 × 28 cm,
   6 vierfarbige Aquarelle mit Textauszügen aus dem Buch *Lebenskunst.*
   Auflage: 300, handsigniert und numeriert.

2. Originalgrafik von Peter Lauster in limitierter Auflage, handsigniert und numeriert
   Außenformat des Blattes: 70 × 50 cm,
   Bildformat: 40 × 30 cm.
   Der Versand erfolgt in einer Kartonrolle per Nachnahme.

Bitte senden Sie den Bestellcoupon an: Sekretariat der Praxis P. Lauster, Usambarastraße 2, 50733 Köln.

Bestellcoupon

Hiermit bestelle ich:

☐ Aquarellmappe. Preis: 56,– DM

☐ Exemplar(e) Kunstdruck (Auflage 300 Exempl.), handsigniert und numeriert. Preis: 95,– DM

Mein Absender

Name: ____________ Vorname: ________________________

Straße: ______________________________________

PLZ: ____________ Ort: ____________________________

Datum: ____________ Unterschrift: ____________________

Resonanzbogen

Alle eingehenden Resonanzfragebogen werden vom Autor vertraulich behandelt und statistisch ausgewertet. Sie dienen der weiteren wissenschaftlichen Arbeit des Autors und geben Ihnen die Möglichkeit, Ihre Meinung zu sagen und Kritik zu üben.

1. Hat Sie die Lektüre dieses Buches angeregt, Ihr Selbstbewußtsein zu verbessern?

☐ ja ☐ nein ☐ teilweise ☐ weiß nicht

2. Glauben Sie, daß Sie einige Erkenntnisse gewonnen haben, die Ihnen im Alltag helfen werden?

☐ ja ☐ nein ☐ teilweise ☐ weiß nicht

3. Worüber hätten Sie gerne mehr gelesen?

☐ Angstprobleme
☐ Erziehungssituation
☐ Sexualität und Selbstbewußtsein
☐ Gesellschaftsstruktur
☐ Minderwertigkeitskomplexe
☐ Therapiemethoden
☐ Problemtagebuch
☐ Sinn des Lebens
☐ Befreiung der Liebesfähigkeit
☐ Entfaltung der Fähigkeiten
☐ Mut zur Selbstbehauptung
☐ Konfliktbewältigung
☐ Motive menschlichen Verhaltens

Eigene Vorschläge: ______________________________

____

____

____

____

____

4. Glauben Sie, daß Sie in Zukunft selbstbewußter sind?

☐ ja ☐ nein ☐ teilweise ☐ weiß nicht

5. Haben Sie das Problemtagebuch geführt? Wenn nein, weshalb nicht?

☐ ja ☐ nein ________________________________

____

____

____

6. Hat Ihnen das Problemtagebuch geholfen?

☐ ja ☐ nein

7. Hat Ihnen das Buch geholfen, Ihre persönlichen Probleme besser zu erkennen?

☐ ja ☐ nein ☐ teilweise ☐ weiß nicht

8. Welches individuelle Problem oder welcher seelische Konflikt beschäftigt Sie besonders?

____

____

____

____

Vorname: Name:

____

PLZ: Wohnort:

____

Straße:

____

Beruf: Alter:

____

Schneiden Sie den Fragebogen bitte aus, und senden Sie ihn an: Sekretariat der Praxis P. Lauster, 50733 Köln, Usambarastraße 2

Peter Lauster

Menschenkenntnis

128 Seiten, gebunden, Schutzumschlag

Das Buch vermittelt in zwei Teilen einen Überblick über Verhalten und Reaktionsweisen des Menschen. Im ersten Teil wird mit vielen Abbildungen dargestellt, wie sich das Seelenleben nach außen hin zeigt, z. B. in der Mimik, Gestik, Stimme, Sprechweise, Handschrift und im Körperbau. Im zweiten Teil wird versucht, die innere Struktur des Seelischen anhand verschiedener Persönlichkeitsmodelle, die die Psychologie in den letzten achtzig Jahren entworfen hat, darzustellen.

Die Absicht des Buches liegt vor allem darin, dem Leser die Intentionen der Mitmenschen besser verständlich zu machen, denn Verständnis erzeugt ein Klima des leichteren Kontakts und verhindert aggressives Verhalten. Eine bessere Menschenkenntnis macht das Zusammenleben friedlicher, leichter und harmonischer. Mehr Wissen über menschliches Verhalten trägt dazu bei, tieferes Verständnis für seine Mitmenschen aufzubringen und auch das eigene Selbstverständnis zu vervollkommnen.

Es ist als einführendes Buch in die Menschenkenntnis ein Standardwerk.

Peter Lauster

Lassen Sie sich nichts gefallen

Die Kunst, sich durchzusetzen

288 Seiten, gebunden, Schutzumschlag

Peter Lauster sagt: »Wir müssen uns anders wehren, als wir das bisher praktizieren.« Auf seelische Konflikte und Probleme reagieren die meisten Menschen mit falschem Durchsetzungsverhalten: sie verdrängen, entschuldigen, weichen aus oder lenken ab, sie betäuben sich mit Psychopharmaka oder werden aggressiv, sie ziehen sich in schützende Charaktermasken zurück oder retten sich in psychische Störungen.

Diese und ähnliche Arten, mit der Angst fertig zu werden, und sogenannte Abwehrmechanismen, sie führen nur zu vorübergehenden Scheinlösungen, denn niemand kann so seine Lebensprobleme auf die Dauer erfolgreich bewältigen. Im Gegenteil: Falsches Durchsetzungsverhalten führt zu neuen Lebenslügen und neuen Zwängen. Peter Lauster zeigt diese Problematik an vielen Beispielen auf. Mit seinem engagierten Buch will er verhindern, daß wir uns weiterhin in Lebenslügen verfangen. Er will dem Leser die Augen öffnen und ihm Mut machen, sich aktiv, erfolgreich und »bewußt« gegen die täglichen Zwänge, Normen, Konformismen und falschen Lebensregeln in Beruf und Alltag zu wehren.

ECON Verlag · Postfach 30 03 21 · 40403 Düsseldorf

Peter Lauster

Ausbruch zur inneren Freiheit

192 Seiten, gebunden mit Schutzumschlag

Lassen wir uns nicht allzu häufig durch Anpassung an die Wünsche und Vorstellungen anderer in unserer Ichwerdung blockieren? Drohen wir nicht zu Kopien von Normen und Regeln zu werden, anstatt uns als authentische Originale zu behaupten? Unfreiheit, Abhängigkeit, Fremdbestimmtheit sind die Folgen eines solchen Verhaltens, das schnell zu Neurosen und Depressionen führt. Ein Teufelskreis beginnt, und wir ersticken im Mief der Alltäglichkeit, wagen nicht mehr, aus eigener Initiative unseren wahren Bedürfnissen nachzugehen. Sehenden Auges machen wir uns selbst zu Gefangenen von Konventionen und gesellschaftlichen Zwängen. Doch es gibt einen Ausweg. Wir müssen nur den Mut fassen, auf unser Innerstes zu lauschen und unsere eigenen Sehnsüchte zu entdecken.

Öffnen Sie die Fenster Ihrer Seele, und lassen Sie den Wind der Freiheit hineinströmen! Folgen Sie Peter Lauster auf neuen Wegen!